建设工程资料管理与填写范例丛书

建筑施工安全资料管理与表格填写范例

李延青　韩少伟　孔　豪　主　编
陈绍良　董邵令　张　盟　副主编

中国建材工业出版社

图书在版编目（CIP）数据

建筑施工安全资料管理与表格填写范例 / 李延青，韩少伟，孔豪主编；陈绍良，董邵令，张盟副主编．--北京：中国建材工业出版社，2023.10

（建设工程资料管理与填写示范丛书）

ISBN 978-7-5160-3825-3

Ⅰ．①建… Ⅱ．①李… ②韩… ③孔… ④陈… ⑤董… ⑥张… Ⅲ．①建筑工程－工程施工－安全管理－技术档案－档案管理 Ⅳ．① G275.3

中国国家版本馆 CIP 数据核字（2023）第 171925 号

建筑施工安全资料管理与表格填写范例

JIANZHU SHIGONG ANQUAN ZILIAO GUANLI YU BIAOGE TIANXIE FANLI

李延青　韩少伟　孔　豪　主　编

陈绍良　董邵令　张　盟　副主编

出版发行：中国建材工业出版社

地　　址：北京市海淀区三里河路 11 号

邮政编码：100831

经　　销：全国各地新华书店

印　　刷：北京雁林吉兆印刷有限公司

开　　本：787mm×1092mm　1/16

印　　张：26.5

字　　数：672 千字

版　　次：2023 年 10 月第 1 版

印　　次：2023 年 10 月第 1 次

定　　价：98.50 元

本社网址：www.jccbs.com，微信公众号：zgjcgycbs

前　言

工程建设是一个技术性强、涉及的学科领域相当广泛的行业。这就要求工程建设从业人员必须熟练地掌握各学科基本理论和专业技术知识。只有具备了完善的专业知识，才能在工程建设领域进行相关的研究、规划、设计、施工等工作。

本丛书编写的目的，是明确不同岗位技术人员在工程建设过程中的工程资料管理职责和权限，切实提高建设工程技术资料的管理水平，促进资料管理系统化、程序化、规范化和制度化的落实。为保证本丛书出版特成立了《建设工程资料管理与填写范例丛书》编委会，编委会由长期在一线从事施工技术工作且具有丰富施工经验的技术骨干和专家组成。

本丛书共分四个分册，包括：《建设工程监理资料管理与表格填写范例》《建筑工程资料管理与表格填写范例》《建筑施工安全资料管理与表格填写范例》《市政工程资料管理与表格填写范例》。

《建设工程监理资料管理与表格填写范例》依据《建筑工程施工质量验收统一标准》(GB 50300—2013)、《建设工程监理规范》(GB/T 50319—2013)、《建设工程文件归档规范》(GB/T 50328—2014)、《建筑工程资料管理规程》(JGJ/T 185—2009)等进行编写。

《建筑工程资料管理与表格填写范例》依据《建筑工程施工质量验收统一标准》(GB 50300—2013)、《建设工程文件归档规范》(GB/T 50328—2014)、《建筑工程资料管理规程》(JGJ/T 185—2009)和《建筑工程资料管理规程》(DB11/T 695—2017)等进行编写。

《建筑施工安全资料管理与表格填写范例》以《建设工程施工现场安全资料管理规程》(CECS 266—2009)为指导思想，依据《建筑施工安全检查标准》(JGJ 59—2011)、《建设工程施工现场安全资料管理规程》(DB11/383—2017)等进行编写。

《市政工程资料管理与表格填写范例》主要依据原建设部颁发的城建〔2002〕221 号文件《市政基础设施工程施工技术文件管理规定》《建设工程文件归档规范》(GB/T 50328—2014)、《市政基础设施工程资料管理规程》(DB11/T 808—2020)等进行编写。

本丛书主要对工程资料管理基础知识、资料编制、资料归档等内容进行了详细的阐述，书中还对资料表格进行示范性的填写，以方便技术人员的使用。由于本丛书编写时间较短，涉及专业较多，错漏之处敬请读者提出宝贵意见。

编　者

2023 年 8 月

目 录

第 1 章　建设安全管理资料概述

1.1　建设安全资料管理

1.1.1　施工现场安全资料管理职责

1. 建设单位管理职责

(1)建设单位应当向施工单位提供施工现场及毗邻区域内的供水、排水、供电、供气、供热、通信、广播电视等地上、地下管线资料,气象和水文观测资料,毗邻建筑物和构筑物、地下工程的有关资料。

(2)在申请领取施工许可证时,负责提供建设工程有关安全施工措施的资料。

(3)建设单位应将施工现场安全资料的形成和积累纳入工程建设管理的各个环节,逐级建立健全工程施工现场安全资料岗位责任制,对施工现场安全资料的真实性、完整性和有效性负责。

(4)建设单位施工现场安全资料应随工程进度同步收集、整理,并保存到工程竣工。

(5)建设单位主管施工现场安全工作的负责人应负责本单位施工现场安全资料的全过程管理工作。施工过程中施工现场安全资料的收集和整理工作应有专人负责。

(6)监督、检查各参建单位工程施工现场安全资料的建立和积累。

(7)在编制工程概算时,应确定建设工程安全作业环境及文明安全施工措施所需的费用,并负责统计费用支付的情况。

2. 监理单位管理职责

(1)监理单位应将施工现场安全资料的形成和积累纳入工程建设管理的各个环节,逐级建立健全工程施工现场安全资料岗位责任制,对施工现场安全资料的真实性、完整性和有效性负责。

(2)监理单位主管施工现场安全工作的负责人应负责本单位施工现场安全资料的全过程管理工作。施工过程中,施工现场安全资料的收集和整理工作应有专人负责。

(3)监理单位施工现场安全资料应随工程进度同步收集、整理,并保存到工程竣工。

(4)对工程施工现场安全资料的形成、积累、组卷进行监督、检查。

(5)对施工单位报送的施工现场安全资料进行审核,并予以签认。

(6)负责监理单位施工现场安全资料的收集、整理、保存等管理工作。

3. 施工单位管理职责

(1)负责施工单位施工现场安全资料的收集、整理、保存等管理工作。

(2)施工单位应将施工现场安全资料的形成和积累纳入工程建设管理的各个环节,逐级建立健全工程施工现场安全资料岗位责任制,对施工现场安全资料的真实性、完整性和有效性负责。

(3)总包单位督促检查各分包单位编制施工现场安全资料。分包单位负责其分包范围内施工现场安全资料的编制、收集和整理,向总包单位提供备案。

(4)施工单位施工现场安全资料应随工程进度同步收集、整理,并保存到工程竣工。

(5)主管施工现场安全工作的负责人,应负责本单位施工现场安全资料的全过程管理工作。施工过程中,施工现场安全资料的收集和整理工作应有专人负责。

1.1.2 施工现场安全资料的分类

建设工程施工现场安全资料可分为安全生产保证体系文件和安全记录两大类，是建设单位、监理单位和施工单位对建设工程施工项目进行规范化、标准化、制度化管理过程中所形成的文件资料和工作记录，施工现场安全资料既是相关单位对工程项目安全管理采取的一种有效手段，又是各单位对工程项目安全管理的工作体现。

1. 安全生产保证体系文件

(1)施工现场安全生产保证计划，如项目工程安全生产保证计划等。

(2)项目工程施工组织设计，如项目工程施工现场安全施工组织设计、施工现场临时用电施工组织设计等。

(3)分部分项工程专项施工方案，如基坑支护施工方案、土方开挖施工方案、模板施工专项技术措施等。

(4)各类程序文件，如分包控制程序、文件控制程序等。

(5)各类安全管理制度，如安全教育培训制度、安全检查验收制度、安全事故管理制度等。

(6)各类安全生产作业指导书，如各施工机械或各岗位工种安全操作规程、各类应急预案等。

2. 安全记录

(1)与策划活动有关的记录，如现场危险源及不利环境因素辨识与评价记录、安全技术文件审批记录等。

(2)与实施活动有关的记录，如各类安全技术交底记录、班前讲话记录等。

(3)与检查活动有关的记录，如施工现场安全检查评分记录等。

(4)与改进活动有关的记录，如事故隐患整改记录等。

1.1.3 施工现场安全资料的内容

建设安全资料的主要内容包括各种证件、规章制度和操作规程。施工组织设计、分部(分项)工程安全技术交底、安全检查等。具体包括：

(1)施工企业的安全生产许可证复印件；企业法人、企业经理、安全处(科)长、项目部经理、项目部专职安全预案等安全管理人员的考核合格证复印件。这些证件是施工单位的生产是否合法的重要依据，同时也是施工的前提条件。

(2)现场安全生产责任制、安全管理规章制度和各工种安全技术操作规程。

(3)安全生产教育培训相关内容。

(4)特种作业人员名单、特种作业操作证的复印件。

(5)施工组织设计、专项施工方案、专家论证审查的方案和论证审查报告。

(6)施工现场重大危险源清单。

(7)安全检查记录、事故隐患整改通知单。

安全检查是施工单位落实各项技术标准、规范和施工组织设计中提出的各项安全技术措施、消除各种隐患的重要手段，主要包括：

1)项目部应按《建筑施工安全检查标准》(JGJ 59)、工程建设强制性标准(施工安全部分)及相关标准、规范进行检查；

2)安全检查记录应真实反映各项检查后发现的安全问题和事故隐患，并按“三定”要求实施整改，对整改事项应进行复查、销案，并有相应记录；

3)项目部组织的定期和不定期安全检查均应在检查记录表中反映；

4)行业安全管理部门、相关部门和企业检查的有关资料(事故隐患通知书、整改回执等)应附入本档案内。

(8)现场临时用电组织设计：安全技术交底、验收记录、接地电阻测试记录、漏电保护器测试记录。

(9)“三宝”、“四口”防护：安全帽、安全带、安全网的合格证、检测报告、安全技术交底、验收记录。

(10)基坑支护施工方案、支设的安全技术交底、验收记录、检测或观测记录。

(11)脚手架施工方案、搭设安全技术交底、验收记录、拆除安全技术交底。

(12)塔式起重机的专项施工方案、安装的安全技术交底、验收记录、拆除的安全技术交底。

(13)施工机具的安全技术交底、验收记录、维修记录。

(14)起重吊装施工方案、安全技术交底、验收记录。

(15)物料提升机的施工方案、安全技术交底、验收记录。

(16)外用电梯安装方案、安全技术交底、验收记录、检测记录、拆除安全技术交底。

(17)现场应急救援预案、应急演练记录、应急情况(事故)处理记录。

(18)动火审批手续。

(19)主管部门及企业下发的有关文件及落实资料。

(20)其他安全管理资料：与同在一个施工现场的其他施工队伍的安全管理协议；与分包队伍的安全管理协议；与安全生产相关文件；通知、安全会议记录、安全监督手续等。

1.1.4　施工现场安全资料的组卷

1. 质量要求

(1)施工现场安全资料的收集、整理应随工程进度同步进行，应真实反映工程的实际情况。

(2)施工现场安全资料应保证字迹清晰，不乱涂乱改、不缺页或无破损。签字、盖章手续齐全。计算机形成的工程资料应采用内容打印、手写签名的方式。

(3)施工现场安全资料组卷时应使用原件，因各种原因不能使用原件的，应在复印件上加盖原件存放单位公章、注明原件存放处，并有经办人签字及时间。

(4)资料表格中各类名称、单位等应采用全称，不宜使用简称，资料表格应填写完整。

(5)施工现场安全资料应采用活页的形式，组卷时可以根据实际情况分册装订。

2. 组卷原则

(1)施工现场安全管理资料整理应以单位工程分别进行整理和组卷。

(2)施工现场安全管理资料组卷应按资料形成的参与单位组卷。一卷为建设单位形成的资料；二卷为监理单位形成的资料；三卷为施工单位形成的资料，各分包单位形成的资料单独组成为第三卷内的独立卷。

(3)每卷资料排列顺序为封面、目录、资料及封底。封面应包括工程名称、案卷名称、编制单位、编制人员及编制日期。案卷页号应以独立卷为单位顺序编写。

1.2　建设单位施工现场安全管理资料

(1)施工现场安全生产监管备案登记表。

应由建设单位形成报当地住房和城乡建设主管部门备案。

(2)施工现场变配电站,变压器,地上、地下管线及毗邻建筑物、构筑物资料移交单。

建设单位应在工程施工现场场地平整及槽、坑、沟土方开挖、打桩,施工前向施工单位提供施工现场及毗邻区域内变配电站,变压器,地上、地下管线资料,毗邻建筑物和构筑物的有关资料,交施工单位使用。

对一些资料不完整或有疑义时,建设单位应委托相关部门进行探查,并做好记录,经建设单位签字盖章认可后,交施工单位使用。

(3)建设工程施工许可证。

建设单位应在工程开工前,到当地住房和城乡建设主管部门办理领取建设工程施工许可证。

(4)夜间施工审批手续。

如需夜间施工,建设单位应在夜间施工前,到当地住房和城乡建设主管部门办理手续。

(5)施工合同。

(6)施工现场安全生产防护、文明施工措施费用支付统计。

建设单位应按施工合同约定,及时支付安全防护、文明施工措施费用,并应对其实施情况进行检查。

(7)建设单位向当地住房和城乡建设主管部门报送的《危险性较大的分部分项工程清单》。

建设单位应督促施工单位提出危险性较大的分部分项工程专项施工方案,建设单位将工程项目填表报当地住房和城乡建设主管部门备案。

(8)上级主管部门、政府主管部门检查记录。

包括建设单位上级主管部门、当地住房和城乡建设主管部门或其委托机构的检查记录。

1.3 监理单位施工现场安全管理资料

1. 监理安全管理资料

(1)监理合同。

监理单位与建设单位签订监理合同时,应将安全监理工作作为一项重要内容,在合同中明确。

(2)监理规划、安全监理实施细则。

项目监理部在制订监理规划时,应包括安全监理方案,并应编制专项安全监理实施细则。

(3)安全监理专题会议纪要。

项目监理部应定期召开安全监理例会及安全生产专题会议,并形成会议纪要。

2. 监理安全审核工作记录

(1)工程技术文件报审表。

施工单位应填写《工程技术文件报审表》,报送施工组织设计、安全生产管理体系及有关人员执业资格证书、危险性较大的专项施工方案等,项目监理部应及时进行审核。

(2)施工现场施工起重机械安装/拆卸报审表。

项目监理部应对施工单位报送的塔式起重机、施工升降机、电动吊篮、物料提升机械等安装/拆卸方案、机械性能检测报告、安装/拆卸人员及操作人员上岗证书、安装/拆卸单位资质等进行复核。

(3)施工现场施工起重机械验收核查表。

项目监理部应对施工单位报送的施工现场施工起重机械验收表进行核查。其中:塔吊、物料提升机、升降机应有安装告知手续。

(4)施工现场安全隐患报告书。

监理人员在实施监理过程中,发现施工现场存在重大安全隐患,施工单位不及时进行有效整改的,向建设单位和工程所在地住房和城乡建设主管部门报告。

(5)工作联系单。

监理人员在施工监理过程中发现安全措施不到位,可能产生安全隐患,认为口头指令不足以引起施工单位重视时,可填写《工作联系单》,要求施工单位进行整改,凡发出《工作联系单》的监理人员应按时复查整改结果,并在监理日记中记录说明。施工单位整改后应及时书面回复。

(6)监理通知。

监理人员在施工监理过程中,发现安全隐患,及时签发《监理通知》,要求施工单位限期整改,并抄报建设单位。施工单位整改后应有书面回复,监理人员应按时复查整改结果。

(7)工程暂停令。

监理人员在施工监理过程中,发现施工现场存在重大安全隐患,总监理工程师应及时签发《工程暂停令》,暂停部分或全部在施工程的施工,责令限期整改,并抄报建设单位。施工单位整改后应书面回复,经监理人员复查合格,总监理工程师批准后,方可复工。

(8)工程复工报审表。

项目监理部发出《工程暂停令》后,施工单位应立即停止施工,组织人员查找原因制定措施,进行整改。自行检查合格后,填写《工程复工报审表》,报项目监理部,经监理复查合格,总监理工程师批准后方可复工。

(9)安全生产防护、文明施工措施费用支付申请表。

施工单位应按合同约定向监理单位提出安全生产防护、文明施工措施费用支付申请。

(10)安全生产防护、文明施工措施费用支付证书。

项目监理部收到施工单位申请支付安全生产防护、文明施工措施费用表,审查后应填写安全生产防护、文明施工措施费用支付证书,向建设单位提出安全生产防护、文明施工措施费用支付证书。

(11)施工单位安全生产管理体系审核资料。

项目监理部应审查施工单位报送的安全生产管理机构、安全生产责任制、安全管理规章制度等资料。

(12)施工单位专项安全施工方案及工程项目应急救援预案审核资料。

项目监理部应及时进行审查。

1.4 施工单位施工现场安全管理资料

1. 安全控制管理资料

(1)施工现场安全生产管理概况表。

项目经理部应将工程基本信息、相关单位情况和施工现场安全管理组织及主要安全管理人员情况,填写施工现场安全生产管理概况表,向当地住房和城乡建设主管部门施工安全监督机构备案,并报建设单位、监理单位备案。

(2)施工现场重大危险源识别汇总表。

项目经理部应对施工现场存在的重大危险源进行识别汇总,并报项目监理部备案。

(3)施工现场重大危险源控制措施表。

项目经理部对施工过程中可能出现的重大危险源事前应进行评价,制定重大危险源控制措施,每张表格只记录一种危险源,按住房和城乡建设部建质〔2009〕87号关于印发《危险性较大的分部分项工程安全管理办法》的通知,由项目经理批准实施,并报项目监理部备案。

(4)施工现场危险性较大的分部分项工程专项施工方案表。

危险性较大的分部分项工程应编制专项施工方案。专项施工方案经施工单位技术负责人批准,报项目监理部审查认可后,报项目所在地住房和城乡建设主管部门施工安全监督机构。

(5)施工现场超过一定规模危险性较大的分部分项工程专家论证表。

危险性较大的分部分项工程专项安全施工方案应经专家论证。项目经理部应编制专项安全施工方案,组织专家组进行论证,并填写此表进行记录。作为专项安全施工方案的附件,一并报项目监理部核查确认后,报项目所在地住房和城乡建设主管部门施工安全监督机构备案。

(6)施工现场安全技术交底汇总表。

项目经理部应将各项安全技术交底按照作业内容及施工先后顺序依次汇总,存放施工现场,以备查验。并报项目监理部备案。

(7)施工现场安全技术交底表。

分部分项工程施工前及有特殊风险项目作业前,应由项目技术负责人对施工作业人员进行书面安全技术交底,并填写此表,存放施工现场,以备查验。

(8)施工现场作业人员安全教育记录。

项目经理部对新入场、转场及变换工种的施工人员必须进行安全教育,经考试合格后方准上岗作业;同时应对施工人员每年至少进行两次安全生产培训,并对被教育人员、教育内容、教育时间等基本情况进行记录。

(9)施工现场安全事故原因调查表。

施工现场凡发生生产安全事故的,应按照此表的要求进行原因调查与分析并记录。报项目监理部备案。

(10)施工现场特种作业人员登记表。

电工、焊割工、架子工、起重机械作业工(包括司机、安装/拆卸、信号指挥等)、场内机动车驾驶等特种作业人员上岗前,项目经理部应审查特种作业人员的操作证,核对资格证原件后在复印件上盖章并由项目经理部存档,并报项目监理部核查。

(11)施工现场地上、地下管线保护措施验收记录表。

施工现场应在平整场地,槽、坑、沟土方开挖前,编制地上、地下管线保护措施,由项目技术负责人组织相关人员进行审查，并报项目监理部审查。

(12)施工现场安全防护用品合格证及检测资料登记表。

项目经理部对采购和租赁的安全防护用品和涉及施工现场安全的重要物资，应认真审核生产许可证、产品合格证、检测报告等相关文件，按此表予以登记存档。

(13)施工现场施工安全日志表。

施工安全日志应由专职安全员按照日常安全活动和安全检查情况，逐日记录。

施工安全日志应装订成册(防拆的)，页次、日期应连续，不得缺页缺日，填写错可划“×”作废，但不能撕掉。工程项目部安全负责人应定期对安全日志进行检查，并签名示以负责。

(14)施工现场班(组)长班前讲话记录表。

各作业班(组)长于每班工作开始前必须对本班(组)全体人员进行班前安全交底，本表可以班(组)为单位或工程项目为单位装订成册。由安全员将班(组)活动记录，以天装订，然后按日期顺序成册。定期对其内容、活动情况进行讲评。

(15)施工现场安全检查隐患整改记录表。

项目安全负责人组织检查过程中，针对存在的安全隐患填写此表。其中应包括检查情况及安全隐患、整改要求、整改后复查情况等内容，并签字负责。

(16)监理通知回复单。

项目负责人接到监理通知后应积极组织整改，整改自行检查符合要求后，填写此表，报项目监理部复查。

(17)施工现场安全生产责任制。

项目经理部应将现场安全机构设置、制度、生产安全目标、管理责任书形成文字，并公布在施工现场，并报项目监理部备案。

(18)施工现场总分包安全管理协议书。

总分包应签订安全管理协议书，落实有关安全事项，并形成文件。并报项目监理部备案。

(19)施工现场施工组织设计及专项安全技术措施。

项目经理部应针对工程项目编制施工组织设计及专项安全技术措施，并报项目监理部备案。

(20)施工现场冬雨风期施工方案。

项目经理部应对冬雨期、台风期施工的项目，制订针对性的专项施工方案，即冬期施工方案、雨期防雨防涝方案、防台风方案等，并应有检查记录，以保证工程质量和施工正常进行。并报项目监理部备案。

(21)施工现场安全资金投入记录。

项目经理部应在工程开工前编制安全资金投入计划，并取得项目监理部的认可，并以月为单位对项目安全资金使用情况进行小结，并报项目监理部备案。

(22)施工现场生产安全事故应急预案。

项目经理部应编制生产安全事故应急预案，成立应急救援组织，配备必要的应急救援器材和物资。对全体施工人员进行培训，定期组织演练，并有相应的记录，并报建设单位、项目监理部备案。

(23)施工现场安全标识。

施工现场各类安全标识发放、使用情况应进行登记；现场安全标识设置应与施工现场安全标识布置平面图相符，使安全标识起到应有的效果。

(24)施工现场自身检查违章处理记录。

施工现场的违章作业、违章指挥及处理整改情况应及时进行记录,建立违章处理记录台账。

(25)本单位上级管理部门、政府主管部门检查记录。

记录本单位上级管理部门、政府主管部门来施工现场检查的有关情况,检查出的不足之处,整改建议等。

2. 施工现场消防保卫安全管理资料

(1)施工现场消防重点部位登记表。

项目经理部应根据施工总平面图中消防设施布置将施工现场消防重点部位进行登记。如施工现场消防重点部位发生变化后,应重新进行登记,登记表应保持与现场实际情况一致。并报建设单位、项目监理部备案。

(2)施工现场用火作业审批表。

作业人员每次用火作业前,必须到项目经理部办理用火申请,经项目经理部审批同意后,方可用火作业。

(3)施工现场消防保卫定期检查表。

项目经理部安全负责人应根据施工消防的要求,定期组织有关人员对施工现场消防、保卫设施进行检查,并按此表进行记录。

(4)施工现场居民来访记录。

施工现场应设置居民来访接待室,对居民来访内容进行登记,并记录处理结果。

(5)施工现场消防设备平面图。

施工现场消防设施、器材平面图应明确现场各类消防设施、器材的布置位置和数量,并报项目监理部核查。

(6)施工现场消防保卫制度及应急预案。

项目经理部应制定施工现场的保卫消防制度、现场消防保卫管理方案、重大事件、重大节日管理方案、现场火灾应急救援预案和消防安全操作规程等相关技术文件,并将文件向有关人员进行交底。并报项目监理部审查。

(7)施工现场消防保卫协议。

建设单位与总包单位、总包单位与分包单位必须签订现场保卫消防协议,明确各方相关责任,协议必须履行签字、盖章手续,并报项目监理部备案。

(8)施工现场消防保卫组织机构及活动记录。

施工现场应设立消防保卫组织机构,成立义务消防队,定期组织教育培训和消防演练,各项活动应有文字和图片记录。并报项目监理部备案。

(9)施工现场消防审批手续。

项目经理部应在工程施工前,到当地消防部门进行申报登记,以便消防部门了解施工现场的消防布置,取得审批手续,并将消防安全许可证存档,以备查验。并报项目监理部核查。

(10)施工现场消防设施、器材维修记录。

施工现场各类消防设施、器材,应经项目经理部验收合格,并应定期对消防设施、器材进行检查,以及按使用期限及时更换、补充、维修等。并应形成文字记录。

(11)施工现场防火等高温作业施工安全措施及交底。

施工现场防火等高温作业施工时,应制定相关的防中暑、防火灾的安全防范技术措施,并对所有参与防火作业的施工人员进行书面交底,所有被交底人必须履行签字手续,并报项目监理部备案。

(12)施工现场警卫人员值班、巡查工作记录。

施工现场警卫人员应在每班作业后填写警卫人员值班、巡查工作记录，对当班期间主要事项进行登记。

3. 脚手架安全管理资料

(1)施工现场钢管扣件式脚手架支撑体系验收表。

钢管扣件式脚手架支撑体系应根据实际情况分段、分部位，由施工单位项目技术负责人组织相关单位人员验收。六级以上大风及大雨后、停用超过一个月均要进行相应的检查验收，并报项目监理部备案。

(2)施工现场落地式悬(挑)脚手架搭设验收表。

落地式或悬挑脚手架搭设完成，施工单位项目技术负责人应组织有关单位人员验收。六级以上大风及大雨后、停用超过一个月均要进行相应的检查，并报项目监理部备案。

(3)施工现场工具式脚手架安装验收表。

包括门式外挂脚手架、吊篮脚手架、附着式升降脚手架、卸料平台等。由施工单位项目技术负责人组织有关单位验收，并报项目监理部备案。

(4)施工现场脚手架、卸料平台和支撑体系设计及施工方案。

落地式钢管扣件式脚手架、工具式脚手架、卸料平台及支撑体系等应在施工前编制相应专项施工方案，应按施工方案进行搭设、安装，保证脚手架安全。施工方案应存放施工现场备查，并报项目监理部备案。

4. 基坑支护与模板工程安全管理资料

(1)施工现场基坑支护验收表。

基坑支护完成后施工单位应组织相关单位按照设计文件、施工组织设计、施工专项方案及相关规范进行验收，并报项目监理部审查。

(2)施工现场基坑支护沉降观测记录表。

(3)施工现场基坑支护水平位移观测记录表。

基坑支护沉降观测和水平位移观测，施工单位和专业承包单位应按规定指派专人对基坑、土方、护坡开挖及开挖后的支护结构进行监测。项目监理部对监测的程序进行审核。如发现监测数据异常，应立即采取必要的措施纠正。

(4)施工现场人工挖孔桩防护检查表。

人工挖孔桩工程应编制专项施工方案。超过 16m 时应进行专家论证。项目经理部应每天派专人对人工挖孔桩作业进行安全检查。项目监理部应定期对检查表及实物进行抽查。

(5)施工现场特殊部位气体检测记录表。

对人工挖孔桩和密闭空间等施工中，可能存在有害气体的场所应有专项施工方案。应在每班作业前进行气体检测，并报项目监理部备案。

(6)施工现场模板工程验收表。

模板工程应按工程施工质量验收规范进行验收。对一些特殊的模板工程；高度大于 8m，如跨度 18m 以上梁的模板、施工总荷载 15kN/m^2 及以上、集中荷载 20kN/m^2 及以上；以及大面积满堂红支模等，在施工组织设计、专项施工方案中应明确进行稳定性、强度等安全验收时，除按规范验收外，还应专门对安全性进行验收，并报项目监理部审查。

(7)施工现场基坑、土方、护坡及模板施工方案。

基坑、土方、护坡、模板施工必须按有关规定做到有方案、有审批；模板工程还应有设计计算书。方案报项目监理部审查认可。

5.“三宝”、“四口”及“临边”防护安全管理资料

(1)施工现场“三宝”、“四口”及“临边”防护检查记录表。

施工现场“三宝”、“四口”及“临边”防护应按当地住房和城乡建设主管部门的规定定期进行检查。当地没有具体规定的，每周至少应检查一次。凡出现风、雨天气过后及每升高一层施工时，都应及时进行检查，并报项目监理部备案。

每发现一个人、一处存在安全防护措施不到位的情况应及时做出处理，并责成立即改正。

(2)施工现场“三宝”、“四口”及“临边”防护措施方案。

项目经理部应在施工组织设计或有关专项安全技术方案中对“三宝”、“四口”及“临边”防护做出详细规定，包括材料器具的品种、规格、数量、安装方式、质量要求及安装时间、责任人等。

6. 临时用电安全管理资料

(1)施工现场施工临时用电验收表。

施工现场临时用电架设安装完成后必须由总包单位组织验收，合格后方可使用，验收时可根据施工进度分项、分回路进行。项目监理部对验收资料及实物进行核查。

(2)施工现场电气线路绝缘强度测试记录表。

电气线路绝缘测试包括临时用电动力、照明线路等绝缘强度测试，可按系统回路进行测试，测试结果报项目监理部备案。

(3)施工现场临时用电接地电阻测试记录表。

临时用电接地电阻测试包括临时用电系统、设备的重复接地、防雷接地、保护接地以及设计有要求的接地电阻测试。将测量结果报项目监理部备案。

(4)施工现场电工巡检维修记录表。

施工现场电工应按有关要求进行巡检维修，并由值班电工每日填写记录表。项目安全负责人要定期进行检查，以保证巡检维修的到位有效。

(5)施工现场临时用电施工组织设计及变更资料。

临时用电设备在5台及以上或设备总容量在50kW及以上者，均应编制临时用电施工组织设计，并按《施工现场临时用电安全技术规范》(JGJ 46)的要求进行审批手续。如发生变更应重新办理审批手续，并报项目监理部备案。

(6)施工现场总、分包临时用电安全管理协议。

总包单位、分包单位必须订立临时用电管理协议，明确各方相关责任，协议必须履行签字、盖章手续，并报项目监理部备案。

(7)施工现场电气设备测试、调试技术资料。

电气设备的测试、检验单和精度记录应由设备生产者或专业维修者提供。

7. 施工升降机安全管理资料

(1)施工现场施工升降机安装/拆卸任务书。

施工升降机械安装/拆卸均应有明确的任务书，以保证安装质量和落实安装/拆卸的安全责任。

(2)施工现场施工升降机安装/拆卸安全和技术交底记录表。

施工升降机安装/拆卸任务书下达后，安装/拆卸单位安全负责人、技术负责人应对升降机安装/拆卸的安全、技术措施进行详细的安全技术交底，以保证安装/拆卸质量和安全。

(3)施工现场施工升降机基础验收表。

施工升降机基础验收应根据升降机安装技术要求的承载力、强度、基础尺寸、底脚螺栓规格数量等进行。基础完工后达到一定强度,升降机安装前应进行全面验收。

(4)施工现场施工升降机安装/拆卸过程记录表。

施工升降机安装/拆卸施工中,应对各安装/拆卸环节情况进行记录,包括各项工作的分工,每个施工人员的工作内容以及周围环境安装/拆卸过程中的一些情况,以便验收时了解安装/拆卸全过程的情况。

(5)施工现场施工升降机安装验收记录表。

施工升降机安装验收是在升降机安装完毕,由安装单位组织有关单位负责人进行全面验收,判定是否符合标准。特别是试运行及坠落试验以及安全装置,应经过实地试验和检查。报项目监理部核查。日常和定期检查参照此表执行。

(6)施工现场施工升降机接高验收记录表。

施工升降机每次接高都应经过验收后才能运行使用。在接高过程中应按《施工现场施工升降机安装/拆卸过程记录表》进行记录,接高完成后应按《施工现场施工升降机接高验收记录表》的内容检查验收记录,并报项目监理部核查。

(7)施工现场施工升降机运行记录。

施工升降机在使用过程中,每日应对运行情况进行记录,并对发生的事项详细记录。每周使用单位的负责人应检查记录。

(8)施工现场施工升降机维修保养记录。

施工升降机应由产权单位负责定期维修保养。

(9)施工现场机械租赁、使用、安装/拆卸安全管理协议书。

出租和承租双方应签订租赁合同和安全管理协议书,明确双方安全责任和义务,并报项目监理部备案。

(10)施工现场施工升降机安装/拆卸方案。

施工升降机安装前,应编制设备的安装/拆卸方案,经安装/拆卸单位技术负责人审核批准后方可进行作业。

(11)施工现场施工升降机安装/拆卸报审报告。

施工升降机安装/拆卸报审报告,按当地住房和城乡建设主管部门规定执行。

(12)施工现场施工升降机使用登记台账。

施工单位应建立施工升降机使用台账,每台机械使用情况应详细记录。

(13)施工现场施工升降机登记备案记录。

内容有设备登记编号、使用情况登记资料、安装告知手续等。

8. 塔式起重机及起重吊装安全管理资料

(1)施工现场塔式起重机安装/拆卸任务书。

塔式起重机安装/拆卸均应有专项任务书,以保证安装质量和落实安装/拆卸的安全责任。

(2)施工现场塔式起重机安装/拆卸安全和技术交底。

塔式起重机安装/拆卸任务下达后,安装/拆卸单位的安全负责人、技术负责人应对塔式起重机安装/拆卸的安全和技术措施进行详细交底,以确保安装/拆卸的质量和安全。

(3)施工现场塔式起重机基础验收记录表。

塔式起重机基础验收应根据塔式起重机安装技术要求的承载力、场地环境、固定支脚、基础的尺寸、平整度及预埋螺栓情况、接地电阻等，在塔式起重机安装前进行一次全面验收，以保证塔式起重机安装和使用期间的安全。

(4)施工现场塔式起重机轨道验收记录表。

轨道行走式塔式起重机轨道验收应根据安装技术要求进行全面检查验收。对其路基碎石厚度、钢轨接头、轨距、轨顶面倾斜度及接地装置等在钢轨铺设完成塔吊安装前进行全面检查验收。

(5)施工现场塔式起重机安装/拆卸过程记录表。

塔式起重机安装/拆卸过程中，应对安装/拆卸过程中的有关环节情况进行记录，包括各项工作的分工、每个人员的工作内容、重点环节的检查等一些情况，以便验收检查时了解安装/拆卸过程的情况。

(6)施工现场塔式起重机附着检查记录表。

塔式起重机安装过程或安装后，或每次提升后增加的附着都应进行全面检查合格。

(7)施工现场塔式起重机顶升检验记录表。

塔式起重机需要顶升的委托原安装单位或具有相应资质的安装单位按照专项施工方案实施。每次顶升完毕，使用单位组织有关人员进行检查验收，合格后才能投入使用。并报项目监理部备案。

(8)施工现场塔式起重机安装验收记录表。

塔式起重机安装完成后，安装/拆卸单位应先自行检查合格。总包单位应组织施工单位、有关分包单位等有关人员进行全面检查验收，须进行检测的应委托有相应资质的检测单位检测合格后才能投入使用。并报项目监理部审查。日常和定期检查参照此表执行。

(9)施工现场塔式起重机安装垂直度测量记录表。

由安装单位测量，按此表记录，报施工单位及租赁单位。

(10)施工现场塔式起重机运行记录表。

这是一张通用表格。施工现场使用的塔式起重机、施工电梯、移动式起重机、物料提升机等起重机械操作人员应在每班作业后填写，运行中如发现设备有异常情况，应立即停机检查报修，排除故障后方可继续运行。运行记录通常是装订成册，连续编页码，不得缺页数。起重机械运行记录每个台班都必须填写。产权单位安全负责人至少应每周审查一次，签字负责。运行记录由设备产权单位和使用单位存档。

(11)施工现场塔式起重机维修保养记录表。

塔式起重机在使用过程中，应按设备使用说明书要求定期请专业人员对设备进行维修保养。维修保养工作应由设备租赁单位或产权单位负责按期进行。机械设备都应在维修保养的有效期内使用。

(12)施工现场塔式起重机检查记录表。

由施工单位组织有关人员定期或雨天、风天、停用一周之后的塔式起重机进行检查。

(13)施工现场塔式起重机租赁、使用、安装/拆卸安全管理协议书。

租赁的塔式起重机等施工机具，出租和承租双方应签订租赁合同，并签订使用、安装/拆卸过程中的安全管理协议书，明确双方在租赁、使用期间、安装/拆卸过程中的安全责任和义务。委托安装/拆卸单位安装/拆卸塔式起重机时，还应签订安装/拆卸合同，也应明确安装/拆卸安全责任。塔式起重机的安装/拆卸单位资质、相关人员的资格证书，及设备统一编号存档备查。并报项目监理部备案。

(14)施工现场塔式起重机安装/拆卸方案及群塔作业方案、起重吊装作业专项施工方案。

塔式起重机安装/拆卸、起重吊装作业等必须编制专项施工方案，涉及群塔(2 台及以上)作业时必须制定相应的方案和措施，确保每个相邻塔式起重机之间的安全距离。制定起重作业的安全措施，并绘制平面布置图。并报项目监理部核查。

(15)施工现场塔式起重机安装/拆卸报审报告。

报审报告按当地住房和城乡建设主管部门规定执行。

(16)施工现场塔式起重机机组与信号工安全技术交底。

塔式起重机使用前，总承包单位与机械出租单位应共同对塔式起重机机组人员和信号工进行联合安全技术交底，并做好记录。

9. 施工机具安全管理资料

(1)施工现场施工机具检查验收记录表。

施工机具有物料提升机械、电动吊篮、龙门吊、打桩及钻孔机械、挖掘机、装载机、混凝土泵、混凝土搅拌机、钢筋机械、木工机械等中小型机械。

施工机具检查验收由租赁单位主动向施工单位提供有关资料，提供已经过检查的有关资料及必须现场检查的部位情况。(其中 1～8 每台一验，9～10 可每棚、每房一验)

(2)施工现场施工机具安装验收记录表。

为保证施工机具正常运行和使用安全，凡进入施工现场需安装的机具都应根据实际情况进行安装验收。

(3)施工现场施工机具维修保养记录表。

施工单位自有施工机具，由项目经理部负责；租赁的由出租单位负责，建立机械设备的检查、维修和保养制度，编制设备保修计划。

(4)施工现场施工机具使用单位与租赁单位租赁、使用、安装/拆卸安全管理协议。

施工机具凡是租赁来的，使用单位与租赁单位签订租赁、使用、安装/拆卸过程中的安全管理协议，明确双方责任和义务。凡由租赁单位负责维修保养及责任安全管理的，由租赁单位建立施工机具检查、维修和保养制度，编制保修计划，保证施工机具的安全使用。

(5)施工现场施工机具安装/拆卸方案。

施工机具凡需安装/拆卸的，都必须由安装单位编制安装/拆卸施工方案。并经技术负责人批准，按施工方案进行安装/拆卸。

10. 施工现场文明生产(现场料具堆放、生活区)安全管理资料

(1)施工现场施工噪声监测记录表。

施工现场作业过程中，各类设备产生的噪声在场界边缘应符合国家有关标准。项目经理部应定期在施工现场场地边界对噪声进行监测，将监测结果填入此表，并报项目监理部备案。

(2)施工现场文明生产定期检查表。

项目经理部项目安全负责人应根据施工安全制度及施工现场文明施工的情况，组织有关人员定期对施工现场进行检查。

(3)施工现场办公室、生活区、食堂等卫生管理制度。

办公区、生活区、食堂等各类场所应制定相应的卫生管理制度、卫生设施布置图，明确各区域负责人。

(4)施工现场应急药品、器材的登记及使用记录。

施工现场应配备必要的急救药品和器材，并对药品、器材的配备品种、数量及使用情况进行登记。

(5)施工现场急性职业中毒应急预案。

施工现场应编制急性中毒应急预案,应定期演练,发生中毒事故时,保证有效启动。

(6)施工现场食堂卫生许可证及炊事人员的卫生、培训、体检证件。

施工现场设置食堂时,必须办理卫生许可证和炊事人员的健康合格证、培训证,并将相关证件在食堂明示,复印件存档备案。

(7)施工现场各阶段现场存放材料堆放平面图及责任区划分,材料保存、保管制度。

施工现场应绘制材料堆放平面图,现场内各种材料应按照平面图进行堆放,并明确各责任区的划分,确定责任人。

各种材料建立材料保存、保管、领取、使用的各项制度。抄报项目监理部备案。

(8)施工现场成品保护措施。

施工现场应制定各类成品、半成品的保护措施,并将措施落实到相关管理部门和作业人员。并报项目监理部审查。

(9)施工现场各种垃圾存放、消纳管理制度。

项目经理部应对施工现场的垃圾、建筑渣土建立处理制度,对处理结果进行检查,并及时对运输和处理情况进行记录。并报项目监理部审查。

(10)施工现场环境保护管理方案。

项目经理部应识别和评价作业过程中可能出现的环境危害因素,制定环境污染控制措施,编制项目环境保护管理方案。成立由项目经理负责的环境保护管理机构,制定相关责任制度,明确控制对象及责任人。并报项目监理部审查。

第2章　建设、监理单位施工现场安全资料用表

2.1　施工现场安全生产监管备案登记表

2.1.1　表格填写范例

施工现场安全生产监管备案登记表

表 AQ-A-1

工程名称：××大厦工程　　　　施工单位：××建设集团有限公司　　　　编号：××××

<table>
<tr><td colspan="2">工程地址</td><td colspan="2">×市×区×街×号</td><td>工程项目数</td><td colspan="3">1</td></tr>
<tr><td colspan="2">工程规模</td><td colspan="2">30000m²</td><td>结构类型</td><td>框剪</td><td>层数</td><td>20</td></tr>
<tr><td colspan="2">工程总造价</td><td colspan="2">13000 万</td><td>工程类别</td><td colspan="3">一类</td></tr>
<tr><td colspan="2">计划开工日期</td><td colspan="2">××年××月××日</td><td>计划竣工日期</td><td colspan="3">××年××月××日</td></tr>
<tr><td rowspan="3">建设单位
（盖章）</td><td rowspan="3">××房屋开发有限公司</td><td>法定代表人</td><td>×××</td><td>电话</td><td colspan="3">89××××007</td></tr>
<tr><td>项目负责人</td><td>×××</td><td>电话（手机）</td><td colspan="3">65××××023</td></tr>
<tr><td>经办人</td><td>×××</td><td>电话（手机）</td><td colspan="3">63××××074</td></tr>
<tr><td rowspan="3">监理单位
（盖章）</td><td rowspan="3">××工程监理有限公司</td><td>法定代表人</td><td>×××</td><td>电话</td><td colspan="3">88××××727</td></tr>
<tr><td>总监理工程师</td><td>×××</td><td>电话（手机）</td><td colspan="3">74××××021</td></tr>
<tr><td>资质等级</td><td>甲级</td><td>证书编号</td><td colspan="3">××××</td></tr>
<tr><td rowspan="4">施工单位
（盖章）</td><td rowspan="4">××建设集团有限公司</td><td>法定代表人</td><td>×××</td><td>电话</td><td colspan="3">65××××044</td></tr>
<tr><td>项目经理</td><td>×××</td><td>电话（手机）</td><td colspan="3">52××××008</td></tr>
<tr><td>项目技术负责人</td><td>×××</td><td>电话（手机）</td><td colspan="3">83××××015</td></tr>
<tr><td>资质等级</td><td>总承包一级</td><td>证书编号</td><td colspan="3">××××</td></tr>
<tr><td>项目安全员</td><td colspan="3">岗位证书编号</td><td colspan="4">备　注</td></tr>
<tr><td>×××</td><td colspan="3">（京建安 C）×××××</td><td colspan="4">138××××5678</td></tr>
<tr><td>×××</td><td colspan="3">（京建安 C）×××××</td><td colspan="4">139××××1234</td></tr>
<tr><td>…</td><td colspan="3"></td><td colspan="4"></td></tr>
<tr><td colspan="4">建设单位（公章）
××房屋开发有限公司
经办人：×××　　　××年××月××日</td><td colspan="4">住房城乡建设主管部门（或质量安全监督站）
施工安全监督机构（公章）
××市××区质量安全监督站
经办人：×××　　　××年××月××日</td></tr>
</table>

注：本表由施工单位填报，当地住房和城乡建设主管部门、建设单位、监理单位、施工单位各存一份。

2.1.2 表格填写依据

(1)《建设工程施工现场安全资料管理规程》(CECS 266—2009)。

(2)《建设工程安全生产管理条例》(国务院令第 393 号)。

(3)《建筑施工企业主要负责人、项目负责人和专职安全生产管理人员安全生产考核管理暂行规定》。

2.1.3 表格解析指南

1. 工程类别

建筑工程类别的划分可参考表 2-1。

表 2-1 建筑工程类别的划分

项目				一类	二类	三类	四类
工业建筑	单层厂房	跨度	m	＞24	＞18	＞12	≤12
		檐高	m	＞20	＞15	＞9	≤9
	多层厂房	面积	m^2	＞8000	＞5000	＞3000	≤3000
		檐高	m	＞36	＞24	＞12	≤12
民用建筑	住宅	层数	层	＞24	＞15	＞7	≤7
		面积	m^2	＞12000	＞8000	＞3000	≤3000
		檐高	m	＞67	＞42	＞20	≤20
	公共建筑	层数	层	＞20	＞13	＞5	≤5
		面积	m^2	＞12000	＞8000	＞3000	≤3000
		檐高	m	＞67	＞42	＞17	≤17
	特殊建筑			Ⅰ级	Ⅱ级	Ⅲ级	Ⅳ级
构筑物		烟囱	高度 m	＞100	＞60	＞30	≤30
		水塔	高度 m	＞40	＞30	≤30	砖水塔
		筒仓	高度 m	＞30	＞20	≤20	砖水塔
		贮池	容量 m^3	＞2000	＞1000	＞500	≤500

2. 结构类型

按建筑物以其结构类型的不同,可以分为砖木结构、砖混结构、钢筋混凝土结构和钢结构四大类。

(1)砖木结构

用砖墙、砖柱、木屋架作为主要承重结构的建筑,如大多数农村的屋舍、庙宇等。这种结构建造简单,材料容易准备,费用较低。

(2)砖混结构

砖墙或砖柱、钢筋混凝土楼板和屋顶承重构件作为主要承重结构的建筑,这是目前在住宅建筑中建造量最大、采用最普遍的结构类型。

(3)钢筋混凝土结构

即主要承重构件包括梁、板、柱全部采用钢筋混凝土结构，此类结构类型主要用于大型公共建筑、工业建筑和高层住宅。

钢筋混凝土建筑里又有框架结构、框架-剪力墙结构、框-筒结构等。目前 25～30 层左右的高层住宅通常采用框架-剪力墙结构。

(4)钢结构

主要承重构件全部采用钢材制作，它自重轻，能建超高摩天大楼，又能制成大跨度、高净高的空间，特别适合大型公共建筑。

3. 三类人员

建筑企业“三类人员”是指，建筑施工企业主要负责人、项目负责人和专职安全生产管理人员。

根据《建筑施工企业主要负责人、项目负责人和专职安全生产管理人员安全生产考核管理暂行规定》的规定。

(1)建筑施工企业主要负责人，是指对本企业日常生产经营活动和安全生产工作全面负责、有生产经营决策权的人员，包括企业法定代表人、经理、企业分管安全生产工作的副经理等。建筑施工企业项目负责人，是指由企业法定代表人授权，负责建设工程项目管理的负责人等。建筑施工企业专职安全生产管理人员，是指在企业专职从事安全生产管理工作的人员，包括企业安全生产管理机构的负责人及其工作人员和施工现场专职安全生产管理人员。

(2)建筑施工企业管理人员应当具备相应文化程度、专业技术职称和一定安全生产工作经历，并经企业年度安全生产教育培训合格后，方可参加建设行政主管部门组织的安全生产考核。

(3)建筑施工企业管理人员安全生产考核合格证书有效期为三年。有效期满需要延期的，应当于期满前三个月内向原发证机关申请办理延期手续。

(4)建筑施工企业管理人员在安全生产考核合格证书有效期内，严格遵守安全生产法律法规，认真履行安全生产职责，按规定接受企业年度安全生产教育培训，未发生死亡事故的，安全生产考核合格证书有效期届满时，经原安全生产考核合格证书发证机关同意，不再考核，安全生产考核合格证书有效期延期三年。

2.2 施工现场变配电站、变压器及地上、地下管线及毗邻建筑物、构筑物资料移交单

2.2.1 表格填写范例

施工现场变配电站、变压器及地上、地下管线及毗邻建筑物、构筑物资料移交单

表 AQ-A-2

工程名称:××大厦工程　　施工单位:××建设集团有限公司　　编号:××××

建设单位		××房屋开发有限公司	工程地点		×市×区×街×号
施工单位		××建设集团有限公司	监理单位		××工程监理有限公司
资料名称			份数	页数	备注
1	地下××管线		3	56	
2	××型号变压器		1	5	
3	…				
4					
5					
6					
建设单位(章) (印章:××房屋开发有限公司) 移交人:×××　××年××月××日			施工单位(章) (印章:××建设集团有限公司) 接收人:×××　××年××月××日		

注:本表由建设单位填写,建设单位、监理单位、施工单位各存一份。

2.2.2　表格填写依据

(1)《城市地下管线工程档案管理办法》(建设部令第 136 号)。

(2)《关于进一步加强城市地下管线保护工作的通知》(建质[2010]126 号)。

(3)《建设工程施工现场安全资料管理规程》(CECS 266—2009)。

2.2.3　表格解析指南

1. 地下管线安全保护责任

(1)施工单位未收到建设单位提供的管线资料但在交接手续上盖章签字的,管线损坏事故主要责任由施工单位承担。

(2)建设单位应当向施工单位提供施工现场及毗邻区域内基础设施管线资料。基础设施管线资料应当真实、准确、完整。

(3)建设单位未取得基础设施管线资料或者管线资料不齐全、不准确时要求施工单位动土施工的,建设单位承担管线损坏的主要责任。

(4)建设单位未及时提供地下管线资料造成管线损坏的,对建设单位按相关规定进行处罚;建设单位对管线损坏负有责任的,应当依法承担民事责任。

(5)建设单位必须向施工单位提供施工现场地下管线资料,施工单位应当采取安全保护措施。施工作业损坏地下管线,施工单位须立即通知地下管线权属单位和有关部门进行处理,同时采取应急保护措施,承担相应责任。

2. 建设单位的安全生产管理

建设单位安全生产管理工作主要是防控在建设过程中由于勘探、设计、技术方案、施工管理等方面出现的问题,以及危及周边地面建(构)筑物、市政基础设施和工程结构安全及各类事故的发生。

(1)建设单位在工程项目开工前,应根据相关要求向施工单位提供施工现场及毗邻区域内地上、地下管线和毗邻建筑物、构筑物的有关资料。并填写《施工现场变配电站、变压器及地上、地下管线及毗邻建筑物、构筑物资料移交单》(表 AQ-A-2)。

(2)如对上述资料有疑义时,建设单位应委托相关单位根据资料情况组织探查,并做好探查记录。如探查有差异时,建设单位应报请相关管线产权单位予以确认或安排施工单位采取人工坑探、雷达监测等手段进行复核,复核后经建设单位签字、盖章认可方可施工,复核费用由建设单位承担。

(3)建设单位在工程施工前,应向地下管线档案管理机构、地下管线权属单位取得施工现场地下管线资料。建设单位在申请领取施工许可证时,应当提供有关地下管线安全施工措施的资料。

(4)设计文件与地下实际情况不相符的,建设单位应协调设计单位完善设计,凡没有详细设计图纸的,施工单位不得擅自施工。

(5)工程开工前,建设单位要组织工程建设沿线环境安全排查,明确风险源等级,建立风险源管理台账,制定风险源安全管理措施;要组织工程影响范围内的地下孔洞探查,向施工、监理单位提供地下孔洞探查结果,并办理书面交接手续;要组织工程建设安全交底,对工程建设涉及的风险源、地层孔洞、管线等进行全面细致的安全交底,并形成安全交底书面记录。没有建立风险源管理台账并备案或没有进行地层孔洞、管线探查,施工环境情况不明的或没有组织工程建设安全交底的,不得组织施工。

3. 建设单位地上、地下管线资料获取方式

(1)向城建档案机构查询。

(2)向供水、排水、供电、供气、供热、通信、广播电视等管线的档案管理机构、管线权属单位查询。

(3)委托勘察单位探测查明。

(4)其他管线资料获得方式。

2.3 工程技术文件报审表

2.3.1 表格填写范例

工程技术文件报审表

表 AQ-B2-1

工程名称：××大厦工程　　施工单位：××建设集团有限公司　　编号：××××

现报上关于＿××大厦工程安全措施方案＿工程技术文件，请予以审定。

序号	类别	编制人	册数	页数	
1	安全方案	×××	3	363	

编制单位名称：××建设集团有限公司××工程项目部

技术负责人：×××　　申报人：×××

日期：××年××月××日

施工单位审核意见：同意上报施工组织设计方案

☑有/□无　附页

施工单位名称：××建设集团有限公司　　审核人：×××　　审核日期：××年××月××日

监理单位审核意见：

审定结论：☑同意　　□修改后再报　　□重新编制

监理单位名称：××工程监理有限公司　　(总)监理工程师：×××　　日期：××年××月××日

注：本表由施工单位填报，建设单位、监理单位、施工单位各存一份。

2.3.2　表格填写依据

(1)《建设工程监理规范》(GB 50319—2013)。

(2)《建设工程施工现场安全资料管理规程》(CECS 266—2009)。

2.3.3　表格解析指南

(1)审查施工组织设计中的安全技术措施，主要审查的内容：

1)安全技术措施的内容应符合工程建设强制性标准；

2)应编制危险性较大的分部分项工程一览表及相应的专项施工方案，并且符合有关规定；如果分阶段编制，应有编制计划；

3)生产安全事故应急预案的编制情况；

4)冬期、雨期等季节性安全施工方案的制订应符合规范要求；

5)施工总平面布置应符合有关安全、消防的要求；

6)总监理工程师认为应审核的其他内容。

(2)审查危险性较大的分部分项工程的专项施工方案，主要审查的内容：

1)专项施工方案的编制、审核、批准签署齐全有效；

2)专项施工方案的内容应符合工程建设强制性标准；

3)应组织专家论证的，已有专家书面论证审查报告，论证审查报告的签署齐全有效；

4)专项施工方案应根据专家论证审查报告中提出的结论性意见进行完善。

(3)审查施工现场及毗邻建筑物、构筑物和地下管线等的专项保护措施：

1)监理工程师应参加建设单位向施工单位提供施工现场及毗邻区域内地上、地下管线资料和相邻建筑物、构筑物、地下工程的有关资料的移交，并在移交单上签字；

2)开工前，监理工程师应审查施工单位制定的对毗邻建筑物、构筑物和地下管线等专项保护措施，总监理工程师在《工程技术文件报审表》上签署意见。当专项保护措施不满足要求时，总监理工程师应要求施工单位修改后重新报批。

2.4 施工现场起重机械安装/拆卸报审表、验收核查表、旁站记录表

2.4.1 表格填写范例

施工现场起重机械安装/拆卸报审表

表 AQ-B2-2

工程名称:××大厦工程　　施工单位:××建设集团有限公司　　编号:××××

工程地点	×市×区×街×号	项目经理	×××
租赁单位	××建筑机械租赁有限公司	安装/拆卸单位	××建筑机械安装有限公司
起重机械名称及型号	自升塔 QTE160	起重机械登记编号	××××

致:××工程监理有限公司(监理单位)

我方已完成对 A塔 安装/拆卸方案及安装资质、定期检测报告、人员上岗证等资料的审查,请你单位复核。

附:1. 专项安装/拆卸方案;有☑ 无 □
2. 起重机械合格证及设备出厂前自检合格证明;有 ☑ 无 □
3. 操作人员及安装/拆卸人员上岗证书;有 ☑ 无 □
4. 安装/拆卸单位资质;有 ☑ 无 □
5. 群塔作业施工方案;有 ☑ 无 □
6. 其他资料。

项目机械设备管理负责人:×××
项目安全负责人:×××
项目经理:×××　　××年××月××日

监理意见:方案合理,符合要求,同意塔机安装。

(总)监理工程师(签字):×××　　××年××月××日

注:本表由施工单位填写,监理单位、施工单位、租赁单位各存一份。

施工现场起重机械验收核查表

表 AQ-B2-3

工程名称：××大厦工程　　施工单位：××建设集团有限公司　　编号：××××

工程地点	×市×区×街×号	项目经理	×××
租赁单位	××建筑机械租赁有限公司	安装/拆卸单位	××建筑机械安装有限公司
起重机械名称及型号	自升塔 QTE160	起重机械登记编号	××××

致 ××工程监理有限公司 (监理单位)：

根据本市建设工程安全监理工作要求 ××大厦 工程的 自升塔 QTE160 等施工起重机械已验收合格，验收手续已齐全，现将有关资料报送给你们，请查收。

附件：1. 起重机械安装验收表；
2. 塔式起重机检测报告；
3. 塔式起重机、物料提升机、施工升降机等应有安装告知手续；
4. 其他资料：

项目机械设备管理负责人：×××
施工单位项目安全负责人：×××
项目经理：×××

××年××月××日

监理意见：

符合相关法规要求，验收手续齐全，同意使用 ☑
不符合相关法规要求，验收手续不齐全，整改后再报 □

(总)监理工程师：×××　　××年××月××日

注：本表由施工单位填报，监理单位、施工单位、租赁单位各存一份。

建筑施工起重机械安装/拆卸旁站监理记录表

表 AQ-B2-4

工程名称:××大厦工程　　施工单位:××建设集团有限公司　　编号:××××

作业日期	××年××月××日	天气	晴 35℃	风力	1~2 级
起重机械名称	塔式起重机		自编号	机一0505	
型　　号	QTE 160		安装位置	主体北侧 5m⑧轴处(见附图)	
安装类别	☑安装　□顶升/加节/附墙　□拆卸				
总承包单位	××建设集团有限公司				
使用单位	××建筑劳务公司				
安装/拆卸单位	××建筑机械安装有限公司				
旁站监理时间	××年××月××月××时××分至××时××分				

1. 安装/拆卸前是否已履行监理报审手续?　☑有　□没有。
2. 安装/拆卸前是否已办理告知手续?　☑有　□没有。

3. 总承包单位专职安全生产管理人员到位情况:专职安全员一名×××到现场。
4. 使用单位专职设备管理人员、专职安全生产管理人员到位情况:专职设备管理员×××、专职安全员×××到现场。
5. 安装/拆卸单位专业技术人员、专职安全生产管理人员到位情况:技术员两名、专职安全员一名。
6. 安装/拆卸单位安全技术交底情况:已在××年××月××日安装前在现场进行了安全技术交底。
7. 安装/拆卸特种作业人员到位情况:是否与方案相符?　☑符合　□不符合,
　证书与人员是否相符?　☑符合　□不符合。
8. 安装/拆卸准备情况是否符合专项方案要求?　☑符合　□不符合。
9. 安装/拆卸应急救援准备情况:应急救援方案合理,通过审批。救援人员物质准备齐全。
10. 安装/拆卸作业警戒区的设立与警戒人员到位情况:已设立警戒区并设一名警戒人员。
11. 安装/拆卸作业执行专项方案情况:
　严格按照施工方案进行安装作业。
12. 其他:无。

总承包单位专职安全员(签名):××× 使用单位专职安全员(签名):××× 安装/拆卸单位项目负责人(签名): ××× ××年××月××日	旁站监理人员(签名): ××× ××年××月××日 总监理工程师(签名): ××× 审阅日期:××年××月××日

2.4.2　表格填写依据

(1)《建设工程监理规范》(GB 50319—2013)。

(2)《建设工程施工现场安全资料管理规程》(CECS 266－2009)。

2.4.3　表格解析指南

(1)施工现场起重机械拆装前，监理人员应核查拆装单位的企业资质、租赁合同、设备的定期检测报告及特种作业人员上岗证，并在相应的表格上签字；监理人员应检查其是否编制了专项拆装方案；安装完毕后监理人员应核查施工单位的安装验收手续，并在相应的表格上签字。

(2)监理工程师和安全监理人员应检查施工机械设备的进场安装验收手续，并在相应的验收表上签字。

(3)起重机械报审验收程序：

1)起重机械安装前，项目监理部应对施工单位报送的《施工现场起重机械安装/拆卸报审表》及所附资料进行程序性核查，合格后方可进行安装；

2)起重机械安装完成后，总监理工程师应组织安全监理人员对其验收程序进行核查，并在施工单位报送的《施工现场起重机械验收核查表》上签署意见；

3)起重机械拆卸前，项目监理部应对施工单位报送的《施工现场起重机械安装/拆卸报审表》及所附资料进行程序性核查，合格后方可进行拆卸。

2.5 施工现场安全隐患报告书

2.5.1 表格填写范例

施工现场安全隐患报告书

表 AQ-B2-5

工程名称:××桥梁工程　　施工单位:××建设集团有限公司　　编号:××××

××市安监站(建设行政主管部门): 由 ××建设集团有限公司 单位施工的 ××大厦 工程,存在下列安全事故隐患; 1. 基坑开挖未按施工方案进行边坡支护。 2. 基坑周边未设置防护设施。 3. 弃土未按方案要求堆放。 我单位已于 ××年 ×月 ×日发出《监理通知》/《工程暂停令》编号 ×××× ,但施工单位拒不整改/停工。 特此报告! 总监理工程师: ×××　　××年××月××日 签收人:×××　　××年××月××日

注:本表由监理单位填报,建设单位、监理单位、施工单位各存一份。

2.5.2　表格填写依据

(1)《建设工程监理规范》(GB 50319－2013)。

(2)《建设工程施工现场安全资料管理规程》(CECS 266－2009)。

2.5.3　表格解析指南

监理人员在实施监理过程中,发现施工现场存在重大安全隐患,施工单位不及时进行有效整改的,项目监理部应填写此表,向建设单位和工程所在地建设主管部门报告。

(1)施工现场安全隐患主要表现在以下几个方面:

1)施工现场布置不合理,管理混乱。

根据施工组织设计的要求,合理规范地布置施工现场,是文明施工的基本要求,也是减少施工现场安全隐患的重要一环。施工现场"五牌一图",是宣传和展示企业形象的重要平台,也是文明施工现场必备的一项。完善"五牌一图",对安全文明施工进行岗前教育非常重要。

2)施工现场临时用电不规范。

根据施工现场临时用电规范的规定,施工现场必须采用三级配电系统,必须采用 TN－S 接零保护系统,必须采用两级漏电保护系统。然而施工现场完全符合规范要求的并不多,三级配电往往做成两级配电,PE 线引出位置不对,重复接地位置和次数不对是常见的问题,为安全施工埋下隐患。

3)水平垂直运输设备安装拆卸过程控制不严格,违规操作多。

塔式起重机是施工现场非常重要的运输设备,塔式起重机的安装和顶升要求具有专业资质的单位来完成。安装过程要严格控制,许多塔式起重机倒塌的事故都是与安装过程控制不严有关。对于司机,必须经过专业培训考核合格后方可上岗,且不得违规操作,以保证施工过程中安全生产顺利进行。

4)脚手架工程搭设不规范。

脚手架的搭设是施工过程中非常重要的一个环节,脚手架在搭设过程中必须严格按照设计要求搭设,架子工必须按规范操作,高处作业必须正确佩戴安全带、安全帽。脚手架整体失稳、倒塌事故的出现,除了设计计算的原因外,未按规范施工和检测是事故发生的重要原因。

5)"三宝"、"四口"、"临边"不符合规范要求。

安全帽、安全带、安全网是减少减轻安全事故的三大法宝。在施工现场任何进场人员必须正确佩戴安全帽,高处作业人员必须正确佩戴安全带,作业区内的安全网必须按规范搭设。在楼梯口、电梯井口、预留洞口、通道口处易发生高处坠落、物体打击事故。临边防护是保护施工工人人身安全的重要措施。

(2)施工现场安全隐患的成因,主要分为人的因素和物的因素。

1)人的因素:

①企业内部的管理层,管理人员素质的高低,对安全生产、安全问题的重视程度,直接影响生产过程中安全隐患出现的几率;

②工人安全教育程度和受教育程度与事故发生率相关,安全教育体制完善,落实到位的企业,事故发生率远低于安全教育疏于形式的企业;

③施工经验丰富的管理人员、经验丰富的工人占人员比例高的企业,安全事故发生率较低。

2)物的因素:

包括施工环境、机械设备、施工材料等因素。施工环境的优劣客观上对事故发生的几率有一定的影响。机械设备的定期检查维修是减少不必要事故发生的重要措施。

2.6 安全监理工作联系单

2.6.1 表格填写范例

安全监理工作联系单

表 AQ-B2-6

工程名称:××大厦工程　　施工单位:××建设集团有限公司　　编号:××××

<table>
<tr><td>致 ××建设集团有限公司 (单位)

事由:规范工程实施过程中有关表格使用事宜

内容:为了规范项目实施过程中形成的各类文件及函件,根据本项目的实际情况,监理部将监理规范中相关表格内容作了部分修改,拟作为本项目的工作和业务联系用,接到本联系函后请仔细审阅表格内容,如有不同意见,请于××年××月××日前将意见反馈到工程项目监理部,项目监理部综合各方意见后定稿,定稿后将要求各方于××年××月××日起启用定稿表格。

(总)监理工程师:×××　　××年××月××日</td></tr>
</table>

注:本表由监理单位填写,建设单位、监理单位、施工单位各存一份。

2.6.2　表格填写依据

(1)《建设工程监理规范》(GB 50319—2013)。

(2)《建设工程施工现场安全资料管理规程》(CECS 266—2009)。

2.6.3　表格解析指南

(1)安全监理工作联系单是项目监理部发给建设单位、设计单位、施工单位、勘察单位的文件。安全监理工作联系单是监理单位为了解决工程施工中出现的难以单方面解决,需要各方相互协调时所需要由项目监理部发给各相关单位的文件。

(2)监理人员在实施监理过程中发现安全措施不到位,可能产生安全隐患,认为口头指令不足以引起施工单位的重视时,可填写《安全监理工作联系单》,提醒施工单位并要求施工单位进行整改。

2.7 安全隐患整改通知及安全隐患整改通知回复

2.7.1 表格填写范例

安全隐患整改通知

表 AQ-B2-7

工程名称：××大厦工程　　**施工单位：**××建设集团有限公司　　**编号：**××××

致：××建设集团有限公司　　**（承包单位）**

经检查发现，施工现场存在下列安全隐患：

四层①～⑫轴顶板模板支撑体系没有按施工方案的要求设置剪刀撑。

限于××年××月××日前完成整改，并向我单位提出整改复查申请。

项目监理机构（章）：××工程监理有限公司××工程项目监理部

总监理工程师（签名）：×××

××年××月××日

签收人（签名）：×××

签收日期：××年××月××日

安全隐患整改通知回复

表 AQ-B2-8

工程名称：××大厦工程　　施工单位：××建设集团有限公司　　编号：××××

致：××工程监理有限公司××工程项目监理部　　（项目监理机构）

我方接到编号为 ×× 的安全隐患整改通知后，已按要求完成了 四层①～⑫轴模板支撑体系违规作业的整改 工作，现报上，请予以复查。

附：（文字资料及照片）

总承包单位（项目章）：××建设集团有限公司××工程项目经理部

项目负责人（签名）：×××

××年××月××口

专业监理工程师审查意见：

经现场检验，已按方案要求进行整改，安全隐患消除。

专业监理工程师（签名）：×××

××年××月××日

总监理工程师审核意见：

整改后，符合规范及方案要求，复查合格。

项目监理机构（章）：××工程监理有限公司××工程项目监理部

总监理工程师（签名）：×××

××年××月××日

说明：回复应附整改后的图片（用 A4 纸打印）。

2.7.2 表格填写依据

(1)《建设工程施工现场安全资料管理规程》(CECS 266－2009)。

(2)《建设工程监理规范》(GB 50319－2013)。

2.7.3 表格解析指南

《安全隐患整改通知》是指监理工程师在检查承包单位在施工过程中发现问题后,用通知单这一书面形式通知承包单位,并要求其进行整改,整改后再报监理工程师复查。

1.《安全隐患整改通知》的意义和作用

“安全隐患整改通知”是监理工程师在工程建设过程中向承包单位签发的指令性文件,是一项重要且行之有效的监理手段。目的是监督承包单位按照国家有关法律法规、合同规定、施工规范和设计文件进行工程施工,保证工程建设中出现的问题能得到及时纠正。“安全隐患整改通知”具有强制性、时效性、严肃性的特点,监理通知一旦签发,承包单位必须认真对待,在规定期限内按要求进行整改,并按时回复。

2.《安全隐患整改通知》的撰写要点和签发注意事项

(1)在“安全隐患整改通知”的用词方面,要区别对待,很严格用词“必须”、“严禁”,严格用词“应”、“不应”、“不得”,宽松用词“宜”、“可”、“不宜”。

(2)存在问题部位的描述应具体。

(3)详细描述问题存在的违规内容。

(4)要求承包单位整改的时限应具体。

(5)要求承包单位在监理通知回复时,针对提出的问题,深刻分析问题产生的原因,并详细阐述整改的措施、整改的过程和整改的效果等。

(6)要求承包单位采取预防措施,防止类似问题再次出现。

(7)注明承包单位申诉的形式和时限。

(8)签名栏应亲笔手签,坚持“谁签发、谁签字、谁负责”的原则。

(9)签发和签收的时间要具体,宜详细到分钟。

(10)反应的问题如果能用照片予以记录的,应附上照片。

2.8　工程暂停令、工程复工报审表

2.8.1　表格填写范例

工程暂停令

表 AQ-B2-9

工程名称：××大厦工程　　施工单位：××建设集团有限公司　　编号：××××

致　××建设集团有限公司　(施工单位)

由于　基坑施工存在安全隐患　原因，现通知你方必须于　××　年　××　月　××　日　××　时起，对本工程的　基坑　部位(工序)实施暂停施工，并按下述要求做好整改工作：

1. 临边安全防护栏；
2. 临电配电箱、电缆线等；
3. 特种工种持证上岗；
4. 边坡支护；
5. 机械管理。

总监理工程师：×××　　××年××月××日

注：本表由监理单位填写，建设单位、监理单位、施工单位各存一份。

工程复工报审表

表 AQ-B2-10

工程名称：××大厦工程　　施工单位：××建设集团有限公司　　编号：××××

<table>
<tr><td>致 ××工程监理有限公司 (监理单位)：

××大厦工程，由总监理工程师签发的第(××)号工程暂停令指出安全问题已消除，经检查已具备了复工条件，请予复查并批准复工。

附件：具备复工条件的详细说明。

项目经理：×××　　××年××月××日</td></tr>
<tr><td>复查意见：经现场多次拉网式大检查，存在的安全隐患全部整改完毕，经复查验收同意项目部全面复工。

总监理工程师：×××　　××年××月××日</td></tr>
</table>

注：本表由施工单位填报，建设单位、监理单位、施工单位各存一份。

2.8.2　表格填写依据

(1)《建设工程监理规范》(GB 50319—2013)。

(2)《建设工程施工现场安全资料管理规程》(CECS 266－2009)。

2.8.3　表格解析指南

(1)总监理工程师在签发工程暂停令时,应根据暂停工程的影响范围和影响程度,按照施工合同和委托监理合同的约定签发。

(2)总监理工程师在签发工程暂停令时,应根据停工原因的影响范围和影响程度,确定工程项目停工范围。

(3)在发生下列情况之一时,总监理工程师可签发工程暂停令:

1)建设单位要求暂停施工且工程需要暂停施工;

2)为了保证工程质量而需要进行停工处理;

3)施工出现了安全隐患,总监理工程师认为有必要停工以消除隐患;

4)发生了必须暂时停止施工的紧急事件;

5)承包单位未经许可擅自施工,或拒绝项目监理机构管理。

(4)由于非施工单位且非上述(3)中 2)、3)、4)、5)款原因时,总监理工程师在签发工程暂停令之前,应就有关工期和费用等事宜与承包单位进行协商。

(5)当现场发生死亡或重大死亡事故后,总监理工程师应签发《工程暂停令》,并及时向监理单位、建设单位及监理工程所在地建设行政主管部门报告;监理单位应指定本单位主管负责人进驻现场,组织安全监理人员配合有关主管部门组成事故调查组进行调查;项目监理部按照事故调查组提出的处理意见和防范措施建议,监督检查施工单位对处理意见和防范措施的落实情况;对施工单位填报的《工程复工报审表》,安全监理人员进行核查,由总监理工程师签批。

2.9 安全防护、文明施工措施费用使用计划、支付申请表、支付证书

2.9.1 表格填写范例

安全防护、文明施工措施费用使用计划报审表

表 AQ-B2-10

工程名称：××大厦工程　　施工单位：××建设集团有限公司　　编号：××××

致：××工程监理有限公司××工程项目监理部　　　　（项目监理机构） 我方已完成　××大厦工程　安全防护、文明施工措施费用使用计划的编制，请予以审查。 附：安全防护、文明施工措施费使用计划 总（分）包单位（项目章）：××建设集团有限公司××工程项目经理部 项目负责人（签名）：××× ××年××月××日
专业监理工程师审查意见： 该计划与本工程实际情况相符，同意该费用使用计划。 专业监理工程师（签名）：××× ××年××月××日
总监理工程师审核意见： 计划编制符合工程实际，同意按该计划实施。 项目监理机构（章）：××工程监理有限公司××工程项目监理部 总监理工程师（注册章）：××× ××年××月××日

安全防护、文明施工措施费用支付申请表

表 AQ-B2-11

工程名称：××大厦工程　　施工单位：××建设集团有限公司　　编号：××××

工程地点	×市×区×街×号	在施部位	基坑

致　××工程监理有限公司　(监理单位)

我方已落实了　××大厦工程　安全防护、文明施工措施。按施工合同规定，建设单位在　××　年××　月××　日前支付该项费用共计(大写)捌拾陆万元整　(小写)　¥860,000.00　，现报上安全防护、文明施工措施项目落实清单，请予以审查并开具费用支付证书。

附件：

安全防护、文明施工措施项目落实清单。

①标志牌(包括一图二牌四板)；

②安全帽、安全带、安全网；

③脚手架、碗扣件、卡子等；

④安全教育培训经费等；

⑤安全保障措施费；

⑥其他。

项目经理：×××　　××年××月××日

注：本表由施工单位填报，建设单位、监理单位、施工单位各存一份。

安全防护、文明施工措施费用支付证书

表 AQ-B2-12

工程名称:××大厦工程　　施工单位:××建设集团有限公司　　编号:××××

工程地点	×市×区×街×号	在施部位	基坑
致　××房屋开发有限公司(建设单位) 根据施工合同规定,经审核施工单位的支付申请表,同意本期支付安全防护、文明施工措施费用,共计 (大写)捌拾陆万元整 (小写)　¥860,000.00 请按合同规定付款。 附件: 1. 施工单位付款申请表及附件。 2. 项目监理部审查记录。 总监理工程师:×××　　××年××月××日			

注:本表由施工单位填报,建设单位、监理单位、施工单位各存一份。

2.9.2 表格填写依据

(1)《建设工程监理规范》(GB 50319—2013)。

(2)《建设工程施工现场安全资料管理规程》(CECS 266－2009)。

(3)《建筑工程安全防护、文明施工措施费用及使用管理规定》(建办〔2005〕89 号)。

2.9.3 表格解析指南

安全防护、文明施工措施项目费用的报审程序。

(1)施工单位应在开工前向项目监理部提交安全防护、文明施工措施项目清单及费用清单，并填写《安全防护、文明施工措施费用支付申请表》报项目监理部申请支付安全防护、文明施工措施费预付款。

(2)安全监理人员和专业监理工程师应依据施工合同的约定审核施工单位提出的预付款支付申请，并填写《安全防护、文明施工措施费用支付证书》。

(3)施工单位应在施工过程中按期落实安全防护、文明施工措施，并经自检合格后填写《安全防护、文明施工措施费用支付申请表》，附安全防护、文明施工措施落实清单，报项目监理部申请支付相关费用。

(4)安全监理人员应依据合同约定和施工单位提交的安全防护、文明施工措施落实清单进行审查，对措施不落实的应发出监理指令要求施工单位立即整改；对已经落实的项目进行核准，并由负责造价控制的监理工程师填写《安全防护、文明施工措施费用支付证书》。

(5)总监理工程师签发“安全防护、文明施工措施费用支付证书”报建设单位。

(6)安全防护、文明施工措施项目费用报审和支付程序框图如图 2-1 所示：

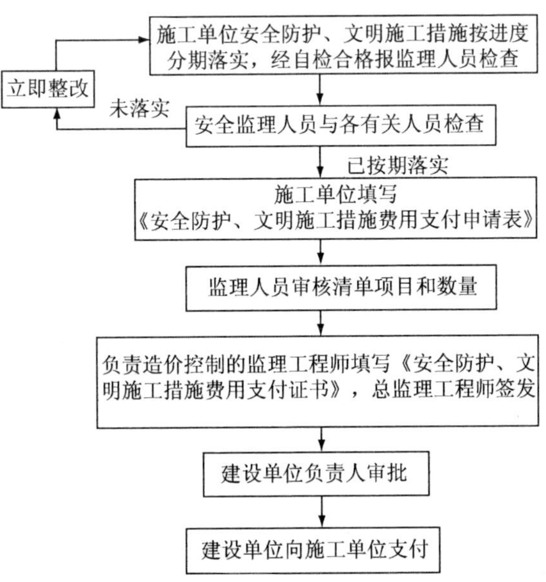

图 2-1　安全防护、文明措施费用报审和支付程序框图

2.10 安全监理日志

2.10.1 表格填写范例

安全监理日志

表 AQ-B2-13

工程名称:××大厦工程　　施工单位:××建设集团有限公司　　编号:××××

<table>
<tr><td colspan="2">日期 ×× 年 ×× 月 ×× 日</td><td>天气</td><td>上午 晴 28℃ 下午 晴 31℃ 夜间 晴 20℃</td></tr>
<tr><td colspan="4">施工内容:
①三层①～⑫轴顶板模板支撑体系搭设。
②首层⑧～⑮轴顶板模板拆除。
…</td></tr>
<tr><td colspan="4">安全检查情况(包括旁站监理情况):
①安全帽、安全带等防护用品佩戴和使用情况。上午 9:30,三层支设模板作业区有一名工人没戴安全带。
②上午 8:45 在木工棚,木工电锯上的防护罩被工人拆下,违反了安全操作规程。
…</td></tr>
<tr><td colspan="4">处理措施(限期整改、暂时停工、上报建设单位或有关部门):
①对没戴安全帽的工人进行批评教育,并通知施工单位对其进行处罚
②责令木工棚操作人员,在安装完防护罩后方可作业,并通知施工单位。
…</td></tr>
<tr><td colspan="4">施工单位隐患整改情况:
①对没有戴安全帽的工人处以 50 元罚款。
②木工棚没有防护罩的电锯,已于上午 10:30 安装上了防护罩。
…</td></tr>
<tr><td colspan="4">危险性较大分部分项工程安全状况:
①三层①～⑫轴模板搭设,严格按方案进行,符合规范要求。
②首层⑧～⑮轴顶板模板拆除作业,严格按方案和操作规程进行。
…</td></tr>
<tr><td colspan="4">其他:
下午 3:20 施工单位进场安全帽 100 顶,安全带 50 条。经检查,合格证、检验报告等证件齐全、有效。</td></tr>
<tr><td>安全监理员</td><td colspan="3">×××</td></tr>
<tr><td>总监理工程师</td><td>×××</td><td>审阅日期</td><td>××年××月××日</td></tr>
</table>

2.10.2　表格填写依据

(1)《建设工程施工现场安全资料管理规程》(CECS 266－2009)。

(2)《建设工程监理规范》(GB 50319－2013)。

2.10.3　表格解析指南

安全监理日志是监理工程师在一天中执行安全管理工作情况的记录。它包括监理人员自身工作情况的记录以及监理工程师与承包人、业主、地方政府有关部门工作往来的记录。因此，安全监理日志是监理人员自身工作的备忘录，是考察业绩的依据，也是分析研究承包人施工安全管理工作和业主安全生产管理工作的参考资料，更是在安全事故中有效规避安全风险的重要文字证明之一。

(1)监理工程师记录的安全监理日志主要包括以下内容：

1)天气记录。天气记录一般以工程建设所在地附近的气象站所报的记录为准，应视工程建设的实际情况确定所记录的内容；

2)施工单位在施工现场投入的人力、材料、机械设备的详细情况；

3)施工现场的安全状况、对危险性较大的分项工程所采取安全措施的巡查记录。发现的安全隐患及处理措施(口头指令或书面指令情况)；

4)危险性较大的分项工程采取专项施工方案的审查记录。

(2)其他监理工作活动记录。日志是监理人员本身工作的备忘录，因此凡是与监理工作有关的活动均可以在日志中记录下来以备考查，如会议发言提纲，在工地下达的口头指令及意见回返，向业主报告安全监理情况、上级部门检查情况，等等。

2.11 施工安全监理周报

2.11.1 表格填写范例

施工安全监理周报

表 AQ-B2-14

项目监理机构(章)：××工程监理有限公司××工程项目监理部　　××年××月××日

安监登记号	××××	安全监督员	×××
项目名称	××大厦工程	总监理工程师	×××
建设单位	××房屋开发有限公司	项目负责人	×××
施工单位	××建设集团有限公司	项目负责人	×××
总(分)包单位施工进度情况	主体六层墙体施工完成。一层二层抹灰工程完成。		
施工单位安全管理架构及履行职责情况	施工单位能够按照各项安全管理制度进行施工生产，做到工作到人、责任到人。		
特种作业人员持证上岗情况	架子工、起重司机、信号司索工等均持证上岗，并且上岗证都在有效期内。		
项目监理定期安全检查情况	每天对安全防护用品的佩戴情况进行巡查，××月××日上午 8:40 一名架子工作业时未戴安全带。		
施工单位落实安监站安全隐患整改指令的情况	无		
施工单位落实监理单位安全隐患整改指令的情况	对××月××日未戴安全带的工人进行批评教育并处以 50 元罚款。		
本周危险性较大分部分项工程安全状况	①主体六层顶板模板搭设符合规范要求，严格按方案进行。 ②主体三层顶板模板拆除严格按施工方案进行作业。 …		
其他安全状况	无		
填写人(签名)：×××		总监理工程师(签名)：×××	

2.11.2　表格填写依据

(1)《建设工程施工现场安全资料管理规程》(CECS 266—2009)。

(2)《建设工程监理规范》(GB 50319—2013)。

2.11.3　表格解析指南

(1)监理周报的内容应真实、文字简练、重点突出、数据准确、技术术语与相关的规范规程中术语相同。

(2)监理周报应全面反映工程进度及监理工作情况，总结本周工作，为下一阶段工作做出计划和部署，必要时可附图和照片。

(3)监理周报应包括以下内容：

1)工程概况；

2)工程进度情况；

3)施工单位安全管理框架及履行职责情况；

4)特种作业人员持证上岗情况；

5)监理安全检查情况；

6)施工单位落实安监站、监理单位安全隐患整改指令的情况；

7)其他情况。

2.12 安全会议纪要

2.12.1 表格填写范例

安全会议纪要

表 AQ-B2-15-1

工程名称:××大厦工程　　施工单位:××建设集团有限公司　　编号:××××

会议名称	安全生产工地例会	会议日期	××年××月××日
会议地点	施工现场会议室	主 持 人	×××
参加会议单位及人员、职称、职务			
姓名(签名)	单　位	职　称	职　务
×××	××房屋开发有限公司	高级工程师	项目负责人
×××	××房屋开发有限公司	工程师	项目安全负责人
×××	××工程监理有限公司	注册监理工程师	总监理工程师
×××	××工程监理有限公司	监理工程师	土建监理
×××	××工程监理有限公司	监理工程师	给排水监理
×××	××工程监理有限公司	监理工程师	强弱电监理
×××	××工程监理有限公司	监理工程师	安全监理
×××	××建设集团有限公司	一级建造师	项目负责人
×××	××建设集团有限公司	高级工程师	项目技术负责人
×××	××建设集团有限公司	工程师	质量员
×××	××建设集团有限公司	工程师	资料员
×××	××建设集团有限公司	工程师	试验员
×××	××建设集团有限公司	工程师	技术员
×××	××建设集团有限公司	工程师	技术员
×××	××建设集团有限公司	工程师	施工员
×××	××建设集团有限公司	安全工程师	安全负责人
×××	××建设集团有限公司	助工	安全员
×××	××土石方工程公司	二级建造师	分包项目负责人
…			

安全会议纪要

表 AQ-B2-15-2

工程名称：××大厦工程　　　　**施工单位：**××建设集团有限公司

会议内容：
1. 目前存在的安全隐患 … 2. 当前工作重点 … 3. 下一步工作计划 …
记录人员：×××　　　　××年××月××日

2.12.2　表格填写依据

(1)《广东省建筑施工安全管理资料统一用表》。

(2)《建筑工程监理规范》(GB 50319—2013)。

2.12.3　表格解析指南

项目监理机构应定期召开监理例会、专题会议等会议,并组织有关单位研究解决与监理相关的问题。项目监理机构可根据工程需要,主持或参加专题会议,解决监理工作范围内工程专项问题。

监理例会以及由项目监理机构主持召开的专题会议的会议纪要,应由监理机构负责整理,与会各方代表应会签。

2.13　安全监理危险源控制表

2.13.1　表格填写范例

安全监理危险源控制表

表 AQ-B2-16

工程名称：××大厦工程　　　　施工单位：××建设集团有限公司　　　　编号：××××

分部分项工程	工程进度	危险源识别	安全监理对策	检查要求	备注
挖基坑工程	挖土方 1000m^3	未按方案及时做边坡支护	停工、待边坡支护完成并检查合格后，方可继续施工	严格按施工方案进行支护	
…					
安全监理员(签名)：×××　　××年××月××日			总监理工程师(签名)：×××　　××年××月××日		

说明：分部分项工程在不同的作业时期，将存在不同的危险、有害因素，在施工前项目监理机构应进行深入的分析和研究，对施工现场危险源加以识别、评价和控制策划，拟定在本分部分项工程不同进度期间的安全监理对策和检查要求，并形成此表，以指导安全监理工作。此表可按项目或单位工程填写，安全监理对策应有针对性和可操作性。

2.13.2 表格填写依据

(1)《广东省建筑施工安全管理资料统一用表》。

(2)《危险化学品重大危险源辨识》(GB 18218—2009)。

(3)《关于开展重大危险源监督管理工作的指导意见》(安监管协调字[2004]56 号)。

(4)《国家安全生产应急救援指挥中心关于＜报送重大危险源监督管理工作情况＞的通知》(应指协调[2010]25 号)。

(5)《国家安全生产监督管理总局关于＜认真做好重大危险源监督管理工作＞的通知》(安监总协调字[2005]62 号)。

(6)《建设部关于转发＜浅论城市建设施工安全重大危险源辨识与防治＞和＜参与对中央管理的建筑施工企业安全生产许可证审查工作的感想＞的函》(建质安函[2005]9 号)。

2.13.3 表格解析指南

1. 重大危险源的定义

重大危险源——广义上说,可能导致重大事故发生的危险源就是重大危险源。

国家标准《危险化学品重大危险源辨识》(GB 18218—2009)中,危险化学品重大危险源是指长期地或临时地生产、加工、使用或者储存危险化学品,且危险化学品的数量等于或者超过临界量的单元。

《安全生产法》解释为:重大危险源是指长期地或者临时地生产、搬运、使用或者储存危险物品,且危险物品的数量等于或者超过临界量的单元(包括场所和设施)。

《安全生产法》第 33 条规定:生产经营单位对重大危险源应当登记建档,进行定期检测、评估、监控,并制定应急预案,告知从业人员和相关人员在紧急情况下应当采取的应急措施。

生产经营单位应当按照国家有关规定将本单位重大危险源及有关安全措施、应急措施报有关地方人民政府负责安全生产监督管理的部门和有关部门备案。

2. 重大危险源的类别

重大危险源类别如下:

1)贮罐区(贮罐);

2)库区(库);

3)生产场所;

4)压力管道;

5)锅炉;

6)压力容器;

7)煤矿(井工开采);

8)金属非金属地下矿山;

9)尾矿库。

3. 建设施工安全重大危险源

城市建设施工安全重大危险源初步可分为:施工场所重大危险源、施工场所及周围地段重大危险源两类。

(1)施工场所重大危险源。

局限于存在施工过程、施工现场的活动;主要与施工分部、分项(工序)工程,施工装置(设施、机械)及物质有关。

1)存在于分部、分项(工序)工程施工、施工过程和物质的重大危险源:

①脚手架(包括落地架,悬挑架、爬架等)、模板和支撑、起重塔吊、物料提升机、施工电梯安装与运行,人工挖孔桩(井)、基坑(槽)施工,局部结构工程或临时建筑(工棚、围墙等)失稳,造成坍

塌、倒塌意外；

②高度大于2m的作业面(包括高空、洞口、临边作业)，因安全防护设施不符合或无防护设施、人员未配系防护绳(带)等造成人员踏空、滑倒、失稳等意外；

③焊接、金属切割、冲击钻孔(凿岩)等施工及各种施工电气设备的安全保护(如:漏电、绝缘、接地保护、一机一闸)不符合要求，造成人员触电、局部火灾等意外；

④工程材料、构件及设备的堆放与搬(吊)运等发生高空坠落、堆放散落、撞击人员等意外；

⑤工程拆除、人工挖孔、浅岩基及隧道凿进等爆破，因误操作、防护不足等，发生人员伤亡、建筑及设施损坏等意外。

2)人工挖孔桩(井)、隧道凿进、室内涂料(油漆)及粘贴等因通风排气不畅造成人员窒息或气体中毒的重大危险源。

3)施工用易燃易爆化学物品临时存放或使用不符合要求、防护不到位，造成火灾或人员中毒意外；工地饮食因卫生不符合，造成集体中毒或疾病。

(2)施工场所及周围地段重大危险源。

存在于施工过程、现场并可能危害周围社区的活动，主要与工程项目所在社区地址、工程类型、工序、施工装置及物质有关。

1)邻街或居民聚集、居住区的工程深基坑、隧道、地铁、竖井、大型管沟的施工，因为支护、项撑等设施失稳、坍塌，不但造成施工场所破坏，往往引起地面、周边建筑和城市运营重要设施的坍塌、坍陷、爆炸与火灾等意外；

2)基坑开挖、人工挖孔桩等施工降水，造成周围建筑物因地基不均匀沉降而倾斜、开裂，倒塌等意外；

3)邻街施工高层建筑或高度大于2m的临空(街)作业面，因无安全防护设施或不符合要求，造成外脚手架、滑模失稳等坠落物体(件)打击人员等意外；

4)工程拆除、人工挖孔(井)、浅岩基及隧道凿进等爆破，因设计方案、误操作、防护不足等造成施工场所及周围已有建筑及设施损坏、人员伤亡等意外。

4. 重大危险源防治

(1)在国家现行法律、法规的框架下，建立和完善建设施工安全地方(城市)政府规章、制度体系，出台配套的和全社会、主要专业门类齐全的实施细则，依法管理安全生产。

(2)贯彻国家《安全生产法》，建立“企业负责、国家监察、行业管理、社会监督”的安全生产管理体系；落实建设施工安全责任制，有效开展城市建设施工安全管理。

(3)应加强和完善施工安全监督机构建设。

(4)制订和完善城市建设安全技术政策：一方面应加强政府对建设工程施工安全的监管，保证施工设备及安全措施费为不竞价费用、专项费用；另一方面应不断淘汰落后的技术、工艺和采用与经济发展水平同步，适度提高工程施工安全设防标准；从而提升建设施工安全技术与管理水平，降低城市建设施工安全风险。

(5)制订和实施现场大型施工机械安装、运行、拆卸和外架工程安装的检验检测制度。

(6)开展施工安全重大危险源的辨识和项目施工安全风险评价，对可能影响社区安全的施工项目进行城市建设施工安全重大危险源登记。

重大危险源登记的主要内容应包括：工程名称、危险源类别、地址(地段)、建设单位、施工单位及联系人、联系办法、重大危险源可能造成的危害、施工安全主要措施和应急救援预案(工作)。

(7)采用先进电子监控技术和监测信息系统，实施项目现场施工安全重大危险源及部位监控。

(8)建立城市建设施工安全(政府的)和项目施工安全(企业的)联动应急救援预案和运行机制。

(9)制订和实施对项目施工安全承诺和现场安全管理绩效考评(评价)制度。促使企业建立和完善施工安全长效机制。

2.14 施工安全防护用具、设备、器材报审表

2.14.1 表格填写范例

施工安全防护用具、设备、器材报审表

表 AQ-B2-17

工程名称：××大厦工程　　施工单位：××建设集团有限公司　　编号：××××

致：××工程监理有限公司××工程项目监理部　（项目监理机构） 我方于 ×× 年 ×× 月 ×× 日进场的施工安全防护用具、设备、器材如附表，质量证明文件齐全有效，经自检，符合要求，请予以核验。 附： 1. 施工安全防护用具、设备、器材一览表（包括序号、施工安全防护用具、设备、器材名称、单位、数量、自检状况等）； 2. 质量证明文件、检验报告、验收文件等。 总（分）包单位（项目章）：××建设集团有限公司××工程项目经理部 项目负责人（签名）：××× ××年××月××日
专业监理工程师审查意见： 上报的施工安全防护用具、设备、器材符合施工现场实际情况，产品质量证明文件、检验报告、验收文件等齐全、有效。检验合格。 专业监理工程师（签名）：××× ××年××月××日
总监理工程师审核意见： 验收程序符合相关规定要求，检验合格，同意进场使用。 项目监理机构（章）：××工程监理有限公司××工程项目监理部 总监理工程师（注册章）：××× ××年××月××日

2.14.2 表格填写依据

（1）《建设工程施工现场安全资料管理规程》(CECS 266－2009)。

（2）《建设工程监理规范》(GB 50319－2013)。

2.15　施工单位(总包/分包)安全管理体系报审表

2.15.1　表格填写范例

施工单位(总包/分包)安全管理体系报审表

表 AQ-B2-18

工程名称:××大厦工程　　施工单位:××建设集团有限公司　　编号:××××

<table>
<tr><td>
致:××工程监理有限公司××工程项目监理部　　　　(项目监理机构)
我单位现已进场,并将于 ×× 年 ×× 月 ×× 日正式开工,现将项目安全管理体系上报,具体内容详见附件,请审批!
附:
1. 安全生产许可证;　　2. 安全方针、目标和计划;
3. 项目安全管理制度;　　4. 项目安全生产管理人员登记表;
5. 项目安全管理组织机构框架图;　　6. 项目特种作业人员登记表;
7. 建筑起重机械进场计划;　　8. 作业人员平安卡办理情况汇总表;
9. 其他。
注:4、6、8 项应分别单独列表报审。
总(分)包单位(项目章):××建设集团有限公司××工程项目经理部
(印章:××建设集团有限公司××工程项目经理部 项目经理部)
项目负责人(签名):×××
××年××月××日
</td></tr>
<tr><td>
专业监理工程师审查意见:
上报资料齐全,有效,各项计划符合现场实际情况。审查合格。
专业监理工程师(签名):×××
××年××月××日
</td></tr>
<tr><td>
总监理工程师审核意见:
安全管理体系审查合格、予以批准。
项目监理机构(章):××工程监理有限公司××工程项目监理部
(印章:××工程监理有限公司××工程项目监理部 项目监理部)
总监理工程师(注册章):×××
××年××月××日
</td></tr>
</table>

2.15.2 表格填写依据

(1)《广东省建筑施工安全管理资料统一用表》。

(2)《建设工程监理规范》(GB 50319—2013)。

2.15.3 表格解析指南

此表用于承包单位进场后向项目监理机构申报安全管理体系，监理机构应根据招投标文件、合同文件及相关法律法规进行审核。有专业分包的工程，由总承包单位审查后，再报项目监理机构。

(1)安全生产许可证。

审查承包单位资质和安全生产许可证是否合法有效。

(2)安全方针、目标和计划。

现场安全工作要做到有计划、部署、检查、总结、评比、奖惩，有文件记录。

(3)项目安全管理制度。

检查施工单位在工程项目上的安全生产规章制度和安全监管机构的建立、健全，督促施工单位检查各分包单位的安全生产规章制度的建立情况。

(4)项目安全生产管理人员登记表。

审查项目负责人和专职安全生产管理人员是否具备合法资格，是否与投标文件相一致。

参考:《关于印发＜建筑施工企业安全生产管理机构设置及专职安全生产管理人员配备办法＞的通知》(建质[2008]91号)的规定等。

(5)项目安全管理组织机构框架图。

审查机构、人员是否符合有关规定要求。

(6)项目特种作业人员登记表。

审核特种作业人员的特种作业操作资格证书是否合法有效。

参考:《关于印发＜建筑施工特种作业人员管理规定＞的通知》(建质[2008]75号)。

(7)建筑起重机械进场计划。

参考:《建筑起重机械安全监督管理规定》(建设部令第166号)、《关于印发＜建筑起重机械备案登记办法＞的通知》(建质[2008]76号)等。

(8)作业人员安全教育情况汇总表。

检查是否所有人员均按规定进行了安全教育。

(9)其他。

第3章　安全控制资料表格范例及解析

3.1　施工现场安全生产管理概况表

3.1.1　表格填写范例

施工现场安全生产管理概况表

表 AQ-C1-1

工程名称：××大厦工程　　　施工单位：××建设集团有限公司　　　编号：××××

工程地点	×市×区×街×号		建筑物高度	68m	
工程规模	30000m²	层数/幢数	20/1	结构类型	框剪
工程总造价（万元）	13000万元	施工许可证号	××××	施工企业安全生产许可证号	××××
合同工期	471天	实际开工日期	××年××月××日		
单位名称		主要负责人		联系电话（办公、手机）	
建设单位	××房屋开发有限公司	×××		138××××6838	
勘察单位	××勘察设计院	×××		136××××3536	
设计单位	××建筑设计公司	×××		139××××5038	
施工单位	××建设集团有限公司	×××		139××××4035	
监理单位	××工程监理有限公司	×××		137××××2351	
施工安全监督机构	××区质量安全监督站	×××		136××××2401	
主要安全管理人员姓名		证书号		联系电话	
项目经理	×××	××××		139××××4035	
项目技术负责人	×××	××××		131××××8929	
项目安全负责人	×××	××××		132××××1198	
总监理工程师	×××	××××		137××××2351	
项目经理部： （印章：××建设集团有限公司××工程项目经理部） 经办人：×××　　××年××月××日		住房和城乡建设主管部门： 施工安全监督机构： （印章：××市住房和城乡建设委员会）（印章：××市××区质量安全监督站） 经办人：×××　　××年××月××日			

注：本表由施工单位填写，报施工安全监督机构备案，建设单位、监理单位、施工单位各存一份。

3.1.2 表格填写依据

(1)《安全生产许可证条例》(国务院令第 397 号)。

(2)《建设部关于修改<建筑工程施工许可管理办法>的决定》(中华人民共和国建设部令第 91 号)。

(3)《建设工程施工现场安全资料管理规程》(CECS 266—2009)。

3.1.3 表格解析指南

1. 施工许可证

(1)在中华人民共和国境内从事各类房屋建筑及其附属设施的建造、装修装饰和与其配套的线路、管道、设备的安装,以及城镇市政基础设施工程的施工,建设单位在开工前应当依照《建筑工程施工许可管理办法》的规定,向工程所在地的县级以上人民政府建设行政主管部门(以下简称发证机关)申请领取施工许可证。

(2)工程投资额在 30 万元以下或者建筑面积在 300 平方米以下的建筑工程,可以不申请办理施工许可证。省、自治区、直辖市人民政府建设行政主管部门可以根据当地的实际情况,对限额进行调整,并报国务院建设行政主管部门备案。按照国务院规定的权限和程序批准开工报告的建筑工程,不再领取施工许可证。

(3)必须申请领取施工许可证的建筑工程未取得施工许可证的,一律不得开工。任何单位和个人不得将应该申请领取施工许可证的工程项目分解为若干限额以下的工程项目,规避申请领取施工许可证。

(4)建设单位申请领取施工许可证,应当具备下列条件,并提交相应的证明文件:

1)已经办理该建筑工程用地批准手续;

2)在城市规划区的工程项目,已经取得建设工程规划许可证;

3)施工场地已经基本具备施工条件,需要拆迁的,其拆迁进度符合施工要求;

4)已经确定施工企业。按照规定应该招标的工程没有招标,应该公开招标的工程没有公开招标,或者肢解发包工程,以及将工程发包给不具备相应资质条件的施工企业,所确定的施工企业无效;

5)有满足施工需要的施工图纸及技术资料,施工图设计文件已按规定进行了审查;

6)有保证工程质量和安全的具体措施。施工企业编制的施工组织设计中有根据建筑工程特点制定的相应质量、安全技术措施,专业性较强的工程项目编制了专项质量、安全施工组织设计,并按照规定办理了工程质量、安全监督手续;

7)按照规定应该委托监理的工程已委托监理;

8)建设资金已经落实。建设工期不足一年的,到位资金原则上不得少于工程合同价的 50%,建设工期超过一年的,到位资金原则上不得少于工程合同价的 30%。建设单位应当提供银行出具的到位资金证明,有条件的可以实行银行付款保函或者其他第三方担保;

9)法律、行政法规规定的其他条件。

(5)申请办理施工许可证,应当按照下列程序进行:

1)建设单位向发证机关领取《建筑工程施工许可证申请表》;

2)建设单位持加盖单位及法定代表人印鉴的《建筑工程施工许可证申请表》,并附规定的证明文件,向发证机关提出申请;

3)发证机关在收到建设单位报送的《建筑工程施工许可证申请表》和所附证明文件后，对于符合条件的，应当自收到申请之日起十五日内颁发施工许可证；对于证明文件不齐全或者失效的，应当限期要求建设单位补正，审批时间可以自证明文件补正齐全后作相应顺延；对于不符合条件的，应当自收到申请之日起十五日内书面通知建设单位，并说明理由；

4)工程项目在施工过程中，建设单位或者施工单位发生变更的，应当重新申请领取施工许可证；

5)建设单位申请领取施工许可证的工程名称、地点、规模，应当与依法签订的施工承包合同一致。施工许可证应当放置在施工现场备查。

(6)施工许可证不得伪造和涂改。

2. 安全生产许可证

(1)企业取得安全生产许可证，应当具备下列安全生产条件：

1)建立、健全安全生产责任制，制定完备的安全生产规章制度和操作规程；

2)安全投入符合安全生产要求；

3)设置安全生产管理机构，配备专职安全生产管理人员；

4)主要负责人和安全生产管理人员经考核合格；

5)特种作业人员经有关业务主管部门考核合格，取得特种作业操作资格证书；

6)从业人员经安全生产教育和培训合格；

7)依法参加工伤保险，为从业人员缴纳保险费；

8)厂房、作业场所和安全设施、设备、工艺符合有关安全生产法律、法规、标准和规程的要求；

9)有职业危害防治措施，并为从业人员配备符合国家标准或者行业标准的劳动防护用品；

10)依法进行安全评价；

11)有重大危险源检测、评估、监控措施和应急预案；

12)有生产安全事故应急救援预案、应急救援组织或者应急救援人员，配备必要的应急救援器材、设备；

13)法律、法规规定的其他条件。

(2)企业进行生产前，应当依照《安全生产许可证条例》的规定向安全生产许可证颁发管理机关申请领取安全生产许可证，并提供相关文件、资料。安全生产许可证颁发管理机关应当自收到申请之日起45日内审查完毕，经审查符合《安全生产许可证条例》规定的安全生产条件的，颁发安全生产许可证；不符合《安全生产许可证条例》规定的安全生产条件的，不予颁发安全生产许可证，书面通知企业并说明理由。

(3)安全生产许可证由国务院安全生产监督管理部门规定统一的式样。安全生产许可证的有效期为3年。安全生产许可证有效期满需要延期的，企业应当于期满前3个月向原安全生产许可证颁发管理机关办理延期手续。

(4)企业在安全生产许可证有效期内，严格遵守有关安全生产的法律法规，未发生死亡事故的，安全生产许可证有效期届满时，经原安全生产许可证颁发管理机关同意，不再审查，安全生产许可证有效期延期3年。

3.2　施工现场重大危险源识别汇总表

3.2.1　表格填写范例

施工现场重大危险源识别汇总表

表 AQ-C1-2

工程名称：××大厦工程　　**施工单位**：××建设集团有限公司　　**编号**：××××

编号	危险源名称、场所	风险等级	控制措施要点
1	外爬架（主体结构）	2	交底、验收、持证上岗、班前教育、巡视、检查、安全带、现场指挥
2	吊篮（主体外部）	2	持证、验收、交底、检查、双绳到位、使用个人劳动保护用品、旁站员
3	手持电动工具（加工场地）	2	合格产品三证、个人防护、检查、操作规程、临电防护
4	电焊（钢筋加工场地）	2	持证上岗、交底、劳保用品、检查、用火证、灭火器材、二次节电器
5	机械吊运（整个施工场地）	2	持证上岗、信号工、班前讲话、安全交底、检查、保养调试
6	基础施工（基坑）	2	方案交底、个人劳保用品、防护栏、检查巡视、临电值班、防扬尘
7	食物中毒（生活区）	2	健康证、卫生许可证、生熟分开、消毒、购合格食品等
8	…		
9			
10			
制表人：×××	**项目负责人**：×××		××年××月××日

注：本表由施工单位填写，建设单位、监理单位、施工单位各存一份。

3.2.2　表格填写依据

(1)《关于开展重大危险源监督管理工作的指导意见》(安监管协调字[2004]56 号)。

(2)《建设工程安全生产管理条例》(中华人民共和国国务院令第 393 号)。

(3)《建设工程施工现场安全资料管理规程》(CECS 266－2009)。

(4)《危险化学品重大危险源辨识》(GB 18218－2009)。

3.2.3　表格解析指南

1. 危险源辨识及辨识依据

危险源是指由于施工活动,可能导致施工现场及周围社区人员伤亡、财产损失、环境破坏等意外的潜在不安全因素。

危险源既存在于施工活动场所,也存在于可能影响到施工场所周围社区。其形成原因,包括施工前期的勘察设计不符合的结果和施工过程的各种不符合的活动、物质条件(人、物、环、管)。安全管理首先要求我们采用科学的和规范的方法对其进行识别,只有充分辨识危险源的存在,找出其原因,才能有效监控事故(危害)的发生。项目部应成立由项目经理任组长的危险源辨识评价小组,在工程开工前由危险源辨识评价小组对施工现场的主要和关键工序中的危险因素进行辨识。

城市建设活动的复杂专业特性和不安全因素的客观现实,加之有关方利益驱使或安全意识淡薄等,造成建设施工安全重大危险源客观存在。

在对危险源进行识别时应充分考虑正常、异常、紧急三种状态以及过去、现在、将来三种时态。主要从以下作业活动进行辨识:

施工准备、施工阶段、关键工序、工地地址、工地内平面布局、建筑物构造、所使用的机械设备装置、有害作业部位(粉尘、毒物、噪声、振动、高低温)、各项制度(女工劳动保护、体力劳动强度等)、生活设施和应急、外出工作人员和外来工作人员。重点放在工程施工的实施阶段及危险品的控制及影响上,并考虑国家法律、法规的要求,特种作业人员、危险设施、经常接触有毒、有害物质的作业活动和情况;具有易燃、易爆特性的作业活动和情况;具有职业性健康伤害、损害的作业活动和情况;曾经发生或行业内经常发生事故的作业活动和情况。

根据国务院《建设工程安全生产管理条例》相关规定和参照《危险化学品重大危险源辨识》(GB 18218—2009)的有关规定,进行施工安全重大危险源的辨识,是加强施工安全生产管理,预防重大事故发生的基础性的工作。

2. 危险源分类

施工企业的危险源大概可分为以下几类:高处坠落、物体打击、触电、坍塌、机械伤害、起重伤害、中毒和窒息、火灾和爆炸、车辆伤害、粉尘、噪声、灼烫等。

3. 重大危险源的主要类型及成因

城市建设施工安全重大危险源初步可分为:施工场所重大危险源、施工场所及周围地段重大危险源两类。

详细内容参见“2.13　安全监理危险源控制表”。

4. 风险等级

(1)一般规定

1)风险是指项目实施过程中对项目目标产生影响的不确定因素。

2)项目风险管理的目的是减小风险对项目实施过程的影响,保证项目目标的实现。它主要包括风险识别,风险评估,风险响应和风险控制等工作过程。

3)应对工程项目实施的全过程进行风险管理,在工程实施中加强风险的控制。

4)风险管理是承包人各层次管理人员的任务之一,应在项目组织中全面落实风险管理责任,建立风险管理体系。

(2)项目风险识别

1)项目风险识别是指确定项目实施过程中各种可能的风险,并将它们作为管理对象,不能有遗漏和疏忽。应在项目开始、进展评价及进行其他重大决策时进行项目风险识别工作。

2)风险识别过程。

①收集数据或信息。包括项目环境数据资料、类似工程的相关数据资料、设计与施工文件。风险确定时应利用过去项目的经验和历史资料;

②不确定性分析。可以从项目环境、项目范围、工程结构、项目行为主体、项目阶段、管理过程、项目目标等方面进行可能的项目风险分析;

③确定风险事件,并将风险归纳、整理,建立项目风险的结构体系;

④编制项目风险识别报告。风险识别报告通常包括已识别风险、潜在的项目风险、项目风险的征兆。

3)风险识别方法。

常用的风险识别方法或工具有:核查表法、列举法、项目结构分解识别法与风险因素识别法、因果分析图法、流程图法、问卷调查法、决策树法等。

(3)风险等级

风险等级的划分可参见表 3-1。

表 3-1 风险等级评估表

可能性 \ 结果	轻度损失	中度损失	很大损失
很大	Ⅲ	Ⅳ	Ⅴ
中等	Ⅱ	Ⅲ	Ⅳ
很小	Ⅰ	Ⅱ	Ⅲ

注:Ⅰ—可忽略风险;Ⅱ—可容许风险;Ⅲ—中度风险;Ⅳ—重大风险;Ⅴ—不容许风险。

3.3　施工现场重大危险源控制措施

3.3.1　表格填写范例

施工现场重大危险源控制措施表

表 AQ-C1-3

工程名称:××大厦工程　　施工单位:××建设集团有限公司　　编号:××××

<table>
<tr><td colspan="2">工程地点</td><td>×市×区×街×号</td><td>危险源名称</td><td>人工挖土</td></tr>
<tr><td colspan="2">可能导致事故类别
及危险程度</td><td>坍塌事故</td><td>风险等级</td><td>Ⅱ</td></tr>
<tr><td>危险源出现的场所与部位</td><td colspan="4">人工挖土
(根据项目部重大危险源全部填写,每个重大危险源填写一张表格)</td></tr>
<tr><td>危险源的控制措施</td><td colspan="4">1. 安全交底及挖土施工方案
2. 按规定进行放坡,严禁掏挖
3. 多人施工时保持安全距离
4. 基坑边 1.5m,严禁堆放物料
5. 临边设安全防护栏,夜间设红色警示灯
6. 按标准搭设马道或爬梯
7. 设旁站员</td></tr>
<tr><td colspan="5">制表人:×××　　项目负责人:×××　　××年××月××日</td></tr>
</table>

注:本表由施工单位填写,监理单位、施工单位各存一份。

3.3.2 表格填写依据

(1)《关于开展重大危险源监督管理工作的指导意见》(安监管协调字[2004]56 号)。

(2)《建设工程安全生产管理条例》(中华人民共和国国务院令第 393 号)。

(3)《建设工程施工现场安全资料管理规程》(CECS 266－2009)。

(4)《危险化学品重大危险源辨识》(GB 18218－2009)。

(5)《企业职工伤亡事故分类标准》(GB 6441－86)。

3.3.3 表格解析指南

1. 事故类别

根据《企业职工伤亡事故分类标准》(GB 6441－86)事故类别可分为：

1)物体打击；

2)车辆伤害；

3)机械伤害；

4)起重；

5)触电；

6)淹溺；

7)灼烫；

8)火灾；

9)高处坠落；

10)坍塌；

11)冒顶片帮；

12)透水；

13)放炮；

14)火药爆炸；

15)瓦斯爆炸；

16)锅炉爆炸；

17)容器爆炸；

18)其他爆炸；

19)中毒和窒息；

20)其他伤害。

2. 重大危险源的主要危害

施工风险来源可归纳为:高处作业、地基条件、环境因素、设备条件与成品材料、其他物质等六方面;从城市建设施工安全管理组织来看,应把建设施工固有风险和工程项目地处城市社区环境相结合,进行城市建设施工安全重大危险源的辨识和登记。建设施工安全重大危险源,可能造成的危害(事故)形成主要有以下类型:坍塌、倒塌、高处坠落、火灾、爆炸等。

3. 项目重大危险源风险评价

风险评价是评估危险源所带来的风险大小及确定风险是否可容许的全过程,根据评价的结果对风险进行分级,按不同级别的风险有针对性地采取风险控制措施。

安全风险的大小可采用事故后果的严重程度与事故发生的可能性的乘积来衡量。

4. 项目重大危险源风险控制

极高:作为重点的控制对象,制订方案实施控制。

高:直至风险降低后才能开始工作。为降低风险有时必须配备大量资源。当风险涉及正在进行中的工作时,应采取应急措施。在方案和规章制度中制订控制办法,并对其实施控制。

中:应努力降低风险,但应仔细测定并限定预防成本,在规章制度内进行预防和控制。

低:是指风险降低到合理可行的最低水平,不需要另外的控制措施,应考虑投资效果更佳的解决方案或不增加额外成本的改进措施,需要监测来确保控制措施得以维持。

5. 重大危险源防治

(1)在国家现行法律、法规的框架下,建立和完善建设施工安全地方(城市)政府规章、制度体系,出台配套的和全社会、主要专业门类齐全的实施细则,依法管理安全生产。

(2)贯彻国家《安全生产法》,建立"企业负责、国家监察、行业管理、社会监督"的安全生产管理体系;落实建设施工安全责任制,有效开展城市建设施工安全管理。

(3)制订和完善城市建设安全技术政策:一方面应加强政府对建设工程施工安全的监管,保证施工设备及安全措施费为不竞价费用、专项费用;另一方面应不断淘汰落后的技术、工艺和采用与经济发展水平同步,适度提高工程施工安全设防标准,从而提升建设施工安全技术与管理水平,降低城市建设施工安全风险。

(4)制订和实施现场大型施工机械安装、运行、拆卸和外架工程安装的检验检测制度。

(5)开展施工安全重大危险源的辨识和项目施工安全风险评价,对可能影响社会安全的施工项目进行城市建设施工安全重大危险源登记。重大危险源登记的主要内容应包括:工程名称、危险源类别、地址(地段)、建设开发单位、施工单位及联系人、联系办法、重大危险源可能造成的危害、施工安全主要措施和应急救援预案(工作)。

(6)采用先进电子监控技术和监测信息系统,实施项目现场施工安全重大危险源及部位监控。

(7)建立城市建设施工安全(政府的)和项目施工安全(企业的)联动应急救援预案和运行机制。

(8)制订和实施对项目施工安全承诺和现场安全管理绩效考评(评价)制度,促使企业建立和完善施工安全长效机制。

3.4 施工现场危险性较大的分部分项工程专项施工方案表、汇总表

3.4.1 表格填写范例

施工现场危险性较大的分部分项工程专项施工方案表

表 AQ-C1-4

工程名称：××大厦工程　　施工单位：××建设集团有限公司　　编号：××××

<table>
<tr><td>危险性较大的分部分项工程名称</td><td>深基坑工程</td><td>总包项目经理</td><td>×××</td></tr>
<tr><td>分包单位</td><td>××土石方工程有限公司</td><td>分包项目经理</td><td>×××</td></tr>
<tr><td colspan="4">专项方案要点：

1. 基坑周边防护措施。
2. 基坑边坡支护方案。
3. 基坑土方开挖方案。
…</td></tr>
<tr><td colspan="4">专项施工方案附在表后。</td></tr>
<tr><td colspan="4">编制人：×××　　审核人：×××　　批准人：×××　　××年××月××日</td></tr>
</table>

注：1 本表由施工单位填报，建设单位、监理单位、施工单位各存一份。

2 需要专家论证的专项施工方案应将专家论证表附在后边。

危险性较大分部分项工程汇总表

表 AQ-C1-5

工程名称：××大厦工程　　施工单位：××建设集团有限公司　　编号：××××

序号	分部分项	工程范围	是否含有
1	基坑支护与降水工程	开挖深度超过 3m（含 3m）或虽未超过 3m，但地质条件和周围环境复杂的基坑（槽）支护、降水工程	×
2	土方开挖工程	开挖深度超过 3m（含 3m）的基坑（槽）的土方开挖工程	√
3	模板工程及支撑体系	各类工具式模板工程，包括大模板、滑模、爬模、飞模等工程	×
		混凝土模板支撑工程：搭设高度 5m 及以上；搭设跨度 10m 及以上；施工总荷载 $10kN/m^2$ 及以上；集中线荷载 15kN/m 以上，高度大于支撑水平投影宽度且相对独立无联系构件的混凝土模板支撑工程	√
4	起重吊装及安装拆卸工程	采用非常规起重设备、方法，且单件起吊重量在 10kN 及以上的起重吊装工程	×
		采用起重机机械进行安装的工程	√
		起重机械设备自身的安装、拆卸	√
5	脚手架工程	搭设高度 24m 及以上的落地式钢管脚手架工程	×
		附着式整体和分片提升脚手架工程	×
		悬挑式脚手架工程	√
		吊篮脚手架工程	√
		自制卸料平台、移动操作平台工程	√
		新型及异型脚手架工程	×
6	拆除、爆破工程	建筑物、构筑物拆除工程	×
		采用爆破拆除的工程	×
7	其他危险性较大的工程	建筑幕墙安装工程	√
		钢结构、网架和索膜结构安装工程	×
		人工挖孔桩工程	×
		地下暗挖、顶管及水下作业工程	×
		预应力工程	×
		采用新技术、新工艺、新材料、新设备及尚无相关技术标准的危险性较大的分部分项工程	×

施工总承包单位（公章）：　　监理单位项目部（盖章）：

项目负责人（签名）：×××　　总监理工程师（签名）：×××

××年××月××日

注：含有的打“√”，没有打“×”，由总包单位填写，监理单位确认。

超过一定规模的危险性较大分部分项工程汇总表

表 AQ-C1-6

工程名称:××大厦工程　　　　施工单位:××建设集团有限公司　　　　编号:××××

序号	分部分项	工程范围	是否含有
1	深基坑工程	开挖深度超过 5m(含 5m)的基坑(槽)的土方开挖、支护、降水工程	√
		开挖深度不超过 5m,但地质条件、周围环境和地下管线复杂,或影响毗邻建筑(构筑)物安全的基坑(槽)的土方开挖、支护、降水工程	×
2	模板工程及支撑体系	工具式模板工程:包括滑模、爬模、飞模工程	×
		混凝土模板支撑工程:搭设高度 8m 及以上;搭设跨度 18m 及以上;施工总荷载 $15kN/m^2$ 及以上;集中线荷载 20kN/m 以上	√
		承重支撑体系:用于钢结构安装等满堂支撑体系,承受单点集中荷载 700kg 以上	×
3	起重吊装及安装拆卸工程	采用非常规起重设备、方法,且单件起吊重量在 100kN 及以上的起重吊装工程	×
		起吊重量 300kN 及以上的起重设备安装工程;高度 200m 及以上内爬起重设备的拆除工程	√
4	脚手架工程	搭设高度 50m 及以上的落地式钢管脚手架工程	×
		提升高度 150m 及以上附着整体和分片提升脚手架工程	×
		架体高度 20m 及以上悬挑式脚手架工程	√
5	拆除、爆破工程	采用爆破拆除的工程	×
		码头、桥梁、高架、烟囱、水塔或拆除中容易引起有毒有害气(液)体或粉尘扩散、易燃易爆事故发生的特殊建、构筑物的拆除工程	×
		可能影响行人、交通、电力设施、通信设施或其他建、构筑物安全的拆除工程	×
		文物保护建筑、优秀历史建筑或历史文化风貌区控制范围的拆除工程	×
6	其他危险性较大的工程	施工高度 50m 及以上的建筑幕墙安装工程	√
		跨度大于 36m 及以上的钢结构安装工程;跨度大于 60m 及以上的网架和索膜结构安装工程	×
		开挖深度超过 16m 的人工挖扩孔桩工程	×
		采用新技术、新工艺、新材料、新设备及尚无相关技术标准的危险性较大的分部分项工程	×

施工总承包单位(公章):××建设集团有限公司　　　　监理单位项目部(盖章):××工程监理有限公司 项目监理部

项目负责人(签名):×××　　　　总监理工程师(签名):×××

××年××月××日

注:含有的打"√",没有打"×",由总包单位填写,监理单位确认。

3.4.2　表格填写依据

(1)《危险性较大的分部分项工程安全管理办法》(建质[2009]87 号)。

(2)《危险性较大工程安全专项施工方案编制及专家论证审查办法》(建质[2004]213 号)。

(3)《建设工程施工现场安全资料管理规程》(CECS 266—2009)。

3.4.3　表格解析指南

1. 危险性较大的分部分项工程范围

(1)基坑支护、降水工程。

开挖深度超过 3m(含 3m)或虽未超过 3m 但地质条件和周边环境复杂的基坑(槽)支护、降水工程。

(2)土方开挖工程。

开挖深度超过 3m(含 3m)的基坑(槽)的土方开挖工程。

(3)模板工程及支撑体系。

1)各类工具式模板工程,包括大模板、滑模、爬模、飞模等工程;

2)混凝土模板支撑工程:搭设高度 5m 及以上;搭设跨度 10m 及以上;施工总荷载 10kN/m^2 及以上;集中线荷载 15kN/m 及以上;高度大于支撑水平投影宽度且相对独立无联系构件的混凝土模板支撑工程;

3)承重支撑体系:用于钢结构安装等满堂支撑体系。

(4)起重吊装及安装拆卸工程。

1)采用非常规起重设备、方法,且单件起吊重量在 10kN 及以上的起重吊装工程;

2)采用起重机械进行安装的工程;

3)起重机械设备自身的安装、拆卸。

(5)脚手架工程。

1)搭设高度 24m 及以上的落地式钢管脚手架工程;

2)附着式整体和分片提升脚手架工程;

3)悬挑式脚手架工程;

4)吊篮脚手架工程;

5)自制卸料平台、移动操作平台工程;

6)新型及异型脚手架工程。

(6)拆除、爆破工程。

1)建筑物、构筑物拆除工程;

2)采用爆破拆除的工程。

(7)其他。

1)建筑幕墙安装工程;

2)钢结构、网架和索膜结构安装工程;

3)人工挖扩孔桩工程;

4)地下暗挖、顶管及水下作业工程;

5)预应力工程;

6)采用新技术、新工艺、新材料、新设备及尚无相关技术标准的危险性较大的分部分项工程。

2. 超过一定规模的危险性较大的分部分项工程范围

(1)深基坑工程

1)开挖深度超过 5m(含 5m)的基坑(槽)的土方开挖、支护、降水工程;

2)开挖深度虽未超过 5m,但地质条件、周围环境和地下管线复杂,或影响毗邻建筑(构筑)物安全的基坑(槽)的土方开挖、支护、降水工程。

(2)模板工程及支撑体系

1)工具式模板工程,包括滑模、爬模、飞模工程;

2)混凝土模板支撑工程:搭设高度 8m 及以上;搭设跨度 18m 及以上;施工总荷载 $15kN/m^2$ 及以上;集中线荷载 20kN/m 及以上;

3)承重支撑体系:用于钢结构安装等满堂支撑体系,承受单点集中荷载 700kg 以上。

(3)起重吊装及安装拆卸工程

1)采用非常规起重设备、方法,且单件起吊重量在 100kN 及以上的起重吊装工程;

2)起重量 300kN 及以上的起重设备安装工程;高度 200m 及以上内爬起重设备的拆除工程。

(4)脚手架工程

1)搭设高度 50m 及以上落地式钢管脚手架工程;

2)提升高度 150m 及以上附着式整体和分片提升脚手架工程;

3)架体高度 20m 及以上悬挑式脚手架工程。

(5)拆除、爆破工程

1)采用爆破拆除的工程;

2)码头、桥梁、高架、烟囱、水塔或拆除中容易引起有毒有害气(液)体或粉尘扩散、易燃易爆事故发生的特殊建、构筑物的拆除工程;

3)可能影响行人、交通、电力设施、通讯设施或其他建、构筑物安全的拆除工程;

4)文物保护建筑、优秀历史建筑或历史文化风貌区控制范围的拆除工程。

(6)其他

1)施工高度 50m 及以上的建筑幕墙安装工程;

2)跨度大于 36m 及以上的钢结构安装工程;跨度大于 60m 及以上的网架和索膜结构安装工程;

3)开挖深度超过 16m 的人工挖孔桩工程;

4)地下暗挖工程、顶管工程、水下作业工程;

5)采用新技术、新工艺、新材料、新设备及尚无相关技术标准的危险性较大的分部分项工程。

3. 专项方案的编制

建设单位在办理工程项目施工安全监督手续时,应当提供危险性较大的分部分项工程清单和安全管理措施。施工、监理企业应当建立危险性较大的分部分项工程安全管理制度。

建筑工程实行施工总承包的,专项方案应当由施工总承包企业组织编制。如建筑起重机械安装拆卸、深基坑、附着式升降脚手架、建筑幕墙安装、钢结构(网架、索膜结构)安装、爆破及拆除、预应力、地下暗挖、顶管、水下作业等专业工程实行分包的,其专项方案可由专业承包单位编制。

专项方案应当由施工企业技术部门组织本单位施工技术、安全、质量等部门的专业技术人员进行审核,经审核通过的,由施工企业技术负责人签字,加盖单位法人公章后报监理企业,由项目总监理工程师审核签字并加盖执业资格注册章。

实行施工总承包的专项方案，应当由施工总承包企业技术负责人及相关专业承包企业技术负责人签字并加盖单位法人公章。

(1)专项方案编制应当包括以下内容：

1)危险性较大的分部分项工程概况、施工平面布置、施工要求和技术保证条件；

2)编制所依据的相关法律、法规、规范性文件、技术规范、标准及图纸(国标图集)、施工组织设计等；

3)施工进度计划、材料与设备计划；

4)技术参数、工艺流程、施工方法、检查验收等；

5)计算书、相关施工图及节点详图；

6)项目安全管理组织架构(包括相关人员姓名、职务、工作职责及联系电话)、施工安全技术措施、应急救援预案、监测监控措施等；

7)方案编制、审核人员名单及学历、专业、职称、职务等情况；

8)工程项目部相关的专职安全生产管理人员、特种作业人员名单及其安全生产考核合格证书、特种作业资格证书。

(2)超过一定规模的危险性较大的分部分项工程的专项方案，应当由施工企业组织召开专家论证会。实行施工总承包的，由施工总承包企业组织召开专家论证会。下列人员应当参加专家论证会：

1)专家组成员；

2)建设单位项目负责人或技术负责人；

3)监理企业项目总监理工程师及相关人员；

4)施工企业安全生产管理机构及工程技术管理机构有关负责人、项目负责人、项目技术负责人、专项方案编制人员、项目专职安全生产管理人员；

5)有涉及勘察设计内容的，可要求勘察、设计单位项目技术负责人及相关人员参加。

3.5 施工现场超过一定规模危险性较大的分部分项工程专家论证表

3.5.1 表格填写范例

施工现场超过一定规模危险性较大的分部分项工程专家论证表

表 AQ-C1-7

工程名称:××大厦工程　　施工单位:××建设集团有限公司　　编号:××××

<table>
<tr><td colspan="2">危险性较大的分部分项工程名称</td><td colspan="2">基坑工程</td><td>总包项目经理</td><td colspan="2">×××</td></tr>
<tr><td colspan="2">分包单位</td><td colspan="2">××土石方工程有限公司</td><td>分包项目经理</td><td colspan="2">×××</td></tr>
<tr><td colspan="7">专家一览表</td></tr>
<tr><td>姓名</td><td>性别</td><td>年龄</td><td>工作单位</td><td>职务</td><td>职称</td><td>专业</td></tr>
<tr><td>×××</td><td>男</td><td>53</td><td>××设计研究院</td><td>院长</td><td>工程院士</td><td>岩土</td></tr>
<tr><td>×××</td><td>女</td><td>57</td><td>××地质勘察设计院</td><td>院长</td><td>工程院士</td><td>土木</td></tr>
<tr><td>×××</td><td>男</td><td>48</td><td>××建筑设计研究总院</td><td>副院长</td><td>高级工程师</td><td>岩土</td></tr>
<tr><td>×××</td><td>男</td><td>50</td><td>××勘察设计院</td><td>教授</td><td>高级工程师</td><td>土木</td></tr>
<tr><td>×××</td><td>女</td><td>49</td><td>××地质研究院</td><td>教授</td><td>高级工程师</td><td>岩土</td></tr>
<tr><td></td><td></td><td></td><td></td><td></td><td></td><td></td></tr>
<tr><td></td><td></td><td></td><td></td><td></td><td></td><td></td></tr>
<tr><td colspan="7">专家论证意见:
该工程系××大厦工程重点施工部位,该方案编制符合规范及设计要求,可依据此方案组织施工。

专家(签字):×××　×××　×××　×××　×××　　××年××月××日</td></tr>
<tr><td colspan="7">项目经理:×××　　××年××月××日</td></tr>
</table>

注:本表由施工单位填写,建设单位、监理单位、施工单位各存一份。

3.5.2　表格填写依据

(1)《危险性较大的分部分项工程安全管理办法》(建质[2009]87 号)。

(2)《危险性较大工程安全专项施工方案编制及专家论证审查办法》(建质[2004]213 号)。

(3)《建设工程施工现场安全资料管理规程》(CECS 266—2009)。

3.5.3　表格解析指南

(1)专项方案的审核。

专项方案应当由施工单位技术部门组织本单位施工技术、安全、质量等部门的专业技术人员进行审核。经审核合格的，由施工单位技术负责人签字。实行施工总承包的，专项方案应当由总承包单位技术负责人及相关专业承包单位技术负责人签字。不需专家论证的专项方案，经施工单位审核合格后报监理单位，由项目总监理工程师审核签字。

(2)需召开专家讨论会的情况及应参加会议的人员。

超过一定规模的危险性较大的分部分项工程专项方案应当由施工单位组织召开专家论证会。实行施工总承包的，由施工总承包单位组织召开专家论证会。

下列人员应当参加专家论证会：

1)专家组成员；

2)建设单位项目负责人或技术负责人；

3)监理单位项目总监理工程师及相关人员；

4)施工单位分管安全的负责人、技术负责人、项目负责人、项目技术负责人、专项方案编制人员、项目专职安全生产管理人员；

5)勘察、设计单位项目技术负责人及相关人员。

(3)本项目参建各方的人员不得以专家身份参加专家论证会。

(4)专家论证的主要内容：

1)专项方案内容是否完整、可行；

2)专项方案计算书和验算依据是否符合有关标准规范；

3)安全施工的基本条件是否满足现场实际情况。

(5)对专项方案论证结果的处理。

1)专项方案经论证后，专家组应当提交论证报告，对论证的内容提出明确的意见，并在论证报告上签字。该报告作为专项方案修改完善的指导意见。施工企业应根据论证审查报告进行完善，施工企业技术负责人、总监理工程师签字后，方可实施。实行施工总承包的，应当由施工总承包单位、相关专业承包单位技术负责人签字；

2)专项方案经论证后需做重大修改的，施工单位应当按照论证报告修改，并重新组织专家进行论证；

3)施工单位应当严格按照专项方案组织施工，不得擅自修改、调整专项方案。如因设计、结构、外部环境等因素发生变化确需修改的，修改后的专项方案应当重新审核。对于超过一定规模的危险性较大工程的专项方案，施工单位应当重新组织专家进行论证；

4)专项方案实施前，编制人员或项目技术负责人应当向现场管理人员和作业人员进行安全技术交底。

3.6 施工现场安全技术交底用表

3.6.1 表格填写范例

施工现场安全技术交底汇总表

表 AQ-C1-8

工程名称:××大厦工程　　施工单位:××建设集团有限公司　　编号:××××

序号	编号	安全技术交底名称	交底人	交底日期	备注
1	××××	脚手架工程安全技术交底	×××	××年××月××日	安全管理资料第二盒
2	××××	模板工程安全技术交底	×××	××年××月××日	安全管理资料第四盒
3	××××	吊装安全技术交底	×××	××年××月××日	安全管理资料第六盒
填表人:×××					××年××月××日

注:本表由施工单位填写,监理单位、施工单位各存一份。

施工现场安全技术交底表

表 AQ-C1-9

工程名称：××大厦工程　　**施工单位：**××建设集团有限公司　　**编号：**××××

交底部门	安质部	**交底人**	×××
交底项目	挖方工程	**交底时间**	××年××月××日

交底内容：

一、工程概况

…

二、存在的危险因素

…

三、应对危险的措施

…

四、安全技术措施

1. 进入现场必须遵守安全生产六大纪律。

2. 挖土中发现管道、电缆及其他埋设物应及时报告，不得擅自处理。

3. 挖土时要注意土壁的稳定性，发现有裂缝及倾塌可能时，人员应立即离开并及时处理。

4. 人工挖土，前后操作人员间距离不应小于2～3m，堆土要在1m以外，并且高度不得超过1.5m。

5. 每日或雨后必须检查土壁及支撑稳定情况，在确保安全的情况下继续工作，并且不得将土和其他物件堆在支撑上，不得在支撑下行走或站立。

6. 机械挖土，启动前应检查离合器、钢丝绳等，经空车试运转正常后再开始作业。

7. 机械操作中进铲不应过深，提升不应过猛。

8. 机械不得在输电线路下工作，应在输电线路一侧工作，不论在任何情况下，机械的任何部位与架空输电线路的最近距离应符合安全操作规程要求。

9. 机械应停在坚实的地基上，如基础过差，应采取走道板等加固措施，不得将挖土机履带与挖空的基坑平行2m停、驶。运土汽车不宜靠近基坑平行行驶，防止塌方翻车。

10. 电缆两侧1m范围内应采用人工挖掘。

11. 配合拉铲的清坡、清底工人，不准在机械回转半径下工作。

12. 向汽车上卸土应在车子停稳定后进行。禁止铲斗从汽车驾驶室上空越过。

…

接底人	×××、×××、×××、×××…

3.6.2 表格填写依据

《建设工程施工现场安全资料管理规程》(CECS 266—2009)。

3.6.3 表格解析指南

1. 安全技术交底含义

生产负责人在生产作业前,对直接生产作业人员进行的该作业的安全操作规程和注意事项的培训,并通过书面文件方式予以确认。

建设项目中,分部(分项)工程在施工前,项目部应按批准的施工组织设计或专项安全技术措施方案,向有关人员进行安全技术交底。安全技术交底主要包括两个方面的内容:一是在施工方案的基础上按照施工的要求,对施工方案进行细化和补充;二是要将操作者的安全注意事项讲清楚,保证作业人员的人身安全。安全技术交底工作完毕后,所有参加交底的人员必须履行签字手续,班组、交底人、安全员三方各留一份,并记录存档。

2. 安全技术交底的作用

(1)让一线作业人员了解和掌握该作业项目的安全技术操作规程和注意事项,减少因违章操作而导致事故的可能。

(2)安全管理人员在项目安全管理工作中的重要环节。

(3)安全管理内业的内容要求,同时做好安全技术交底也是安全管理人员自我保护的手段。

3.7　新工人安全教育

3.7.1　表格填写范例

新工人安全教育汇总表

表 AQ-C1-10-1

工程名称:××大厦工程　　施工单位:××建设集团有限公司　　编号:××××

序号	工　种	姓 名	性别	年龄	工龄	进/退场时间	三级教育日期			平安卡安全教育日	平安卡号
							一级	二级	三级		
1	木工	×××	男	40	15	××年××月××日	××年××月××日	××年××月××日	××年××月××日	××年××月××日	××××
2	木工	×××	男	35	11	××年××月××日	××年××月××日	××年××月××日	××年××月××日	××年××月××日	××××
3	钢筋工	×××	男	26	3	××年××月××日	××年××月××日	××年××月××日	××年××月××日	××年××月××日	××××
4	钢筋工	×××	男	24	3	××年××月××日	××年××月××日	××年××月××日	××年××月××日	××年××月××日	××××
5	架子工	×××	男	30	6	××年××月××日	××年××月××日	××年××月××日	××年××月××日	××年××月××日	××××
6	架子工	×××	男	35	10	××年××月××日	××年××月××日	××年××月××日	××年××月××日	××年××月××日	××××
7	架子工	×××	男	28	7	××年××月××日	××年××月××日	××年××月××日	××年××月××日	××年××月××日	××××
8	起重司索工	×××	男	40	10	××年××月××日	××年××月××日	××年××月××日	××年××月××日	××年××月××日	××××
9	起重司索工	×××	男	35	9	××年××月××日	××年××月××日	××年××月××日	××年××月××日	××年××月××日	××××
10	起重机械司机	×××	男	40	17	××年××月××日	××年××月××日	××年××月××日	××年××月××日	××年××月××日	××××
…											

填表人(签名):×××　　××年××月××日

新工人入场三级安全教育登记表

表 AQ-C1-10-2

工程名称:××大厦工程　　施工单位:××建设集团有限公司　　编号:××××

<table>
<tr><td>姓　名</td><td>×××</td><td>性　　别</td><td>男</td><td>出生年月</td><td>××年××月</td></tr>
<tr><td>文化程度</td><td>初中</td><td>家庭地址</td><td colspan="3">××省××镇××乡××街××号</td></tr>
<tr><td>入场日期</td><td>××年××月××日</td><td>班　　组</td><td colspan="3">木工班</td></tr>
<tr><td>平安卡号</td><td>××××</td><td>身份证号</td><td colspan="3">××××</td></tr>
<tr><td colspan="2">三级安全教育内容</td><td colspan="2">教育人</td><td colspan="2">受教育人</td></tr>
<tr><td rowspan="2">公司教育</td><td rowspan="2">进行安全基本知识、法规、法制教育,主要内容是:
1.党和国家的安全生产方针、政策;
2.安全生产法规、标准和安全知识;
3.企业安全生产规章制度、安全纪律;
4.安全生产形势及重大事故案例教训;
5.发生事故后如何抢救伤员、排除隐患、保护现场和及时进行报告</td><td colspan="2">签名:
×××</td><td colspan="2">签名:
×××</td></tr>
<tr><td colspan="4">××年××月××日</td></tr>
<tr><td rowspan="2">工程项目部教育</td><td rowspan="2">进行现场规章制度和遵章守纪教育,主要内容是:
1.本项目施工特点,可能存在的不安全因素及必须遵守的事项;
2.本单位(包括施工、生产现场)安全生产制度、规定和安全注意事项;
3.本工种的安全技术操作规程;
4.高处作业、机械设备、电气安全基础知识;
5.防火、防毒、防尘、防爆知识及紧急情况安全处置和安全疏散知识;
6.防护用品发放标准及防护用品、用具使用的基本知识</td><td colspan="2">签名:
×××</td><td colspan="2">签名:
×××</td></tr>
<tr><td colspan="4">××年××月××日</td></tr>
<tr><td rowspan="2">班组教育</td><td rowspan="2">进行本工种岗位安全操作及班组安全制度、纪律教育,主要内容是:
1.本班组作业特点及安全操作规程;
2.班组安全活动制度及纪律;
3.正确使用安全防护装置(设施)及个人劳动防护用品;
4.本岗位易发生事故的不安全因素及其防范对策,本工种事故安全剖析;
5.本岗位的作业环境及使用的机械设备、工具的安全要求</td><td colspan="2">签名:
×××</td><td colspan="2">签名:
×××</td></tr>
<tr><td colspan="4">××年××月××日</td></tr>
</table>

公司(第一级)安全教育记录

表 AQ-C1-10-3

工程名称:××大厦工程　　**施工单位:**××建设集团有限公司　　**编号:**××××

教育等级	学 时	教 育 内 容	授 课 地 点	授课人
第一级	25	法律、法规及企业规章制度	工地会议室	×××

教育内容:

1. 党和国家的安全生产方针、政策。
2. 安全生产法规、标准和安全知识。
3. 企业安全生产规章制度、安全纪律。
4. 安全生产形势及重大事故安全教训。
5. 发生事故后如何抢救伤员、排除隐患、保护现场和及时进行报告。

…

受教育人签名:

×××、×××、×××、×××、×××、×××、×××

…

填表人(签名):×××　　××年××月××日

项目部(第二级)安全教育记录

表 AQ-C1-10-4

工程名称:××大厦工程　　**施工单位:**××建设集团有限公司　　**编号:**××××

教育等级	学 时	教 育 内 容	授 课 地 点	授课人
第二级	30	现场规章制度和遵章守纪教育	工地会议室	×××

教育内容:

1. 本项目施工特点,可能存在的不安全因素及必须遵守的事项。
2. 安全生产制度、规定和安全注意事项。
3. 高处作业、机械设备、电气安全基础知识。
4. 防火、防毒、防尘、防爆知识及紧急情况安全处置和安全疏散知识。
5. 防护用品发放标准及防护用品、用具使用的基本知识。

…

受教育人签名:

×××、×××、×××、×××、×××、×××

…

填表人(签名):×××　　××年××月××日

班组(第三级)安全教育记录

表 AQ-C1-10-5

工程名称:××大厦工程　　施工单位:××建设集团有限公司　　编号:××××

教育等级	学 时	教 育 内 容	授 课 地 点	授课人
第三级	30	操作规程、班组安全制度	职工活动室	×××
教育内容: 1. 本班组作业特点及安全操作规程。 2. 班组安全活动制度及纪律。 3. 正确使用安全防护装置(设施)及个人劳动防护用品。 4. 本岗位易发事故的不安全因素及其防范对策、本工种事故安全剖析。 5. 本岗的作业环境及使用的机械设备、工具的安全要求。 …				
受教育人签名: ×××、×××、×××、××× …				

填表人(签名):×××　　××年××月××日

3.7.2 表格填写依据

(1)《建设工程安全生产管理条例》(中华人民共和国国务院令第 393 号)。

(2)《建筑业企业职工安全培训教育暂行规定》(建教〔1997〕83 号)。

(3)《广东省建筑施工安全管理资料统一用表》。

3.7.3 表格解析指南

施工项目部应建立职工劳动保护(安全)教育卡,教育卡应记录包括公司安全教育(一级教育)、项目部安全教育(二级教育)、班组安全教育(三级教育)、变换工种安全教育等的教育及考核情况,并由教育者与受教育者双方签字后入册作为新工人的三级管理资料备查。

(1)公司安全教育(一级教育)。按住建部《建筑业企业职工安全培训教育暂行规定》(建教[1997]83 号文),公司级的安全培训教育时间不得少于 15 学时,主要内容是:

1)国家和地方有关安全生产、劳动保护的方针、政策、法律、法规、规范、标准及规章;

2)企业及其上级部门(主管局、集团、总公司、办事处等)印发的安全管理规章制度;

3)安全生产与劳动保护工作的目的、意义等。

(2)项目安全教育(二级教育)。按规定,项目安全培训教育时间不得少于 15 学时,主要内容是:

1)建设工程施工生产的特点,施工现场安全管理规定要求;

2)施工现场主要事故类别,常见多发性事故的特点,规律及预防措施,事故教训等;

3)本工程项目事故的基本情况(工程类型、施工阶段、作业特点等),施工中应当注意的安全事项;

4)安全生产技术操作的一般规定。

(3)班组教育又称岗位教育(三级教育)。按住建部《建筑业企业职工安全培训教育暂行规定》(建教[1997]83 号文)的规定,班组安全培训教育时间不得少于 20 学时,主要内容是:

1)本工种作业的安全技术操作要求;

2)本班组施工生产概况,包括工作性质、职责、范围等;

3)本人及本班组在施工过程中,所使用、所遇到的各种生产设备,设施、电气设备、机械、工具的性能、作用、操作要求、安全防护要求;

4)个人使用和保管的各类劳动防护用品的正确穿戴、使用方法及劳防用品的基本原理与主要功能;

5)发生伤亡事故或其他事故,如火灾、爆炸、设备及管理事故要求等,应采取的措施(救助抢险、保护现场、报告事故等)要求。

3.8　变换工种安全教育登记表

3.8.1　表格填写范例

变换工种安全教育登记表

表 AQ-C1-11

工程名称：××大厦工程　　施工单位：××建设集团有限公司　　编号：××××

原 工 种	木工	变换工种	钢筋工	人 数	5
安全教育基本内容： 一、现场安全生产纪律和文明施工要求。 二、危险作业部位及必须遵守事项。 三、本工种安全操作规程要点和易发生事故的地方、部位及防范措施。 四、明确岗位安全职责，个人防护用品的正确使用，有关防护装置、设施的使用和维护					
教育内容： 1. 在高处(2m 及以上)、深坑绑扎钢筋和安装钢筋骨架，必须搭设脚手架或操作平台，临边应搭设防护栏杆。 2. 绑扎立柱和墙体钢筋时，不得站在钢筋架上或攀登骨架上下。 3. 在高处楼层上拉钢筋或钢筋调向时，必须事先观察运行上方或周围附近是否有高压线，严防碰触。 …					
主讲人	×××	部门	安全科	职务(职称)	安全员
受教育人签名： ×××、×××、×××、×××、×××					

填表人(签名)：×××　　××年××月××日

注：工人变换工种，应进行操作技能和安全操作知识的教育和培训，时间不得少于 20 学时，考核合格后，方可上岗操作。

3.8.2 表格填写依据

(1)《建设工程安全生产管理条例》(中华人民共和国国务院令第 393 号)。

(2)《建筑业企业职工安全培训教育暂行规定》(建教〔1997〕83 号)。

(3)《广东省建筑施工安全管理资料统一用表》。

3.8.3 表格解析指南

根据住建部的规定,企业待岗、转岗、换岗的职工,在重新上岗前,必须接受一次安全培训,时间不得少于 20 学时。对待岗、转岗、换岗职工的安全教育主要内容是:

(1)本工种作业的安全技术操作规程。

(2)本班组施工区域生产的概况介绍。

(3)区域内各种生产设施、设备、工具的性能、作用、安全防护要求等。

3.9　安全教育登记表

3.9.1　表格填写范例

作业人员安全教育登记表(××年度)

表 AQ-C1-12

工程名称:××大厦工程　　施工单位:××建设集团有限公司　　编号:××××

序号	姓　名	性别	职 务	培 训 单 位	培训日期	培训学时	培训主要内容	考核成绩
1	×××	男	电工	××培训机构	××年××月××日～××年××月××日	××	电工操作规程	合格
2	×××	男	电工	××培训机构	××年××月××日～××年××月××日	××	电工操作规程	合格
3	×××	男	焊工	××培训机构	××年××月××日～××年××月××日	××	焊工操作规程	合格
4	×××	男	焊工	××培训机构	××年××月××日～××年××月××日	××	焊工操作规程	合格
5	×××	男	架子工	××培训机构	××年××月××日～××年××月××日	××	架子工操作规程	合格
6	×××	男	架子工	××培训机构	××年××月××日～××年××月××日	××	架子工操作规程	合格
7	×××	男	架子工	××培训机构	××年××月××日～××年××月××日	××	架子工操作规程	合格
8	×××	男	起重司机	××培训机构	××年××月××日～××年××月××日	××	起重作业操作规程	合格
9	×××	男	起重司机	××培训机构	××年××月××日～××年××月××日	××	起重作业操作规程	合格
10	×××	男	司索工	××培训机构	××年××月××日～××年××月××日	××	起重作业操作规程	合格
11	×××	男	司索工	××培训机构	××年××月××日～××年××月××日	××	起重作业操作规程	合格
…								

填表人(签名):×××　　××年××月××日

管理人员安全教育登记表(××年度)

表 AQ-C1-13

工程名称:××大厦工程　　施工单位:××建设集团有限公司　　编号:××××

序号	姓　名	性别	职 务	培 训 单 位	培训日期	培训学时	培训主要内容	考核成绩
1	×××	男	项目经理	××培训机构	××年××月××日~××年××月××日	××	安全生产法律、法规	合格
2	×××	男	安全负责人	××培训机构	××年××月××日~××年××月××日	××	安全生产法律、法规	合格
3	×××	男	安全员	××培训机构	××年××月××日~××年××月××日	××	安全生产法律、法规	合格
4	×××	男	安全员	××培训机构	××年××月××日~××年××月××日	××	安全生产法律、法规	合格
5	×××	男	项目总工程师	××培训机构	××年××月××日~××年××月××日	××	安全生产法律、法规	合格
…								

填表人(签名):×××　　××年××月××日

注:项目安全人员、管理人员按规定每年必须进行安全培训,考核合格后持证上岗。每年接受培训时间:项目经理不得不少于 30 学时;专职安全生产管理员不得少于 40 学时;其他管理人员和技术人员不得少于 20 学时。

急救人员安全教育登记表(××年度)

表 AQ-C1-14

工程名称:××大厦工程　　**施工单位:**××建设集团有限公司　　**编号:**××××

序号	姓　名	性别	职 务	培 训 单 位	培训日期	培训学时	培训主要内容	考核成绩
1	×××	男	安全员	××急救中心	××年××月××日～××年××月××日	20	急救常识	合格
2	×××	男	安全员	××急救中心	××年××月××日～××年××月××日	20	急救常识	合格
3	×××	男	出纳	××急救中心	××年××月××日～××年××月××日	20	急救常识	合格
4	×××	男	消防员	××急救中心	××年××月××日～××年××月××日	20	急救常识	合格

填表人(签名):×××　　　　××年××月××日

3.9.2 表格填写依据

(1)《建设工程安全生产管理条例》(中华人民共和国国务院令第 393 号)。

(2)《建筑业企业职工安全培训教育暂行规定》(建教〔1997〕83 号)。

(3)《建设工程施工现场安全资料管理规程》(CECS 266－2009)。

3.9.3 表格解析指南

根据《建筑业企业职工安全培训教育暂行规定》(建教〔1997〕83 号)的规定:建筑业企业职工必须定期接受安全培训教育,坚持先培训、后上岗的制度。

1. 培训对象、时间和内容

(1)建筑业企业职工每年必须接受一次专门的安全培训。

1)企业法定代表人、项目经理每年接受安全培训的时间,不得少于 30 学时;

2)企业专职安全管理人员除按照建教(1991)522 号文《建设企事业单位关键岗位持证上岗管理规定》的要求,取得岗位合格证书并持证上岗外,每年还必须接受安全专业技术业务培训,时间不得少于 40 学时;

3)企业其他管理人员和技术人员每年接受安全培训的时间,不得少于 20 学时;

4)企业特殊工种(电工、焊工、架子工、司炉工、爆破工、机械操作工、起重工、塔吊司机及指挥人员、人货两用电梯司机等)在通过专业技术培训并取得岗位操作证后,每年仍须接受有针对性的安全培训,时间不得少于 20 学时;

5)企业其他职工每年接受安全培训的时间,不得少于 15 学时;

6)企业待岗、转岗、换岗的职工,在重新上岗前,必须接受一次安全培训,时间不得少于 20 学时。

(2)建筑业企业新进场的工人,必须接受公司、项目(或工区、工程处、施工队)、班线的三级安全培训教育,经考核合格后,方能上岗。

2. 安全培训教育的实施与管理

(1)实行安全培训教育登记制度。建筑业企业必须建立职工的安全培训教育档案,没有接受安全培训教育的职工,不得在施工现场从事作业或者管理活动。

(2)县级以上地方人民政府建设行政主管部门,制订本行政区域内建筑业企业职工安全培训教育规划和年度计划,并组织实施。省、自治区、直辖市的建筑业企业职工安全培训教育规划和年度计划,应当报建设部建设教育主管部门和建筑安全主管部门备案。

国务院有关专业部门负责组织制订所属建筑业企业职工安全培训教育规划和年度计划,并组织实施。

(3)有条件的大中型建筑业企业,经企业所在地的建设行政主管部门或者授权所属的建筑安全监督管理机构审核确认后,可以对本企业的职工进行安全培训工作,并接受企业所在地的建设行政主管部门或者建筑安全监督管理机构的指导和监督。其他建筑业企业职工的安全培训工作,由企业所在地的建设行政主管部门或者建筑安全监督管理机构负责组织。

建筑业企业法定代表人、项目经理的安全培训工作,由企业所在地的建设行政主管部门或者建筑安全监督管理机构负责组织。

(4)实行总分包的工程项目,总包单位要负责统一管理分包单位的职工安全培训教育工作。分包单位要服从总包单位的统一管理。

(5)从事建筑业企业职工安全培训工作的人员,应当具备下列条件:

1)具有中级以上专业技术职称；

2)有五年以上施工现场经验或者从事建筑安全教学、法规等方面工作五年以上的人员；

3)经建筑安全师资培训合格,并获得培训资格证书。

(6)建筑业企业职工的安全培训,应当使用经建设部主管部门和建筑安全主管部门统一审定的培训大纲和教材。

3.10 节前(节后)、日常及应急知识安全教育登记表

3.10.1 表格填写范例

节前(节后)安全教育登记表

表 AQ-C1-15

工程名称:××大厦工程　　施工单位:××建设集团有限公司　　编号:××××

<table>
<tr><td>班组名称</td><td>木工班</td><td>班组(长)</td><td>×××</td><td>班组人数</td><td>5</td></tr>
<tr><td colspan="6">教育时间:
××年××月××日××时～××时</td></tr>
<tr><td colspan="6">教育内容:
1. 安全思想教育。
2. 岗前安全教育。
(1)各类设施、设备、危险作业点的安全防护工作。
(2)对易发生事故的环节,进行专门的安全教育。
…</td></tr>
<tr><td>主讲人</td><td>×××</td><td>部门</td><td>安全科</td><td>职务(职称)</td><td>安全员</td></tr>
<tr><td colspan="6">受教育人签名:
×××、×××、×××、×××、×××</td></tr>
</table>

填表人(签名):×××　　××年××月××日

日常安全教育登记表

表 AQ-C1-16

工程名称:××大厦工程　　**施工单位:**××建设集团有限公司　　**编号:**××××

<table>
<tr><td>班组名称</td><td>木工班</td><td>班组(长)</td><td>×××</td><td>班组人数</td><td>15</td></tr>
<tr><td colspan="6">教育时间:
××年××月××日××时××分～××时××分</td></tr>
<tr><td colspan="6">教育内容:
1. 高处作业时,材料码放必须平稳整齐。
2. 使用的工具不得乱放。地面作业时应随时放入工具箱,高处作业应放入工具袋内。
3. 作业时使用的铁钉,不得含在嘴中。
…</td></tr>
<tr><td>主讲人</td><td>×××</td><td>部门</td><td>安全科</td><td>职务(职称)</td><td>专职安全员(工程师)</td></tr>
<tr><td colspan="6">受教育人签名:
×××、×××、×××、×××
…</td></tr>
</table>

填表人(签名):×××　　××年××月××日

应急知识教育登记表

表 AQ-C1-17

工程名称:××大厦工程　　施工单位:××建设集团有限公司　　编号:××××

班组名称	架子工班	班组(长)	×××	班组人数	25

教育时间:

××年××月××日××时～××时

告知危险因素:

1. 违章作业,不按规定佩戴劳动防护用品,无措施或措施不完善。
2. 酒后作业或疲劳作业。
3. 未按方案施工。
4. 六级以上大风、雨天进行搭拆作业。
5. 操作面未设防护栏杆和挡脚板。

…

教育内容:

1. 听从指挥,有序撤至安全地带。
2. 暂时不给伤员任何饮料或食物。
3. 根据伤情对伤员边分类、边抢救。处理的原则是先重后轻、先急后缓、先近后远。
4. 如果怀疑伤员有颈椎损伤 、腰椎骨折应将伤员平卧在平硬木板上。搬运时应使伤员平躺在担架上,将腰部系好,防止跌下。平地搬运时伤员头部在后,上楼、下楼、下坡时头部在上,搬运中应严密观察伤员。

…

主讲人	×××	部门	安全科	职务(职称)	专职安全员(工程师)

受教育人签名:

×××、×××、×××、×××、×××、×××

…

填表人(签名):×××　　××年××月××日

3.10.2　表格填写依据

(1)《建设工程安全生产管理条例》(中华人民共和国国务院令第393号)。

(2)《建设企事业单位关键岗位持证上岗管理规定》(建教〔1991〕522号)。

(3)《建筑业企业职工安全培训教育暂行规定》(建教〔1997〕83号)。

(4)《特种作业人员安全技术培训考核管理规定》(安全监管总局令第30号)。

(5)《广东省建筑施工安全管理资料统一用表》。

3.10.3　表格解析指南

(1)节假日加班的安全教育

1)重点做好安全思想教育,稳定职工工作情绪,使他们集中精力,轻装上阵;鼓励表扬职工节假日坚守岗位的优良作风,全力以赴做好本职工作;

2)班组长要做好上岗前的安全教育,可以结合安全交底内容进行,工作过程中要互相督促、互相提醒、共同注意安全;

3)重点做好当天作业,将遇到的各类设施、设备、危险作业点的安全防护工作,对较易发生事故爆炸的薄弱环节,应进行专门的安全教育。

(2)日常安全教育

日常教育是提醒、告诫职工遵章守纪,加强责任心,消除麻痹思想。教育的主要内容是:

1)安全生产法规、规范、标准、规定;

2)企业及上级有关部门的安全管理新规定;

3)各级安全生产责任制及管理制度;

4)安全生产先进经验介绍,最近的典型事故教训;

5)施工新技术、新工艺、新设备、新材料的使用及有关安全技术方面的要求;

6)最近安全生产方面的动态情况,如新的法律、法规、标准、规章的出台,安全生产的通报、文件、批示等;

7)本单位近期安全工作回顾、讲评等。

(3)工程现场应急处理基本常识

1)遇到意外伤害发生时,不要惊慌失措,要保持镇静,及时通知项目管理人员,设法维持好现场的秩序;听从项目管理人员的安排,有序撤离至安全地带;

2)现场无人时,应向周围大声呼救,请求来人帮助或设法联系有关部门,不要单独留下伤病员无人照管;

3)在周围环境不危及伤者生命时,一般不要随便搬动伤员;要求平仰躺平,解开衣领扣,保持呼吸道畅通;暂时不给伤病员任何饮料或食物;

4)根据伤情对伤员边分类、边抢救,处理的原则是先重后轻、先急后缓、先近后远;对呼吸困难、窒息和心跳停止的伤病员,从速将其头部后仰、托起下颌使呼吸道畅通,同时就地施行人工呼吸、胸外心脏按压等复苏操作;

5)如果怀疑伤员有颈椎损伤、腰椎骨折应将伤员平卧在平硬木板上,搬运时应使伤员平躺在担架上,将腰部束好,防止跌下。平地搬运时伤员头部在后,上楼、下楼、下坡时头部在上,搬运中应严密观察伤员;在搬运和转送过程中,脊柱要伸直,绝对禁止一个抬肩一个抬腿的搬法,以免造成或加重脊柱损伤;

6)轻微的烧烫伤,可先用冷水冲洗之后,冷敷或用冷水泡,其次用碘酒或稀释的黄药水消毒伤口,再用绷带包扎即可。严重的烧烫伤,先用流动的冷水冲洗约 30min;在冷水中慢慢将衣服脱去,在冷水中连续泡 30min,将余热完全除去,然后去医院进行治疗。切记伤口的水泡不可弄破,因为细菌感染会造成流脓及发炎;

7)对伤情稳定,估计转运途中不会加重伤情的伤病员,马上送到就近的医院救治;

8)现场抢救的一切行动要统一指挥调度。

3.11　施工现场特种作业人员登记表

3.11.1　表格填写范例

施工现场特种作业人员登记表

表 AQ-C1-18

工程名称：××大厦工程　　施工单位：××建设集团有限公司　　编号：××××

序号	姓名	性别	身份证号	工种	证件编号	发证机关	发证日期	有效期至年月
1	×××	男	××××	电工	××××	××安监局	××年××月××日	××年××月××日
2	×××	男	××××	金属焊接切割	××××	××安监局	××年××月××日	××年××月××日
3	×××	男	××××	起重机械	××××	××安监局	××年××月××日	××年××月××日
4	×××	男	××××	登高架设	××××	××安监局	××年××月××日	××年××月××日
5	×××	男	××××	机动翻斗	××××	××安监局	××年××月××日	××年××月××日
…								

项目部审查意见：

各证件属实，同意以上人员持证上岗作业。

安全部门负责人：×××　　××年××月××日

监理单位复核意见：

经复核，符合要求，同意上岗（ √ ）

经复核，不符合要求，不同意上岗（　）

监理工程师：×××　　××年××月××日

注：本表由施工单位填报，监理单位、施工单位各存一份。

3.11.2 表格填写依据

(1)《特种作业人员安全技术培训考核管理规定》(安全监管总局令第 30 号)。

(2)《建设工程安全生产管理条例》(中华人民共和国国务院令第 393 号)。

(3)《建设工程施工现场安全资料管理规程》(CECS 266—2009)。

(4)《建筑施工特种作业人员管理规定》(建质[2008]75 号)。

3.11.3 表格解析指南

1. 特种作业人员

(1)特种作业人员应当符合下列条件:

1)年满 18 周岁,且不超过国家法定退休年龄;

2)经社区或者县级以上医疗机构体检健康合格,并无妨碍从事相应特种作业的器质性心脏病、癫痫病、美尼尔氏症、眩晕症、癔症、震颤麻痹症、精神病、痴呆症以及其他疾病和生理缺陷;

3)具有初中及以上文化程度;危险化学品特种作业人员应当具备高中或者相当于高中及以上文化程度;

4)具备必要的安全技术知识与技能;

5)相应特种作业规定的其他条件。

(2)特种作业人员必须经专门的安全技术培训并考核合格,取得《中华人民共和国特种作业操作证》(以下简称特种作业操作证)后,方可上岗作业。

(3)特种作业人员的安全技术培训、考核、发证、复审工作实行统一监管、分级实施、教考分离的原则。

(4)国家安全生产监督管理总局(以下简称安全监管总局)指导、监督全国特种作业人员的安全技术培训、考核、发证、复审工作;省、自治区、直辖市人民政府安全生产监督管理部门负责本行政区域特种作业人员的安全技术培训、考核、发证、复审工作。

(5)对特种作业人员安全技术培训、考核、发证、复审工作中的违法行为,任何单位和个人均有权向安全监管总局、煤矿安监局和省、自治区、直辖市及市人民政府安全生产监督管理部门、负责煤矿特种作业人员考核发证工作的部门或者指定的机构举报。

2. 特种作业

根据《建筑施工特种作业人员管理规定》建筑施工特种作业包括:

1)建筑电工;

2)建筑架子工;

3)建筑起重信号司索工;

4)建筑起重机械司机;

5)建筑起重机械安装拆卸工;

6)高处作业吊篮安装拆卸工;

7)经省级以上人民政府建设主管部门认定的其他特种作业。

3.12　施工现场地上、地下管线保护措施验收记录表

3.12.1　表格填写范例

施工现场地上、地下管线保护措施验收记录表

表 AQ-C1-19

工程名称：××大厦工程　　施工单位：××建设集团有限公司　　编号：××××

验收部位	⑤～⑦轴之间
验收内容及结果： 检查内容： 检查⑤～⑦轴之间地下燃气管道和通讯光缆保护情况。 检查结果： 地下燃气管道和通讯光缆保护措施齐全，管线保护完好。 （有方案及图示附在后面）	
验收人员：×××、×××	××年××月××日

3.12.2 表格填写依据

(1)《城市地下管线工程档案管理办法》(建设部令第 136 号)。

(2)《关于进一步加强城市地下管线保护工作的通知》(建质[2010]126 号)。

(3)《建设工程施工现场安全资料管理规程》(CECS 266—2009)。

3.12.3 表格解析指南

(1)工程项目施工单位在编制施工组织设计时,应当充分考虑施工现场及毗邻区域内城市地下管线的情况,制定相应的保证地下管线安全的具体措施。

(2)工程项目施工单位要加强施工现场管理,明确和落实相关管理人员的责任。对施工过程中可能造成城市地下管线损害的,应当采取专项保护措施,避免盲目开工、冒险施工。

(3)工程项目施工单位在施工过程中,发现城市地下管线资料有未标注或标注与实际情况不符的,应当立即停止施工,及时向建设单位报告。待建设单位确认并补充相关资料后,方可继续施工。

(4)工程项目监理单位应当深入现场认真审查施工组织设计或专项施工方案中涉及城市地下管线保护的技术措施。在实施监理过程中,发现存在危及城市地下管线安全的隐患时,应当立即要求施工单位整改;情况严重的,应当及时报告建设单位和有关主管部门。

(5)施工单位对因建设工程施工可能造成损害的基础设施管线,应当采取专项防护措施。施工单位编制管线防护措施时,可以邀请管线权属单位和有关部门参与。管线防护措施必须经建设单位驻工地代表、项目经理、技术负责人和总监理工程师共同签字认可。

(6)施工单位在施工中如果发现管线资料有未标注或标注与实际不符的管线,应当立即停止施工,即时向建设单位和工程监理单位报告,并要求补充相关资料。

(7)任何单位和个人不得擅自接装、改装、挪移、拆除地下管线设施。为保护地下管线安全,在地下管线用地范围内,禁止下列行为:

1)倾倒污水、排放腐蚀性液体、气体;

2)堆放易燃易爆物;

3)擅自移动、覆盖、涂改、拆除、损坏管线设施的安全警示标志;

4)建设与管线设施无关的建筑物、构筑物或挖坑、取土、植树、埋杆、堆物、钻探、爆破、机械挖掘等占压行为;

5)其他危及地下管线安全的行为。

3.13　施工现场安全防护用品合格证及检测资料登记表

3.13.1　表格填写范例

施工现场安全防护用品合格证及检测资料登记表

表 AQ-C1-20

工程名称：××大厦工程　　施工单位：××建设集团有限公司　　编号：××××

序号	安全防护用品合格证、名称、检测报告	代表用品数量	资料页数	登记时间
1	安全帽合格证	100 个	5	××年××月××日
2	安全带合格证	10 条	6	××年××月××日
3	安全网合格证	30 张	8	××年××月××日
…				

制表人：×××　　××年××月××日

3.13.2 表格填写依据

(1)《建筑施工作业劳动防护用品配备及使用标准》(JGJ 184－2009)。

(2)《建设工程施工现场安全资料管理规程》(CECS 266－2009)。

3.13.3 表格解析指南

劳动防护用品的配备应符合《建筑施工作业劳动防护用品配备及使用标准》(JGJ 184－2009)的规定：

(1)架子工、起重吊装工、信号指挥工的劳动防护用品配备应符合以下规定：

1)架子工、塔式起重机操作人员、起重吊装工应配备灵便紧口的工作服、系带防滑鞋和工作手套；

2)信号指挥工应配备专用标志服装。在自然强光环境条件作业时，应配备有色防护眼镜。

(2)电工的劳动防护用品配备应符合下列规定：

1)维修电工应配备绝缘鞋、绝缘手套和灵便紧口的工作服；

2)安装电工应配备手套和防护眼镜；

3)高压电气作业时，应配备相应等级的绝缘鞋、绝缘手套和有色防护眼镜。

(3)电焊工、气割工的劳动防护用品配备应符合下列规定：

1)电焊工、气割工应配备阻燃防护服、绝缘鞋、鞋盖、电焊手套和焊接防护面罩。在高处作业时，应配备安全帽与面罩连接式焊接防护面罩和阻燃安全带；

2)从事清除焊渣作业时，应配备防护眼镜；

3)从事磨削钨极作业时，应配备手套、防尘口罩和防护眼镜；

4)从事酸碱等腐蚀性作业时，应配备防腐性工作服、耐酸碱胶鞋，戴耐酸碱手套、防护口罩和防护眼镜；

5)在密闭环境或通风不良的情况下，应配备送风式防护面罩。

(4)锅炉、压力容器及管道安装工的劳动防护用品配备应符合下列规定：

1)锅炉及压力容器安装工、管道安装工应配备紧口工作服和保护足趾安全鞋。在强光环境条件作业时，应配备有色防护眼镜；

2)在地下或潮湿场所，应配备紧口工作服、绝缘鞋和绝缘手套。

(5)油漆工在从事涂刷、喷漆作业时，应配备防静电工作服、防静电鞋、防静电手套、防毒口罩和防护眼镜；从事砂纸打磨作业时，应配备防尘口罩和密闭式防护眼镜。

(6)普通工从事淋灰、筛灰作业时，应配备高腰工作鞋、鞋盖、手套和防尘口罩，应配备防护眼镜；从事抬、扛物料作业时，应配备垫肩；从事人工挖扩桩孔孔井下作业时，应配备雨靴、手套和安全绳；从事拆除工程作业时，应配备保护足趾安全鞋、手套。

(7)混凝土工应配备工作服、系带高腰防滑鞋、鞋盖、防尘口罩和手套，宜配备防护眼镜；从事混凝土浇筑作业时，应配备胶鞋和手套；从事混凝土振捣作业时，应配备绝缘胶靴、绝缘手套。

(8)瓦工、砌筑工应配备保护足趾安全鞋、胶面手套和普通工作服。

(9)抹灰工应配备高腰布面胶底防滑鞋和手套，宜配备防护眼镜。

(10)磨石工应配备紧口工作服、绝缘胶鞋、绝缘手套和防尘口罩。

(11)石工应配备紧口工作服、保护足趾安全鞋、手套和防尘口罩，宜配备防护眼镜。

(12)木工从事机械作业时，应配备紧口工作服、防噪声耳罩和防尘口罩，宜配备防护眼镜。

(13)钢筋工应配备紧口工作服、保护足趾安全鞋和手套。从事钢筋除锈作业时,应配备防尘口罩,宜配备防护眼镜。

(14)防水工的劳动防护用品配备应符合下列规定:

1)从事涂刷作业时,应配备防静电工作服、防静电鞋和鞋盖、防护手套、防毒口罩和防护眼镜;

2)从事沥青熔化、运送作业时,应配备防烫工作服、高腰布面胶底防滑鞋和鞋盖、工作帽、耐高温长手套、防毒口罩和防护眼镜。

(15)玻璃工应配备工作服和防切割手套;从事打磨玻璃作业时,应配备防尘口罩,宜配备防护眼镜。

(16)司炉工应配备耐高温工作服、保护足趾安全鞋、工作帽、防护手套和防尘口罩,宜配备防护眼镜;从事添加燃料作业时,应配备有色防冲击眼镜。

(17)钳工、铆工、通风工的劳动防护用品配备应符合下列规定:

1)从事使用锉刀、刮刀、錾子、扁铲等工具作业时,应配备紧口工作服和防护眼镜;

2)从事剔凿作业时,应配备手套和防护眼镜;从事搬抬作业时,应配备保护足趾安全鞋和手套;

3)从事石棉、玻璃棉等含尘毒材料作业时,操作人员应配备防异物工作服、防尘口罩、风帽、风镜和薄膜手套。

(18)筑炉工从事磨砖、切砖作业时,应配备紧口工作服、保护足趾安全鞋、手套和防尘口罩、宜配备防护眼镜。

(19)电梯安装工、起重机械安装拆卸工从事安装、拆卸和维修作业时,应配备紧口工作服、保护足趾安全鞋和手套。

(20)其他人员的劳动防护用品配备应符合下列规定:

1)从事电钻、砂轮等手持电动工具作业时,应配备绝缘鞋、绝缘手套和防护眼镜;

2)从事蛙式夯实机、振动冲击夯作业时,应配备具有绝缘功能的保护足趾安全鞋、绝缘手套和防噪声耳塞(耳罩);

3)从事可能飞溅渣屑的机械设备作业时,应配备防护眼镜;

4)从事地下管道检修作业时,应配备防毒面罩、防滑鞋(靴)和工作手套。

3.14 施工现场安全日志表

3.14.1 表格填写范例

施工现场安全日志表

表 AQ-C1-21

<table>
<tr><td colspan="3">××年××月××日　　　星期×</td><td>天气：最高温度:32 ℃
最低温度:23 ℃
风　　力：四级
晴雨雾雪:晴</td></tr>
<tr><td rowspan="16">检查情况</td><td>检查部位及场所</td><td>存在问题</td><td>处理情况</td></tr>
<tr><td>基坑</td><td>一名吊装工人没有戴安全帽</td><td>批评教育并罚款 50 元</td></tr>
<tr><td>木工加工场</td><td>两台电锯用一个闸</td><td>下午 3:00 电工已整改</td></tr>
<tr><td>…</td><td></td><td></td></tr>
<tr><td></td><td></td><td></td></tr>
<tr><td></td><td></td><td></td></tr>
<tr><td></td><td></td><td></td></tr>
<tr><td></td><td></td><td></td></tr>
<tr><td></td><td></td><td></td></tr>
<tr><td></td><td></td><td></td></tr>
<tr><td></td><td></td><td></td></tr>
<tr><td></td><td></td><td></td></tr>
<tr><td></td><td></td><td></td></tr>
<tr><td></td><td></td><td></td></tr>
<tr><td></td><td></td><td></td></tr>
<tr><td></td><td></td><td></td></tr>
<tr><td colspan="4">专职安全员:×××</td></tr>
</table>

注:本表由施工单位填写,每天一张,施工单位存放。

3.14.2 表格填写依据

《建设工程施工现场安全资料管理规程》(CECS 266－2009)。

3.14.3 表格解析指南

1. 安全日志记录要求

(1)安全日志按单位工程填写,由安全员进行记录。记录时间从工程开工时起到竣工验收时止,逐日记载,不许中断。

(2)记录内容必须真实、完备,中途发生人员变动,应当办理交接手续,保持安全日志的连续性、完整性。

2. 安全日志记录内容

(1)组织施工班组学习安全操作规程和企业安全生产规定,对工人进行安全技术和安全生产教育等情况。

(2)参与编制分项作业安全技术措施,组织并监督施工班组在分部分项工程施工前,向操作人员进行安全技术交底等情况。

(3)对进场的各种设备、安全设施及防护用具、消防用具进行安全检查和验收等情况。

(4)巡查施工班组、操作工人是否按照安全生产、文明施工管理办法及安全技术交底的要求进行作业,对发现的事故隐患及时处理,提出改进意见和纠正措施,督促整改,并对操作人员的违规行为做出处罚等情况。

(5)对违章指挥和违章作业,或遇到严重险情、发生重大事故等的处理情况。

(6)针对各级安全监督机构签发的隐患整改通知单,逐项落实"三定"(定整改责任人,定整改措施,定整改时间)措施情况。

(7)凡未及时得到整改的隐患,必须及时以书面形式上报。上报后事件解决的情况记入施工现场安全日志。

3. 安全日志记录管理

(1)施工企业要全面提高自控意识和自控能力,牢固树立作业人员"零违章"、工程实体"零隐患"、工程项目"零死亡"的"三零"安全管理理念,认真落实施工现场安全生产主体责任,及时消除一切不安全因素。要将安全日志记录工作作为企业安全管理的一项重要工作,贯穿于施工现场管理的始终,落实在每个工程、每个环节、每个岗位。要深入研究、积极探索施工现场安全管理的各项措施,推动企业安全管理水平再上新台阶。

(2)监理企业要认真履行职责,严格落实施工现场管理的各项规定,确保项目总监认真履行职责、监理人员到位。监理人员要定期检查安全日志记录落实情况,严格审核把关,对现场存在的问题及时告知建设、施工单位,并督促整改;对现场出现的严重违法违规行为及时报告建设行政主管部门。

(3)各级施工安监机构要继续加大监管力度,将安全日志记录工作作为日常安全巡查的一项重要内容,对未记录安全日志或记录不符合规定要求的工程项目,给予批评教育并责令限期整改。

3.15 班组日安全上岗记录

3.15.1 表格填写范例

班组日安全上岗记录

表 AQ-C1-22

工程名称:××大厦工程　　施工单位:××建设集团有限公司

<table>
<tr><td>当天工作部位</td><td>××工程基础钢筋工程</td><td>作业内容</td><td>加工⑤～⑧轴基础钢筋</td><td>作业人数</td><td>25 人</td></tr>
<tr><td>安全防护用品配备使用情况</td><td colspan="5">每名工人配备安全帽、工作手套、工作服。
安全帽等防护用品无破损、缺失现象。</td></tr>
<tr><td>班前讲话内容摘要</td><td colspan="5">1. 进入施工现场必须戴安全帽。
2. 进入施工现场不允许穿拖鞋。
3. 工作内容。
…</td></tr>
<tr><td>参加活动作业人员名单(可以附表后)</td><td colspan="5">×××、×××、×××、×××、×××</td></tr>
</table>

注:本表由施工单位填写,施工单位保存。

3.15.2　表格填写依据

《建设工程施工现场安全资料管理规程》(CECS 266—2009)。

3.15.3　表格解析指南

(1)上岗交底内容主要交当天的作业环境(如邻近高压线、地下管线、附近建筑物现场基槽、坑情况)和气候条件(如风、雨、雪、霜、雾、严寒、酷暑等)以及当班主要工作内容和各个环节的操作安全、质量技术要求,交特殊工种配合等。

(2)上岗检查,主要查上岗人员的劳动防护情况,查现场每个岗位周围的作业环境是否安全无隐患,机械设备的安全保险装置是否完好有效以及各类安全措施的落实情况等。

(3)上岗记录,记班前交底主要内容,记班组人员分工情况,记上岗检查后,存在的不安全因素和采取的相应措施和发生事故苗子、违章情况。

(4)安全活动日,班组必须严格执行每周一次,利用上班前、后一小时进行小组一周来班组在施工中的安全生产先进事例及主要经验教育,针对不安全因素,发动群众提出改进措施。

3.16 施工现场安全检查隐患整改记录表

3.16.1 表格填写范例

施工现场安全检查隐患整改记录表

表 AQ-C1-23

工程名称：××大厦工程　　施工单位：××建设集团有限公司　　编号：××××

<table>
<tr><td>施工部位</td><td>3层①～⑫顶板模板支撑体系</td><td>作业单位</td><td>××建筑劳务公司</td></tr>
<tr><td colspan="4">检查项目内容：

1. 没有按要求设置剪刀撑。
2. 作业人员没按要求挂安全带。
…</td></tr>
<tr><td colspan="4">整改要求：

1. 按方案要求设置剪刀撑时，待检查合格后，方可继续模板支设施工。
2. 对没按要求使用安全带的作业员进行处罚。
…

检查人员：×××　　日期：××年××月××日</td></tr>
<tr><td colspan="4">复查意见：

经检查，存在的安全隐患消除，复查合格，可继续施工。

复查人（项目安全负责人）：×××　　日期：××年××月××日</td></tr>
</table>

3.16.2 表格填写依据

《建设工程施工现场安全资料管理规程》(CECS 266—2009)。

3.16.3 表格解析指南

(1)施工单位安全隐患整改的基本内容如下:

1)安全生产责任制落实情况。工程的总承包企业、专业承包企业、劳务分包企业和监理单位等主要负责人、安全管理人员、各职能机构、各岗位安全生产责任制建立及落实情况;

2)安全生产规章制度建立和落实情况。设立安全生产管理机构、配备专(兼)职安全管理人员情况;技术设备安全管理制度和岗位安全作业规程建立、执行情况;特种设备检测、检验情况;隐患排查整改、重大危险源监控、作业现场安全监督检查情况;

3)贯彻落实安全生产法律法规和标准情况。安全生产费用提取和使用、为从业人员交纳保险费等情况;

4)安全培训教育情况。企业建立健全安全培训教育制度、保证经费情况;企业全员(包括农民工)培训教育及考核情况;企业负责人、安全管理人员及特种作业人员持证上岗情况;

5)应急管理情况。根据雨季施工特点,储备建立专(兼)职应急救援队伍、应急救援物资、应急救援预案制订及演练情况;

6)事故处理和责任追究情况。事故报告制度建立情况;对已发生的事故,按照"四不放过"原则要求,认真吸取事故教训,对有关责任人的责任追究和落实整改情况。

(2)施工项目整改的基本内容如下:

1)企业依法取得安全生产许可证的情况,已取得安全生产许可证的企业不得降低安全生产条件;企业依法进行建筑施工活动的情况以及遗留问题的整改情况;

2)按照《建筑施工安全检查标准》(JGJ 59—2011),施工现场脚手架、基坑支护与模板工程、"四口、临边"、高边坡、物料提升机及施工外用电梯、塔吊等重要部位的安全防护与管理符合标准规范的情况;施工作业人员人身安全防护、劳动保护措施的落实情况,特别是按施工要求设置防护栏、防护网,高处作业人员按规定系好安全带的情况;

3)施工现场临时用电设施执行《施工现场临时用电安全技术规范》(JGJ 46—2005)的情况;

4)施工现场起重、吊装设备及机具的安全检测检验合格情况,以及塔吊、物料提升机等安装、拆除方案的制订及使用情况;

5)脚手架的设计、制造、搭设、使用、管理和维修符合国家或行业标准情况;

6)高大模板支撑体系、长大隧道、高大桥梁等危险性较大工程安全专项施工方案制订及专家组论证和审查情况;

7)长大隧道施工的地质超前预报、洞内通风、钻爆设计和爆破器材的管理、围岩变形监控量测及初期支护、二次砌衬、防水堵漏等工作落实设计方案和有关标准规定情况;预防坍塌、涌水、突泥、瓦斯爆炸事故和其他有害放射性元素措施的落实以及应急救援预案的审查和演练情况;

8)从业人员特别是对农民工的安全教育培训情况,施工现场设立农民工业校及安全教育培训记录;

9)特种作业人员持证上岗情况;

10)安全技术交底的针对性和实际执行情况;

11)建设施工过程中消防安全工作的落实情况;

12)夏季施工现场安全生产措施的落实情况;防水涂料施工遵守安全操作规程、避免交叉作业、地下作业确保通风等情况。

3.17 安全生产责任制考核

3.17.1 表格填写范例

安全生产责任制考核汇总表(××年)

表 AQ-C1-24-1

工程名称:××大厦工程　　施工单位:××建设集团有限公司　　编号:××××

序号	部门(班组)或人员	考核结果												总评	备注
		一月	二月	三月	四月	五月	六月	七月	八月	九月	十月	十一月	十二月		
1	安全保卫部	√	√	√	√	√	√	×	√	√	√	√	√	不合格	七月份出现脚手架坍塌事故,检查不仔细
2	技术部	√	√	√	√	√	√	√	√	√	√	√	√	合格	
3	试验室	√	√	√	√	√	√	√	√	√	√	√	√	合格	
4	财务部	√	√	√	√	√	√	√	√	√	√	√	√	合格	
…															

填表人(签名):×××　　××年××月××日

注:考核结果分为合格(打"√")和不合格(打"×")

管理人员安全生产责任制考核表

表 AQ-C1-24-2

工程名称：××大厦工程　　施工单位：××建设集团有限公司　　编号：××××

部　门	技术部		考核日期		××年××月××日	考核时段	××年××月
序号	姓　名	职　务	考核结果		被考核人签名	备　注	
			合格	不合格			
1	×××	技术部主任	√		×××		
2	×××	技术员	√		×××		
3	×××	技术员	√		×××		
4	×××	技术员	√		×××		
5	×××	技术员	√		×××		
6	×××	技术员	√		×××		
7	×××	质量员	√		×××		
8	×××	质量员	√		×××		
9	×××	资料员	√		×××		

考核单位（盖章）：××建设集团有限公司××工程项目经理部　　考核负责人（签名）：×××

填表人（签名）：×××　　××年××月××日

（印章：××建设集团有限公司 ××工程 项目经理部）

注：考核不合格的主要原因，填写备注栏。

安全生产责任制班组(部门)考核表

表 AQ-C1-24-3

工程名称:××大厦工程　　施工单位:××建设集团有限公司　　编号:××××

<table>
<tr><td rowspan="3">序号</td><td rowspan="3">部门或班组</td><td rowspan="3">工　种</td><td colspan="2">考核日期</td><td>××年××月××日</td><td>考核时段</td><td>××年××月</td></tr>
<tr><td colspan="2">考核结果</td><td rowspan="2">被考核部门或班组负责人签名</td><td colspan="2" rowspan="2">备　注</td></tr>
<tr><td>合格</td><td>不合格</td></tr>
<tr><td>1</td><td>安全保卫部</td><td>/</td><td></td><td>√</td><td>×××</td><td colspan="2">由于检查不仔细、不到位出现脚手架坍塌事故</td></tr>
<tr><td>2</td><td>木工班</td><td>木工</td><td>√</td><td></td><td>×××</td><td colspan="2"></td></tr>
<tr><td>3</td><td>模板班</td><td>模板工</td><td>√</td><td></td><td>×××</td><td colspan="2"></td></tr>
<tr><td>4</td><td>架子工班</td><td>架子工</td><td></td><td>√</td><td>×××</td><td colspan="2">违规操作、造成脚手架坍塌</td></tr>
<tr><td>5</td><td>钢筋班</td><td>钢筋工</td><td>√</td><td></td><td>×××</td><td colspan="2"></td></tr>
<tr><td>6</td><td>试验室</td><td>/</td><td>√</td><td></td><td>×××</td><td colspan="2"></td></tr>
<tr><td>7</td><td>技术部</td><td>/</td><td>√</td><td></td><td>×××</td><td colspan="2"></td></tr>
<tr><td>8</td><td>财务部</td><td>/</td><td>√</td><td></td><td>×××</td><td colspan="2"></td></tr>
<tr><td></td><td></td><td></td><td></td><td></td><td></td><td colspan="2"></td></tr>
<tr><td></td><td></td><td></td><td></td><td></td><td></td><td colspan="2"></td></tr>
<tr><td></td><td></td><td></td><td></td><td></td><td></td><td colspan="2"></td></tr>
<tr><td></td><td></td><td></td><td></td><td></td><td></td><td colspan="2"></td></tr>
<tr><td></td><td></td><td></td><td></td><td></td><td></td><td colspan="2"></td></tr>
<tr><td></td><td></td><td></td><td></td><td></td><td></td><td colspan="2"></td></tr>
<tr><td></td><td></td><td></td><td></td><td></td><td></td><td colspan="2"></td></tr>
</table>

考核单位(盖章):××建设集团有限公司××工程项目经理部　　考核负责人(签名):×××

填表人(签名):×××　　××年××月××日

注:考核不合格的主要原因,填写备注栏。

3.17.2　表格填写依据

《建设工程施工现场安全资料管理规程》(CECS 266—2009)。

3.17.3　表格解析指南

安全生产责任制是按照安全生产方针和“管生产必须管安全”的原则，将各级负责人员、各职能部门及其工作人员和岗位生产人员在安全生产方面应做的事情和应负的责任加以明确规定的一种制度。《安全生产法》第四条明确规定：“生产经营单位必须遵守本法和其他有关安全生产的法律、法规，加强安全生产管理，建立、健全安全生产责任制度，完善安全生产条件，确保安全生产”。

安全生产责任制是各项安全生产管理制度的核心，是生产经营单位行政岗位责任制和经济责任制度的重要组成部分，也是最基本的职业健康安全管理制度。

1. 安全生产责任制的建立

建立完善的安全生产责任制应达到以下要求：

(1)必须符合国家安全生产法律法规和政策、方针的要求，并适时修改。

(2)要与生产经营单位管理体制协调一致。

(3)要根据生产经营实际情况制定，明确、具体，具有可操作性。

(4)安全生产责任制的制定、落实要有专门的人员和机构来保障。

(5)在建立安全生产责任制的同时，建立安全生产责任制的监督、检查等制度，以保证安全生产责任制得到落实。

2. 安全生产责任制的内容

(1)生产经营单位主要负责人。生产经营单位的主要负责人是本单位安全生产的第一责任者，对安全生产工作全面负责。《安全生产法》第十七条规定了生产经营单位负责人的职责有：

1)建立、健全本单位安全生产责任制；

2)组织制定本单位安全生产规章制度和操作规程；

3)保证本单位安全生产投入的有效实施；

4)督促、检查本单位的安全生产工作，及时消除生产安全事故隐患；

5)组织制定并实施本单位的生产安全事故应急救援预案；

6)及时、如实报告生产安全事故。

(2)生产经营单位其他负责人。生产经营单位其他负责人的职责是协助主要负责人做好安全生产工作。生产经营单位其他负责人应根据具体分管工作，对其在安全生产方面应承担的具体责任作出规定。

(3)职能管理机构负责人及其他人员。各职能管理机构根据各职责分工制定安全生产责任制。各职能管理机构的工作人员应在职责范围内做好安全生产工作，并对自己职责范围内的安全生产工作负责。

(4)作业班组长。作业班组长是安全生产工作的关键。作业班组长的主要职责是贯彻执行本单位对安全生产的规定和要求，督促本班组的工人遵守有关安全生产管理制度和安全操作规程，切实做到不违章指挥，不违章作业，遵守劳动纪律。

(5)岗位工人。岗位工人对本岗位的安全生产工作负直接责任。岗位工人要接受安全生产教育和培训，遵守有关安全生产管理制度和安全操作规程，不违章作业，遵守劳动纪律。特种作业人员必须接受专门的培训，经考试合格取得操作资格证书的，方可上岗作业。

3.18 安全生产管理目标考核

3.18.1 表格填写范例

安全生产管理目标考核表(××年××月)

表 AQ-C1-25-1

工程名称:××大厦工程　　施工单位:××建设集团有限公司　　编号:××××

序号	被考核班组、部门、责任人	伤亡控制指标		安全达标			文明施工目标			隐患治理目标	考核结果	考核人
		"五无"目标	年度轻伤事故频率≤24‰	优良	合格	不合格	优良	合格	不合格	本月查处隐患数量/隐患治理率100%		
1	木工班 ×××	达到目标	0	△			△			100%	优良	×××
2	架子工班 ×××	达到目标	0		√			√		100%	合格	×××
3	电工班 ×××	达到目标	0		√			√		100%	合格	×××
…												

填表人(签名):×××　　项目负责人确认(签名):×××　　××年××月××日

项目部安全生产管理目标考核表

表 AQ-C1-25-2

工程名称：××大厦工程　　施工单位：××建设集团有限公司　　编号：××××

<table>
<tr><td colspan="2">安全生产
管理总目标</td><td colspan="5">一、伤亡控制指标：零死亡、无火灾事故、无坍塌事故、无重大机械事故、无职业中毒事故、零重伤
二、按照《建筑施工安全检查标准》(JGJ 59—99)要求达到合格等级以上
三、文明施工按照本地标准达到合格等级以上
四、隐患治理率达到 100%</td></tr>
<tr><td>序号</td><td>被考核班组、部门、责任人</td><td>目标分解</td><td>考核期</td><td>考核结论</td><td>被考核人</td><td>考核人</td></tr>
<tr><td>1</td><td>项目负责人</td><td>贯彻执行企业安全生产规章制度，建立本项目的规章制度，制定本项目的安全生产管理目标，落实本项目的各项安全管理工作，并落实安全管理责任，对所承建的项目的安全生产全面负责</td><td>在本项目任期内，按月度考评</td><td>优良</td><td>×××</td><td>×××</td></tr>
<tr><td>2</td><td>项目副经理</td><td>贯彻落实上级安全生产指令，掌握各种安全生产规章制度，协助项目经理做好各项安全生产工作，并有针对性地制定实施细则，落实本项目安全生产管理目标，组织落实分解目标，并监督实施</td><td>在本项目任期内，按月度考评</td><td>合格</td><td>×××</td><td>×××</td></tr>
<tr><td>3</td><td>项目技术负责人</td><td>落实项目负责人部署的安全生产管理工作</td><td>在本项目任期内，按月度考评</td><td>合格</td><td>×××</td><td>×××</td></tr>
<tr><td>4</td><td>专职安全员</td><td>落实项目负责人、技术负责人布置的生产安全管理工作，根据不同的施工部位或施工内容，在开工前向班组进行危险作业告知、书面安全技术交底和安全管理交底。巡查作业期间现场设备、设施安全措施的落实情况，对存在的安全隐患提出整改意见并跟进落实情况，按照检查标准，协助项目经理落实定期安全检查考核工作。发生安全事故应立即组织抢救，报告上级，针对险情组织疏散，保护现场，协助上级进行事故调查</td><td>在本项目任期内，按月度考评</td><td>优良</td><td>×××</td><td>×××</td></tr>
<tr><td>5</td><td>施工员</td><td>落实生产安全管理工作和经过审批的施工方案中的安全技术措施，根据不同的施工部位或施工内容，在布置工作的同时组织班组进行危险作业告知、安全技术交底和安全管理交底；对所管的施工现场、环境、安全和一切安全防护设施的完整、有效负责。在班组作业前以及检查生产进度的同时检查班组作业范围的安全设施使用情况，对存在的隐患及时予以处理，严重的应停止作业。发生安全事故应立即组织抢救，报告上级，针对险情组织疏散，保护现场，协助上级进行事故调查</td><td>在本项目任期内，按月度考评</td><td>合格</td><td>×××</td><td>×××</td></tr>
<tr><td>6</td><td>试验员</td><td>严格按照国家有关建筑施工安全的法律法规、标准，执行本单位的安全管理制度，试验标准要求抽取样品试验，负责检查试验报告的有效性，按规定及时提交试验报告。发现不合格品及时报告有关负责人处理</td><td>在本项目任期内，按月度考评</td><td>合格</td><td>×××</td><td>×××</td></tr>
<tr><td>7</td><td>机械设备管理员</td><td>负责所属项目的机、电、起重设备的操作人员的专业安全教育，落实项目经理、技术负责人布置的生产安全管理工作和专项施工机电设备施工方案中安全技术措施，向班组或操作人员进行危险作业告知、安全技术交底和安全管理交底。对所负责的施工项目的机具、电气、起重设备、压力容器的安全负责，按制度检查机电设备设施情况，对存在的隐患及时予以处理，严重的应停止作业，并报告项目经理、施工员处理。发生安全事故应立即组织抢救，报告上级，针对险情组织疏散，保护现场，协助上级进行事故调查</td><td>在本项目任期内，按月度考评</td><td>优良</td><td>×××</td><td>×××</td></tr>
</table>

续表

安全生产管理总目标	一、伤亡控制指标：零死亡、无火灾事故、无坍塌事故、无重大机械事故、无职业中毒事故、零重伤 二、按照《建筑施工安全检查标准》(JGJ 59－99)要求达到合格等级以上 三、文明施工按照本地标准达到合格等级以上 四、隐患治理率达到 100%					
序号	被考核班组、部门、责任人	目标分解	考核期	考核结论	被考核人	考核人
8	材料员	根据工程的需要负责按国家标准采购施工使用安全产品、设施、劳动防护用品的，选择符合资格的生产商和经销商进货。 严格执行材料进场检验、试验制度，供应施工现场使用的一切机具和附件等，在购入时，必须有出厂合格证明，发放时必须保证符合安全要求，回收后必须验收。 按施工平面图和有关材料存放规定堆放材料，负责材料的储存安全。 按规定填写材料进场检查、检验记录，负责管理材料的合格证和检验报告等资料，按规定定期移交	在本项目任期内，按月度考评	合格	×××	×××
9	预算员/成本员	按照有关建筑施工安全的法律法规以及本单位的安全管理制度，根据项目经理的安排，结合工程实际，制定安全生产费用计划，并按规定对安全生产资金的投入与实施进行管理，负责审查安全生产资金在项目的落实情况，负责建立健全安全生产资金台账	在本项目任期内，按月度考评	合格	×××	×××
10	班组长及分包单位负责人	在项目经理或施工员的领导下负责本单位、本班组工作范围的施工安全，认真执行安全生产规章制度及用工制度，遵守安全操作规程。 掌握班组人员的技术、身体、精神(情绪)等情况合理安排工作，每日班前检查机具、设备、防护用具及作业环境、作业范围的安全情况，并认真做好安全交底。作业中要督促班组人员严格遵守安全制度、安全操作规程和正确使用个人防护用品，纠正违章作业和不安全行为，有权拒绝违章指挥，及时发现问题要及时解决，不能解决的要采取控制措施，并及时上报。 组织开展本单位、班组作业人员进行安全学习活动，经常进行安全意识、安全技术知识教育，特别做好新调入员工、变换工种的员工、复工人员的安全教育，督促工人持证上岗，对新进场的工人要进行安全教育，在未熟悉工作环境前指定专人帮带，负责其人身安全。组织开好班前安全生产会，做好收工前的安全检查，组织一周的安全讲评工作，及时总结交流安全生产先进经验，表扬好人好事。 实行互保作业，即班组成员两两结对，互相监督、互相保护、协调配合，实现安全生产。 发生工伤事故要立即组织抢救，保护好现场并向项目负责人报告	在本项目任期内，按月度考评	合格	×××	×××
				合格	×××	
				合格	×××	
				合格	×××	

审批人(签名)：×××　　　　××年××月××日

注：表中的目标、管理岗位和班组及其职责等内容仅作参考，可视工程的实际进行增减。

3.18.2　表格填写依据

《建设工程施工现场安全资料管理规程》(CECS 266—2009)。

3.18.3　表格解析指南

安全目标管理是指企业在某一时期内制定出旨在保证生产过程中员工的安全和健康的目标,或为达到这一目标,进行的计划、组织、指挥、协调控制等一系列工作的总称。

1. 实行目标管理的主要程序

目标管理可分为目标的制定、目标的执行、成果的评价、实行奖惩、制定新目标、开始新循环等步骤。

(1)目标的制定。为了提高生产经营活动的成果,必须自上而下地商定切实可行的企业总目标。为了使全体员工的力量集中到企业目标上来,各部门、各项目每个员工都要制定与企业目标相一致的分目标,从而形成以企业目标为中心的完整的目标管理体系。

(2)目标的执行。当目标制定完毕转入执行过程时,企业要同部门、项目和员工就实现各种具体目标的内容、方法和条件达成协议,使他们自觉自愿地为实现目标而努力。企业领导应根据施工项目实现目标的需求授予相应的自主权,以便自主地、及时地处理问题。

(3)成果的评价。成果的评价首先自下而上进行,最后共同协商决定。目标管理和传统的管理不同,它启发执行者对执行情况做自己总结和反省,促进其持续改进。

(4)兑现奖惩。成果评价的又一个目的是为对员工进行奖惩。奖惩既有物质的,又有精神的,实行奖惩有利于调动员工完成目标的积极性。

(5)持续改进。当既定目标达到以后,应根据生产经营情况和社会需求的变化,制定新的目标,开始新的一轮循环。

2. 制定安全生产目标的步骤

确定施工项目安全生产目标,实际上是一个完整的决策过程,它包括采取一定的步骤和运用必要的科学预测、决策方法。一般说来,制定项目安全生产目标的过程可分为以下步骤:

(1)掌握安全信息。要全面搜集、了解、掌握项目系统的外部环境和内部条件的资料,作为确定安全生产目标的依据。

(2)拟定目标方案。在对安全信息进行系统整理分析的基础上,提出多个目标方案,以便进行比较、鉴别和优选。

(3)评估目标方案。对拟定的多个目标方案逐一就危险因素、风险控制综合效益、潜在问题等方面进行分析论证。评估目标方案应发动和依靠广大员工,可以通过座谈会、调查会、讨论会等形式广泛征集员工意见,发扬民主管理精神。

(4)选择最优化方案。通过定性与定量分析相结合的办法,从众多方案中选出最优的目标方案。在方案优选过程中应权衡各方案的利弊得失,有时还需要在综合原拟定方案的基础上设计新的方案。

3. 实施目标管理的方法

(1)确定总目标并使其量化。施工项目的安全生产总目标可分为静态目标和动态目标。通常所说的目标值,主要是在国家或企业规定的目标和要求的基础上,确定项目安全生产的具体指标,如工伤事故频率和严重率。

(2)围绕总目标,层层展开工作。各层次、各部门都就围绕项目的总目标来分解各自的目标。实现各自的目标,可以灵活运用各种方法,但强调自我过程控制。

(3)确定完成目标值的方法和要求。实行目标管理,必须进一步制定完成目标值所采取的各项安全技术措施,确定为完成各项计划而实施的手段,运用图表检查进度,评价在完成全年目标值过程中的各项工作等。

(4)定期考评目标执行情况,准确反馈信息,及时解决问题,使施工项目安全生产目标执行者方向一致。

第4章　施工现场消防保卫安全资料表格范例及解析

4.1　施工现场消防重点部位登记表

4.1.1　表格填写范例

施工现场消防重点部位登记表

表 AQ-C2-1

工程名称:××大厦工程　　施工单位:××建设集团有限公司　　编号:××××

序号	部位名称	消防器材配备情况	防火责任人	备注
1	库房	按要求配备灭火器等	×××	138××××××××
2	木模板加工场地	按要求配备灭火器等	×××	159××××××××
…				

消防安全员:×××　　项目安全负责人:×××　　日期:××年××月××日

4.1.2 表格填写依据

(1)《建设工程施工现场安全资料管理规程》(CECS 266－2009)。

(2)《建设工程施工现场消防安全技术规范》(GB 50720－2011)。

4.1.3 表格解析指南

1. 消防重点部位划定

任何单位(包括非重点单位)的各个组成部分,其火灾危险性、重要程度是不同的,但其中火灾危险性大、发生火灾后能影响整个单位生产、经营活动的应列为消防重点部位。

2. 消防重点部位性质

消防重点部位的性质是根据发生火灾的危险程度确定的。

(1)可燃物种类。工业建筑场所内生产、使用和储存可燃物的火灾危险性是划分危险性的主要因素。按照《建筑设计防火规范》(GB 50016－2006)对厂房和仓库中的可燃物的火灾危险性分类来划分工业建筑场所的危险等级。原则上将甲、乙类生产、储存场所列入严重危险级;将丙类生产、储存场所列入中危险级;将丁、戊类生产、储存场所列入轻危险级。

(2)可燃物数量。工业建筑物内可燃物的数量越多,火灾荷载增大,可以将可燃物数量多的场所划分为严重危险级,可燃物数量少的场所划分为轻危险级,居于两者之间的可燃物数量较多的场所划分为中危险性。

(3)火灾蔓延速度。可以将起火后火灾蔓延速度迅速的场所定为严重危险级,起火后火灾蔓延速度较迅速的场所定为中危险级,起火后火灾蔓延速度缓慢的场所定为轻危险级。

(4)火灾扑救难度。可以将扑救困难的场所定为严重危险级,扑救较难的场所定为中危险级,扑救较易的场所定为轻危险级。

(5)火灾重大损失。一旦发生火灾就会容易引起重大损失的某些场所,应将其定为严重危险级。

3. 消防重点部位的监督管理

(1)有领导负责的逐级防火责任制。

(2)有生产岗位防火责任制。

(3)有专职或兼职防火安全人员。

(4)有群众性的义务消防队和必要的消防器材设备;规模大、火灾危险隐患大和离公安消防队较远的企业要设置专职消防队。

(5)有健全的消防安全制度。

(6)对火灾隐患能及时发现、立案、整改。

(7)对消防重点部位做到定点、定人、定措施,并根据需要采用自动报警、灭火新技术。

(8)对职工群众普及消防知识,对重点工种进行专门消防训练和考核。

(9)有防火档案和灭火作战计划。

(10)对消防工作定期评比,奖惩严明。

4.2　施工现场用火审批表

4.2.1　表格填写范例

施工现场用火审批表

表 AQ-C2-2

工程名称：××大厦工程　　施工单位：××建设集团有限公司　　编号：××××

申请用火单位	××建筑劳务公司	用火班组	钢筋班组
用火部位	三层③～④轴外墙	用火作业级别及种类（用火、气焊、电焊等）	二级 电焊
用火作业起止时间	由××年××月××日××时起 至××年××月××日××时止		

用火原因、防火的主要安全措施和配备的消防器材：

1. 动火原因

三层③～④轴外墙幕墙骨架焊接。

2. 安全措施

(1)划定警界区，并设专人防护。

(2)设专职看火人。

(3)配备 4 个灭火器。

…

监控人员：×××　　申请人员：×××　　××年××月××日

审批意见：

同意用火申请。

审批人：×××　　××年××月××日

4.2.2 表格填写依据

(1)《建设工程施工现场安全资料管理规程》(CECS 266—2009)。

(2)《建设工程施工现场消防安全技术规范》(GB 50720—2011)。

4.2.3 表格解析指南

1. 用火等级的划分

用火等级可划分为一、二、三级动火等级。

(1)凡属下列情况之一的用火，均为一级用火。

1)禁火区域内；

2)油罐、油箱、油槽车和储存过可燃气体、易燃液体的容器及与其连接在一起的辅助设备；

3)各种受压设备；

4)危险性较大的登高焊、割作业；

5)比较密封的室内、容器内、地下室等场所；

6)现场堆有大量可燃和易燃物质的场所。

(2)凡属下列情况之一的用火，均为二级用火。

1)在具有一定危险因素的非禁火区域内进行临时焊、割等用火作业；

2)小型油箱等容器用火作业；

3)登高焊、割等用火作业。

(3)在非固定的、无明显危险因素的场所进行用火作业，均属三级用火作业。

2. 用火审批程序

一级用火作业由项目负责人组织编制防火安全技术方案，填写动火申请表，报企业安全管理部门审查批准后，方可用火；二级用火作业由项目责任工程师组织拟定防火安全技术措施，填写动火申请表，报项目安全管理部门和项目负责人审查批准后，方可用火；三级用火作业由所在班组填写动火申请表，经项目责任工程师和项目安全管理部门审查批准后，方可用火。

3. 用火作业原则

(1)用火作业必须严格执行“四不用火”管理制度，即：

1)没有批准的用火作业许可证不用火；

2)没有防火措施或用火措施不落实不用火；

3)没有用火监护人不用火；

4)用火部位、时间与用火作业许可证不符不用火。

(2)用火单位监护人和用火人在接到用火作业许可证后，应逐项检查现场用火措施和用火操作规程的落实情况。如用火措施不落实、监护人不在现场，用火人有权拒绝用火。

(3)用火作业许可证是用火依据，不得涂改、代签，要妥善保管，其保存期限为一年，由申请用火单位、监理单位存档保管。

4.3　施工现场消防保卫定期检查表

4.3.1　表格填写范例

施工现场消防保卫定期检查表

表 AQ-C2-3

工程名称:××大厦工程　　施工单位:××建设集团有限公司　　编号:××××

检查项目	检查内容	检查结果
1 消防设施平面布置保持情况	是否有擅自占用消防设施用地的现象	没有
2 消防设施的器具配置及完好情况	消防器材是否齐全	齐全
3 经过培训消防人员组织及配备情况	消防人员是否配齐	齐全
4 重点部位消防通道的畅通情况	消防通道内是否堆放物料	没有
5 危险品消防防护管理情况	危险品处消防器材是否有效、过期	符合要求
6 保卫制度及保卫人员的配置管理情况	检查是否有保卫制度	有
7 检查结果	合格	
检查人员:×××、×××、×××	项目安全负责人:×××	××年××月××日

注:本表由施工单位填写,施工单位存放。

4.3.2 表格填写依据

(1)《建设工程施工现场安全资料管理规程》(CECS 266—2009)。

(2)《建设工程施工现场消防安全技术规范》(GB 50720—2011)。

4.3.3 表格解析指南

1. 现场保卫

(1)施工现场的治安保卫工作,应遵照国家有关法律、法规规定,开展治安保卫工作。

(2)施工现场要建立门卫和巡逻护场制度,护场守卫人员要佩戴值勤标志,进出人员要佩戴胸卡。重点工程、重要工程要实行区域划分的胸卡管理制度。

(3)加强对施工现场务工人员的管理。施工现场使用的务工人员必须手续齐全,建立务工人员档案,非施工人员不得进住现场,特殊情况要经保卫部门负责人批准。

(4)施工现场治安保卫工作要建立预警制度,对于有可能发生的事件要定期进行分析,化解矛盾。事件发生时,必须报各上级主管部门,并做好工作,以防事态扩大。

(5)加强对财务、库房、宿舍、食堂等易发案件区域的管理,要明确治安保卫工作责任人,制定防范措施,防止发生各类治安案件。严禁赌博、酗酒、传播淫秽物品和打架斗殴。

(6)加强重点建设项目的治安保卫工作,加强对要害部门及要害部位的管理,制定要害部位的保卫方案,并指定专人负责重点管理。

(7)做好成品保卫工作,制定具体措施,严防被盗、破坏和治安灾害事故的发生。

2. 现场消防

(1)施工现场必须设置消防通道,其宽度不得小于3.5m。消防通道不能环行时,应在适当地点修建回转车辆场地。

(2)施工现场必须配备足够的消防器材、设施,合理布局,并设标志,经常维护保养,按规定期限检查、更换,保持灵敏、有效。

(3)施工现场设置的消防进水管直径不得小于100mm。消火栓应设置在消防通道附近。

(4)设置灭火器应遵守下列规定:

1)灭火器应设置在明显和便于取用的地点,且不得影响安全疏散;

2)灭火器应设置稳固,其铭牌必须朝外;

3)手提式灭火器应设置在挂钩、托架或灭火器箱内,其顶部距地面高度不得大于1.5m,底部距地面高度不宜小于15cm;

4)灭火器不得设置在潮湿和有腐蚀性的地点,须设置时,应有保护措施。设置在室外的灭火器,应设防雨淋、暴晒的设施;

5)灭火器不得设置在超出其使用温度范围的地点;

6)施工现场一个灭火器配置场所内的灭火器不得少于2具,要害部位配备的灭火器不得少于4具。

(5)选择灭火器应符合现行《建筑灭火器配置设计规范》(GB 50140)的要求,并遵守下列规定:

1)扑救含碳固体可燃物,如:木材、棉、麻、毛、纸张等A类火灾应选用水型、泡沫、磷酸铵盐干粉(ABC)、卤代烷型灭火器;

2)扑救甲、乙、丙类液体,如:汽油、煤油、柴油等燃烧的B类火灾应选用干粉、泡沫、卤代烷、二氧化碳型灭火器,扑救极性溶剂B类火灾不得选用化学泡沫灭火器;

3)扑救可燃气体,如:煤气、天然气、甲烷、乙炔气等燃烧的C类火灾应选用干粉、卤代烷、二氧化碳型灭火器;

4)扑救可燃金属,如:钾、钠、镁、钛、锆、锂、铝镁合金等燃烧的D类火灾应选用专用灭火器;

5)扑救带电物体燃烧的火灾应选用卤代烷、二氧化碳、干粉型灭火器。

4.4　施工现场消防设施验收表

4.4.1　表格填写范例

施工现场消防设施验收表

表 AQ-C2-4

工程名称：××大厦工程　　**施工单位**：××建设集团有限公司　　**编号**：××××

单位(子单位)工程名称		××大厦工程	
总承包单位		××建设集团有限公司　　项目负责人	×××
专业承包单位		/　　项目负责人	/
序号	检查项目	内　容　和　要　求	检查结果
一	管理制度	1. 落实防火管理制度、三级防火责任制，有明显的防火标志和宣传教育	符合要求
		2. 落实动火审批制度，严格执行"十不烧"规定	符合要求
		3. 成立义务消防队，消防器材专人管理	符合要求
		4. 发现火险隐患，按"三定"原则落实整改、有记录	符合要求
二	易燃物管理	1. 木工间应有禁烟牌，易燃物及时清除	符合要求
		2. 易燃物与厨房等处的明火应有安全距离	符合要求
		3. 易燃物的堆放应分堆垛和分组放置，每个堆垛面积为：木材不得大于 $300m^2$，堆垛之间应留 3m 宽的消防通道	面积为 $200m^2$，通道宽 4m，符合要求
		4. 易燃液体应用密封容器盛装	符合要求
		5. 废弃的易燃物、易燃液体等不得随便丢弃，应妥善处置	符合要求
三	防火器材配置	1. 含 8 层以上、20 层以下工程，一般每 $100m^2$ 设 2 个灭火器	符合要求
		2. 高度 24m 以上的工程应设置有足够水量、立管直径在 2in 以上，有足够扬程的高压水泵和每层设有消防水源接口	符合要求
		3. 危险仓库、油漆间、木工间、木库每 $25m^2$ 配一个种类合适的灭火器，配电间配有种类合适的灭火器	符合要求
		4. 大型临时设施总面积超过 $1200m^2$ 的应备有专供消防用的太平桶、积水桶(池)，黄沙池等	符合要求
		5. 一般临时设施区每 $100m^2$ 配两个 10L 灭火器	符合要求
		6. 厨房屋面应用防火材料，每 $50m^2$ 设二只灭火器	设 4 只灭火器，符合要求
		7. 熔化沥青按规定配备消防器材	符合要求
四	现场防火	1. 建筑物内外道路和通道畅通	符合要求
		2. 在建工程内不得兼作办公室、民工宿舍、仓库	符合要求
		3. 高层建筑施工现场上下要有通信报警装置	符合要求
		4. 严禁宿舍使用电炉、电热器具及大于 60W 的灯泡	符合要求
		5. 设立吸烟区，不得在非指定场所吸烟	符合要求
		6. 严禁在屋顶用明火熔化柏油	符合要求
		7. 施工现场应有可靠的防雷措施	符合要求
验收结论	各项制度有效、符合实际，消防设施配备符合规范要求，验收合格。 验收日期：××年××月××日		
参加验收人员	总承包单位	专业承包单位	监理单位
	专业技术人员(签名)： ××× 项目负责人(签名)： ××× (项目章)	专业技术人员(签名)： / 项目负责人(签名)： / (项目章)	专业监理工程师(签名)： ××× 总监理工程师(签名)： ×××

4.4.2 表格填写依据

(1)《建设工程施工现场安全资料管理规程》(CECS 266—2009)。

(2)《建设工程施工现场消防安全技术规范》(GB 50720—2011)。

4.4.3 表格解析指南

1. 一般规定

(1)工程开工前,应对施工现场的临时消防设施进行设计。临时消防设施包括灭火器、临时消防给水系统和临时消防应急照明等。施工现场应合理利用已施工完毕的在建工程永久性消防设施兼作施工现场的临时消防设施。

(2)临时消防设施的设置宜与在建工程结构施工保持同步。对于房屋建筑,与主体结构工程施工进度的差距不应超过 3 层。

(3)隧道内的作业场所应配备防毒面具,其数量不应少于预案中确定的需进入隧道内进行灭火救援的人数。

2. 灭火器

(1)施工现场的下列场所应配置灭火器:

1)可燃、易燃物存放及其使用场所;

2)动火作业场所;

3)自备发电机房、配电房等设备用房;

4)施工现场办公、生活用房;

5)其他具有火灾危险的场所。

(2)灭火器配置应符合下列规定:

1)灭火器的类型应与配备场所的可能火灾类型相匹配;

2)灭火器的最低配置标准应符合表 4-1 的规定;

表 4-1 灭火器的最低配置标准

<table>
<tr><th colspan="2">项目</th><th>易燃、易爆物存放及使用场所</th><th>动火作业场所</th><th>可燃物存放及使用场所</th><th>自备发电机房、配电房等设备用房</th><th>施工现场办公、生活用房</th></tr>
<tr><td rowspan="2">固体物质火灾</td><td>单具灭火器的最小灭火级别</td><td>3A</td><td>3A</td><td>2A</td><td>1A</td><td>1A</td></tr>
<tr><td>单位灭火级别的最大保护面积(m^2/A)</td><td>50</td><td>50</td><td>75</td><td>100</td><td>100</td></tr>
<tr><td rowspan="2">液体或气体火灾</td><td>单具灭火器最小灭火级别</td><td>89B</td><td>89B</td><td>55B</td><td>21B</td><td>21B</td></tr>
<tr><td>单位灭火级别最大保护面积(m^2/B)</td><td>0.5</td><td>0.5</td><td>1.0</td><td>1.5</td><td>1.5</td></tr>
<tr><td rowspan="2">带电火灾</td><td>单具灭火器最小灭火级别</td><td colspan="2">3A 或 89B</td><td>2A 或 55B</td><td colspan="2">100 m^2/A 或 1.5m^2/B</td></tr>
<tr><td>单位灭火级别最大保护面积</td><td colspan="2">50 m^2/A 或 0.5m^2/B</td><td>75 m^2/A 或 1.0m^2/B</td><td colspan="2">1A 或 21B</td></tr>
</table>

3)每个部位配置的灭火器数量不应少于两具。灭火器的最大保护距离应符合表 4-2 的规定。

表 4-2　灭火器的最大保护距离(m)

灭火器配置场所	固体物质火灾	液体或气体类火灾	带电火灾
易燃、易爆物存放及使用场所	15	9	9
动火作业场所	15	9	9
可燃物存放及使用场所	20	12	12
自备发电机房、配电房等设备用房	25	15	15
施工现场办公、生活用房	25	15	15

(3)施工现场因无水源而未设置临时消防给水系统时,每个部位配置的灭火器数量不应少于 3 具,且单位灭火级别最大保护面积不应大于表 4-2 规定的 2/3。

3. 消防给水系统

(1)施工现场或其附近应有稳定、可靠的水源,并应能满足施工现场临时生产、生活和消防用水的需要。

临时消防水源可采用市政给水管网或天然水源,采用天然水源时,应有可靠措施确保冰冻季节、枯水期最低水位时顺利取水及消防用水量要求。

施工现场消防用水量为临时室外消防用水量与临时室内消防用水量之和。

(2)施工现场临时建筑面积大于 3000m² 或在建工程体积大于 20000m³ 时,应设置临时室外消防给水系统。当施工现场全部处于市政消火栓的 150m 保护范围内,且市政消火栓的数量满足室外消防用水量要求时,可不设置临时室外消防给水系统。

(3)室外消防用水量应按临建区和在建工程临时室外消防用水量的较大者确定,火灾次数可按同时发生 1 次考虑。施工现场未设置临时办公、生活设施,可不考虑临建区的消防用水。

(4)临建区的临时室外消防用水量不应小于表 4-3 的规定:

表 4-3　临建区的临时室外消防用水量

临建区	火灾延续时间(h)	单位时间灭火用水量(L/s)
临时建筑面积≤5000m²	1	10
5000m²<临时建筑面积≤10000m²		15
临建区占地面积>10000m²		20

(5)在建工程的临时室外消防用水量不应小于表 4-4 的规定:

表 4-4　在建工程的临时室外消防用水量

在建工程(单体)	火灾延续时间(h)	单位时间灭火用水量(L/s)
在建工程体积≤30000m³	2	20
30000m³<在建工程体积≤50000m³		25
在建工程体积>50000m³	3	30

(6)施工现场的临时室外消防给水系统设计应符合下列要求：

1)给水管网宜布置成环状；

2)临时室外消防给水主干管的直径不应小于 DN100；

3)给水管网末端压力不应小于 0.2MPa；

4)室外消火栓沿在建工程、办公与生活用房和可燃、易燃物存放区布置，距在建工程用地红线或临时建筑外边线不应小于 5.0m；

5)消火栓的间距不应大于 120m；

6)消火栓的最大保护距离不应大于 150m。

(7)建筑高度大于 24m 或在建工程(单体)体积超过 30000m³ 的在建工程施工现场，应设置临时室内消防给水系统。

(8)在建工程的临时室内消防用水量不应小于表 4-5 的规定：

表 4-5 在建工程的临时室内消防用水量

在建工程(单体)	火灾延续时间(h)	单位时间灭火用水量(L/s)
在建工程体积≤50000m³	2	20
50000m³＜在建工程体积≤100000m³		30
在建工程体积＞100000m³	3	40

(9)临时室内消防给水系统设计应符合下列规定：

1)消防竖管的设置位置应便于消防人员取水和操作，其数量不宜少于 2 根；

2)消防竖管的管径应根据消防用水量、竖管给水压力或流速进行计算确定，消防竖管的给水压力不应小于 0.2MPa，流量不应小于 10L/s；

3)严寒地区可采用干式消防竖管，竖管应在首层靠出口部位设置，便于消防车供水。竖管应设置消防栓快速接口和止回阀，最高处应设置自动排气阀。

(10)应设置室内临时消防给水系统的在建工程，各结构层均应设置室内消火栓快速接口及消防软管接口，并应符合下列要求：

1)消火栓快速接口及软管接口应设置在明显且易于操作的部位；

2)在消火栓快速接口的前端设置快速切断阀；

3)消防快速接口或软管接口间的距离不大于 50m；

4)软管长度不应小于 25m。

(11)建筑高度超过 100m 的在建工程，应增设楼层高位水箱及高位消防水泵。楼层高位水箱的有效容积不应少于 6m³，上下两个高位水箱的高差不应超过 100m。

(12)当外部消防水源不能满足施工现场的临时消防用水要求时，应在施工现场设置临时消防水池。临时消防水池宜设置在便于消防车取水的部位，其有效容积不应小于施工现场火灾延续时间内一次灭火的全部消防用水量。

(13)当消防水源的给水压力不能满足消防给水管网的压力要求时，应设置消防水泵。消防水泵应按照一用一备的要求进行配置。

(14)隧道内临时消防给水系统的设置应符合下列规定：

1)消防给水主管宜顺隧道纵向敷设，管径不应小于 DN65；

2)给水管网的末端压力不应小于 0.1MPa；

3)临时消防给水点的间距不应大于 50m;

4)隧道出入口应设置消防水泵接合器、消火栓。

(15)施工现场临时消防给水系统可与施工现场生产、生活给水系统合并设置,但应保证施工现场生产、生活用水达到最大小时用水量时,仍能满足全部消防用水量。当不能满足上述要求时,应设置将施工现场生产、生活用水转为消防用水的应急阀门。

生产、生活用水转为消防用水的应急阀门不应超过 2 个,阀门应设置在易于操作的场所,并应有明显标志。

(16)装饰装修区域或部位的在建工程永久性消防给水系统应能在装饰装修阶段临时投入使用。

4. 消防电气

(1)施工现场的取水泵和消防水泵应采用专用配电线路。专用配电线路应自施工现场总配电箱的总断路器上端接入,并应保持连续不间断供电。

(2)施工现场的下列场所应配备临时应急照明,其照度值不应低于正常工作所需照度值:

1)自备发电机房、变配电房;

2)取水泵房、消防水泵房;

3)发生火灾时仍需坚持工作的其他场所。

(3)临时消防应急照明灯具宜选用自带蓄电池的应急照明灯具,蓄电池的连续供电时间不应小于 60min。

(4)隧道内的照明灯具应沿隧道一侧设置,其高度不宜低于 2m,间距不应大于 30m,地面的水平照度值不应小于 0.5lx。

第 5 章　脚手架安全资料表格范例及解析

5.1　扣件式钢管脚手架基础验收表

5.1.1　表格填写范例

扣件式钢管脚手架基础验收表

表 AQ-C3-1

工程名称：××大厦工程　　施工单位：××建设集团有限公司　　编号：××××

<table>
<tr><td>基础施工单位</td><td>××建筑工程有限公司</td><td>搭设部位</td><td colspan="2">外脚手架</td></tr>
<tr><td>施工执行标准及编号</td><td>《建筑施工扣件式钢管脚手架安全技术规范》(JGJ 130—2011)</td><td>土质情况</td><td colspan="2">砂土</td></tr>
<tr><td colspan="2">验收内容和标准</td><td colspan="3">验收结果</td></tr>
<tr><td colspan="2">1. 是否按方案施工</td><td colspan="3">按施工方案施工</td></tr>
<tr><td colspan="2">2. 场地平整夯实</td><td colspan="3">符合要求</td></tr>
<tr><td colspan="2">3. 承载力是否满足设计要求</td><td colspan="3">160kPa，符合要求</td></tr>
<tr><td colspan="2">4. 底座标高宜高于自然地坪 50mm</td><td colspan="3">70mm，符合要求</td></tr>
<tr><td colspan="2">5. 有排水措施</td><td colspan="3">满足排水要求</td></tr>
<tr><td colspan="2">6. 其他</td><td colspan="3">有具有针对性的安全技术交底</td></tr>
<tr><td>验收结论</td><td colspan="4">施工方案合理，施工符合规范要求，验收合格。
验收日期：××年××月××日</td></tr>
<tr><td rowspan="2">参加验收人员</td><td>总承包单位</td><td colspan="2">基础施工单位</td><td>监理单位</td></tr>
<tr><td>专项方案编制人(签名)：
×××
项目技术负责人(签名)：
×××
项目负责人(签名)：
×××
(项目章)</td><td colspan="2">专项方案编制人(签名)：
/
项目技术负责人(签名)：
×××
项目负责人(签名)：
×××
(项目章)</td><td>专业监理工程师(签名)：
×××
总监理工程师(签名)：
×××</td></tr>
</table>

5.1.2 表格填写依据

(1)《建设工程施工现场安全资料管理规程》(CECS 266—2009)。

(2)《建筑施工扣件式钢管脚手架安全技术规范》(JGJ 130—2011)。

5.1.3 表格解析指南

(1)脚手架地基与基础的施工,必须根据脚手架搭设高度、搭设场地土质情况与现行国家标准《建筑地基基础工程施工质量验收规范》(GB 50202)的有关规定进行。

(2)脚手架底座底面标高宜高于自然地坪 50~100mm。

(3)脚手架基础经验收合格后,应按施工组织设计的要求放线定位。

(4)压实填土地基应符合现行国家标准《建筑地基基础设计规范》(GB 50007)的相关规定;灰土地基应符合现行国家标准《建筑地基基础工程施工质量验收规范》(GB 50202)的相关规定。

5.2 门式钢管脚手架基础验收表

5.2.1 表格填写范例

门式钢管脚手架基础验收表

表 AQ-C3-2

工程名称:××大厦工程　　施工单位:××建设集团有限公司　　编号:××××

<table>
<tr><td>基础施工单位</td><td colspan="2">××建筑工程有限公司</td><td>搭设部位</td><td colspan="2">①～⑫轴处通道</td></tr>
<tr><td>施工执行标准及编号</td><td colspan="2">《建筑施工门式钢管脚手架安全技术规定》(JGJ 128－2010)</td><td>土质情况</td><td colspan="2">粉质粘土</td></tr>
<tr><td colspan="3">验收内容和标准</td><td colspan="3">验收结果</td></tr>
<tr><td colspan="3">1. 是否按方案施工</td><td colspan="3">按方案施工</td></tr>
<tr><td colspan="3">2. 场地平整夯实</td><td colspan="3">平整坚实</td></tr>
<tr><td colspan="3">3. 有排水措施</td><td colspan="3">满足排水要求</td></tr>
<tr><td colspan="3">4. 地基基础根据土质及搭设《建筑施工门式钢管脚手架安全技术规范》(JGJ 128－2010)6.8.1条验收</td><td colspan="3">符合要求</td></tr>
<tr><td colspan="3">5. 其他</td><td colspan="3">安全技术应具有针对性,指导性强</td></tr>
<tr><td>验收结论</td><td colspan="5">施工方案合理,施工符合规范要求,验收合格。
验收日期:××年××月××日</td></tr>
<tr><td rowspan="2">参加验收人员</td><td colspan="2">总承包单位</td><td colspan="2">基础施工单位</td><td>监理单位</td></tr>
<tr><td colspan="2">专项方案编制人(签名):
×××
项目技术负责人(签名):
××
项目负责人(签名):
×××
(项目章)</td><td colspan="2">专项方案编制人(签名):
/
项目技术负责人(签名):
××
项目负责人(签名):
×××
(项目章)</td><td>专业监理工程师(签名):
×××
总监理工程师(签名):
×××</td></tr>
</table>

5.2.2　表格填写依据

(1)《建设工程施工现场安全资料管理规程》(CECS 266—2009)。

(2)《建筑施工门式钢管脚手架安全技术规范》(JGJ 128—2010)。

5.2.3　表格解析指南

(1)门式脚手架与模板支架的地基承载力应根据《建筑施工门式钢管脚手架安全技术规范》(JGJ 128—2010)的规定经计算确定，在搭设时，根据不同地基土质和搭设高度条件，应符合表 5-1 的规定。

表 5-1　地基基础要求

搭设高度(m)	地基土质		
	中低压缩性且压缩性均匀	回填土	高压缩性或压缩性不均匀
≤24	夯实原土，干重力密度要求 $15.5kN/m^3$。立杆底座置于面积不小于 $0.075m^2$ 的垫木上	土夹石或素土回填夯实，立杆底座置于面积不小于 $0.10m^2$ 垫木上	夯实原土，铺设通长垫木
>24 且≤40	垫木面积不小于 $0.1m^2$，其余同上	砂夹石回填夯实，其余同上	夯实原土，在搭设地面满铺 C15 混凝土，厚度不小于 150mm
>40 且≤55	垫木面积不小于 $0.15m^2$ 或铺通长垫木，其余同上	砂夹石回填夯实，垫木面积不小于 $0.15m^2$ 或铺通长木板	夯实原土，在搭设地面满铺 C15 混凝土，厚度不小于 200mm

注：垫木厚度不小于 50mm，宽度不小于 200mm；通长垫木的长度不小于 1500mm。

(2)门式脚手架与模板支架的搭设场地必须平整坚实，并应符合下列规定：

1)回填土应分层回填，逐层夯实；

2)场地排水应顺畅，不应有积水。

(3)搭设门式脚手架的地面标高宜高于自然地坪标高 50～100mm。

(4)当门式脚手架与模板支架搭设在楼面等建筑结构上时，门架立杆下宜铺设垫板。

5.3　扣件式钢管脚手架验收表

5.3.1　表格填写范例

扣件式钢管脚手架验收表

表 AQ-C3-3

工程名称：××大厦工程　　　施工单位：××建设集团有限公司　　　编号：××××

专业承包单位		××建筑脚手架工程公司		项目负责人	×××
施工执行标准及编号		《建筑施工扣件式钢管脚手架安全技术规范》(JGJ 130—2011)			
验收部位		外脚手架	搭设高度 25m	材质型号	48.3mm×3.6mm
序号	检查项目	检查内容与要求		验收结果	
一	施工方案	架子工持省级以上建设主管部门颁发的建筑施工特种作业人员操作资格证书		符合要求	
		脚手架搭设前必须编制专项方案，搭设高度 50m 及以上须有专家论证报告，审批手续完备		符合要求	
		搭设高度 50m 以下脚手架应有连墙杆、立杆地基承载力设计计算；搭设高度超过 50m 时，应有完整设计计算书		符合要求	
		卸荷装置符合专项方案要求		符合要求	
		立杆、纵向水平杆、横向水平杆间距符合设计和规范要求		符合要求	
		必须设置纵横扫地杆并符合要求		符合要求	
二	立杆	基础经验收合格，平整坚实与方案一致，有排水设施		符合要求	
		立杆底部有底座或垫板符合方案要求并应准确放线定位		符合要求	
		立杆没有因地基下沉悬空的情况		符合要求	
三	剪刀撑与连墙杆	剪刀撑按要求沿脚手架高度连续设置，每道剪刀撑宽度不小于 4 跨(6m 且不应少于 6m)，角度 45°～60°，搭接长度不小于 1m，转扣件钢管端部大于 10cm，等间距设置 3 个旋转扣件固定		符合要求	
		按方案要求设置连墙拉结点：高度在 50m 及以下的双排架和高度在 24m 及以下的单排架，每根连墙杆覆盖面积≤$40m^2$，高度在 50m 以上的双排架每根连墙杆覆盖面积≤$27m^2$		符合要求	
		高度超过 24m 以上的双排脚手架必须用刚性连墙杆与建筑物可靠连接		符合要求	
		高度在 24m 以下宜采用刚性连墙件与建筑物可靠连接，亦可采用拉筋和顶撑配合使用的附墙连接方式		/	
四	杆件连接	步距、纵距、横距和立杆垂直度搭设误差符合规范要求；不同步、不同跨相邻立杆、纵向水平杆接驳口须错开不小于 500mm，除顶层顶步外，其余接头必须采用对接扣件连接		符合要求	
		纵、横向水平杆根据脚手板铺设方式与立杆正确连接		符合要求	
		扣件紧固力矩控制在 40～65N·m		符合要求	
五	脚手板与防护栏杆	施工层满铺脚手板，其材质符合要求		符合要求	
		脚手板对接接头外伸长度 130～150mm，脚手板搭接接头长度应大于 200mm，脚手板固定可靠		符合要求	
		斜道两侧及平台外围搭设不低于 1.2m 高的防护栏杆和 180mm 的挡脚板并用密目安全网防护		符合要求	

续表

<table>
<tr><th>序号</th><th>检查项目</th><th colspan="2">检查内容与要求</th><th>验收结果</th></tr>
<tr><td rowspan="4">六</td><td rowspan="4">铜管及扣件</td><td colspan="2">规格符合方案或计算书中要求</td><td>符合要求</td></tr>
<tr><td colspan="2">禁止钢木(竹)混搭</td><td>符合要求</td></tr>
<tr><td colspan="2">有出厂质量合格证</td><td>符合要求</td></tr>
<tr><td colspan="2">使用的钢管无裂纹、弯曲、压扁、锈蚀</td><td>符合要求</td></tr>
<tr><td rowspan="2">七</td><td rowspan="2">架体安全防护</td><td colspan="2">脚手架外立杆内侧满挂密目式安全网封闭</td><td>符合要求</td></tr>
<tr><td colspan="2">施工层脚手架内立杆与建筑物之间用平网或其他措施防护,并符合方案要求</td><td>符合要求</td></tr>
<tr><td rowspan="2">八</td><td rowspan="2">通道</td><td colspan="2">运料斜道宽度不宜小于 1.5m,坡度宜采用 1∶6;人行斜道宽度不宜小于 1m,坡度宜采用 1∶3</td><td>符合要求</td></tr>
<tr><td colspan="2">每隔 250～300mm 设置一根防滑木条,有防护栏杆及挡脚板,并符合规范要求</td><td>符合要求</td></tr>
<tr><td>九</td><td>其他</td><td colspan="2">安全技术交底</td><td>有针对性,
指导性强</td></tr>
<tr><td colspan="2">验收结论</td><td colspan="3">方案合理,搭设符合规定要求,验收合格。

验收日期:××年××月××日</td></tr>
<tr><td colspan="2" rowspan="2">参加验收人员</td><td>总承包单位</td><td>专业承包单位</td><td>监理单位</td></tr>
<tr><td>专项方案编制人(签名):
×××
项目技术负责人(签名):
×××
项目负责人(签名):
×××
(项目章)</td><td>专项方案编制人(签名):
/
项目技术负责人(签名):
×××
项目负责人(签名):
×××
(项目章)</td><td>专业监理工程师(签名):
×××

总监理工程师(签名):
×××</td></tr>
</table>

5.3.2 表格填写依据

(1)《建设工程施工现场安全资料管理规程》(CECS 266—2009)。

(2)《建筑施工扣件式钢管脚手架安全技术规范》(JGJ 130—2011)。

5.3.3 表格解析指南

1. 检查验收的条件

脚手架及其地基基础应在下列阶段进行检查与验收:

(1)基础完成后及脚手架搭设前。

(2)作业层上施加荷载前。

(3)每搭设完 10～13m 高度后。

(4)达到设计高度后。

(5)遇有六级大风与大雨后;寒冷地区开冻后。

(6)停用超过一个月。

2. 搭设人员的要求

(1)脚手架搭设人员必须是经过按现行国家标准《建筑施工特种作业人员管理规定》考核合格的专业架子工。

(2)搭设脚手架人员必须戴安全帽、系安全带、穿防滑鞋。

3. 纵向水平杆、横向水平杆、脚手板

(1)纵向水平杆的构造应符合下列规定:

1)纵向水平杆宜设置在立杆内侧,其长度不宜小于 3 跨;

2)纵向水平杆接长宜采用对接扣件连接,也可采用搭接。对接、搭接应符合下列规定:

①纵向水平杆的对接扣件应交错布置:两根相邻纵向水平杆的接头不宜设置在同步或同跨内;不同步或不同跨两个相邻接头在水平方向错开的距离不应小于 500mm;各接头中心至最近主节点的距离不宜大于纵距的 1/3(图 5-1)。

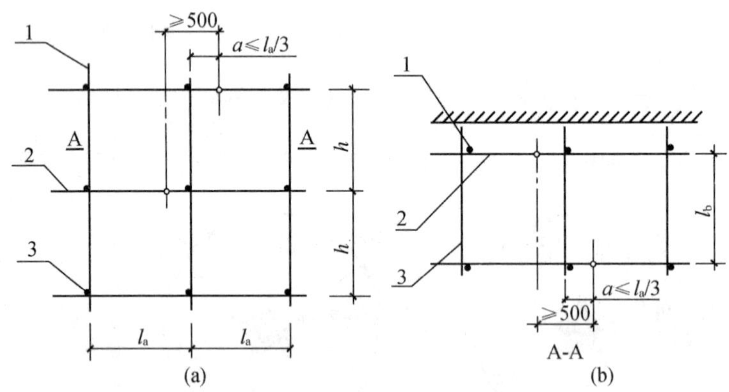

图 5-1 纵向水平杆对接接头布置

(a)接头不在同步内(立面);(b)接头不在同跨内(平面)

1—立杆;2—纵向水平杆;3—横向水平杆

②搭接长度不应小于 1m,应等间距设置 3 个旋转扣件固定,端部扣件盖板边缘至搭接纵向水平杆杆端的距离不应小于 100mm。

3）当使用冲压钢脚手板、木脚手板、竹串片脚手板时，纵向水平杆应作为横向水平杆的支座，用直角扣件固定在立杆上；当使用竹笆脚手板时，纵向水平杆应采用直角扣件固定在横向水平杆上，并应等间距设置，间距不应大于 400mm（图 5-2）。

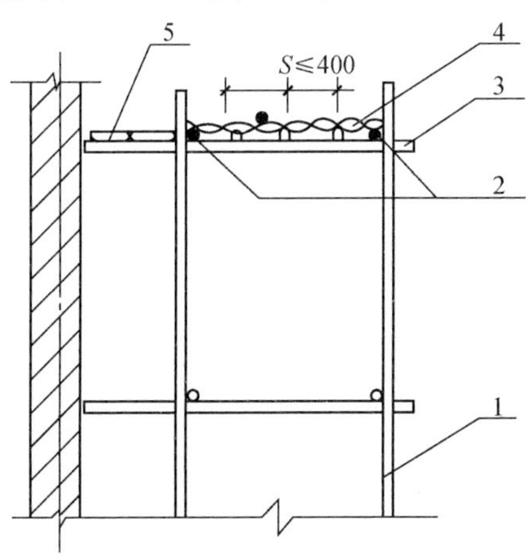

图 5-2　铺竹笆脚手板时纵向水平杆的构造

1—立杆；2—纵向水平杆；3—横向水平杆；4—竹笆脚手板；5—其他脚手板

（2）横向水平杆的构造应符合下列规定：

1）作业层上非主节点处的横向水平杆，宜根据支承脚手板的需要等间距设置，最大间距不应大于纵距的 1/2。

2）当使用冲压钢脚手板、木脚手板、竹串片脚手板时，双排脚手架的横向水平杆两端均应采用直角扣件固定在纵向水平杆上；单排脚手架的横向水平杆的一端，应用直角扣件固定在纵向水平杆上，另一端应插入墙内，插入长度不应小于 180mm。

3）使用竹笆脚手板时，双排脚手架的横向水平杆两端，应用直角扣件固定在立杆上；单排脚手架的横向水平杆的一端，应用直角扣件固定在立杆上，另一端应插入墙内，插入长度亦不应小于 180mm。

（3）主节点处必须设置一根横向水平杆，用直角扣件扣接且严禁拆除。

（4）脚手板的设置应符合下列规定：

1）作业层脚手板应铺满、铺稳、铺实。

2）冲压钢脚手板、木脚手板、竹串片脚手板等，应设置在三根横向水平杆上。当脚手板长度小于 2m 时，可采用两根横向水平杆支承，但应将脚手板两端与其可靠固定，严防倾翻。脚手板的铺设应采用对接平铺或搭接铺设。脚手板对接平铺时，接头处必须设两根横向水平杆，脚手板外伸长应取 130～150mm，两块脚手板外伸长度的和不应大于 300mm[图 5-3(a)]；脚手板搭接铺设时，接头应支在横向水平杆上，搭接长度应大于 200mm，其伸出横向水平杆的长度不应小于 100mm[图 5-3(b)]。

3）竹笆脚手板应按其主竹筋垂直于纵向水平杆方向铺设，且采用对接平铺，四个角应用直径 1.2mm 的镀锌钢丝固定在纵向水平杆上。

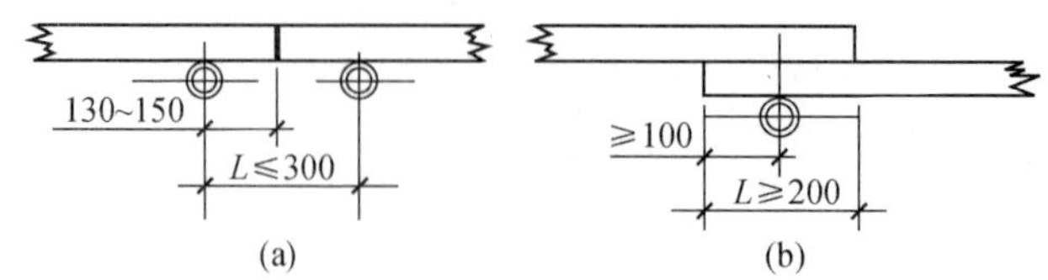

图 5-3 脚手板对接、搭接构造

(a)脚手板对接;(b)脚手板搭接

4)作业层端部脚手板探头长度应取 150mm,其板的两端均应固定于支承杆上。

4. 立杆

(1)每根立杆底部应设置底座或垫板。

(2)脚手架必须设置纵、横向扫地杆。纵向扫地杆应采用直角扣件固定在距钢管底端不大于 200mm 处的立杆上。横向扫地杆亦应采用直角扣件固定在紧靠纵向扫地杆下方的立杆上。

(3)立杆基础不在同一高度上时,必须将高处的纵向扫地杆向低处延长两跨与立杆固定,高低差不应大于 1m。靠边坡上方的立杆轴线到边坡的距离不应小于 500mm(图 5-4)。

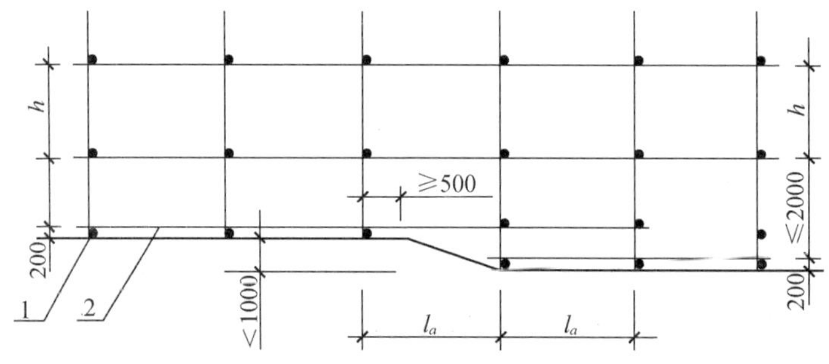

图 5-4 纵、横向扫地杆构造

1—横向扫地杆;2—纵向扫地杆

(4)单、双排脚手架底层步距均不应大于 2m。

(5)单排、双排与满堂脚手架立杆接长除顶层顶步外,其余各层各步接头必须采用对接扣件连接。

(6)脚手架立杆的对接、搭接应符合下列规定:

1)当立杆采用对接接长时,立杆的对接扣件应交错布置,两根相邻立杆的接头不应设置在同步内,同步内隔一根立杆的两个相隔接头在高度方向错开的距离不宜小于 500mm;各接头中心至主节点的距离不宜大于步距的 1/3。

2)当立杆采用搭接接长时,搭接长度不应小于 1m,并应采用不少于两个旋转扣件固定。端部扣件盖板的边缘至杆端距离不应小于 100mm。

(7)立杆顶端宜高出女儿墙上端 1m,高出檐口上端 1.5m。

5. 连墙件

(1)脚手架连墙件设置的位置、数量应按专项施工方案确定。

(2)连墙件数量的设置除应满足《建筑施工扣件式钢管脚手架安全技术规范》计算要求外,尚应符合表 5-2 的规定。

表5-2 连墙件布置最大间距

脚手架高度		竖向间距 h	水平间距 l_a	每根连墙件覆盖面积(m^2)
双排落地	≤50m	$3h$	$3l_a$	≤40
双排悬挑	>50m	$2h$	$3l_a$	≤27
单排	≤24m	$3h$	$3l_a$	≤40

注:h——步距;l_a——纵距。

(3)连墙件的布置应符合下列规定:

1)应靠近主节点设置,偏离主节点的距离不应大于300mm;

2)应从底层第一步纵向水平杆处开始设置,当该处设置有困难时,应采用其他可靠措施固定;

3)宜优先采用菱形布置,也可采用方形、矩形布置。

(4)开口型脚手架的两端必须设置连墙件,连墙件的垂直间距不应大于建筑物的层高,并且不应大于4m。

(5)连墙件中的连墙杆或拉筋宜呈水平设置,当不能水平设置时,应向脚手架一端下斜连接。

(6)连墙件必须采用可承受拉力和压力的构造。对高度24m以上的双排脚手架,必须采用刚性连墙件与建筑物可靠连接。

(7)当脚手架下部暂不能设连墙件时应采取防倾措施。当设抛撑时,抛撑应采用通长杆件与脚手架可靠连接,与地面的倾角应在45°~60°之间;连接点中心至主节点的距离不应大于300mm。抛撑应在连墙件搭设后方可拆除。

(8)架高超过40m且有风涡流作用时,应采取抗上升翻流作用的连墙措施。

6. 门洞

(1)单、双排脚手架门洞宜采用上升斜杆、平行弦杆桁架结构型式(图5-5),斜杆与地面的倾角 α 应在45°~60°之间。门洞桁架的型式宜按下列要求确定:

1)当步距(h)小于纵距(l_a)时,应采用A型。

2)当步距(h)大于纵距(l_a)时,应采用B型,并应符合下列规定:

①h=1.8m时,纵距不应大于1.5m;

②h=2.0m时,纵距不应大于1.2m。

(2)单、双排脚手架门洞桁架的构造应符合下列规定:

1)单排脚手架门洞处,应在平面桁架(图5-5中 $ABCD$)的每一节间设置一根斜腹杆;双排脚手架门洞处的空间桁架,除下弦平面外,应在其余5个平面内的图示节间设置一根斜腹杆(图5-5中1-1、2-2、3-3剖面)。

2)斜腹杆宜采用旋转扣件固定在与之相交的横向水平杆地伸出端上,旋转扣件中心线至主节点的距离不宜大于150mm。当斜腹杆在1跨内跨越2个步距(图5-5A型)时,宜在相交的纵向水平杆处,增设一根横向水平杆,将斜腹杆固定在其伸出端上。

3)斜腹杆宜采用通长杆件,当必须接长使用时,宜采用对接扣件连接,也可采用搭接,搭接构造应符合上述“4. 立杆”(6)条的规定。

(3)单排脚手架过窗洞时应增设立杆或增设一根纵向水平杆(图5-6)。

(4)门洞桁架下的两侧立杆应为双管立杆,副立杆高度应高于门洞口1~2步。

(5)门洞桁架中伸出上下弦杆的杆件端头,均应增设一个防滑扣件(图5-5),该扣件宜紧靠主节点处的扣件。

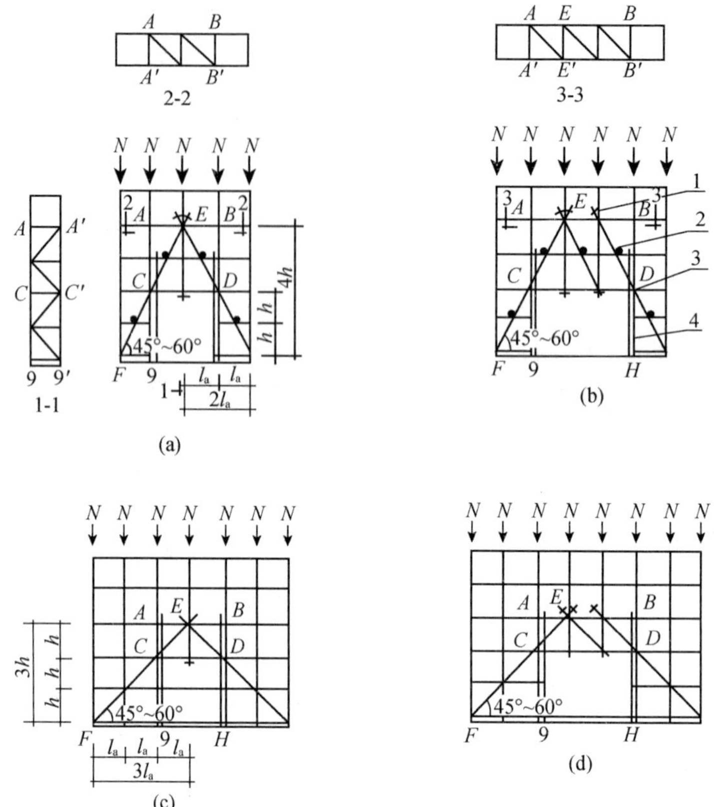

图 5-5 门洞处上升斜杆、平行弦杆桁架

(a)挑空一根立杆(A 型)；(b)挑空两根立杆(A 型)；(c)挑空一根立杆(B 型)；(d)挑空两根立杆(B 型)

1—防滑扣件；2—增设的横向水平杆；3—副立杆；4—主立杆

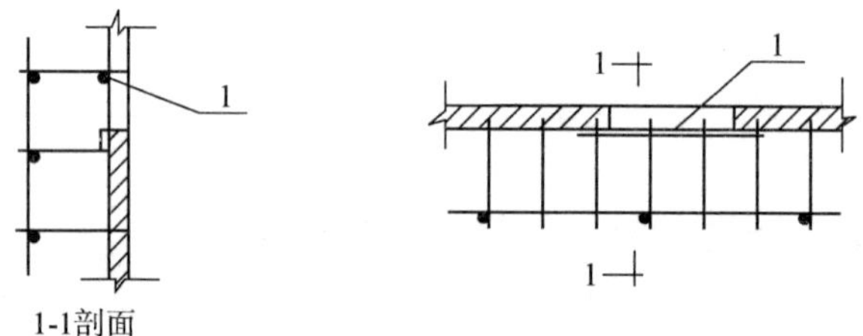

图 5-6 单排脚手架过窗洞构造

1—增设的纵向水平杆

7. 剪刀撑与横向斜撑

(1)双排脚手架应设剪刀撑与横向斜撑，单排脚手架应设剪刀撑。

(2)剪刀撑的设置应符合下列规定：

1)每道剪刀撑跨越立杆的根数宜按表 5-3 的规定确定。每道剪刀撑宽度不应小于 4 跨，且不应小于 6m，斜杆与地面的倾角宜在 45°～60°之间；

表 5-3　剪刀撑跨越立杆的最多根数

剪刀撑斜杆与地面的倾角 α	45°	50°	60°
剪刀撑跨越立杆的最多根数 n	7	6	5

2)剪刀撑斜杆的接长宜采用搭接或对接，搭接应符合上述第 4 条(6)款的规定；

3)剪刀撑斜杆应用旋转扣件固定在与之相交的横向水平杆的伸出端或立杆上，旋转扣件中心线至主节点的距离不宜大于 150mm。

(3)高度在 24m 及以上的双排脚手架应在外侧全立面连续设置剪刀撑；高度在 24mm 以下的单、双排脚手架，均必须在外侧两端、转角及中间间隔不超过 15m 的立面上，各设置一道剪刀撑，并应由底至顶连续设置(图 5-7)。

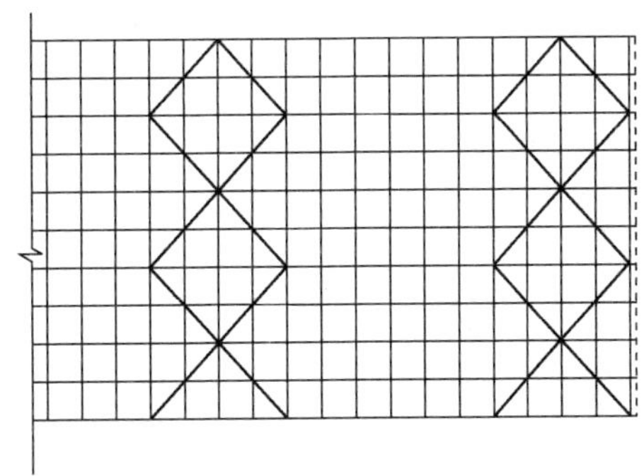

图 5-7　剪刀撑布置

(4)双排脚手架横向斜撑的设置应符合下列规定：

1)横向斜撑应在同一节间，由底至顶层呈之字形连续布置，斜撑的固定应符合上述“6. 门洞”(2)条 2)的规定；

2)高度在 24m 以下的封闭型双排脚手架可不设横向斜撑，高度在 24m 以上的封闭型脚手架，除拐角应设置横向斜撑外，中间应每隔 6 跨设置一道。

(5)开口型双排脚手架的两端均必须设置横向斜撑。

8. 斜道

(1)人行并兼作材料运输的斜道的形式宜按下列要求确定：

1)高度不大于 6m 的脚手架，宜采用一字形斜道；

2)高度大于 6m 的脚手架，宜采用之字形斜道。

(2)斜道的构造应符合下列规定：

1)斜道宜附着外脚手架或建筑物设置。

2)运料斜道宽度不宜小于 1.5m，坡度宜采用 1∶6；人行斜道宽度不宜小于 1m，坡度宜采用 1∶3；

3)拐弯处应设置平台，其宽度不应小于斜道宽度。

4)斜道两侧及平台外围均应设置栏杆及挡脚板。栏杆高度应为 1.2m，挡脚板高度不应小于 180mm。

5)运料斜道两侧、平台外围和端部均应按上述第 5 条的规定设置连墙件；每两步应加设水平斜杆；按上述第 7 条的规定设置剪刀撑和横向斜撑。

(3)斜道脚手板构造应符合下列规定：

1)脚手板横铺时,应在横向水平杆下增设纵向支托杆,纵向支托杆间距不应大于 500mm。

2)脚手板顺铺时,接头宜采用搭接;下面的板头应压住上面的板头,板头的凸棱处宜采用三角木填顺。

3)人行斜道和运料斜道的脚手板上应每隔 250～300mm 设置一根防滑木条,木条厚度宜为 20～30mm。

9. 满堂支撑架

(1)满堂支撑架立杆步距与立杆间距不宜超过《建筑施工扣件式钢管脚手架安全技术规范》(JGJ 130—2011)附录 C 表 C-2～表 C-5 规定的上限值,立杆伸出顶层水平杆中心线至支撑点的长度 a 不应超过 0.5m。满堂支撑架搭设高度不宜超过 30m。

(2)满堂支撑架立杆、水平杆的构造要求应符合上述“3. 纵向水平杆、横向水平杆、脚手板”、“4. 立杆”的规定。

(3)满堂支撑架应根据架体的类型设置剪刀撑,并应符合下列规定:

1)普通型

①在架体外侧周边及内部纵、横向每 5～8m,应由底至顶设置连续竖向剪刀撑,剪刀撑宽度应为 5～8m(图 5-8)。

②在竖向剪刀撑顶部交点平面应设置连续水平剪刀撑。当支撑高度超过 8m,或施工总荷载大于 $15kN/m^2$,或集中线荷载大于 20kN/m 的支撑架,扫地杆的设置层应设置水平剪刀撑。水平剪刀撑至架体底平面距离与水平剪刀撑间距不宜超过 8m(图 5-8)。

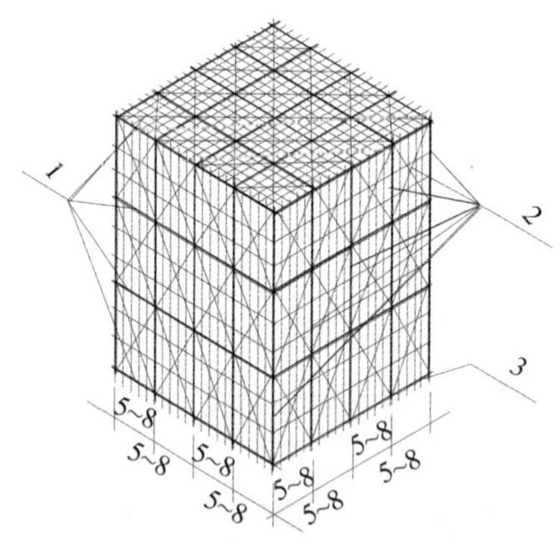

图 5-8 普通型水平、竖向剪刀撑布置图(m)

1—水平剪刀撑;2—竖向剪刀撑;3—扫地杆设置层

2)加强型

①当立杆纵、横间距为 0.9m×0.9m～1.2m×1.2m 时,在架体外侧周边及内部纵、横向每 4 跨(且不大于 5m),应由底至顶设置连续竖向剪刀撑,剪刀撑宽度应为 4 跨。

②当立杆纵、横间距为 0.6m×0.6m～0.9m×0.9m(含 0.6m×0.6m,0.9m×0.9m)时,在架体外侧周边及内部纵、横向每 5 跨(且不小于 3m),应由底至顶设置连续竖向剪刀撑,剪刀撑宽度应为 5 跨。

③当立杆纵、横间距为 0.4m×0.4m～0.6m×0.6m(含 0.4m×0.4m)时,在架体外侧周边及内部纵、横向每 3～3.2m 应由底至顶设置连续竖向剪刀撑,剪刀撑宽度应为 3～3.2m。

④在竖向剪刀撑顶部交点平面应设置水平剪刀撑,扫地杆的设置层水平剪刀撑的设置应符

合本条(3)款 1)目的规定,水平剪刀撑至架体底平面距离与水平剪刀撑间距不宜超过 6m,剪刀撑宽度应为 3～5m(图 5-9)。

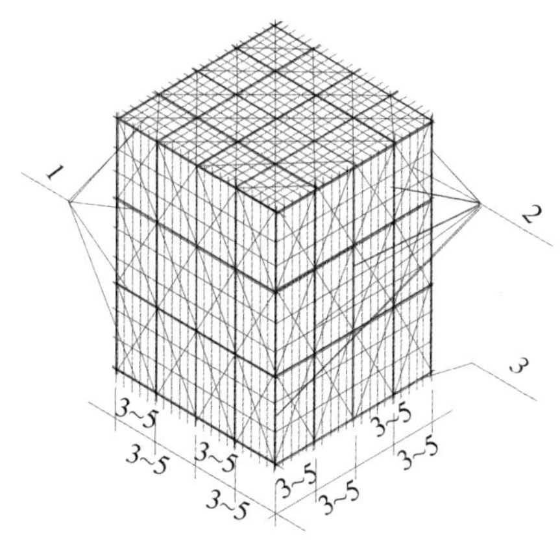

图 5-9　加强型水平、竖向剪刀撑构造布置图(m)

1—水平剪刀撑;2—竖向剪刀撑;3—扫地杆设置层

(4)竖向剪刀撑斜杆与地面的倾角应为 45°～60°,水平剪刀撑与支架纵(或横)向夹角应为 45°～60°,剪刀撑斜杆的接长应符合上述"7. 剪刀撑与横向斜撑"的规定。

(5)剪刀撑的固定应符合上述"7. 剪刀撑与横向斜撑"的规定。

(6)满堂支撑架的可调底座、可调托撑螺杆伸出长度不宜超过 300mm,插入立杆内的长度不得小于 150mm。

(7)当满堂支撑架高宽比不满足《建筑施工扣件式钢管脚手架安全技术规范》(JGJ 130－2011)附录 C 表 C-2～表 C-5 规定(高宽比大于 2 或 2.5)时,满堂支撑架应在支架的四周和中部与结构柱进行刚性连接,连墙件水平间距应为 6～9m,竖向间距应为 2～3m。在无结构柱部位应采取预埋钢管等措施与建筑结构进行刚性连接,在有空间部位,满堂支撑架宜超出顶部加载区投影范围向外延伸布置 2～3 跨。支撑架高宽比不应大于 3。

5.4 门式钢管脚手架验收表

5.4.1 表格填写范例

门式钢管脚手架验收表

表 AQ-C3-4

工程名称:××大厦工程　　施工单位:××建设集团有限公司　　编号:××××

<table>
<tr><td colspan="2">专业承包单位</td><td colspan="3">××建筑脚手架工程公司</td><td>项目负责人</td><td>×××</td></tr>
<tr><td colspan="2">施工执行
标准及编号</td><td colspan="5">《建筑施工门式钢管脚手架安全技术规范》(JGJ 128—2010)</td></tr>
<tr><td colspan="2">验收部位</td><td>首层①～⑬轴顶板
模板支撑体系</td><td>搭设高度</td><td>3.5m</td><td>材质型号</td><td>42mm×2.5mm</td></tr>
<tr><td>序号</td><td>检查
项目</td><td colspan="3">检 查 内 容 与 要 求</td><td colspan="2">验 收 结 果</td></tr>
<tr><td rowspan="4">一</td><td rowspan="4">资料
部分</td><td colspan="3">架子工持省级以上建设主管部门颁发的建筑施工特种作业人员操作资格证书</td><td colspan="2">符合要求</td></tr>
<tr><td colspan="3">脚手架搭设前必须编制专项方案,搭设高度不宜超过60m,50m及以上须有专家论证报告,审批手续完备</td><td colspan="2">符合要求</td></tr>
<tr><td colspan="3">有安全操作规程及安全技术交底记录</td><td colspan="2">符合要求</td></tr>
<tr><td colspan="3">脚手架构件有出厂合格证书或质量合格标志</td><td colspan="2">符合要求</td></tr>
<tr><td rowspan="3">二</td><td rowspan="3">架体
基础</td><td colspan="3">基础经验收合格,平整坚实与方案一致,有排水设施</td><td colspan="2">符合要求</td></tr>
<tr><td colspan="3">立杆底部有底座或垫板符合方案要求并应准确放线定位</td><td colspan="2">符合要求</td></tr>
<tr><td colspan="3">立杆没有因地基下沉悬空的情况</td><td colspan="2">/</td></tr>
<tr><td rowspan="5">三</td><td rowspan="5">架体
稳定</td><td colspan="3">底步门架下端纵横设置扫地杆,调整门架不均匀沉降</td><td colspan="2">符合要求</td></tr>
<tr><td colspan="3">门架内外侧均应设交叉支撑并与门架立杆锁牢</td><td colspan="2">符合要求</td></tr>
<tr><td colspan="3">采用刚性连墙件,连墙件间距应满足:架高≤45m时,竖向≤6m,水平向≤8m;架高45～60m时,竖向≤4m,水平向≤6m</td><td colspan="2">符合要求</td></tr>
<tr><td colspan="3">水平架的设置:架高≤45m时,应至少每两步门架设一道,架高45～60m时,应每步架设一道,转角处、端部及间断处的一个跨距内每步一设</td><td colspan="2">符合要求</td></tr>
<tr><td colspan="3">剪刀撑的设置:架高>20m时,应在脚手架外侧连续设置,宽度为4～8m,与地面的倾角45°～60°;接长采用搭接,搭接长度≥60cm,搭接处应采用两个扣件扣紧</td><td colspan="2">符合要求</td></tr>
<tr><td rowspan="3">四</td><td rowspan="3">杆件
锁件</td><td colspan="3">不同产品的门架与零配件不得混用</td><td colspan="2">符合要求</td></tr>
<tr><td colspan="3">上下门架的组装必须设置连接棒及锁臂</td><td colspan="2">符合要求</td></tr>
<tr><td colspan="3">各部件的锁臂、搭钩等必须处于锁紧状态</td><td colspan="2">符合要求</td></tr>
<tr><td rowspan="2">五</td><td rowspan="2">脚手板</td><td colspan="3">作业层应连续满铺挂扣式脚手板,其搭钩应与门架横梁扣紧,用滑动挡板锁牢</td><td colspan="2">/</td></tr>
<tr><td colspan="3">采用一般脚手板时,应与门架横杆绑牢,严禁出现探头板,并沿主高度每步设置一道水平加固杆或水平架</td><td colspan="2">/</td></tr>
<tr><td rowspan="3">六</td><td rowspan="3">架体</td><td colspan="3">作业层外侧设置两道防护栏杆和挡脚板,应符合规范要求</td><td colspan="2">/</td></tr>
<tr><td colspan="3">架体外侧用密目式安全网封闭</td><td colspan="2">/</td></tr>
<tr><td colspan="3">供作业人员上下使用的钢梯应锁扣牢固</td><td colspan="2">符合要求</td></tr>
</table>

续表

<table>
<tr><th>序号</th><th>检查项目</th><th colspan="2">检 查 内 容 与 要 求</th><th>验 收 结 果</th></tr>
<tr><td rowspan="2">七</td><td rowspan="2">架体安全防护</td><td colspan="2">门架及其配件的规格、质量应符合《门式钢管脚手架》(JG 13)的规定</td><td>符合要求</td></tr>
<tr><td colspan="2">主要受力杆件变形较严重，锈蚀面积达 50%以上，有片状剥落，不能修复和经性能试验不能满足要求的，应报废处理</td><td>符合要求</td></tr>
<tr><td rowspan="4">八</td><td rowspan="4">垂直度与水平度</td><td rowspan="2">垂直度</td><td>每步架允许偏差(mm)$h/1000$ 及±2.0</td><td>3mm，符合要求</td></tr>
<tr><td>脚手架整体允许偏差(mm)$H/600$ 及±50</td><td>28mm，符合要求</td></tr>
<tr><td rowspan="2">水平度</td><td>一跨距内水平架两端高差允许偏差(mm)±$L/600$ 及±3.0</td><td>2mm，符合要求</td></tr>
<tr><td>脚手架整体允许偏差(mm)±$L/600$ 及±50</td><td>18mm，符合要求</td></tr>
<tr><td>九</td><td>其他</td><td colspan="2"></td><td>/</td></tr>
<tr><td colspan="2">验收结论</td><td colspan="3">方案合理，安全技术交底具有针对性，施工符合规范要求，验收合格。

验收日期：××年××月××日</td></tr>
<tr><td colspan="2" rowspan="2">参加验收人员</td><td>总 承 包 单 位</td><td>专业承包单位</td><td>监 理 单 位</td></tr>
<tr><td>专项方案编制人(签名)：
×××
项目技术负责人(签名)：
×××
项目负责人(签名)：
×××
(项目章)
××建设集团有限公司××工程项目经理部</td><td>专项方案编制人(签名)：
/
项目技术负责人(签名)：
×××
项目负责人(签名)：
×××
(项目章)
××建筑脚手架工程公司××工程项目经理部</td><td>专业监理工程师(签名)：
×××

总监理工程师(签名)：
×××</td></tr>
</table>

5.4.2 表格填写依据

(1)《建设工程施工现场安全资料管理规程》(CECS 266—2009)。

(2)《建筑施工门式钢管脚手架安全技术规范》(JGJ 128—2010)。

5.4.3 表格解析指南

门式脚手架搭设完毕或每搭设 2 个楼层高度,满堂脚手架、模板支架搭设完毕或每搭设 4 步高度,应对搭设质量及安全进行一次检查,经检验合格后方可交付使用或继续搭设。

1. 门架

(1)门架应能配套使用,在不同组合情况下,均应保证连接方便、可靠,且应具有良好的互换性。

(2)不同型号的门架与配件严禁混合使用。

(3)上下榀门架立杆应在同一轴线位置上,门架立杆轴线的对接偏差不应大于 2mm。

(4)门式脚手架的内侧立杆离墙面净距不宜大于 150mm;当大于 150mm 时,应采取内设挑架板或其他隔离防护的安全措施。

(5)门式脚手架顶端栏杆宜高出女儿墙上端或檐口上端 1.5m。

2. 配件

(1)配件应与门架配套,并应与门架连接可靠。

(2)门架的两侧应设置交叉支撑,并应与门架立杆上的锁销锁牢。

(3)上下榀门架的组装必须设置连接棒,连接棒与门架立杆配合间隙不应大于 2mm。

(4)门式脚手架或模板支架上下榀门架间应设置锁臂,当采用插销式或弹销式连接棒时,可不设锁臂。

(5)门式脚手架作业层应连续满铺与门架配套的挂扣式脚手板,并应有防止脚手板松动或脱落的措施。当脚手板上有孔洞时,孔洞的内切圆直径不应大于 25mm。

(6)底部门架的立杆下端宜设置固定底座或可调底座。

(7)可调底座和可调底座的调节螺杆直径不应小于 35mm,可调底座的调节螺杆伸出长度不应大于 200mm。

3. 加固件

(1)门式脚手架剪刀撑的设置必须符合下列规定:

1)当门式脚手架搭设高度在 24m 及以下时,在脚手架的转角处、两端及中间间隔不超过 15m 的外侧立面必须各设置一道剪刀撑,并应由底至顶连续设置;

2)当脚手架搭设高度超过 24m 时,在脚手架全外侧立面上必须设置连续剪刀撑;

3)对于悬挑脚手架,在脚手架全外侧立面上必须设置连续剪刀撑。

(2)剪刀撑的构造应符合下列规定(图 5-10):

1)剪刀撑斜杆与地面的倾角宜为 45°～60°;

2)剪刀撑应采用旋转扣件与门架立杆扣紧;

3)剪刀撑斜杆应采用搭接接长,搭接长度不宜小于 1000mm,搭接处应采用 3 个及以上旋转扣件扣紧;

4)每道剪刀撑的宽度不应大于 6 个跨距,且不应大于 10m;也不应小于 4 个跨距,且不应小于 6m。设置连续剪刀撑的斜杆水平间距宜为 6～8m。

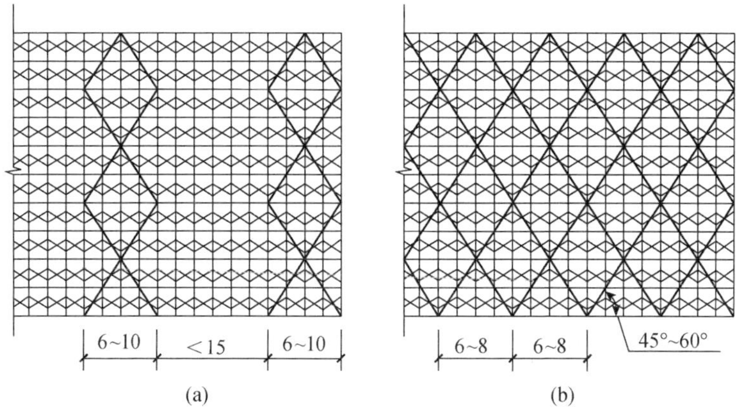

图 5-10　剪刀撑设置示意图(m)

(a)脚手架搭设高度 24m 及以下;(b)超过 24m 时剪刀撑设置

(3)门式脚手架应在门架两侧的立杆上设置纵向水平加固杆,并应采用扣件与门架立杆扣紧。水平加固杆设置应符合下列要求:

1)在顶层、连墙件设置层必须设置;

2)当脚手架每步铺设挂扣式脚手板时,至少每 4 步应设置一道,并宜在有连墙件的水平层设置;

3)当脚手架搭设高度小于或等于 40m 时,至少每 2 步门架应设置一道;当脚手架搭设高度大于 40m 时,每步门架应设置一道;

4)在脚手架的转角处、开口型脚手架端部的两个跨距内,每步门架应设置一道;

5)悬挑脚手架每步门架应设置一道;

6)在纵向水平加固杆设置层面上应连续设置。

(4)门式脚手架的底层门架下端应设置纵、横向通长的扫地杆。纵向扫地杆应固定在距门架立杆底端不大于 200mm 处的门架立杆上,横向扫地杆宜固定在紧靠纵向扫地杆下方的门架立杆上。

4. 转角处门架连接

(1)在建筑物的转角处,门式脚手架内、外两侧立杆上应按步设置水平连接杆、斜撑杆,将转角处的两榀门架连成一体(图 5-11)。

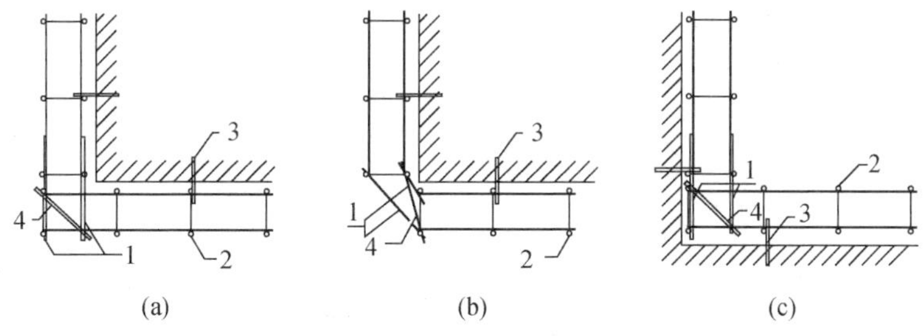

图 5-11　转角处脚手架连接

(a)、(b)阳角转角处脚手架连接;(c)阴角转角处脚手架连接;

1—连接杆;2—门架;3—连墙件;4—斜撑杆

(2)连接杆、斜撑杆应采用钢管,其规格应与水平加固杆相同。

(3)连接杆、斜撑杆应采用扣件与门架立杆及水平加固杆扣紧。

5. 连墙件

(1)连墙件设置的位置、数量应按专项施工方案确定,并应按确定的位置设置预埋件。

(2)连墙件的设置除应满足计算要求外,尚应满足表 5-4 的要求。

表 5-4 连墙件最大间距或最大覆盖面积

<table>
<tr><th rowspan="2">序号</th><th rowspan="2">脚手架搭设方式</th><th rowspan="2">脚手架高度(m)</th><th colspan="2">连墙件间距(m)</th><th rowspan="2">每根连墙件覆盖面积(m^2)</th></tr>
<tr><th>竖　向</th><th>水平向</th></tr>
<tr><td>1</td><td rowspan="3">落地、密目式安全网全封闭</td><td rowspan="2">≤40</td><td>3h</td><td>3l</td><td>≤40</td></tr>
<tr><td>2</td><td rowspan="2">2h</td><td rowspan="2">3l</td><td rowspan="2">≤27</td></tr>
<tr><td>3</td><td>>40</td></tr>
<tr><td>4</td><td rowspan="3">悬挑、密目式安全网全封闭</td><td>≤40</td><td>3h</td><td>3l</td><td>≤40</td></tr>
<tr><td>5</td><td>40～60</td><td>2h</td><td>3l</td><td>≤27</td></tr>
<tr><td>6</td><td>>60</td><td>2h</td><td>2l</td><td>≤20</td></tr>
</table>

注:1 序号 4～6 为架体位于地面上高度;

2 按每根连墙件覆盖面积选择连墙件设置时,连墙件的竖向间距不应大于 6m;

3 表中 h 为步距;l 为跨距。

(3)在门式脚手架的转角处或开口型脚手架端部,必须增设连墙件,连墙件的垂直间距不应大于建筑物的层高,且不应大于 4.0m。

(4)连墙件应靠近门架的横杆设置,距门架横杆不宜大于 200mm。连墙件应固定在门架的立杆上。

(5)连墙件宜水平设置,当不能水平设置时,与脚手架连接的一端,应低于与建筑结构连接的一端,连墙杆的坡度宜小于 1:3。

6. 通道口

(1)门式脚手架通道口高度不宜大于 2 个门架高度,宽度不宜大于 1 个门架跨距。

(2)门式脚手架通道口应采取加固措施,并应符合下列规定:

1)当通道口宽度为一个门架跨距时,在通道口上方的内外侧应设置水平加固杆,水平加固杆应延伸至通道口两侧各一个门架跨距,并在两个上角内外侧应加设斜撑杆[图 5-12(a)];

2)当通道口宽度为两个及以上跨距时,在通道口上方应设置经专门设计和制作的托架梁,并应加强两侧的门架立杆[图 5-12(b)]。

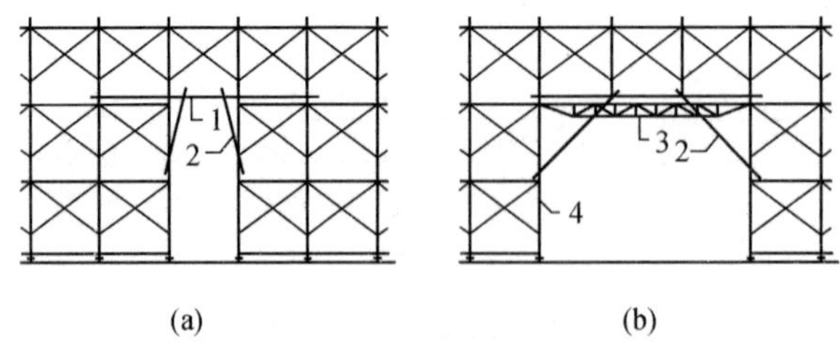

图 5-12 通道口加固示意

(a)通道口宽度为一个门架跨距加固示意;(b)通道口宽度为两个及以上门架跨距加固示意

1—水平加固杆;2—斜撑杆;3—托架梁;4—加强杆

7. 斜梯

(1)作业人员上下脚手架的斜梯应采用挂扣式钢梯,并宜采用"之"字形设置,一个梯段宜跨越两步或三步门架再行转折。

(2)钢梯规格应与门架规格配套,并应与门架挂扣牢固。

(3)钢梯应设栏杆扶手、挡脚板。

8. 满堂脚手架

(1)满堂脚手架的门架跨距和间距应根据实际荷载计算确定,门架净间距不宜超过 1.2m。

(2)满堂脚手架的高宽比不应大于 4,搭设高度不宜超过 30m。

(3)满堂脚手架的构造设计,在门架立杆上宜设置底座和托梁,使门架立杆直接传递荷载。门架立杆上设置的托梁应具有足够的抗弯强度和刚度。

(4)满堂脚手架在每步门架两侧立杆上应设置纵向、横向水平加固杆,并应采用扣件与门架立杆扣紧。

(5)满堂脚手架的剪刀撑设置(图 5-13)除应符合上述"3. 加固件"(2)条的规定外,尚应符合下列要求:

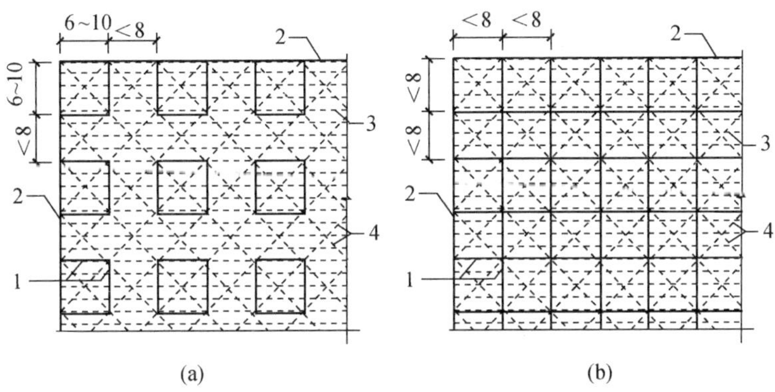

图 5-13　剪刀撑设置示意图(m)

(a)搭设高度 12m 及以下时剪刀撑设置;(b)搭设高度超过 12m 时剪刀撑设置

1—竖向剪刀撑;2—周边竖向剪刀撑;3—门架;4—水平剪刀撑

1)搭设高度 12m 及以下时,在脚手架的周边应设置连续竖向剪刀撑;在脚手架的内部纵向、横向间隔不超过 8m 应设置一道竖向剪刀撑;在顶层应设置连续的水平剪刀撑。

2)搭设高度超过 12m 时,在脚手架的周边和内部纵向、横向间隔不超过 8m 应设置连续竖向剪刀撑;在顶层和竖向每隔 4 步应设置连续的水平剪刀撑。

3)竖向剪刀撑应由底至顶连续设置。

(6)在满堂脚手架的底层门架立杆上应分别设置纵向、横向扫地杆,并应采用扣件与门架立杆扣紧。

(7)满堂脚手架顶部作业区应满铺脚手板,并应采用可靠的连接方式与门架横杆固定。操作平台上的孔洞应按现行行业标准《建筑施工高处作业安全技术规范》(JGJ 80)的规定防护。操作平台周边应设置栏杆和挡脚板。

(8)对高宽比大于 2 的满堂脚手架,宜设置缆风绳或连墙件等有效措施防止架体倾覆,缆风绳或连墙件设置宜符合下列规定:

1)在架体端部及外侧周边水平间距不宜超过 10m 设置;宜与竖向剪刀撑位置对应设置;

2)竖向间距不宜超过 4 步设置。

(9)满堂脚手架中间设置通道口时,通道口底层门架可不设垂直通道方向的水平加固杆和扫地杆,通道口上部两侧应设置斜撑杆,并应按现行行业标准《建筑施工高处作业安全技术规范》(JGJ 80)的规定在通道口上部设置防护层。

9. 模板支架

(1)门架的跨距与间距应根据支架的高度、荷载由计算和构造要求确定,门架的跨距不宜超过 1.5m,门架的净间距不宜超过 1.2m。

(2)模板支架的高宽比不应大于 4,搭设高度不宜超过 24m。

(3)模板支架宜按上述“8. 满堂脚手架”(3)条的规定设置底座和托梁,宜采用调节架、可调底座调整高度,可调底座调节螺杆的高度不宜超过 300mm。底座和底座与门架立杆轴线的偏差不应大于 2.0mm。

(4)用于支承梁模板的门架,可采用平行或垂直于梁轴线的布置方式(图 5-14)。

(5)当梁的模板支架高度较高或荷载较大时,门架可采用复式(重叠)的布置方式(图 5-15)。

(6)梁板类结构的模板支架,应分别设计。板支架跨距(或间距)宜是梁支架跨距(或间距)的倍数,梁下横向水平加固杆应伸入板支架内不少于 2 根门架立杆,并应与板下门架立杆扣紧。

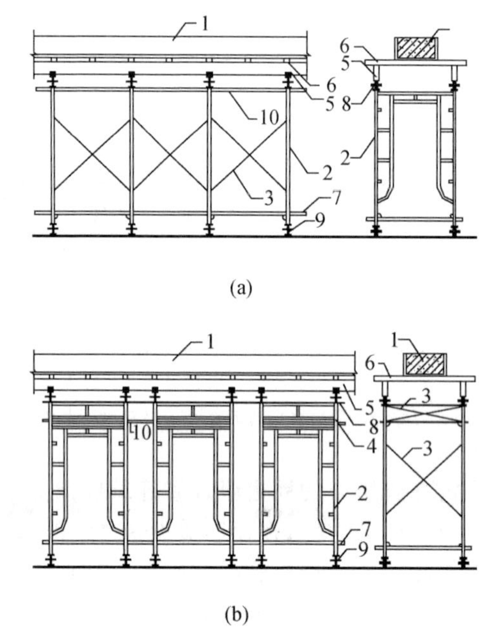

图 5-14 梁模板支架的布置方式(一)

(a)门架垂直于梁轴线布置;(b)门架平行于梁轴线布置

1—混凝土梁;2—门架;3—交叉支撑;4—调节架;5—托梁;6—小楞;7—扫地杆;8—可调底座;9—可调底座;10—水平加固杆

(7)当模板支架的高宽比大于 2 时,宜按上述“8. 满堂脚手架”(8)条的规定设置缆风绳或连墙件。

(8)模板支架在支架的四周和内部纵横向应按现行行业标准《建筑施工模板安全技术规范》(JGJ 162)的规定与建筑结构柱、墙进行刚性连接,连接点应设在水平剪刀撑或水平加固杆设置层,并应与水平杆连接。

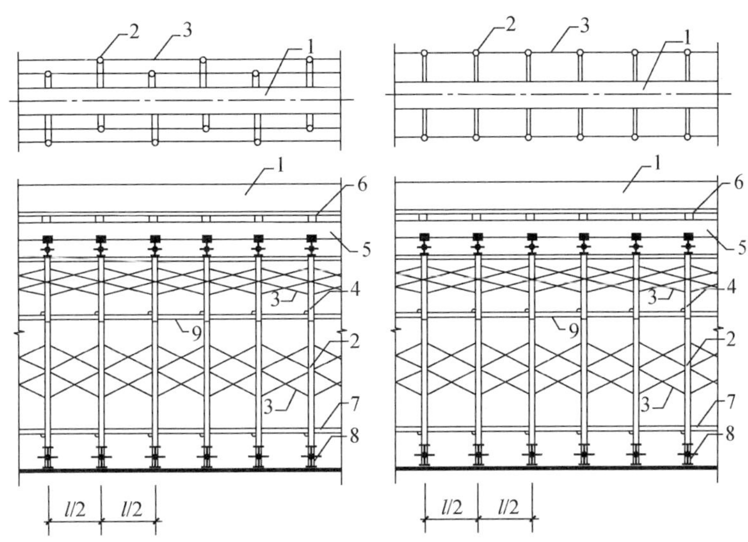

图 5-15　梁模板支架的布置方式(二)

1—混凝土梁；2—门架；3—交叉支撑；4—调节架；5—托梁；
6—小楞；7—扫地杆；8—可调底座；9—水平加固杆

(9)模板支架应按上述第 8 条(6)款的规定设置纵向、横向扫地杆。

(10)模板支架在每步门架两侧立杆上应设置纵向、横向水平加固杆，并应采用扣件与门架立杆扣紧。

(11)模板支架应设置剪刀撑对架体进行加固，剪刀撑的设置除应符合上述“3. 加固件”(2)条的规定外，尚应符合下列要求：

1)在支架的外侧周边及内部纵横向每隔 6～8m，应由底至顶设置连续竖向剪刀撑；

2)搭设高度 8m 及以下时，在顶层应设置连续的水平剪刀撑；搭设高度超过 8m 时，在顶层和竖向每隔 4 步及以下应设置连续的水平剪刀撑；

3)水平剪刀撑宜在竖向剪刀撑斜杆交叉层设置。

5.5 悬挑式脚手架验收表

5.5.1 表格填写范例

悬挑式脚手架验收表

表 AQ-C3-5

工程名称：××大厦工程　　　　施工单位：××建设集团有限公司　　　　编号：××××

专业承包单位		××建筑脚手架工程公司		项目负责人	×××
施工执行标准及编号		《建筑施工扣件式钢管脚手架安全技术规范》(JGJ 130—2011) 《建筑施工门式钢管脚手架安全技术规范》(JGJ 128—2010)			
验收部位		外脚手架	搭设高度	15m	材质型号 48.3mm×3.6mm
序号	检查项目	检查内容与要求		验收结果	
一	资料部分	架子工持省级以上建设主管部门颁发的建筑施工特种作业人员操作资格证书		符合要求	
		脚手架搭设前必须编制专项方案，20m 及以上须有专家论证报告，审批手续完备		符合要求	
		脚手架分段搭设分段验收，资料齐全		符合要求	
		有安全操作规程及安全技术交底记录		符合要求	
二	架体稳定	外挑杆件与建筑结构连接采用焊接或螺栓连接，不得采用扣件连接		符合要求	
		悬挑梁安装符合设计要求		符合要求	
		立杆底部牢固，立杆垂直偏差满足规范要求，立杆纵横向间距满足专项方案要求		符合要求	
		架体与建筑结构连接，垂直不大于 2 步，水平不大于 3 跨		符合要求	
		剪刀撑必须符合设计要求，夹角为 45°～60°，搭设长度不少于 1m，扣件距钢管端部大于 10cm，等距离设置三个旋转扣件固定		符合要求	
三	安全防护	施工层外侧设置 1.2m 高防护栏杆和 18cm 高的挡脚板		符合要求	
		架体外侧用密目式安全网严密封闭，架体搭设应超过作业层 1.5m		符合要求	
		脚手板满铺、牢固，不得有探头板		符合要求	
		作业层下用安全平网严密防护，施工层以下每隔 10m 以内封闭一次		符合要求	
四	荷载	脚手架荷载不得超过设计规定		符合要求	
五	其他			/	
验收结论		方案合理，施工符合规范要求，验收合格。 验收日期：××年××月××日			
参加验收人员		总承包单位	专业承包单位	监理单位	
		专项方案编制人(签名)：××× 项目技术负责人(签名)：××× 项目负责人(签名)：××× (项目章) ××建设集团有限公司 ××工程 项目经理部	专项方案编制人(签名)：/ 项目技术负责人(签名)：××× 项目负责人(签名)：××× (项目章) ××建筑脚手架工程公司 ××工程 项目经理部	专业监理工程师(签名)：××× 总监理工程师(签名)：×××	

5.5.2　表格填写依据

(1)《建设工程施工现场安全资料管理规程》(CECS 266—2009)。

(2)《建筑施工门式钢管脚手架安全技术规范》(JGJ 128—2010)。

(3)《建筑施工扣件式钢管脚手架安全技术规范》(JGJ 130—2011)

5.5.3　表格解析指南

(1)悬挑脚手架的悬挑支承结构应根据施工方案布设,其位置应与门架立杆位置对应,每一跨距宜设置一根型钢悬挑梁,并应按确定的位置设置预埋件。

(2)型钢悬挑梁锚固段长度应不小于悬挑段长度的1.25倍,悬挑支承点应设置在建筑结构的梁板上,不得设置在外伸阳台或悬挑楼板上(有加固措施的除外)(图5-16)。

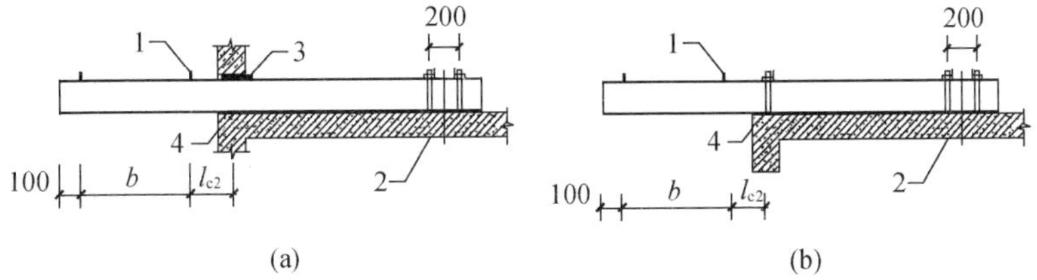

图5-16　型钢悬挑梁在主体结构上的设置

(a)型钢悬挑梁穿墙设置;(b)型钢悬挑梁楼面设置

1—DN25短钢管与钢梁焊接;2—锚固段压点;3—木楔;4—钢板(150mm×100mm×10mm)

(3)型钢悬挑梁宜采用双轴对称截面的型钢。

(4)型钢悬挑梁的锚固段压点应采用不少于2个(对)的预埋U形钢筋拉环或螺栓固定;锚固位置的楼板厚度不应小于100mm,混凝土强度不应低于20MPa。U形钢筋拉环或螺栓应埋设在梁板下排钢筋的上边,并与结构钢筋焊接或绑扎牢固,锚固长度应符合现行国家标准《混凝土结构设计规范》(GB 50010)中钢筋锚固的规定(图5-17)。

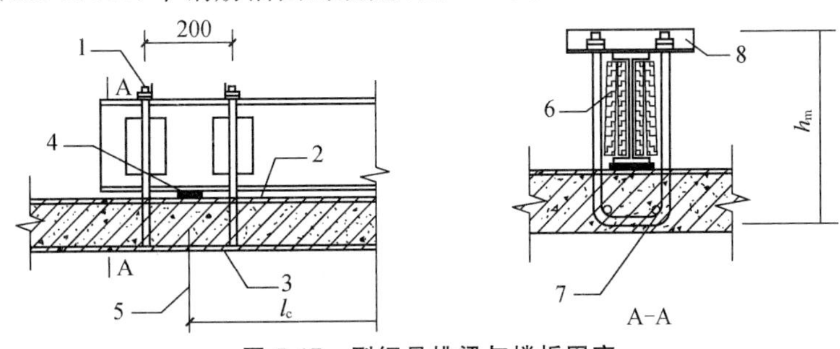

图5-17　型钢悬挑梁与楼板固定

1—锚固螺栓;2—负弯矩钢筋;3—建筑结构楼板;4—钢板;5—锚固螺栓中心;6—木楔;7—锚固钢筋(2ϕ18长1500mm);8—角钢

(5)用于锚固的U形钢筋拉环或螺栓应采用冷弯成型,钢筋直径不应小于16mm。

(6)当型钢悬挑梁与建筑结构采用螺栓钢压板连接固定时,钢压板尺寸不应小于100mm×10mn(宽×厚);当采用螺栓角钢压板连接固定时,角钢的规格不应小于63mm×63mm×6mm。

(7)型钢悬挑梁与U形钢筋拉环或螺栓连接应紧固。当采用钢筋拉环连接时,应采用钢楔或硬木楔塞紧;当采用螺栓钢压板连接时,应采用双螺母拧紧。严禁型钢悬挑梁晃动。

(8)悬挑脚手架底层门架立杆与型钢悬挑梁应可靠连接,不得滑动或窜动。型钢梁上应设置固定连接棒与门架立杆连接,连接棒的直径不应小于25mm,长度不应小于100mm,应与型钢梁焊接牢固。

(9)悬挑脚手架的底层门架两侧立杆应设置纵向扫地杆,并应在脚手架的转角处、两端和中间间隔不超过15m的底层门架上各设置一道单跨距的水平剪刀撑，剪刀撑斜杆应与门架立杆底部扣紧。

(10)在建筑平面转角处(图5-18)，型钢悬挑梁应经单独计算设置；架体应按步设置水平连接杆，并应与门架立杆或水平加固杆扣紧。

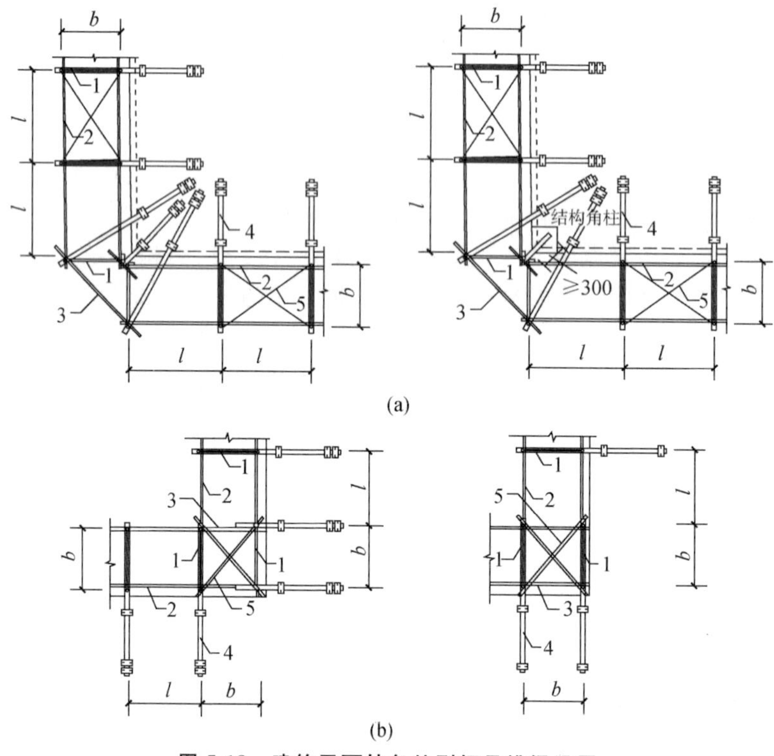

图5-18 建筑平面转角处型钢悬挑梁设置

(a)型钢悬挑梁在阳角处设置；(b)型钢悬挑梁在阴角处设置

1—门架；2—水平加固杆；3—连接杆；4—型钢悬挑梁；5—水平剪刀撑

(11)每个型钢悬挑梁外端宜设置钢丝绳或钢拉杆与上一层建筑结构斜拉结(图5-19)，钢丝绳、钢拉杆不得作为悬挑支撑结构的受力构件。

(12)悬挑脚手架在底层应满铺脚手板，并应将脚手板与型钢梁连接牢固。

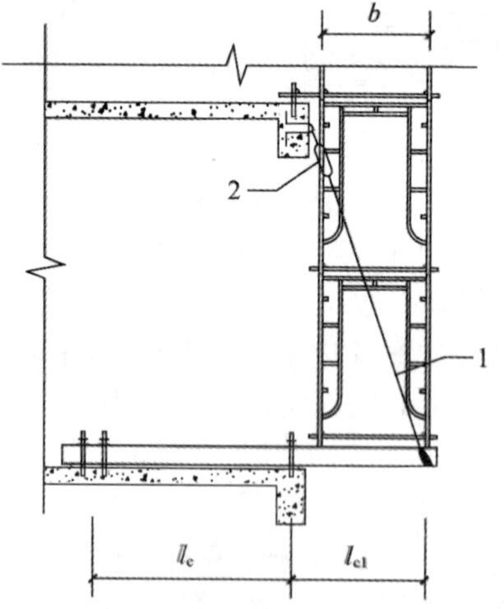

图5-19 型钢悬挑梁端钢丝绳与建筑结构拉结

1—钢丝绳；2—花篮螺栓

5.6　吊篮脚手架验收表

5.6.1　表格填写范例

吊篮脚手架验收表

表 AQ-C3-6

工程名称:××大厦工程　　施工单位:××建设集团有限公司　　编号:××××

<table>
<tr><td colspan="2">专业承包单位</td><td colspan="3">××建筑脚手架公司</td><td>项目负责人</td><td>×××</td></tr>
<tr><td colspan="2">施工执行标准及编号</td><td colspan="5">《建筑施工工具式脚手架安全技术规范》(JGJ 202—2010)</td></tr>
<tr><td colspan="2">验收部位</td><td>外墙施工吊篮</td><td>搭设高度</td><td>65m</td><td>材质型号</td><td>800 型电动吊篮</td></tr>
<tr><td>序号</td><td>检查项目</td><td colspan="3">检查内容与要求</td><td colspan="2">验收结果</td></tr>
<tr><td rowspan="4">一</td><td rowspan="4">资料部分</td><td colspan="3">高处作业吊篮安装拆卸工持省级以上建设主管部门颁发的建筑施工特种作业人员操作资格证书</td><td colspan="2">符合要求</td></tr>
<tr><td colspan="3">吊篮安装前必须编制专项方案,审批手续完备</td><td colspan="2">符合要求</td></tr>
<tr><td colspan="3">作业前有安全技术交底记录</td><td colspan="2">符合要求</td></tr>
<tr><td colspan="3">有安全操作规程</td><td colspan="2">符合要求</td></tr>
<tr><td rowspan="4">二</td><td rowspan="4">吊篮及安全装置</td><td colspan="3">挑梁锚固或配重等抗倾覆装置有效</td><td colspan="2">符合要求</td></tr>
<tr><td colspan="3">吊篮组装符合设计要求</td><td colspan="2">符合要求</td></tr>
<tr><td colspan="3">电动(手动)葫芦使用合格产品,保险卡有效,吊钩有保险</td><td colspan="2">符合要求</td></tr>
<tr><td colspan="3">吊篮保险绳有效</td><td colspan="2">符合要求</td></tr>
<tr><td rowspan="3">三</td><td rowspan="3">安全防护</td><td colspan="3">吊篮平台宽 0.8～1m,长度不宜超过 6m,吊篮与建筑结构有紧固措施</td><td colspan="2">宽 0.8m,长 3m,符合要求</td></tr>
<tr><td colspan="3">单片吊篮升降两端有防护</td><td colspan="2">符合要求</td></tr>
<tr><td colspan="3">多层作业有防护顶板</td><td colspan="2">符合要求</td></tr>
<tr><td rowspan="2">四</td><td rowspan="2">荷载</td><td colspan="3">施工荷载符合设计规定</td><td colspan="2">符合要求</td></tr>
<tr><td colspan="3">吊篮使用前经荷载试验合格</td><td colspan="2">符合要求</td></tr>
<tr><td>五</td><td>检验</td><td colspan="3">检验合格(附吊篮及防坠器检验报告)</td><td colspan="2">符合要求</td></tr>
<tr><td>六</td><td>其他</td><td colspan="3"></td><td colspan="2">/</td></tr>
<tr><td colspan="2">验收结论</td><td colspan="5">方案合理,安装符合规范要求,验收合格。
验收日期:××年××月××日</td></tr>
<tr><td colspan="2" rowspan="2">参加验收人员</td><td colspan="2">总承包单位</td><td colspan="2">专业承包单位</td><td>监理单位</td></tr>
<tr><td colspan="2">专项方案编制人(签名):
×××
项目技术负责人(签名):
××
项目负责人(签名):
×××
(项目章)
××建设集团有限公司××工程项目经理部</td><td colspan="2">专项方案编制人(签名):
/
项目技术负责人(签名):
××
项目负责人(签名):
×××
(项目章)
××建筑脚手架工程公司××工程项目经理部</td><td>专业监理工程师(签名):
×××
总监理工程师(签名):
×××</td></tr>
</table>

5.6.2 表格填写依据

(1)《建设工程施工现场安全资料管理规程》(CECS 266—2009)。

(2)《建筑施工工具式脚手架安全技术规范》(JGJ 202—2010)。

5.6.3 表格解析指南

1. 构造措施

(1)高处作业吊篮应由悬挑机构、吊篮平台、提升机构、防坠落机构、电气控制系统、钢丝绳和配套附件、连接件构成。

(2)吊篮平台应能通过提升机构沿动力钢丝绳升降。

(3)吊篮悬挂机构前后支架的间距,应能随建筑物外形变化进行调整。

2. 安装

(1)高处作业吊篮安装时应按专项施工方案,在专业人员的指导下实施。

(2)安装作业前,应划定安全区域,并应排除作业障碍。

(3)高处作业吊篮组装前应确认结构件、紧固件已经配套且完好,其规格型号和质量应符合设计要求。

(4)高处作业吊篮所用的构配件应是同一厂家的产品。

(5)在建筑物屋面上进行悬挂机构的组装时,作业人员应与屋面边缘保持 2m 以上的距离。组装场地狭小时应采取防坠落措施。

(6)悬挂机构宜采用刚性联结方式进行拉结固定。

(7)悬挂机构前支架严禁支撑在女儿墙上、女儿墙外或建筑物挑檐边缘。

(8)前梁外伸长度应符合高处作业吊篮使用说明书的规定。

(9)悬挑横梁前高后低,前后水平高差不应大于横梁长度的 2%。

(10)配重件应稳定可靠地安放在配重架上,并应有防止随意移动的措施。严禁使用破损的配重件或其他替代物。配重件的重量应符合设计规定。

(11)安装时钢丝绳应沿建筑物立面缓慢下放至地面,不得抛掷。

(12)当使用两个以上的悬挂机构时,悬挂机构吊点水平间距与吊篮平台的吊点间距应相等,其误差不应大于 50mm。

(13)悬挂机构前支架应与支撑面保持垂直,脚轮不得受力。

(14)安装任何形式的悬挑结构,其施加于建筑物或构筑物支承处的作用力,均应符合建筑结构的承载能力,不得对建筑物和其他设施造成破坏和不良影响。

(15)高处作业吊篮安装和使用时,在 10m 范围内如有高压输电线路,应按照现行行业标准《施工现场临时用电安全技术规范》(JGJ 46)的规定,采取隔离措施。

5.7 附着式整体和分片提升脚手架验收表

5.7.1 表格填写范例

附着式整体和分片提升脚手架验收表

表 AQ-C3-7

工程名称:××大厦工程　　施工单位:××建设集团有限公司　　编号:××××

<table>
<tr><td colspan="2">专业承包单位</td><td colspan="3">××建筑附着式脚手架制作安装公司</td><td>项目负责人</td><td>×××</td></tr>
<tr><td colspan="2">检测单位</td><td colspan="3">××工程检测中心</td><td>检测报告编号</td><td>××××</td></tr>
<tr><td colspan="2">施工执行标准及编号</td><td colspan="5">《建筑施工工具式脚手架安全技术规范》(JGJ 202—2010)</td></tr>
<tr><td colspan="2">验 收 部 位</td><td>1～4 层外脚手架</td><td>搭设高度</td><td>12m</td><td>材质型号</td><td>48.3mm×3.3mm</td></tr>
<tr><td>序号</td><td>检查项目</td><td colspan="3">检 查 内 容 与 要 求</td><td colspan="2">验 收 结 果</td></tr>
<tr><td rowspan="6">一</td><td rowspan="6">资料部分</td><td colspan="3">专业承包单位应取得附着升降脚手架搭设专业资质,架子工持省级以上建设主管部门颁发的建筑施工特种作业人员操作资格证书</td><td colspan="2">符合要求</td></tr>
<tr><td colspan="3">附着升降脚手架经建设部组织签订或委托有资质的单位验证</td><td colspan="2">符合要求</td></tr>
<tr><td colspan="3">脚手架搭设前必须编制专项方案,搭设高度 150m 及以上须有专家论证报告,审批手续完备</td><td colspan="2">符合要求</td></tr>
<tr><td colspan="3">有安全操作规程及安全技术交底记录</td><td colspan="2">符合要求</td></tr>
<tr><td colspan="3">各种材料、设备、工具合格证、材质证明</td><td colspan="2">符合要求</td></tr>
<tr><td colspan="3">防坠装置有专门的检查方法和管理措施,并附试验报告</td><td colspan="2">符合要求</td></tr>
<tr><td rowspan="4">二</td><td rowspan="4">架体几何尺寸</td><td colspan="3">架体高度不应大于 5 倍层高,架体宽度不应大于 1.2m</td><td colspan="2">宽 1.0m 符合要求</td></tr>
<tr><td colspan="3">直线布置的架体支承跨度不应大于 8m,折线或曲线布置的架体中心线处支承跨度不应大于 5.4m</td><td colspan="2">符合要求</td></tr>
<tr><td colspan="3">架体全高与支承跨度的乘积不应大于 110m²</td><td colspan="2">符合要求</td></tr>
<tr><td colspan="3">架体悬臂高度不应大于 6m 和 2/5 架体高度</td><td colspan="2">符合要求</td></tr>
<tr><td rowspan="6">三</td><td rowspan="6">架体结构</td><td colspan="3">整体架架体悬挑长度不应大于 3m 和 1/2 水平支承跨度,单片架不应大于 1/4 水平支承跨度</td><td colspan="2">符合要求</td></tr>
<tr><td colspan="3">受力主框架采用焊接或螺栓连接</td><td colspan="2">符合要求</td></tr>
<tr><td colspan="3">架体水平梁采用焊接或螺栓连接的桁架式结构,当不能连续设置时,局部可采用脚手架杆件连接,但其长度不能大于 2m</td><td colspan="2">1.8m 符合要求</td></tr>
<tr><td colspan="3">架体各节点杆轴线应汇交于一点;按要求设置剪刀撑</td><td colspan="2">符合要求</td></tr>
<tr><td colspan="3">架体在吊拉点、附着支承点、升降机设置处、防倾防坠装置设置处、架体转角和断开处,应采取可靠的加强措施</td><td colspan="2">符合要求</td></tr>
<tr><td colspan="3">卸料平台荷载应独立传递到建筑结构上,不得传递给架体</td><td colspan="2">符合要求</td></tr>
<tr><td rowspan="2">四</td><td rowspan="2">附着支承机构</td><td colspan="3">穿墙螺栓使用双螺母,螺纹露出螺母不少于 3 扣</td><td colspan="2">符合要求</td></tr>
<tr><td colspan="3">在升降和使用工况下,每一架体竖向主框架能够承受该跨全部设计荷载的附着支承构造不少于 2 套</td><td colspan="2">符合要求</td></tr>
</table>

续表

序号	检查项目	检查内容与要求	验收结果
五	防倾防坠装置	同一竖向平面内防倾装置不少于 2 处，支承点间距不小于架体全高的 1/3	符合要求
		每架体竖向主框必须设置一个防坠装置，防坠装置与提升设备必须分别设置在两套附着支承结构上	符合要求
六	提升装置	提升设备工作性能满足使用要求。升降吊点超过两点不得使用手拉葫芦	符合要求
		升降过程平稳可靠，具有超载和欠载报警停机功能	符合要求
		可分别进行整体和局部提升和下降操作，能有效控制和调整提升设备的同步性	符合要求
		相邻提升点的高差不大于 30mm，整体架最大升降差不大于 80mm	符合要求
		电动升降脚手架控制系统电源、电缆及控制柜应符合用电安全要求	符合要求
七	安全防护	架体外侧用密目安全网封闭	符合要求
		架体底层应满铺脚手板并用平网或密目安全网兜底，并设置可翻起的翻板	符合要求
		作业层外侧必须设置上、下两道栏杆，上栏杆高度 1.2m，下栏杆高度 0.6m，并设高度 18cm 挡脚板	上栏杆高 1.2m，下栏杆高 0.6m，挡脚板高 18cm，符合要求
		架体开口和断开处必须有可靠的防止人员和物品坠落措施	符合要求
八	其他		/
验收结论		方案合理，施工符合规范要求，验收合格。 验收日期：××年××月××日	

参加验收人员	总承包单位	专业承包单位	监理单位
	专项方案编制人（签名）： / 项目技术负责人（签名）： ××× 项目负责人（签名）： ××× （项目章） 项目经理部	专项方案编制人（签名）： ××× 项目技术负责人（签名）： ××× 项目负责人（签名）： ××× （项目章） 项目经理部	专业监理工程师（签名）： ××× 总监理工程师（签名）： ×××

5.7.2　表格填写依据

(1)《建设工程施工现场安全资料管理规程》(CECS 266－2009)。

(2)《建筑施工工具式脚手架安全技术规范》(JGJ 202－2010)。

5.7.3　表格解析指南

1. 构配件性能要求

(1)附着式升降脚手架和外挂防护架架体用的钢管，应采用现行国家标准《直缝电焊钢管》(GB/T 13793)和《低压流体输送用焊接钢管》(GB/T 3091)中的Q235号普通钢管，应符合现行国家标准《焊接钢管尺寸及单位长度重量》(GB/T 21835)的规定，其钢材质量应符合现行国家标准《碳素结构钢》(GB/T 700)中Q235-A级钢的规定，且应满足下列规定：

1)钢管应采用ϕ48.3×3.6mm的规格；

2)钢管应具有产品质量合格证和符合现行国家标准《金属材料室温拉伸试验方法》(GB/T 228)有关规定的检验报告。

3)钢管应平直，其弯曲度不得大于管长的1/500，两端端面应平整，不得有斜口，有裂缝、表面分层硬伤、压扁、硬弯、深划痕、毛刺和结疤等不得使用；

4)钢管表面的锈蚀深度不得超过0.25mm；

5)钢管在使用前应涂刷防锈漆。

(2)工具式脚手架主要的构配件应包括：水平支承桁架、竖向主框架、附墙支座、悬臂梁、钢拉杆、竖向桁架、三角臂等。当使用型钢、钢板和圆钢制作时，其材质应符合现行国家标准《碳素结构钢》(GB/T 700)中Q235-A级钢的规定。

(3)当室外温度大于或等于－20℃时，宜采用Q235钢和Q345钢。承重桁架或承受冲击荷载作用的结构，应具有0 ℃冲击韧性的合格保证。当冬季室外温度低于－20℃时，尚应具有－20℃ 冲击韧性的合格保证。

(4)钢管脚手架的连接扣件应符合现行国家标准《钢管脚手架扣件》(GB 15831)的规定。在螺栓拧紧的扭力矩达到65 N·m时，不得发生破坏。

(5)架体结构的连接材料应符合下列规定：

1)手工焊接所采用的焊条，应符合现行国家标准《非合金钢及细晶粒钢焊条》(GB/T 5117－2012)或《热强钢焊条》(GB/T 5118－2012)的规定，焊条型号应与结构主体金属力学性能相适应，对于承受动力荷载或振动荷载的桁架结构宜采用低氢型焊条；

2)自动焊接或半自动焊接采用的焊丝和焊剂，应与结构主体金属力学性能相适应，并应符合国家现行有关标准的规定；

3)普通螺栓应符合现行国家标准《六角头螺栓 C级》(GB/T 5780)和《六角头螺栓》(GB/T 5782)的规定；

4)锚栓可采用现行国家标准《碳素结构钢》(GB/T 700)中规定的Q235钢或《低合金高强度结构钢》(GB/T 1591)中规定的Q345钢制成。

(6)脚手板可采用钢、木、竹材料制作，其材质应符合下列规定：

1)冲压钢板和钢板网脚手板，其材质应符合现行国家标准《碳素结构钢》(GB/T 700)中Q235A级钢的规定。新脚手板应有产品质量合格证；板面挠曲不得大于12mm和任一角翘起不得大于5mm；不得有裂纹、开焊和硬弯。使用前应涂刷防锈漆。钢板网脚手板的网孔内切圆直径应小于 25mm。

2)竹脚手板包括竹胶合板、竹笆板和竹串片脚手板。可采用毛竹或楠竹制成;竹胶合板、竹笆板宽度不得小于 600mm,竹胶合板厚度不得小于 8mm,竹笆板厚度不得小于 6mm,竹串片脚手板厚度不得小于 50mm;不得使用腐朽、发霉的竹脚手板。

3)木脚手板应采用杉木或松木制作,其材质应符合现行国家标准《木结构设计规范》(GB 50005)中Ⅱ级材质的规定。板宽度不得小于 200mm,厚度不得小于 50mm,两端应用直径为 4mm 镀锌钢丝各绑扎两道。

4)胶合板脚手板,应选用现行国家标准《胶合板　第 3 部分:普通胶合板通用技术条件》(GB/T 9846.3)中的Ⅱ类普通耐水胶合板,厚度不得小于 18mm,底部木方间距不得大于 400mm,木方与脚手架杆件应用钢丝绑扎牢固,胶合板脚手板与木方应用钉子钉牢。

2. 安全构造措施

(1)附着式升降脚手架应由竖向主框架、水平支承桁架、架体构架、附着支承结构、防倾装置、防坠装置等组成。

(2)附着式升降脚手架结构构造的尺寸应符合下列规定:

1)架体高度不得大于 5 倍楼层高;

2)架体宽度不得大于 1.2m;

3)直线布置的架体支承跨度不得大于 7m,折线或曲线布置的架体,相邻两主框架支撑点处的架体外侧距离不得大于 5.4m;

4)架体的水平悬挑长度不得大于 2m,且不得大于跨度的 1/2;

5)架体全高与支承跨度的乘积不得大于 110m^2。

(3)附着式升降脚手架应在附着支承结构部位设置与架体高度相等的与墙面垂直的定型的竖向主框架,竖向主框架应是桁架或刚架结构,其杆件连接的节点应采用焊接或螺栓连接,并应与水平支承桁架和架体构架构成有足够强度和支撑刚度的空间几何不可变体系的稳定结构。竖向主框架结构构造(图 5-20)应符合下列规定:

1)竖向主框架可采用整体结构或分段对接式结构。结构形式应为竖向桁架或门型刚架形式等。各杆件的轴线应汇交于节点处,并应采用螺栓或焊接连接,如不交汇于一点,应进行附加弯矩验算;

2)当架体升降采用中心吊时,在悬臂梁行程范围内竖向主框架内侧水平杆去掉部分的断面,应采取可靠的加固措施;

3)主框架内侧应设有导轨;

4)竖向主框架宜采用单片式主框架[图 5-20(a)];或可采用空间桁架式主框架[图 5-20(b)]。

(4)在竖向主框架的底部应设置水平支承桁架,其宽度应与主框架相同,平行于墙面,其高度不宜小于 1.8m。水平支承桁架结构构造应符合下列规定:

1)桁架各杆件的轴线应相交于节点上,并宜采用节点板构造连接,节点板的厚度不得小于 6mm;

2)桁架上下弦应采用整根通长杆件或设置刚性接头。腹杆上下弦连接应采用焊接或螺栓连接;

3)桁架与主框架连接处的斜腹杆宜设计成拉杆;

4)架体构架的立杆底端应放置在上弦节点各轴线的交汇处;

5)内外两片水平桁架的上弦和下弦之间应设置水平支撑杆件,各节点应采用焊接或螺栓连接;

6)水平支承桁架的两端与主框架的连接,可采用杆件轴线交汇于一点,且为能活动的铰接

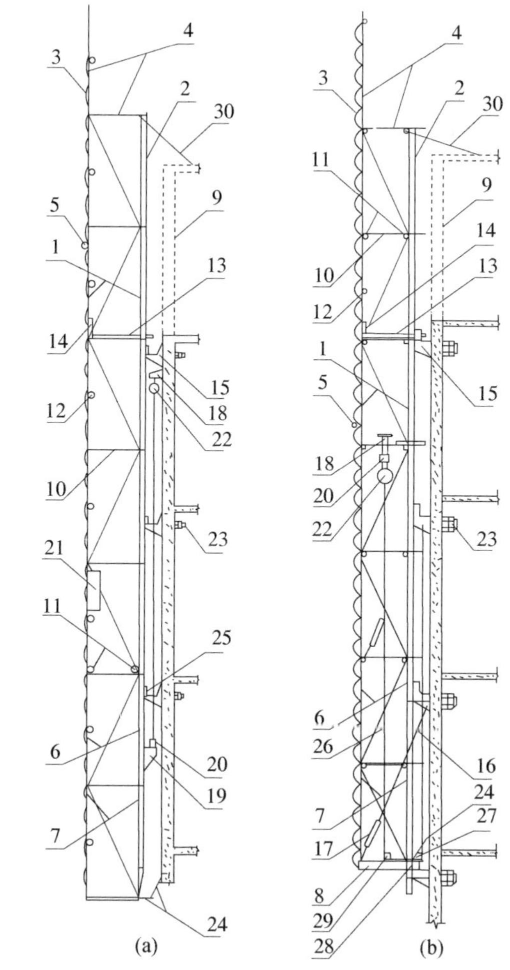

图 5-20　两种不同主框架的架体断面构造图

(a)竖向主框架为单片式;(b)竖向主框架为空间桁架式

1—竖向主框架;2—导轨;3—密目安全网;4—架体;5—剪刀撑(45°～60°);6—立杆;7—水平支承桁架;8—竖向主框架底部托盘;9—正在施工层;10—架体横向水平杆;11—架体纵向水平杆;12—防护栏杆;13—脚手板;14—作业层挡脚板;15—附墙支座(含导向、防倾装置);16—吊拉杆(定位);17—花篮螺栓;18—升降上吊挂点;19—升降下吊挂点;20—荷载传感器;21—同步控制装置;22—电动葫芦;23—锚固螺栓;24—底部脚手板及密封翻板;25—定位装置;26—升降钢丝绳;27—导向滑轮;28—主框架底部托座与附墙支座临时固定连接点;29—升降滑轮;30—临时拉结

点;或可将水平支承桁架放在竖向主框架的底端的桁架底框中。

(5)附着支承结构应包括附墙支座、悬臂梁及斜拉杆,其构造应符合下列规定:

1)竖向主框架所覆盖的每个楼层处应设置一道附墙支座;

2)在使用工况时,应将竖向主框架固定于附墙支座上;

3)在升降工况时,附墙支座上应设有防倾、导向的结构装置;

4)附墙支座应采用锚固螺栓与建筑物连接,受拉螺栓的螺母不得少于两个或应采用弹簧垫圈加单螺母,螺杆露出螺母端部的长度不应少于 3 扣,并不得小于 10mm,垫板尺寸应由设计确定,且不得小于 100mm×100mm×10mm;

5)附墙支座支承在建筑物上连接处混凝土的强度应按设计要求确定,且不得小于 C10。

(6)架体构架宜采用扣件式钢管脚手架,其结构构造应符合现行行业标准《建筑施工扣件式钢管脚手架安全技术规范》(JGJ 130)的规定。架体构架应设置在两竖向主框架之间,并应以纵向水平杆与之相连,其立杆应设置在水平支承桁架的节点上。

(7)水平支承桁架最底层应设置脚手板,并应铺满铺牢,与建筑物墙面之间也应设置脚手板全封闭,宜设置可翻转的密封翻板。在脚手板的下面应采用安全网兜底。

(8)架体悬臂高度不得大于架体高度的2/5,且不得大于6m。

(9)当水平支承桁架不能连续设置时,局部可采用脚手架杆件进行连接,但其长度不得大于2.0m,且应采取加强措施,确保其强度和刚度不得低于原有的桁架。

(10)物料平台不得与附着式升降脚手架各部位和各结构构件相连,其荷载应直接传递给建筑工程结构。

(11)当架体遇到塔吊、施工升降机、物料平台需断开或开洞时,断开处应加设栏杆和封闭,开口处应有可靠的防止人员及物料坠落的措施。

(12)架体外立面应沿全高连续设置剪刀撑,并应将竖向主框架、水平支承桁架和架体构架连成一体,剪刀撑斜杆水平夹角应为45°～60°;应与所覆盖架体构架上每个主节点的立杆或横向水平杆伸出端扣紧;悬挑端应以竖向主框架为中心成对设置对称斜拉杆,其水平夹角不应小于45°。

(13)架体结构应在以下部位采取可靠的加强构造措施:

1)与附墙支座的连接处;

2)架体上提升机构的设置处;

3)架体上防坠、防倾装置的设置处;

4)架体吊拉点设置处;

5)架体平面的转角处;

6)架体因碰到塔吊、施工升降机、物料平台等设施而需要断开或开洞处;

7)其他有加强要求的部位。

(14)附着式升降脚手架的安全防护措施应符合下列规定:

1)架体外侧应采用密目式安全立网全封闭,密目式安全立网的网目密度不应低于2000目/100cm^2,且应可靠地固定在架体上;

2)作业层外侧应设置1.2m高的防护栏杆和180mm高的挡脚板;

3)作业层应设置固定牢靠的脚手板,其与结构之间的间距应满足现行行业标准《建筑施工扣件式钢管脚手架安全技术规范》(JGJ 130)的相关规定。

(15)附着式升降脚手架构配件的制作应符合下列规定:

1)应具有完整的设计图纸、工艺文件、产品标准和产品质量检验规程;制作单位应有完善有效的质量管理体系;

2)制作构配件的原材料和辅料的材质及性能应符合设计要求,按上述"1. 构配件性能要求"中的规定对其进行验证和检验;

3)加工构配件的工装、设备及工具应满足构配件制作精度的要求,并应定期进行检查,工装应有设计图纸;

4)构配件应按工艺要求及检验规程进行检验;对附着支承结构、防倾防坠落装置等关键部件的加工件应进行100%检验;构配件出厂时,应提供出厂合格证。

(16)附着式升降脚手架应在每个竖向主框架处设置升降设备,升降设备应采用电动葫芦或电动液压设备,单跨升降时可采用手动葫芦,并应符合下列规定:

1)升降设备应与建筑结构和架体有可靠连接;

2)固定电动升降动力设备的建筑结构应安全可靠;

3)设置电动液压设备的架体部位,应有加强措施。

(17)两主框架之间架体的搭设应符合现行行业标准《建筑施工扣件式钢管脚手架安全技术规范》(JGJ 130)的规定。

3. 安全装置

(1)附着式升降脚手架必须具有防倾覆、防坠落和同步升降控制的安全装置。

(2)防倾覆装置应符合下列规定:

1)防倾覆装置中应包括导轨和两个以上与导轨连接的可滑动的导向件;

2)在防倾导向件的范围内应设置防倾覆导轨,且应与竖向主框架可靠连接;

3)在升降和使用两种工况下,最上和最下两个导向件之间的最小间距不得小于2.8m或架体高度的1/4;

4)应具有防止竖向主框架倾斜的功能;

5)应采用螺栓与附墙支座连接,其装置与导轨之间的间隙应小于5mm。

(3)防坠落装置必须符合下列规定:

1)防坠落装置应设置在竖向主框架处并附着在建筑结构上,每一升降点不得少于一个防坠落装置,防坠落装置在使用和升降工况下都必须起作用;

2)防坠落装置必须采用机械式的全自动装置,严禁使用每次升降都需重组的手动装置;

3)防坠落装置技术性能除应满足承载能力要求外,还应符合表5-5的规定;

表5-5 防坠落装置技术性能

脚手架类别	制动距离(mm)
整体式升降脚手架	≤80
单片式升降脚手架	≤150

4)防坠落装置应具有防尘、防污染的措施,并应灵敏可靠和运转自如;

5)防坠落装置与升降设备必须分别独立固定在建筑结构上;

6)钢吊杆式防坠落装置,钢吊杆规格应由计算确定,且不应小于ϕ25mm。

(4)同步控制装置应符合下列规定:

1)附着式升降脚手架升降时,必须配备有限制荷载或水平高差的同步控制系统。连续式水平支承桁架,应采用限制荷载自控系统;简支静定水平支承桁架,应采用水平高差同步自控系统;当设备受限时,可选择限制荷载自控系统。

2)限制荷载自控系统应具有下列功能:

①当某一机位的荷载超过设计值的15%时,应采用声光形式自动报警和显示报警机位;当超过30%时,应能使该升降设备自动停机;

②应具有超载、失载、报警和停机的功能,宜增设显示记忆和储存功能;

③应具有自身故障报警功能,并应能适应施工现场环境;

④性能应可靠、稳定,控制精度应在5%以内。

3)水平高差同步控制系统应具有下列功能:

①当水平支承桁架两端高差达到30mm时,应能自动停机;

②应具有显示各提升点的实际升高和超高的数据,并应有记忆和储存的功能;

③不得采用附加重量的措施控制同步。

4. 安装

(1)附着式升降脚手架应按专项施工方案进行安装,可采用单片式主框架的架体(图 5-21),也可采用空间桁架式主框架的架体(图 5-22)。

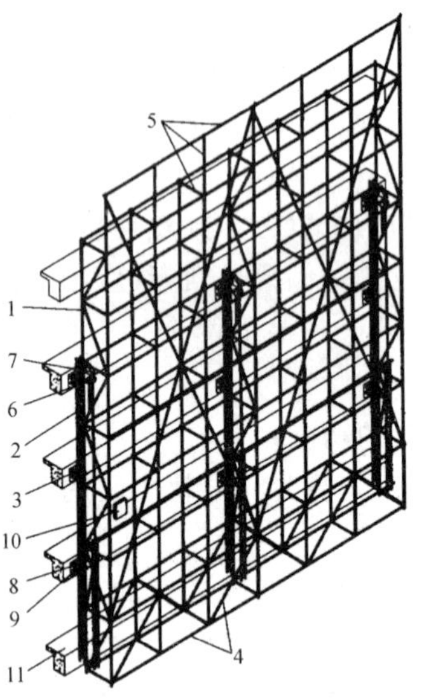

图 5-21 单片式主框架的架体示意图

1—竖向主框架(单片式);2—导轨;3—附墙支座(含防倾覆、防坠落装置);4—水平支承桁架;5—架体构架;6—升降设备;7—升降上吊挂件;8—升降下吊点(含荷载传感器);9—定位装置;10—同步控制装置;11—工程结构

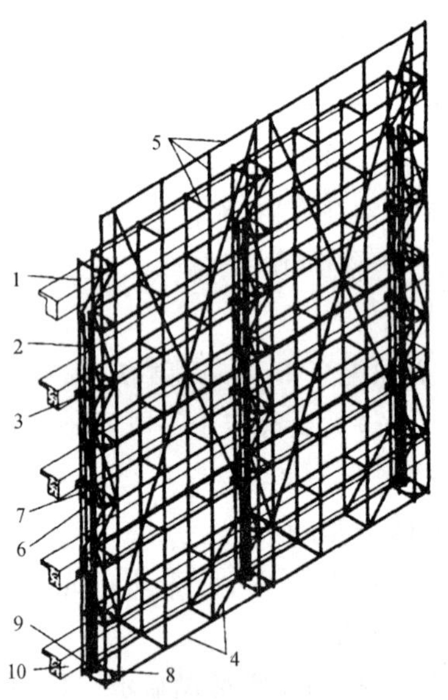

图 5-22 空间桁架式主框架的架体示意图

1—竖向主框架(空间桁架式);2—导轨;3—悬臂梁(含防倾覆装置);4—水平支承桁架;5—架体构架;6—升降设备;7—悬吊梁;8—下提升点;9—防坠落装置;10—工程结构

(2)附着式升降脚手架在首层安装前应设置安装平台,安装平台应有保障施工人员安全的防护设施,安装平台的水平精度和承载能力应满足架体安装的要求。

(3)安装时应符合下列规定:

1)相邻竖向主框架的高差不应大于20mm；

2)竖向主框架和防倾导向装置的垂直偏差不应大于5‰，且不得大于60mm；

3)预留穿墙螺栓孔和预埋件应垂直于建筑结构外表面，其中心误差应小于15mm；

4)连接处所需要的建筑结构混凝土强度应由计算确定，但不应小于C10；

5)升降机构连接应正确且牢固可靠；

6)安全控制系统的设置和试运行效果应符合设计要求；

7)升降动力设备工作正常。

(4)附着支承结构的安装应符合设计规定，不得少装和使用不合格螺栓及连接件。

(5)安全保险装置应全部合格，安全防护设施应齐备，且应符合设计要求，并应设置必要的消防设施。

(6)电源、电缆及控制柜等的设置应符合现行行业标准《施工现场临时用电安全技术规范》(JGJ 46)的有关规定。

(7)采用扣件式脚手架搭设的架体构架，其构造应符合现行行业标准《建筑施工扣件式钢管脚手架安全技术规范》(JGJ 130)的要求。

(8)升降设备、同步控制系统及防坠落装置等专项设备，均应采用同一厂家的产品。

(9)升降设备、控制系统、防坠落装置等应采取防雨、防砸、防尘等措施。

5. 检查维护

(1)当附着式升降脚手架停用超过3个月时，应提前采取加固措施。

(2)当附着式升降脚手架停用超过1个月或遇6级及以上大风后复工时，应进行检查，确认合格后方可使用。

(3)螺栓连接件、升降设备、防倾装置、防坠落装置、电控设备、同步控制装置等应每月进行维护保养。

6. 安全管理

(1)工具式脚手架安装前，应根据工程结构、施工环境等特点编制专项施工方案，并应经总承包单位技术负责人审批、项目总监理工程师审核后实施。

(2)专项施工方案应包括下列内容：

1)工程特点；

2)平面布置情况；

3)安全措施；

4)特殊部位的加固措施；

5)工程结构受力核算；

6)安装、升降、拆除程序及措施；

7)使用规定。

(3)总承包单位必须将工具式脚手架专业工程发包给具有相应资质等级的专业队伍，并应签订专业承包合同，明确总包、分包或租赁等各方的安全生产责任。

(4)工具式脚手架专业施工单位应当建立健全安全生产管理制度，制订相应的安全操作规程和检验规程，应制定设计、制作、安装、升降、使用、拆除和日常维护保养等的管理规定。

(5)工具式脚手架专业施工单位应设置专业技术人员、安全管理人员及相应的特种作业人员。特种作业人员应经专门培训，并应经建设行政主管部门考核合格，取得特种作业操作资格证书后，方可上岗作业。

(6)施工现场使用工具式脚手架应由总承包单位统一监督，并应符合下列规定：

1)安装、升降、使用、拆除等作业前，应向有关作业人员进行安全教育；并应向作业人员进行安全技术交底；

2)应对专业承包人员的配备和特种作业人员的资格进行审查；

3)安装、升降、拆卸等作业时，应派专人进行监督；

4)应组织工具式脚手架的检查验收；

5)应定期对工具式脚手架使用情况进行安全巡检。

(7)监理单位应对施工现场的工具式脚手架使用状况进行安全监理并应记录，出现隐患应要求及时整改，并应符合下列规定：

1)应对专业承包单位的资质及有关人员的资格进行审查；

2)在工具式脚手架的安装、升降、拆除等作业时应进行监理；

3)应参加工具式脚手架的检查验收；

4)应定期对工具式脚手架使用情况进行安全巡检；

5)发现存在隐患时，应要求限期整改，对拒不整改的，应及时向建设单位和建设行政主管部门报告。

(8)工具式脚手架所使用的电气设施、线路及接地、避雷措施等应符合现行行业标准《施工现场临时用电安全技术规范》(JGJ 46)的规定。

(9)进入施工现场的附着式升降脚手架产品，应具有国务院建设行政主管部门组织鉴定或验收的合格证书，并应符合规范的有关规定。

(10)工具式脚手架的防坠落装置应经法定检测机构标定后方可使用；使用过程中，使用单位应定期对其有效性和可靠性进行检测。安全装置受冲击荷载后应进行解体检验。

(11)临街搭设时，外侧应有防止坠物伤人的防护措施。

(12)安装、拆除时，在地面应设围栏和警戒标志，并应派专人看守，非操作人员不得入内。

(13)在工具式脚手架使用期间，不得拆除下列杆件：

1)架体上的杆件；

2)与建筑物连接的各类杆件(如连墙件、附墙支座)等。

(14)作业层上的施工荷载应符合设计要求，不得超载。不得将模板支架、缆风绳、泵送混凝土和砂浆的输送管等固定在架体上；不得用其悬挂起重设备。

(15)遇 5 级以上大风和雨天，不得提升或下降工具式脚手架。

(16)当施工中发现工具式脚手架故障和存在安全隐患时，应及时排除，对可能危及人身安全时，应停止作业。应由专业人员进行整改。整改后的工具式脚手架应重新进行验收检查，合格后方可使用。

(17)剪刀撑应随立杆同步搭设。

(18)扣件的螺栓拧紧力矩不应小于 40N·m，且不应大于 65N·m。

(19)各地建筑安全主管部门及产权单位和使用单位应对工具式脚手架建立设备技术档案，其主要内容应包含：机型、编号、出厂日期、验收、检修、试验、检修记录及故障事故情况。

(20)工具式脚手架在施工现场安装完成后应进行整机检测。

(21)工具式脚手架作业人员，在施工过程中应戴安全帽、系安全带、穿防滑鞋，酒后不得上岗作业。

第6章 基坑支护与模板工程安全资料表格范例及解析

6.1 施工现场基坑支护验收表

6.1.1 表格填写范例

施工现场基坑支护验收表

表 AQ-C4-1

工程名称:××大厦工程　　施工单位:××建设集团有限公司　　编号:××××

<table>
<tr><td>基坑支护单位</td><td>××土石方工程公司</td><td>负责人</td><td>×××</td><td>工程地点</td><td>×市×区×街×号</td></tr>
<tr><td>检查项目</td><td colspan="4">检查内容与要求</td><td>验收结果</td></tr>
<tr><td>1. 各类管线保护</td><td colspan="4">施工单位有地上、地下管线保护措施方案,措施符合管线保护措施方案要求。检查施工现场地上、地下管线保护措施验收记录</td><td>经三方单位对基坑支护各类管线保护验收,符合要求</td></tr>
<tr><td>2. 基坑支护</td><td colspan="4">开挖深度超过1.5m,应根据土质和深度情况按规定放坡或加可靠支撑,边坡设置应符合要求;基坑深度超过5m或不到5m但情况复杂的,必须编制安全专项施工方案,并组织专家进行论证,经企业技术负责人和总监理工程师签字后,方可施工。检查《基坑支护分项工程施工质量验收记录》分项工程验收应合格</td><td>经三方验收人员对基坑支护全面验收,符合要求</td></tr>
<tr><td>3. 基坑支护变形</td><td colspan="4">检查《基坑支护沉降观察记录表》《基坑支护水平位移观察记录表》。基坑支护变形未超过报警值,基坑支护稳定</td><td>经三方共同验收,符合要求</td></tr>
<tr><td>4. 临边防护及排水措施</td><td colspan="4">开挖深度超过2m,必须设立两道防护栏杆,用密目网封闭,夜间应设红色标志灯;雨季施工期间必须有良好的排水措施</td><td>经三方参验人员对支护验收,符合要求</td></tr>
<tr><td>5. 基坑边物料堆放</td><td colspan="4">坑边堆物、堆料、停置机具等符合有关规定;马道或爬梯设置应符合要求</td><td>符合要求</td></tr>
<tr><td>6. 其他</td><td colspan="5">无</td></tr>
<tr><td colspan="6">验收结论:基坑支护严格按照相关规定进行施工,符合要求。
项目技术负责人:×××　　分包项目技术负责人:×××　　××年××月××日</td></tr>
<tr><td colspan="6">监理单位意见:
经三方共同对基坑支护全面进行验收,达到施工作业生产工序条件,同意施工生产。
监理工程师:×××　　××年××月××日</td></tr>
</table>

注:本表由建设单位填写,监理单位、施工单位各存一份。

6.1.2 表格填写依据

(1)《建筑基坑支护技术规程》(JGJ 120－2012)。

(2)《建设工程施工现场安全资料管理规程》(CECS 266－2009)。

(3)《建筑施工土石方工程安全技术规范》(JGJ 180－2009)。

(4)《建筑深基坑工程施工安全技术规范》(JGJ 311－2013)。

6.1.3 表格解析指南

1. 基本要求

(1)开挖深度超过 2m 的基坑周边必须安装防护栏杆。防护栏杆应符合下列规定:

1)防护栏杆高度不应低于 1.2m。

2)防护栏杆应由横杆及立杆组成;横杆应设 2 或 3 道,下杆离地高度宜为 0.3～0.6m,上杆离地高度宜为 1.2～1.5m;立杆间距不宜大于 2.0m,立杆离坡边距离宜大于 0.5m。

3)防护栏杆宜加挂密目安全网和挡脚板;安全网应自上而下封闭设置;挡脚板高度不应小于 180mm,挡脚板下沿离地高度不应大于 10mm。

4)防护栏杆应安装牢固,材料应有足够的强度。

(2)基坑内宜设置供施工人员上下的专用梯道。梯道应设扶手栏杆,梯道的宽度不应小于 1m。梯道的搭设应符合相关安全规范的要求。

(3)基坑支护结构及边坡顶面等有坠落可能的物件时,应先行拆除或加以固定。

(4)同一垂直作业面的上下层不宜同时作业。需同时作业时,上下层之间应采取隔离防护措施。

2. 支护结构选型

(1)支护结构选型时,应综合考虑下列因素:

1)基坑深度;

2)土的性状及地下水条件;

3)基坑周边环境对基坑变形的承受能力及支护结构失效的后果;

4)主体地下结构和基础形式及其施工方法、基坑平面尺寸及形状;

5)支护结构施工工艺的可行性;

6)施工场地条件及施工季节;

7)经济指标、环保性能和施工工期。

(2)支护结构应按表 6-1 选型。

(3)采用两种或两种以上支护结构形式时,其结合处应考虑相邻支护结构的相互影响,且应有可靠的过渡连接措施。

(4)支护结构上部采用土钉墙或放坡、下部采用支挡式结构时,上部土钉墙应符合 JGJ 120－2012 第 5 章的规定,支挡式结构应考虑上部土钉墙或放坡的作用。

(5)当坑底以下为软土时,可采用水泥土搅拌桩、高压喷射注浆等方法对坑底土体进行局部或整体加固。水泥土搅拌桩、高压喷射注浆加固体可采用格栅或实体形式。

(6)基坑开挖采用放坡或支护结构上部采用放坡时,应按 JGJ 120－2012 第 3.1.1 条的规定验算边坡的滑动稳定性,边坡的圆弧滑动稳定安全系数(K_s)不应小于 1.2。放坡坡面应设置防护层。

表 6-1　各类支护结构的适用条件

<table>
<tr><td colspan="2" rowspan="2">结构类型</td><td colspan="3">使用条件</td></tr>
<tr><td>安全等级</td><td colspan="2">基坑深度、环境条件、土类和地下水条件</td></tr>
<tr><td rowspan="5">支挡式结构</td><td>锚拉式结构</td><td rowspan="5">一级
二级
三级</td><td>适用于较深的基坑</td><td rowspan="5">1. 排桩适用于可采用降水或截水帷幕的基坑
2. 地下连续墙宜同时用作主体地下结构外墙，可同时用于截水
3. 锚杆不宜用在软土层和高水位的碎石土、砂土层中
4. 当邻近基坑有建筑物地下室、地下构筑物等，锚杆的有效锚固长度不足时，不应采用锚杆
5. 当锚杆施工会造成基坑周边建（构）筑物的损害或违反城市地下空间规划等规定时，不应采用锚杆</td></tr>
<tr><td>支撑式结构</td><td>适用于较深的基坑</td></tr>
<tr><td>悬臂式结构</td><td>适用于较浅的基坑</td></tr>
<tr><td>双排桩</td><td>当拉锚式、支撑式和悬臂式结构不适用时，可考虑采用双排桩</td></tr>
<tr><td>支护结构与主体结构结合的逆作法</td><td>适用于基坑周边环境条件很复杂的深基坑</td></tr>
<tr><td rowspan="4">土钉墙</td><td>单一土钉墙</td><td rowspan="4">二级
三级</td><td>适用于地下水位以上或降水的非软土基坑，且基坑深度不宜大于 12m</td><td rowspan="4">当基坑潜在滑动面内有建筑物、重要地下管线时，不宜采用土钉墙</td></tr>
<tr><td>预应力锚杆
复合土钉墙</td><td>适用于地下水位以上或降水的非软土基坑，且基坑深度不宜大于 15m</td></tr>
<tr><td>水泥土桩
复合土钉墙</td><td>用于非软土基坑时，基坑深度不宜大于 12m；用于淤泥质土基坑时，基坑深度不宜大于 6m；不宜用在高水位的碎石土、砂土层中</td></tr>
<tr><td>微型桩
复合土钉墙</td><td>适用于地下水位以上或降水的基坑，用于非软土基坑时，基坑深度不宜大于 12m；用于淤泥质土基坑时，基坑深度不宜大于 6m</td></tr>
<tr><td colspan="2">重力式水泥土墙</td><td>二级
三级</td><td colspan="2">适用于淤泥质土、淤泥基坑，且基坑深度不宜大于 7m</td></tr>
<tr><td colspan="2">放坡</td><td>三级</td><td colspan="2">1. 施工现场满足放坡条件
2. 放坡与上述支护结构形式结合</td></tr>
</table>

注：1. 当基坑不同部位的周边环境条件、土层性状、基坑深度等不同时，可在不同部位分别采用不同的支护形式；

2. 支护结构可采用上、下部以不同结构类型组合的形式。

6.2 施工现场基坑支护沉降监测记录表

6.2.1 表格填写范例

施工现场基坑支护沉降观测记录表

表 AQ-C4-2

工程名称:××大厦工程　　施工单位:××工程公司　　编号:××××

<table>
<tr><td>工程地点</td><td colspan="2">×市×区×街×号</td><td colspan="2">支护单位</td><td colspan="2">××土石方工程有限公司</td><td>负责人</td><td colspan="2">×××</td></tr>
<tr><td>监测单位</td><td colspan="2">××工程测量有限公司</td><td colspan="2">监测项目</td><td colspan="2">护坡沉降观测</td><td>负责人</td><td colspan="2">×××</td></tr>
<tr><td>日 期</td><td colspan="4">××年××月××日</td><td colspan="3">监测仪器及编号</td><td colspan="2">沉降监测仪 SD601</td></tr>
<tr><td>测 点</td><td>初测值</td><td>上次位移值</td><td>本次位移值</td><td>累计位移值(mm)</td><td>测 点</td><td>初测值</td><td>上次位移值</td><td>本次位移值</td><td>累计位移值(mm)</td></tr>
<tr><td>1</td><td>22</td><td>3</td><td>2</td><td>5</td><td></td><td></td><td></td><td></td><td></td></tr>
<tr><td>2</td><td>27</td><td>4</td><td>3</td><td>7</td><td></td><td></td><td></td><td></td><td></td></tr>
<tr><td>3</td><td>25</td><td>2</td><td>2</td><td>4</td><td></td><td></td><td></td><td></td><td></td></tr>
<tr><td>4</td><td>27</td><td>5</td><td>3</td><td>8</td><td></td><td></td><td></td><td></td><td></td></tr>
<tr><td>5</td><td>25</td><td>3</td><td>3</td><td>6</td><td></td><td></td><td></td><td></td><td></td></tr>
<tr><td>6</td><td>29</td><td>2</td><td>3</td><td>5</td><td></td><td></td><td></td><td></td><td></td></tr>
<tr><td>7</td><td>25</td><td>1</td><td>4</td><td>5</td><td></td><td></td><td></td><td></td><td></td></tr>
<tr><td></td><td></td><td></td><td></td><td></td><td></td><td></td><td></td><td></td><td></td></tr>
<tr><td></td><td></td><td></td><td></td><td></td><td></td><td></td><td></td><td></td><td></td></tr>
<tr><td></td><td></td><td></td><td></td><td></td><td></td><td></td><td></td><td></td><td></td></tr>
<tr><td></td><td></td><td></td><td></td><td></td><td></td><td></td><td></td><td></td><td></td></tr>
<tr><td colspan="2">沉降报警值</td><td colspan="8">×× mm</td></tr>
<tr><td colspan="2">监测单位</td><td colspan="2">××公司</td><td>监测人</td><td>×××</td><td colspan="2">项目技术负责人</td><td colspan="2">×××</td></tr>
<tr><td colspan="10">监理单位意见:
符合程序要求。
监理工程师:×××　　××年××月××日</td></tr>
</table>

注:本表由施工单位填报,附监测点布置图,监理单位、施工单位各存一份。

6.2.2　表格填写依据

(1)《建筑基坑支护监测技术规范》(GB 50497—2009)。

(2)《建设工程施工现场安全资料管理规程》(CECS 266—2009)。

6.2.3　表格解析指南

(1)竖向位移监测可采用几何水准或液体静力水准等方法。

(2)坑底隆起(回弹)宜通过设置回弹监测标,采用几何水准并配合传递高程的辅助设备进行监测,传递高程的金属杆或钢尺等应进行温度、尺长和拉力等项修正。

(3)基坑围护墙(坡)顶、墙后地表与立柱的竖向位移监测精度,应根据竖向位移报警值按表 6-2确定。

表 6-2　基坑围护墙(坡)顶、墙后地表及立柱的竖向位移监测精度(mm)

竖向位移报警值	≤20(35)	20～40(35～60)	≥40(60)
监测点测站高差中误差	≤0.3	≤0.5	≤1.5

注:1. 监测点测站高差中误差系指相应精度与视距的几何水准测量单程一测站的高差中误差;

2. 括号内数值对应于墙后地表及立柱的竖向位移报警值。

(4)地下管线的竖向位移监测精度宜不低于 0.5mm。

(5)其他基坑周边环境(如地下设施、道路等)的竖向位移监测精度应符合相关规范、规程的规定。

6.3 施工现场基坑支护水平位移观测记录表

6.3.1 表格填写范例

施工现场基坑支护水平位移观测记录表

表 AQ-C4-3

工程名称：××大厦工程　　施工单位：××建设集团有限公司　　编号：××××

<table>
<tr><td>工程地点</td><td colspan="2">×市×区</td><td colspan="2">支护单位</td><td colspan="2">××土石方工程有限公司</td><td>负责人</td><td colspan="2">×××</td></tr>
<tr><td>监测单位</td><td colspan="2">××工程测量有限公司</td><td colspan="2">监测项目</td><td colspan="2">水平位移观测</td><td>负责人</td><td colspan="2">×××</td></tr>
<tr><td>日 期</td><td colspan="3">××年××月××日</td><td colspan="4">监测仪器及编号</td><td colspan="2">全站仪 TN550</td></tr>
<tr><td>测 点</td><td>初测值</td><td>上次位移值</td><td>本次位移值</td><td>累计位移值(mm)</td><td>测 点</td><td>初测值</td><td>上次位移值</td><td>本次位移值</td><td>累计位移值(mm)</td></tr>
<tr><td>1</td><td>25</td><td>5</td><td>2</td><td>7</td><td></td><td></td><td></td><td></td><td></td></tr>
<tr><td>2</td><td>26</td><td>3</td><td>2</td><td>5</td><td></td><td></td><td></td><td></td><td></td></tr>
<tr><td>3</td><td>29</td><td>1</td><td>2</td><td>3</td><td></td><td></td><td></td><td></td><td></td></tr>
<tr><td>4</td><td>27</td><td>2</td><td>4</td><td>6</td><td></td><td></td><td></td><td></td><td></td></tr>
<tr><td>5</td><td>26</td><td>3</td><td>2</td><td>5</td><td></td><td></td><td></td><td></td><td></td></tr>
<tr><td></td><td></td><td></td><td></td><td></td><td></td><td></td><td></td><td></td><td></td></tr>
<tr><td></td><td></td><td></td><td></td><td></td><td></td><td></td><td></td><td></td><td></td></tr>
<tr><td></td><td></td><td></td><td></td><td></td><td></td><td></td><td></td><td></td><td></td></tr>
<tr><td></td><td></td><td></td><td></td><td></td><td></td><td></td><td></td><td></td><td></td></tr>
<tr><td></td><td></td><td></td><td></td><td></td><td></td><td></td><td></td><td></td><td></td></tr>
<tr><td colspan="2">报警值</td><td colspan="8">×× mm</td></tr>
<tr><td colspan="2">监测单位</td><td colspan="2">××公司</td><td>监测人</td><td>×××</td><td colspan="2">项目技术负责人</td><td colspan="2">×××</td></tr>
<tr><td colspan="10">监理单位意见：
符合程序要求
监理工程师：×××　　××年××月××日</td></tr>
</table>

注：本表由建设单位填写，监理单位、施工单位各存一份。

6.3.2　表格填写依据

(1)《建筑基坑支护监测技术规范》(GB 50497－2009)

(2)《建设工程施工现场安全资料管理规程》(CECS 266－2009)

6.3.3　表格解析指南

1. 水平位移监测

(1)测定特定方向上的水平位移时,可采用视准线法、小角度法、投点法等;测定监测点任意方向的水平位移时,可视监测点的分布情况,采用前方交会法、后方交会法、极坐标法等;当测点与基准点无法通视或距离较远时,可采用 GPS 测量法或三角、三边、边角测量与基准线法相结合的综合测量方法。

(2)水平位移监测基准点的埋设应符合国家现行标准《建筑变形测量规范》(JGJ 8)的有关规定,宜设置有强制对中的观测墩,并且采用精密的光学对中装置,对中误差不宜大于 0.5mm。

(3)基坑围护墙(边坡)顶部、基坑周边管线、邻近建筑水平位移监测精度应根据其水平位移报警值按表 6-3 确定。

表 6-3　基坑围护墙(坡)顶水平位移监测精度要求(mm)

水平位移报警值	累计值 D(mm)	$D<20$	$20\leqslant D<40$	$40\leqslant D\leqslant 60$	$D>60$
	变化速率 v_D(mm/d)	$v_D<2$	$2\leqslant v_D<4$	$4\leqslant v_D\leqslant 6$	$v_D>6$
监测点坐标中误差		$\leqslant 0.3$	$\leqslant 1.0$	$\leqslant 1.5$	$\leqslant 3.0$

注:1. 监测点坐标中误差,是指监测点相对测站点(如工作基点等)的坐标中误差,为点位中误差的 $1/\sqrt{2}$;

2. 当根据累计值和变化速率选择精度要求不一致时,水平位移监测精度优先按变化速度报警值的要求确定;

3. 本规范以中误差作为衡量精度的标准。

2. 深层水平位移

(1)围护墙体或土体深层水平位移的监测,宜采用在墙体或土体中预埋测斜管、通过测斜仪观测各深度处水平位移的方法。

(2)测斜仪的系统精度不宜低于 0.25mm/m,分辨率不宜低于 0.02mm/500mm。

(3)测斜管应在基坑开挖 1 周前埋设,埋设时应符合下列要求:

1)埋设前应检查测斜管质量,测斜管连接时应保证上、下管段的导槽相互对准、顺畅,各段接头及管底应保证密封;

2)测斜管埋设时应保持竖直,防止发生上浮、断裂、扭转;测斜管一对导槽的方向应与所需测量的位移方向保持一致;

3)当采用钻孔法埋设时,测斜管与钻孔之间的孔隙应填充密实。

(4)测斜仪探头置入测斜管底后,应待探头接近管内温度时再量测,每个监测点均应进行正、反两次量测。

(5)当以上部管口作为深层水平位移的起算点时,每次监测均应测定管口坐标的变化并修正。

3. 监测报警

(1)基坑工程监测报警值应符合基坑工程设计的限值、地下主体结构设计要求以及监测对象的控制要求。基坑工程监测报警值由基坑工程设计方确定。

(2)基坑内、外地层位移控制位符合下列要求:

1)不得导致基坑的失稳;

2)不得影响地下结构的尺寸、形状和地下工程的正常施工;

3)对周边已有建筑物引起的变形不得超过相关技术规范的要求或影响其正常使用；

4)不得影响周边道路、管线、设施等正常使用；

5)满足特殊环境的技术要求。

(3)基坑工程监测报警值应由监测项目的累计变化量和变化速率值共同控制。

(4)基坑及支护结构监测报警值应根据监测项目、支护结构的特点和基坑等级确定，可参考表 6-4。

表 6-4 基坑及支护结构监测报警值

序号	监测项目	支护结构类型	基坑类别								
			一级			二级			三级		
			累计值		变化速率(mm/d)	累计值		变化速率(mm/d)	累计值		变化速率(mm/d)
			绝对值(mm)	相对基坑深度(h)控制值		绝对值(mm)	相对基坑深度(h)控制值		绝对值(mm)	相对基坑深度(h)控制值	
1	围护墙(边坡)顶部水平位移	放坡、土钉墙、喷锚支护、水泥土墙	30～35	0.3%～0.4%	5～10	50～60	0.6%～0.8%	10～15	70～80	0.8%～1.0%	15～20
		钢板桩、灌注桩、型钢水泥土墙、地下连续墙	25～30	0.2%～0.3%	2～3	40～50	0.5%～0.7%	4～6	60～70	0.6%～0.8%	8～10
2	围护墙(边坡)顶部竖向位移	放坡、土钉墙、喷锚支护、水泥土墙	20～40	0.3%～0.4%	3～5	50～60	0.6%～0.8%	5～8	70～80	0.8%～1.0%	8～10
		钢板桩、灌注桩、型钢水泥土墙、地下连续墙	10～20	0.1%～0.2%	2～3	25～30	0.3%～0.5%	3～4	35～40	0.5%～0.6%	4～5
3	深层水平位移	水泥土墙	30～35	0.3%～0.4%	5～10	50～60	0.6%～0.8%	10～15	70～80	0.8%～1.0%	15～20
		钢板桩	50～60	0.6%～0.7%	2～3	80～85	0.7%～0.8%	4～6	90～100	0.9%～1.0%	8～10
		型钢水泥土墙	50～55	0.5%～0.6%		75～80	0.7%～0.8%		80～90	0.9%～1.0%	
		灌注桩	45～50	0.4%～0.5%		70～75	0.6%～0.7%		70～80	0.8%～0.9%	
		地下连续墙	40～50	0.4%～0.5%		70～75	0.7%～0.8%		80～90	0.9%～1.0%	
4	立柱竖向位移		25～35	—	2～3	35～45	—	4～6	55～65	—	8～10
5	基坑周边地表竖向位移		25～35	—	2～3	50～60	—	4～6	60～80	—	8～10
6	坑底回弹		25～35	—	2～3	50～60	—	4～6	60～80	—	8～10
7	土压力		(60%～70%)f_1		—	(70%～80%)f_1		—	(70%～80%)f_1		—
8	孔隙水压力										
9	支撑内力		(60%～70%)f_2		—	(70%～80%)f_2		—	(70%～80%)f_2		—
10	围护墙内力										
11	立柱内力										
12	锚杆内力										

注：1. h 为基坑设计开挖深度，f_1 为荷载设计值，f_2 为构件承载能力设计值；

2. 累计值取绝对值和相对基坑深度(h)控制值两者的小值；

3. 当监测项目的变化速率达到表中规定值或连续 3d 超过该值的 70%，应报警；

4. 嵌岩的灌注桩或地下连续墙位移报警值宜按表中数值的 50%取用。

(5)基坑周边环境监测报警值的限值应根据主管部门的要求确定，如无具体规定，可参考表 6-5 确定。

表 6-5　建筑基坑工程周边环境监测报警值

<table>
<tr><th colspan="4">项目
监测对象</th><th>累计值(mm)</th><th>变化速率(mm/d)</th><th>备注</th></tr>
<tr><td>1</td><td colspan="3">地下水位变化</td><td>1000</td><td>500</td><td>—</td></tr>
<tr><td rowspan="3">2</td><td rowspan="3">管线位移</td><td rowspan="2">刚性管道</td><td>压力</td><td>10～30</td><td>1～3</td><td rowspan="2">直接观察点数据</td></tr>
<tr><td>非压力</td><td>10～40</td><td>3～5</td></tr>
<tr><td colspan="2">柔性管线</td><td>10～40</td><td>3～5</td><td>—</td></tr>
<tr><td>3</td><td colspan="3">邻近建(构)筑物</td><td>10～60</td><td>10～60</td><td>—</td></tr>
<tr><td rowspan="2">4</td><td colspan="2" rowspan="2">裂缝宽度</td><td>建筑</td><td>1.5～3</td><td>持续发展</td><td>—</td></tr>
<tr><td>地表</td><td>10～15</td><td>持续发展</td><td>—</td></tr>
</table>

注：建筑整体倾斜度累计值达到 2/1000 或倾斜速度连续 3d 大于 $0.0001H/d$(H 为建筑承重结构高度)时应报警。

(6)基坑周边建筑、管线的报警值除考虑基坑开挖造成的变形，尚应考虑其原有变形的影响。

(7)当出现下列情况之一时，必须立即进行危险报警，并应对基坑支护结构和周边环境中的保护对象采取应急措施。

1)监测数据达到监测报警值的累计值；

2)基坑支护结构或周边土体的位移值突然明显增大或基坑出现流沙、管涌、隆起、陷落或较严重的渗漏等；

3)基坑支护结构的支撑或锚杆体系出现过大变形、压屈、断裂、松弛或拔出的迹象；

4)周边建筑的结构部分、周边地面出现较严重的突发裂缝或危害结构的变形裂缝；

5)周边管线变形突然明显增长或出现裂缝、泄漏等；

6)根据当地工程经验判断，出现其他必须进行危险报警的情况。

6.4 施工现场人工挖孔桩防护检查表

6.4.1 表格填写范例

施工现场人工挖孔桩防护检查表

表 AQ-C4-4

工程名称:××大厦工程　　施工单位:××建设集团有限公司　　编号:××××

分包单位	××专业工程公司	分包负责人	×××
检查项目	检查内容与要求		验收结果
1 资料	有专项分包单位人工挖孔桩施工资质		符合要求
	有经审批的专项施工组织设计,孔深超过 16m 应由专家论证		符合要求
	气体测试记录		符合要求
	有混凝土护壁强度检测记录		符合要求
2 井孔周边防护	第一护壁高出地面 20cm 及以上		符合要求
	井孔周边有防护栏并符合要求		符合要求
	夜间施工有指示灯		符合要求
	成孔后有盖孔板		符合要求
3 井内防护	井内有半圆平板(网)防护		符合要求
	井内有上下梯		符合规范要求
	上下联络信号明确		符合要求
4 送风	送风管、设备数量满足并性能完好		性能良好
	风管材料符合要求不破损		符合要求
	孔深超过 5m 施工过程坚持送风		符合要求
5 护壁拆模	护壁及时		符合要求
	护壁拆模应经工程技术人员同意		符合要求
6 井内作业	井内作业,井上有人监护		符合要求
	井内作业人员必须戴安全帽,系安全带或安全绳		符合要求
	井内抽水,作业人员必须脱离水面		符合要求
	作业人员连续作业不得超过 2h		符合要求
7 现场照明	井孔内使用 36V(含)以下安全电压照明		符合要求
	井孔内应使用防水电缆和防水灯泡		符合要求
8 配电箱	配电系统符合规范要求,漏电保护器动作电流不大于 15mA		符合要求
9 垂直运输	料斗和吊索材质应具有轻、软性能,并应有防坠装置		符合要求
	机具符合规范要求		符合要求
	料斗装土、料不得过满		符合要求
检查(验收)意见: 以上九项内容经全面验收符合现场安全要求规定,同意施工作业,并且做好记录。 项目安全负责人:×××　　分包项目安全负责人:×××　　××年××月××日			

注:本表由建设单位填写,监理单位、施工单位各存一份。

6.4.2　表格填写依据

(1)《建筑桩基技术规范》(JGJ 94－2008)。

(2)《建设工程施工现场安全资料管理规程》(CECS 266－2009)。

6.4.3　表格解析指南

(1)人工挖孔桩施工适用于桩径 800～2000mm、桩深不超过 25m 的桩。

(2)人工挖孔桩的施工企业必须具备总承包一级以上资质或地基与基础工程专业承包一级资质。

(3)从事挖孔桩的作业人员必须视力、嗅觉、听觉、心脏、血压正常,必须经过安全技术培训,考核合格方可上岗。

(4)人工挖孔桩施工前,应根据桩的直径、桩深、土质、现场环境等状况进行混凝土护壁结构的设计,编制施工方案和相应的安全技术措施,并经企业负责人和技术负责人签字批准。

(5)施工前,总承包的施工企业应和具有资质的分包施工企业签订专业分包合同,合同中必须规定双方的安全责任。

(6)人工挖孔桩施工前应对现场环境进行调查,掌握以下情况:

1)地下管线位置、埋深和现况;

2)地下构筑物(人防.化粪池、渗水池、坟墓等)的位置、埋深和现况;

3)施工现场周围建(构)筑物、交通、地表排水、振动源等情况;

4)高压电气影响范围。

(7)人工挖孔桩施工前,工程项目经理部的主管施工技术人员必须向承担施工的专业分包负责人进行安全技术交底并形成文件。交底内容应包括施工程序、安全技术要求、现况地下管线和设施情况、周围环境和现场防护要求等。

(8)人工挖孔作业前,专业分包负责人必须向全体作业人员进行详细的安全技术交底,并形成文件。

(9)施工前应检查施工物资准备情况,确认符合要求,并应遵守下列规定:

1)施工材料充足,能保证正常的、不间断的施工;

2)施工所需的工具设备(镰铲、绳索、挂钩、料斗、模板、软梯、空压机和通风管、低压变压器、手把灯等)必须完好、有效;

3)系入孔内的料斗应由柔性材料制作。

(10)当土层中有水时,必须采取措施疏干后方可施工。

(11)人工挖孔桩必须采用混凝土护壁,混凝土等级不得低于 C20,厚度不得小于 10cm,必要时可在护壁内沿竖向和环向配置直径不小于 6mm、间距为 200mm 钢筋;首节护壁应高于地面 20cm,并形成沿口护圈,护圈的壁厚不得小于 20cm;相邻护壁节间应用锚筋相连。护壁强度达 5MPa 后方可开挖下层土方。施工中必须按施工设计规定的层深,挖一层土方施做一层护壁,严禁超规定开挖、后补做护壁的冒险作业。

(12)人工挖孔作业应遵守下列规定:

1)每孔必须两人配合施工,轮换作业。孔下人员连续作业不得超过 2h,孔口作业人员必须监护孔内人员的安全;

2)孔下操作人员必须戴安全帽;

3)桩孔周围 2m 范围内必须设护栏和安全标志,非作业人员禁止入内。3m 内不得行驶或停放机动车;

4)严禁孔口上作业人员离开岗位,每次装卸土、料时间不得超过 1min;

5)土方应随挖随运,暂不运的土应堆在孔口 1m 以外,高度不得超过 1m。孔口 1m 范围内不得堆放任何材料;

6)料斗装土、料不得过满,每斗重量不得大于 50kg;

7)孔口上作业人员必须按孔内人员指令操作辘轳。向孔内传送工具等必须用料斗系放,严禁投扔;

8)必须自上而下逐层开挖,每层挖土深度不得大于 100cm,松软土质不得大于 50cm,严禁超挖;

9)作业人员上下井孔必须走软梯;

10)暂停作业时,孔口必须设围挡和安全标志或用盖板盖牢,阴暗时和夜间应设警示灯。

(13)施工中孔口需用垫板时,垫板两端搭放长度不得小于 1m,垫板宽度不得小于 30cm,板厚不得小于 5cm。孔径大于 1m 时,孔口作业人员应系安全带并扣牢保险钩,安全带必须有牢固的固定点。

(14)料斗和吊索具应具有轻、柔、软性能,并有防坠装置。每班作业前应检查桩孔和工具,确认安全。

(15)孔内照明必须使用 36V(含)以下安全电压。

(16)人工挖孔作业中,应检测孔内空气质量,确认符合国家现行标准的规定,并应遵守下列规定:

1)孔内空气中氧气浓度应符合现行《缺氧危险作业安全规程》(GB 8958)的有关规定;有毒有害气体浓度应符合《工作场所有害因素职业接触限值(第 1 部分:化学有害因素和第 2 部分:物理因素)》(GBZ 2.1—2007 及 GBZ 2.2—2007)的有关规定;

2)现场必须配备专用气体检测仪器;

3)开孔后,每班作业前必须打开孔盖通风,经检测氧气、有毒有害气体浓度在规定范围内并记录,方可下孔作业;检测合格后未立即进入孔内作业时,应在进入作业前重新进行检测,确认合格并记录;

4)孔深超过 2m 后,作业中应每 2h 对孔内气体至少检测一次,确认符合规定并记录;

5)孔深超过 5m 后,作业中应强制通风。

(17)施工现场应配有急救用品(氧气等)。遇塌孔、地下水涌出、有害气体等异常情况,必须立即停止作业,将孔内处人员立即撤离危险区。严禁擅自处理、冒险作业。

(18)成孔验收合格后应立即浇注混凝土至规定高程。桩顶混凝土低于现状地面时,应设护栏和安全标志。

(19)两桩净距小于 5m 时,不得同时施工,且一孔浇注混凝土的强度达 5MPa 后,另一孔方可开挖。

(20)夜间不得进行人工挖孔施工。

(21)人工挖孔过程中,必须设安全管理人员对施工现场进行检查监控,掌握各桩孔的安全状况,消除隐患,保持安全施工。

(22)挖孔施工中遇岩石需爆破时,孔口应覆盖防护,爆破施工尚应遵守《爆破安全规程》(GB 6722)的有关规定。

(23)人工挖孔施工过程中,现场应设作业区,其边界必须设围挡和安全标志、警示灯,非施工人员禁止入内。

6.5 施工现场特殊部位气体检测记录表

6.5.1 表格填写范例

施工现场特殊部位气体检测记录表

表 AQ-C4-5

工程名称:××大厦工程　　施工单位:××建设集团有限公司公司　　编号:××××

检测时间	部位	检测仪器			气体的种类和检测数值	是否超标	检测人
		名称	规格型号	编号			
××年××月××日	1# ～6# 桩基	有害气体检测仪	CIMSⅡ	03－08	SO_2,2mg/m^3	否	×××
…							

注:本表由施工单位填写,监理单位、施工单位各存一份。

6.5.2 表格填写依据

(1)《工作场所有害因素职业接触限值(第1部分:化学有害因素)》(GBZ 2.1—2007)。

(2)《建设工程施工现场安全资料管理规程》(CECS 266—2009)。

6.5.3 表格解析指南

气体检测一般是指有限空间内气体检测,检测有毒有害、易燃易爆物质积聚或氧含量。有限空间是指封闭或部分封闭,进出口较为狭窄有限,未被设计为固定工作场所,自然通风不良,易造成有毒有害、易燃易爆物质积聚或氧含量不足的空间。

(1)有限空间分为三类:

1)密闭设备:如船舱、储罐、车载槽罐、反应塔(釜)、冷藏箱、压力容器、管道、烟道、锅炉等。

2)地下有限空间:如地下管道、地下室、地下仓库、地下工程、暗沟、隧道、涵洞、地坑、废井、地窖、污水池(井)、沼气池、化粪池、下水道等。

3)地上有限空间:如储藏室、酒糟池、发酵池、垃圾站、温室、冷库、粮仓、料仓等。

(2)有毒气体的现场防御。

1)加强安全防御及避险等紧急救助常识教育。施工作业人员应做好安全防御及避险等紧急救助常识教育。教导全体参建人员只有在紧急通入空气(主要成分为氧气)后,并经生物或仪器检验有毒气体检验允许后,才可进入作业场所内作业和救人。做到有规范的紧急救助,防止盲目救助导致救助人员的附加伤害,扩大伤亡事故规模。

2)加强有毒气体的全程监控。常用活体家禽生物检验和有害气体检测仪检验。针对家禽对有毒气体比人体敏感的特点,采取活体鸡鸭等家禽先进入作业场所内进行生物检测,家禽一旦出现中毒症状,应迅速撤离操作人员,并强行通入新鲜空气不少于15~30min后,才可继续作业。作业过程中,家禽必须全程滞留在作业场所并注意留心观察。

3)设专人进行作业全程监督。当作业人员进入作业场所进行作业时,应当设专人对作业场所的有毒有害物质进行监控,以防止有毒有害物质对作业人员造成伤害。

4)准备足够的紧急救助设备,把事故规模降到最低点。要根据需要准备一定数量的通风设施、医用高压氧气瓶、输氧胶管、呼吸面罩为主的现场急救设备。

5)加强程序管理和加强施工过程管理,包括施工单位自身体系的完善和监督主管部门的重视。施工单位根据工程实际和现行相关施工规范、操作规程、建设标准、强制性条文等,编制详细、明确的施工方案和安全措施。

6.6　施工现场模板工程验收表

6.6.1　表格填写范例

施工现场模板工程验收表

表 AQ-C4-6

工程名称：××大厦工程　　　　施工单位：××建设集团有限公司　　　　编号：××××

项目检查	检查内容	检查结果
1. 施工方案	施工方案中对特殊模板工程中的质量，有具体的内容要求	方案编写合理
2. 立柱稳定性	按模板设计、施工方案内容检查立柱的断面、材料以及下部的垫板、立柱间距	按设计施工
3. 支撑系统	按施工方案检查支撑系统是否完善	支撑系统完善
4. 施工荷载	按荷载计算书检查是否超载	不超载
5. 作业环境	施工方案中应有环境要求，按要求检查	符合要求
验收结论： 方案合理，施工符合规范及方案要求。 工程项目技术负责人：××× 分包项目技术负责人：×××　　××年××月××日		
监理单位意见： 模板施工符合设计及规范要求，同意进入下一步施工工序。 监理工程师：×××　　××年××月××日		

注：1. 本表由施工单位填写，监理单位、施工单位各存一份；

2. 当用钢管扣件或支撑体系模板时，可参照表 AQ-C3-3 内容检查。

6.6.2 表格填写依据

(1)《建筑施工模板安全技术规程》(JGJ 162—2008)。

(2)《建设工程施工现场安全资料管理规程》(CECS 266—2009)。

6.6.3 表格解析指南

1. 高大模板工程

根据住房和城乡建设部颁发的《建设工程高大模板支撑系统施工安全监督管理导则》(建质[2009]254号)的规定,高大模板支撑系统是指建设工程施工现场混凝土构件模板支撑高度超过8m,或搭设跨度超过18m,或施工总荷载大于15kN/㎡,或集中线荷载大于20kN/m的模板支撑系统。

(1)施工单位应依据国家现行相关标准规范,由项目技术负责人组织相关专业技术人员,结合工程实际,编制高大模板支撑系统的专项施工方案。专项施工方案应当包括以下内容:

1)编制说明及依据:相关法律、法规、规范性文件、标准、规范及图纸(国标图集)、施工组织设计等。

2)工程概况:高大模板工程特点、施工平面及立面布置、施工要求和技术保证条件,具体明确支模区域、支模标高、高度、支模范围内的梁截面尺寸、跨度、板厚、支撑的地基情况等。

3)施工计划:施工进度计划、材料与设备计划等。

4)施工工艺技术:高大模板支撑系统的基础处理、主要搭设方法、工艺要求、材料的力学性能指标、构造设置以及检查、验收要求等。

5)施工安全保证措施:模板支撑体系搭设及混凝土浇筑区域管理人员组织机构、施工技术措施、模板安装和拆除的安全技术措施、施工应急救援预案,模板支撑系统在搭设、钢筋安装、混凝土浇捣过程中及混凝土终凝前后模板支撑体系位移的监测监控措施等。

6)劳动力计划:包括专职安全生产管理人员、特种作业人员的配置等。

7)计算书及相关图纸:验算项目及计算内容包括模板、模板支撑系统的主要结构强度和截面特征及各项荷载设计值及荷载组合,梁、板模板支撑系统的强度和刚度计算,梁板下立杆稳定性计算,立杆基础承载力验算,支撑系统支撑层承载力验算,转换层下支撑层承载力验算等。每项计算列出计算简图和截面构造大样图,注明材料尺寸、规格、纵横支撑间距。

附图包括支模区域立杆、纵横水平杆平面布置图,支撑系统立面图、剖面图,水平剪刀撑布置平面图及竖向剪刀撑布置投影图,梁板支模大样图,支撑体系监测平面布置图及连墙件布设位置及节点大样图等。

(2)高大模板支撑系统专项施工方案,应先由施工单位技术部门组织本单位施工技术、安全、质量等部门的专业技术人员进行审核,经施工单位技术负责人签字后,再按照相关规定组织专家论证。下列人员应参加专家论证会:

1)专家组成员;

2)建设单位项目负责人或技术负责人;

3)监理单位项目总监理工程师及相关人员;

4)施工单位分管安全的负责人、技术负责人、项目负责人、项目技术负责人、专项方案编制人员、项目专职安全管理人员;

5)勘察、设计单位项目技术负责人及相关人员。

2. 支架立柱构造与安装

(1)梁式或桁架式支架的构造与安装应符合下列规定：

1)采用伸缩式桁架时，其搭接长度不得小于500mm，上下弦连接销钉规格、数量应按设计规定，并应采用不少于2个U形卡或钢销钉销紧，2个U形卡距或销距不得小于400mm。

2)安装的梁式或桁架式支架的间距设置应与模板设计图一致。

3)支承梁式或桁架式支架的建筑结构应具有足够强度，否则，应另设立柱支撑。

4)若桁架采用多榀成组排放，在下弦折角处必须加设水平撑。

(2)工具式立柱支撑的构造与安装应符合下列规定：

1)工具式钢管单立柱支撑的间距应符合支撑设计的规定。

2)立柱不得接长使用。

3)所有夹具、螺栓、销子和其他配件应处在闭合或拧紧的位置。

4)立杆及水平拉杆构造应符合《建筑施工模板安全技术规范》(JGJ 162－2008)第6.1.9条的规定。

(3)木立柱支撑的构造与安装应符合下列规定：

1)木立柱宜选用整料，当不能满足要求时，立柱的接头不宜超过1个，并应采用对接夹板接头方式。立柱底部可采用垫块垫高，但不得采用单码砖垫高，垫高高度不得超过300mm。

2)木立柱底部与垫木之间应设置硬木对角楔调整标高，并应用铁钉将其固定在垫木上。

3)木立柱间距、扫地杆、水平拉杆、剪刀撑的设置应符合《建筑施工模板安全技术规范》(JGJ 162－2008)第6.1.9条的规定，严禁使用板皮替代规定的拉杆。

4)所有单立柱支撑应在底垫木和梁底模板的中心，并应与底部垫木和顶部梁底模板紧密接触，且不得承受偏心荷载。

5)当仅为单排立柱时，应在单排立柱的两边每隔3m加设斜支撑，且每边不得少于2根，斜支撑与地面的夹角应为60°。

(4)当采用扣件式钢管作立柱支撑时，其构造与安装应符合下列规定：

1)钢管规格、间距、扣件应符合设计要求。每根立柱底部应设置底座及垫板，垫板厚度不得小于50mm。

2)钢管支架立柱间距、扫地杆、水平拉杆、剪刀撑的设置应符合《建筑施工模板安全技术规范》(JGJ 162－2008)第6.1.9条的规定。当立柱底部不在同一高度时，高处的纵向扫地杆应向低处延长不少于2跨，高低差不得大于1m，立柱距边坡上方边缘不得小于0.5m。

3)立柱接长严禁搭接，必须采用对接扣件连接，相邻两立柱的对接接头不得在同步内，且对接接头沿竖向错开的距离不宜小于500mm，各接头中心距主节点不宜大于步距的1/30。

4)严禁将上段的钢管立柱与下段钢管立柱错开固定在水平拉杆上。

5)满堂模板和共享空间模板支架立柱，在外侧周圈应设由下至上的竖向连续式剪刀撑；中间在纵横向应每隔10m左右设由下至上的竖向连续式剪刀撑，其宽度宜为4～6m，并在剪刀撑部位的顶部、扫地杆处设置水平剪刀撑[图6-2(a)]。剪刀撑杆件的底端应与地面顶紧，夹角宜为45°～60°。当建筑层高在8～20m时，除应满足上述规定外，还应在纵横向相邻的两竖向连续式剪刀撑之间增加之字斜撑，在有水平剪刀撑的部位，应在每个剪刀撑中间处增加一道水平剪刀撑[图6-2(b)]。当建筑层高超过20m时，在满足以上规定的基础上，应将所有之字斜撑全部改为连续式剪刀撑[图6-2(c)]。

四周连续式垂直剪刀撑
竖向连续式剪刀撑
竖向剪刀撑底部和顶
部加设水平剪刀撑
10
4.5~6
10
4.5~6
10
4.5~6
10
4.5~6

(a)

四周连续式垂直剪刀撑
竖向连续式剪刀撑
竖向剪刀撑底部和顶
部加设水平剪刀撑
之字撑
剪刀撑之间
加设之字撑
10
4.5~6
10
4.5~6
10
4.5~6
10
4.5~6

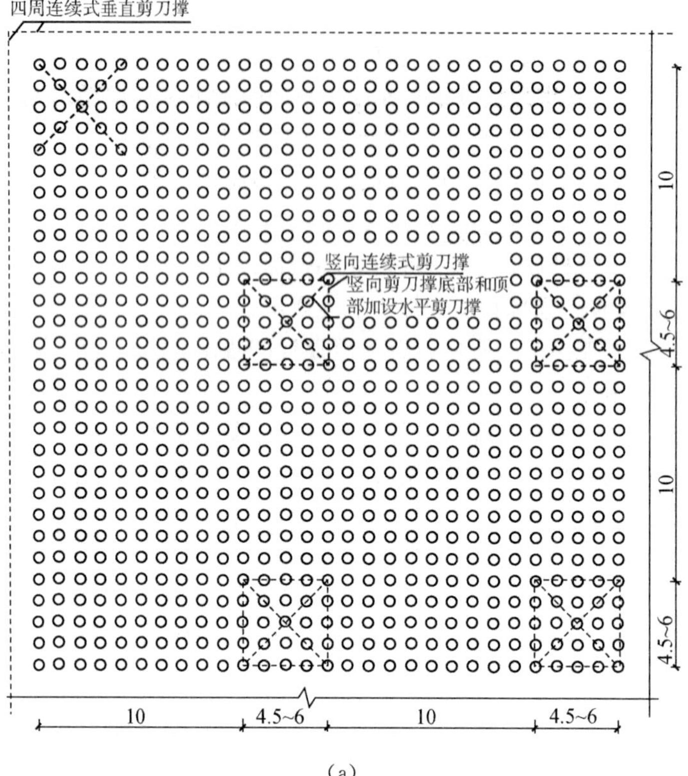

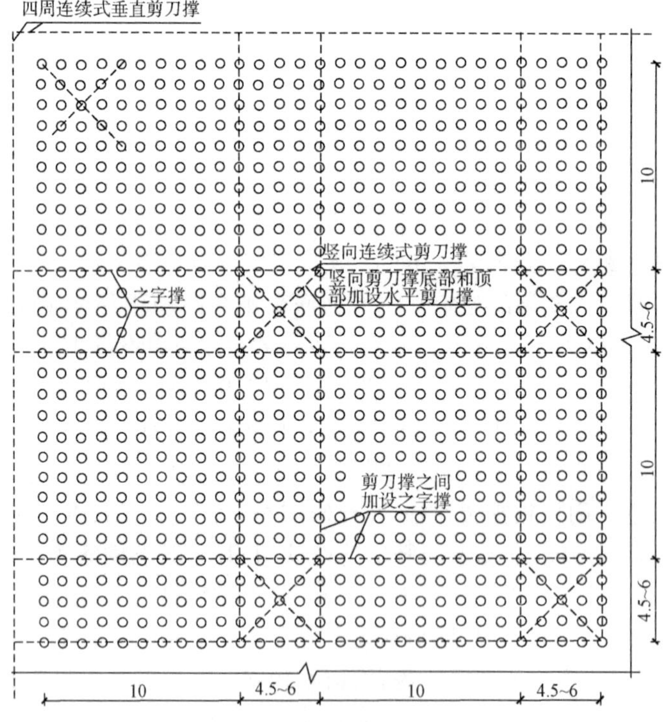

(b)

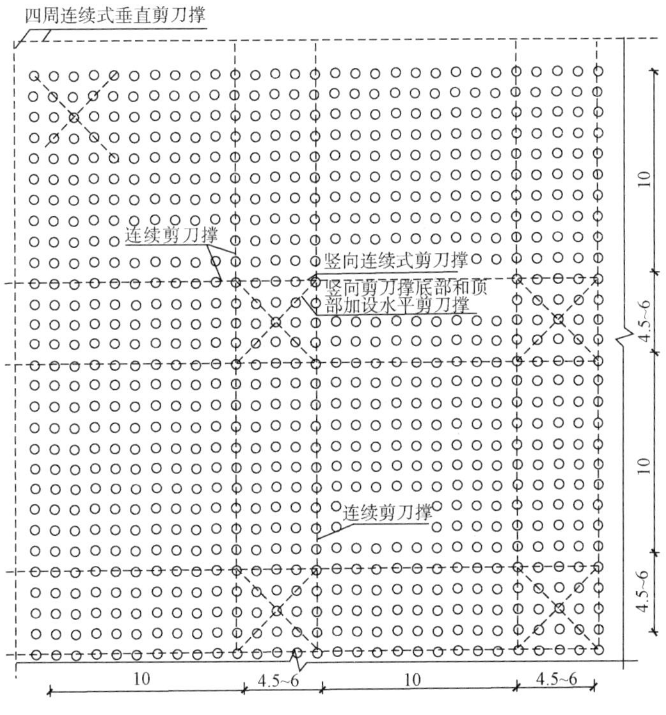

(c)

图 6-2　剪刀撑布置图(m)

6)当支架立柱高度超过 5m 时，应在立柱周圈外侧和中间有结构柱的部位，按水平间距 6～9m、竖向间距 2～3m 与建筑结构设置一个固结点。

(5)当采用标准门架作支撑时，其构造与安装应符合下列规定：

1)门架的跨距和间距应按设计规定布置，间距宜小于 1.2m；支撑架底部垫木上应设固定底座或可调底座。门架、调节架及可调底座，其高度应按其支撑的高度确定。

2)门架支撑可沿梁轴线垂直和平行布置。当垂直布置时，在两门架间的两侧应设置交叉支撑；当平行布置时，在两门架间的两侧亦应设置交叉支撑，交叉支撑应与立杆上的锁销锁牢，上下门架的组装连接必须设置连接棒及锁臂。

3)当门架支撑宽度为 4 跨及以上或 5 个间距及以上时，应在周边底层、顶层、中间每 5 列、5 排在每门架立杆跟部设 $\phi48\times3.5$mm 通长水平加固杆，并应采用扣件与门架立杆扣牢。

4)当门架支撑高度超过 8m 时，应按上述“2. 支架立柱构造与安装”(4)条的规定执行，剪刀撑不应大于 4 个间距，并应采用扣件与门架立杆扣牢。

5)顶部操作层应采用挂扣式脚手板满铺。

(6)悬挑结构立柱支撑的安装应符合下列要求：

1)多层悬挑结构模板的上下立柱应保持在同一条垂直线上。

2)多层悬挑结构模板的立柱应连续支撑，并不得少于 3 层。

6.7 施工现场模板拆除申请表

6.7.1 表格填写范例

模板拆除申请表

表 AQ-C4-7

工程名称:××大厦工程　　施工单位:××建设集团有限公司　　编号:××××

拆模部位	混凝土浇筑时间	混凝土设计强度	试验强度
三层①~⑧顶板	××年××月××日×时	C30	35MPa
拆模条件	①混凝土强度满足设计要求(附混凝土强度报告)。 ②模板拆除方案。 ③拆模人员、工具配备齐全。 申请人(签名):×××　××年××月××日		
项目审核意见	拆模方案合理,混凝土强度满足拆模要求。 项目技术负责人(签名):×××　××年××月××日		
监理审批意见	混凝土强度满足拆模要求,施工方案合理,同意拆模。 专业监理工程师(签名):×××　××年××月××日		

附:混凝土强度试验报告。

6.7.2　表格填写依据

(1)《广东省建筑施工安全管理资料统一用表》。

(2)《建筑施工模板安全技术规范》(JGJ 162－2008)。

6.7.3　表格解析指南

1. 模板拆除基本要求

(1)模板的拆除措施应经技术主管部门或负责人批准,拆除模板的时间可按现行国家标准《混凝土结构工程施工质量验收规范》(GB 50204)的有关规定执行。冬期施工的拆模,应符合专门规定。

(2)当混凝土未达到规定强度或已达到设计规定强度,需提前拆模或承受部分超设计荷载时,必须经过计算和技术主管确认其强度能足够承受此荷载后,方可拆除。

(3)在承重焊接钢筋骨架作配筋的结构中,承受混凝土重量的模板,应在混凝土达到设计强度的25%后方可拆除承重模板。当在已拆除模板的结构上加置荷载时,应另行核算。

(4)大体积混凝土的拆模时间除应满足混凝土强度要求外,还应使混凝土内外温差降低到25℃以下时方可拆模。否则应采取有效措施防止产生温度裂缝。

(5)后张预应力混凝土结构的侧模宜在施加预应力前拆除,底模应在施加预应力后拆除。当设计有规定时,应按规定执行。

(6)拆模前应检查所使用的工具有效和可靠,扳手等工具必须装入工具袋或系挂在身上,并应检查拆模场所范围内的安全措施。

(7)模板的拆除工作应设专人指挥。作业区应设围栏,其内不得有其他工种作业,并应设专人负责监护。拆下的模板、零配件严禁抛掷。

(8)拆模的顺序和方法应按模板的设计规定进行。当设计无规定时,可采取先支的后拆、后支的先拆、先拆非承重模板、后拆承重模板,并应从上而下进行拆除。拆下的模板不得抛扔,应按指定地点堆放。

(9)多人同时操作时,应明确分工、统一信号或行动,应具有足够的操作面,人员应站在安全处。

(10)高处拆除模板时,应符合有关高处作业的规定。严禁使用大锤和撬棍,操作层上临时拆下的模板堆放不能超过3层。

(11)在提前拆除互相搭连并涉及其他后拆模板的支撑时,应补设临时支撑。拆模时,应逐块拆卸,不得成片撬落或拉倒。

(12)拆模如遇中途停歇,应将已拆松动、悬空、浮吊的模板或支架进行临时支撑牢固或相互连接稳固。对活动部件必须一次拆除。

(13)已拆除了模板的结构,应在混凝土强度达到设计强度值后方可承受全部设计荷载。若在未达到设计强度以前,需在结构上加置施工荷载时,应另行核算,强度不足时,应加设临时支撑。

(14)遇6级或6级以上大风时,应暂停室外的高处作业。雨、雪、霜后应先清扫施工现场,方可进行工作。

(15)拆除有洞口模板时,应采取防止操作人员坠落的措施。洞口模板拆除后,应按国家现行标准《建筑施工高处作业安全技术规范》(JGJ 80)的有关规定及时进行防护。

2. 支架立柱拆除

(1)当拆除钢楞、木楞、钢桁架时,应在其下面临时搭设防护支架,使所拆楞梁及桁架先落在临时防护支架上。

(2)当立柱的水平拉杆超出 2 层时,应首先拆除 2 层以上的拉杆。当拆除最后一道水平拉杆时,应和拆除立柱同时进行。

(3)当拆除 4～8m 跨度的梁下立柱时,应先从跨中开始,对称地分别向两端拆除。拆除时,严禁采用连梁底板向旁侧一片拉倒的拆除方法。

(4)对于多层楼板模板的立柱,当上层及以上楼板正在浇筑混凝土时,下层楼板立柱的拆除,应根据下层楼板结构混凝土强度的实际情况,经过计算确定。

(5)拆除平台、楼板下的立柱时,作业人员应站在安全处。

(6)对已拆下的钢楞、木楞、桁架、立柱及其他零配件应及时运到指定地点。对有芯钢管立柱运出前应先将芯管抽出或用销卡固定。

3. 普通模板拆除

(1)拆除条形基础、杯形基础、独立基础或设备基础的模板时,应符合下列规定:

1)拆除前应先检查基槽(坑)土壁的安全状况,发现有松软、龟裂等不安全因素时,应在采取安全防范措施后,方可进行作业;

2)模板和支撑杆件等应随拆随运,不得在离槽(坑)上口边缘 1m 以内堆放;

3)拆除模板时,施工人员必须站在安全地方。应先拆内外木楞、再拆木面板;钢模板应先拆钩头螺栓和内外钢楞,后拆 U 形卡和 L 形插销,拆下的钢模板应妥善传递或用绳钩放置地面,不得抛掷。拆下的小型零配件应装入工具袋内或小型箱笼内,不得随处乱扔。

(2)拆除柱模应符合下列规定:

1)柱模拆除应分别采用分散拆和分片拆 2 种方法。

分散拆除的顺序应为:拆除拉杆或斜撑、自上而下拆除柱箍或横楞、拆除竖楞,自上而下拆除配件及模板、运走分类堆放、清理、拔钉、钢模维修、刷防锈油或脱模剂、入库备用。

分片拆除的顺序应为:拆除全部支撑系统、自上而下拆除柱箍及横楞、拆掉柱角 U 形卡、分 2 片或 4 片拆除模板、原地清理、刷防锈油或脱模剂、分片运至新支模地点备用。

2)柱子拆下的模板及配件不得向地面抛掷。

(3)拆除墙模应符合下列规定:

1)墙模分散拆除顺序应为:

拆除斜撑或斜拉杆、自上而下拆除外楞及对拉螺栓、分层自上而下拆除木楞或钢楞及零配件和模板、运走分类堆放、拔钉清理或清理检修后刷防锈油或脱模剂、入库备用。

2)预组拼大块墙模拆除顺序应为:

拆除全部支撑系统、拆卸大块墙模接缝处的连接型钢及零配件、拧去固定埋设件的螺栓及大部分对拉螺栓、挂上吊装绳扣并略拉紧吊绳后,拧下剩余对拉螺栓,用方木均匀敲击大块墙模立楞及钢模板,使其脱离墙体,用撬棍轻轻外撬大块墙模板使全部脱离,指挥起吊、运走、清理、刷防锈油或脱模剂备用。

3)拆除每一大块墙模的最后 2 个对拉螺栓后,作业人员应撤离大模板下侧,以后的操作均应在上部进行。个别大块模板拆除后产生局部变形者应及时整修好。

4)大块模板起吊时,速度要慢,应保持垂直,严禁模板碰撞墙体。

(4)拆除梁、板模板应符合下列规定:

1)梁、板模板应先拆梁侧模,再拆板底模,最后拆除梁底模,并应分段分片进行,严禁成片撬落或成片拉拆;

2)拆除时,作业人员应站在安全的地方进行操作,严禁站在已拆或松动的模板上进行拆除作业;

3)拆除模板时,严禁用铁棍或铁锤乱砸,已拆下的模板应妥善传递或用绳钩放至地面;

4)严禁作业人员站在悬臂结构边缘敲拆下面的底模;

5)待分片、分段的模板全部拆除后,方允许将模板、支架、零配件等按指定地点运出堆放,并进行拔钉、清理、整修、刷防锈油或脱模剂,入库备用。

4. 特殊模板拆除

(1)对于拱、薄壳、圆穹屋顶和跨度大于8m的梁式结构,应按设计规定的程序和方式从中心沿环圈对称向外或从跨中对称向两边均匀放松模板支架立柱。

(2)拆除圆形屋顶、筒仓下漏斗模板时,应从结构中心处的支架立柱开始,按同心圆层次对称地拆向结构的周边。

(3)拆除带有拉杆拱的模板时,应在拆除前先将拉杆拉紧。

5. 爬升模板拆除

(1)拆除爬模应有拆除方案,且应由技术负责人签署意见,应向有关人员进行安全技术交底后,方可实施拆除。

(2)拆除时应先清除脚手架上的垃圾杂物,并应设置警戒区由专人监护。

(3)拆除时应设专人指挥,严禁交叉作业。拆除顺序应为:悬挂脚手架和模板、爬升设备、爬升支架。

(4)已拆除的物件应及时清理、整修和保养,并运至指定地点备用。

(5)遇5级以上大风应停止拆除作业。

6. 飞模拆除

(1)脱模时,梁、板混凝土强度等级不得小于设计强度的75%。

(2)飞模的拆除顺序、行走路线和运到下一个支模地点的位置,均应按飞模设计的有关规定进行。

(3)拆除时应先用千斤顶顶住下部水平连接管,再拆去木楔或砖墩(或拔出钢套管连接螺栓,提起钢套管)。推入可任意转向的四轮台车,松千斤顶使飞模落在台车上,随后推运至主楼板外侧搭设的平台上,用塔吊吊至上层重复使用。若不需重复使用时,应按普通模板的方法拆除。

(4)飞模拆除必须有专人统一指挥,飞模尾部应绑安全绳,安全绳的另一端应套在坚固的建筑结构上,且在推运时应徐徐放松。

(5)飞模推出后,楼层外边缘应立即绑好护身栏。

7. 高大模板拆除

(1)高大模板支撑系统拆除前,项目技术负责人、项目总监应核查混凝土同条件试块强度报告,浇筑混凝土达到拆模强度后方可拆除,并履行拆模审批签字手续。

(2)高大模板支撑系统的拆除作业必须自上而下逐层进行,严禁上下层同时拆除作业,分段拆除的高度不应大于两层。设有附墙连接的模板支撑系统,附墙连接必须随支撑架体逐层拆除,严禁先将附墙连接全部或数层拆除后再拆支撑架体。

(3)高大模板支撑系统拆除时,严禁将拆卸的杆件向地面抛掷,应有专人传递至地面,并按规格分类均匀堆放。

(4)高大模板支撑系统搭设和拆除过程中,地面应设置围栏和警戒标志,并派专人看守,严禁非操作人员进入作业范围。

第7章 “三宝”“四口”及“临边”防护安全资料表格范例及解析

7.1 安全网架设用表

7.1.1 表格填写范例

安全网架设验收表

表 AQ-C5-1

工程名称：××大厦工程　　施工单位：××建设集团有限公司　　编号：××××

<table>
<tr><td colspan="2">验收部位</td><td>外脚手架安全网架设</td><td>日期</td><td>××年××月××日</td></tr>
<tr><td>序号</td><td>验收项目</td><td colspan="2">验收内容</td><td>验收结果</td></tr>
<tr><td>1</td><td>安全网质量</td><td colspan="2">安全网必须有生产许可证、产品合格证，使用前进行冲击试验符合要求，有试验报告</td><td>资料齐全</td></tr>
<tr><td>2</td><td>脚手架兜网</td><td colspan="2">脚手架首层必须设置兜网，每隔 10m 再设一道</td><td>符合要求</td></tr>
<tr><td>3</td><td>电梯井、采光井、烟囱水塔、螺旋楼梯</td><td colspan="2">首层及每隔两层最多 10m 设置一道固定平网</td><td>/</td></tr>
<tr><td>4</td><td>平面洞口</td><td colspan="2">洞口短边长度超过 1.5m，架设固定平网</td><td>/</td></tr>
<tr><td>5</td><td>系结点</td><td colspan="2">系结点沿网边均匀分布，其距离不得大于 75cm，系绳裂张力不得低于 7354.5N</td><td>符合要求</td></tr>
<tr><td>6</td><td>网内杂物</td><td colspan="2">经常清理落物，保持网内无杂物</td><td>无杂物</td></tr>
<tr><td colspan="3" rowspan="2">验收意见：

安全网质量及支挂符合相关规范要求。

××年××月××日</td><td>技术负责人</td><td>×××</td></tr>
<tr><td>安　全　员</td><td>×××</td></tr>
<tr><td colspan="5">监理单位意见：

安全网质量符合规范要求，架设符合方案要求，验收合格。

监理工程师：×××
日　　期：××年××月××日</td></tr>
</table>

密目式安全网架设验收表

表 AQ-C5-2

工程名称：××大厦工程　　施工单位：××建设集团有限公司　　编号：××××

<table>
<tr><td>工程名称</td><td colspan="4">××大厦工程</td></tr>
<tr><td>验收部位</td><td colspan="2">外脚手架密目式安全网架设</td><td>日期</td><td>××年××月××日</td></tr>
<tr><td>序号</td><td>验收项目</td><td colspan="2">验收内容</td><td>验收结果</td></tr>
<tr><td rowspan="2">1</td><td rowspan="2">安全网质量</td><td colspan="2">每 100cm² 目数不少于 2000 目，有生产许可证、产品合格证</td><td>每 100cm² 2050 目，符合要求</td></tr>
<tr><td colspan="2">使用前做耐贯穿试验符合要求，有试验报告</td><td>符合要求</td></tr>
<tr><td>2</td><td>架设</td><td colspan="2">密目网设置在脚手架立杆内侧，从底到顶横向设置</td><td>符合要求</td></tr>
<tr><td>3</td><td>绑扎</td><td colspan="2">密目网每个环扣都必须用符合规定的纤维绳或 12～14# 铅丝绑扎在立杆或大横杆上，绑扎牢固，网间严密</td><td>符合要求</td></tr>
<tr><td colspan="3" rowspan="2">验收意见：

安全网质量及支挂符合相关规范要求。

××年××月××日</td><td>技术负责人</td><td>×××</td></tr>
<tr><td>安　全　员</td><td>×××</td></tr>
<tr><td colspan="5">监理单位意见：

安全网质量符合规范要求，架设符合方案要求，验收合格。

监理工程师：×××
日　　期：××年××月××日</td></tr>
</table>

7.1.2 表格填写依据

(1)《建设工程施工现场安全资料管理规程》(CECS 266－2009)。

(2)《安全网》(GB 5725－2009)。

7.1.3 表格解析指南

(1)在无可靠防护措施的高处临边架设或拆除安全网,作业人员必须正确使用安全带。衣服、鞋子必须符合高处作业的安全要求。

(2)作业应由作业班长或其指定的熟练人员指挥,并严格遵守专项施工组织设计及安全技术书面交底的要求作业。所用工具、材料必须防止滑脱及坠落的措施。

(3)挂设安全平网时,其作业点的上方及下方不得有其他工种作业。遇有恶劣天气(如风力在六级以上时),禁止进行露天高处架设作业。

(4)架设安全网作业使用的所有材料,必须经过检查并符合其专项安全施工组织设计的要求。

(5)安全网的支撑系统,宜选用脚手架钢管,也可使用木或竹材料搭设。严禁使用不同材质的材料混搭。

(6)企业购入安全网,应分进货批次记录存档。记录应载明进货日期,供货商地址、电话,产品名称及分类标记,制造商、商标及地址、电话,制造日期(或编号)或批号,有效期限,生产许可证编号及其他必须填写的内容,使用的工程项目名称以及使用时间,以便发生问题时追溯。

(7)使用过一次以上的旧网调入其他工程使用,必须附其原始记录及其使用记录,并必须按规定进行耐冲击性能检验和耐贯穿性检验,合格后方可投入使用。当使用单位无此项检验能力时,应委托具有法定资格的检验检测单位进行,检验记录应留档存查。对超出产品有效期限的旧网,不得投入使用,必须作报废处理。

(8)首次使用的新网,在开拆包装物前应对包装物上的产品标志进行检查,产品标志应符合下列要求,产品标志记载内容表明产品不符合国家标准或与实际使用用途不符的,不得投入使用。

1)产品名称及分类标记内容符合使用要求;

2)网目边长符合国家标准和使用要求;

3)制造商名称及地址清晰;

4)有制造日期(或编号)或生产批号;

5)有有效期限且产品在有效期限内;

6)有产品生产许可证编号。

(9)安全立网应符合下列要求:

1)用锦纶、维纶、涤纶或其他的耐候性不低于上述品种(耐候性)的材料制成;

2)同一张安全网上的同种构件的材料、规格和制作方法须一致,外观平整;

3)网的宽度不得小于3m,产品规格偏差允许在±2%以下,每张网的重量不超过15kg;

4)菱形或方形的网目,网目边长不得大于80mm;

5)边绳与网体连接必须牢固;

6)系绳沿网边均匀分布,长度应不小于0.8m,相邻两系绳间距应不大于0.75m;

7)阻燃安全网的续燃、阻燃时间均不得大于4s。

(10)网体纵、横向应设有筋绳，筋绳分布应均匀合理，两根相邻筋绳的间距不小于0.3m；

(11)密目式安全立网应符合下列要求：

1)网目密度不低于2000目/100cm^2；

2)网体各边缘部位的开眼环扣必须牢固可靠，孔径不低于8mm；

3)网体缝线不得有跳针、漏缝，缝边应均匀；

4)一张网体上不允许有一个以上的接缝，且接缝部位应端正牢固；

5)不得有断纱、破洞、变形及有碍使用的编织缺陷；

6)阻燃安全网的续燃、阻燃时间均不得大于4s。

(12)严禁用安全立网代替安全平网。

(13)架设安全平网，应在拟架设楼层紧贴外墙面连续设置横杆一道，用以固定安全平网的里口。

(14)固定安全平网里、外口的横杆应采用搭接的方式接长。钢管的搭接长度不应小于1.0m，使用两个以上的旋转扣件扣牢；木、竹材料的搭接长度不应小于1.5m，绑扎不少于三道。

(15)支撑斜杆的设置间距，应符合设计要求，当无设计要求时，不应大于3.0m。支撑斜杆的下端应设置牢固的固定措施。

(16)网的边绳与支撑杆件应贴紧，每根系绳都必须与支撑杆件系结，安全平网的筋绳也必须与支撑杆件系结。

(17)首层安全平网的安装高度，其网体最低点距地面的距离不宜小于4m，与下方物体的距离应不小于3.0m。网的宽度应不小于5m。

(18)每道层间网的间距，不得大于10m，层间网及随层网安装时，网面宜外高里低，与水平面的夹角约15°，安装后的平网网面不宜绷得过紧，应有一定的松弛度，并使网片初始下垂的最低点与支撑架挑支杆件的距离不低于1.5m。层间网及随层网的安装宽度，推荐3.0m宽的平网安装后其水平投影宽度约2.5m，可在斜支撑杆上设置水平拉杆，以控制支撑斜杆的角度及网面的松弛度。

(19)多张网连接使用时，两张网相邻部分应靠紧或重叠，并用与网体材料相同的连接绳连续的锁紧，不得漏锁和形成漏洞。

(20)在建筑物的拐角、阳台口及平面形状突出部位，安全平网要整体连接，不得中断，不得出现任何漏洞。

(21)电梯井口、采光井和螺旋式楼梯口等处，除按《建筑施工高处作业安全技术规范》(JGJ 80)的规定设置防护外，还应在井口内首层及每隔10m设置一道安全平网。

(22)立网的边绳与支撑架体应贴紧，安全立网安装平面应垂直于水平面，并与作业面边缘最大间隙不超过100mm，密目式安全立网的边缘与作业人员工作面应贴紧密合。

(23)当安全立网安装在脚手架临边侧作封闭防护时，立网应挂设在架体外侧，上道网与下道网之间应采用搭接的方式，除搭接部分须用纤维绳连续地锁紧外，并应将搭接部位在临边纵向水平杆上用系绳系结，在水平方向上，网与网的连接必须紧密，不得留有缝隙。

(24)当密目式安全立网安装在脚手架临边侧作封闭防护时，密目式安全立网应挂设在脚手架立杆的内侧，网的边绳必须与下部脚手架纵向水平杆贴紧，与上部脚手架纵向水平杆的间隙不得超过100mm，在水平方向上，网与网之间的连接必须紧密，不得留有缝隙。

(25)安全立网的每根系绳都必须与支撑杆件系结，密目式安全立网的每个开眼环扣都必须穿入强度符合要求的纤维绳与支撑杆件系结，或作网与网之间的连接，也可采用不小于14号的铁丝绑扎，但绑扎铁丝的端头应妥善处理，必须朝下并朝网体外侧。

(26)安全网架设完毕，必须经过验收，合格后方可投入使用。

(27)安全网在使用期间，其网架和支撑系统严禁随意拆除，并必须有专人进行维护和检查，安全网上落物污染应及时清理，如存在网体系绳松脱、搭接处脱开、支撑杆件松动等情况时，应及时修复，当安全网存在下列情况时应及时更换：

1)安全平网受到较大冲击后；

2)有严重的变形和磨损；

3)霉变；

4)断裂或破洞等。

(28)安全网经单位工程负责人检查验证并确认不再需要时，方可拆除。拆除作业应自上而下进行，作业位置的上方与下方不得有其他工种人员作业，地面应设置警戒区域并有专人监护，所有拆下材料应传递至楼层内分类堆放，严禁随意抛掷。

7.2 “洞口”防护验收表

7.2.1 表格填写范例

“洞口”防护验收表

表 AQ-C5-3

工程名称:××大厦工程　　施工单位:××建设集团有限公司　　编号:××××

<table>
<tr><th>序号</th><th>验收项目</th><th>验收要求</th><th>验收部位</th><th>验收结果</th></tr>
<tr><td>1</td><td>电梯井、竖向管道井、管道间</td><td>电梯井口必须设工具式固定栅门,底部设不低于 18cm 的挡脚板,电梯井内应每隔两层且<10m 设一道安全平网;竖向管道井必须安装防护门或防护栏杆高度不低于 1.5m,井内按标准设水平网;竖向管道间有预留钢筋网片的应加固定盖板或防护门</td><td>电梯井口</td><td>符合要求</td></tr>
<tr><td rowspan="4">2</td><td rowspan="4">预留洞口</td><td>20~50cm 洞口用盖板封严并固定</td><td>燃气管预留口</td><td>符合要求</td></tr>
<tr><td>50~150cm 洞口用钢管搭成网格,或用混凝土中钢筋组成不大于 20cm 网格防护,上面铺脚手板封严牢固</td><td>消防管预留口</td><td>符合要求</td></tr>
<tr><td>150cm 以上洞口周边用钢管做防护栏杆,高度不低于 1.2m,立挂密目网封严,洞口下设定安全平网封闭</td><td>施工洞口</td><td>符合要求</td></tr>
<tr><td>凡高度超过 80cm 的立洞口须用密目网封严,大孔径桩口、降水井口应固定盖板封严</td><td>施工洞口</td><td>符合要求</td></tr>
<tr><td>3</td><td>楼梯口</td><td>设双道防护栏杆,高度 1.2m,底部宜设不低于 18cm 挡脚板</td><td>楼梯口、平台</td><td>符合要求</td></tr>
<tr><td>4</td><td>通道口防护棚</td><td>多层结构防护棚距结构或外脚手架外皮长度不小于 3m,高层结构不小于 6m,高度不低于 3m,宽于通道两侧各 50cm,两侧加栏杆用密目网封严,顶部用不小于 5cm 的脚手板盖严绑牢,50m 以上高层结构采用双层板</td><td>通道</td><td>符合要求</td></tr>
<tr><td colspan="3" rowspan="2">验收意见:

防护搭设符合相关规范要求。

××年××月××日</td><td>技术负责人</td><td>×××</td></tr>
<tr><td>安　全　员</td><td>×××</td></tr>
<tr><td colspan="5">监理单位意见:
方案合理,施工符合要求,验收合格。

监理工程师:×××
日　　期:××年××月××时</td></tr>
</table>

7.2.2 表格填写依据

(1)《建筑施工高处作业安全技术规范》(JGJ 80－91)。

(2)《建设工程施工现场安全资料管理规程》(CECS 266－2009)。

7.2.3 表格解析指南

(1)进行洞口作业以及在因工程和工序需要而产生的,使人与物有坠落危险或危及人身安全的其他洞口进行高处作业时,必须按下列规定设置防护设施:

1)板与墙的洞口,必须设置牢固的盖板、防护栏杆、安全网或其他防坠落的防护设施。

2)电梯井口必须设防护栏杆或固定栅门;电梯井内应每隔两层并最多隔 10m 设一道安全网。

3)钢管桩、钻孔桩等桩孔上口,杯形、条形基础上口,未填土的坑槽,以及人孔、天窗、地板门等处,均应按洞口防护设置稳固的盖件。

4)施工现场通道附近的各类洞口与坑槽等处,除设置防护设施与安全标志外,夜间还应设红灯示警。

(2)洞口根据具体情况采取设防护栏杆、加盖件、张挂安全网与装栅门等措施时,必须符合下列要求:

1)楼板、屋面和平台等面上短边尺寸小于 25cm 但大于 2.5cm 的孔口,必须用坚实的盖板盖设。盖板应能防止挪动移位。

2)楼板面等处边长为 25～50cm 的洞口、安装预制构件时的洞口以及缺件临时形成的洞口,可用竹、木等作盖板,盖住洞口。盖板须能保持四周搁置均衡,并有固定其位置的措施。

3)边长为 50～150cm 的洞口,必须设置以扣件扣接钢管而成的网格,并在其上满铺竹笆或脚手板。也可采用贯穿于混凝土板内的钢筋构成防护网,钢筋网格间距不得大于 20cm。

4)边长在 150cm 以上的洞口,四周设防护栏杆,洞口下张设安全平网。

5)垃圾井道和烟道,应随楼层的砌筑或安装而消除洞口,或参照预留洞口作防护。管道井施工时,除按上款办理外,还应加设明显的标志。如有临时性拆移,需经施工负责人核准,工作完毕后必须恢复防护设施。

6)位于车辆行驶道旁的洞口、深沟与管道坑、槽,所加盖板应能承受不小于当地额定卡车后轮有效承载力 2 倍的荷载。

7)墙面等处的竖向洞口,凡落地的洞口应加装开关式、工具式或固定式的防护门,门栅网格的间距不应大于 15cm,也可采用防护栏杆,下设挡脚板(笆)。

8)下边沿至楼板或底面低于 80cm 的窗台等竖向洞口,如侧边落差大于 2m 时,应加设 1.2m 高的临时护栏。

9)对邻近的人与物有坠落危险性的其他竖向的孔、洞口,均应予以盖设或加以防护,并有固定其位置的措施。

(3)一条满洞口防护栏杆的杆件及其搭设参见本书 7.3.3 的规定。

(4)洞口作业安全设施实例(图 7-1～图 7-3)。

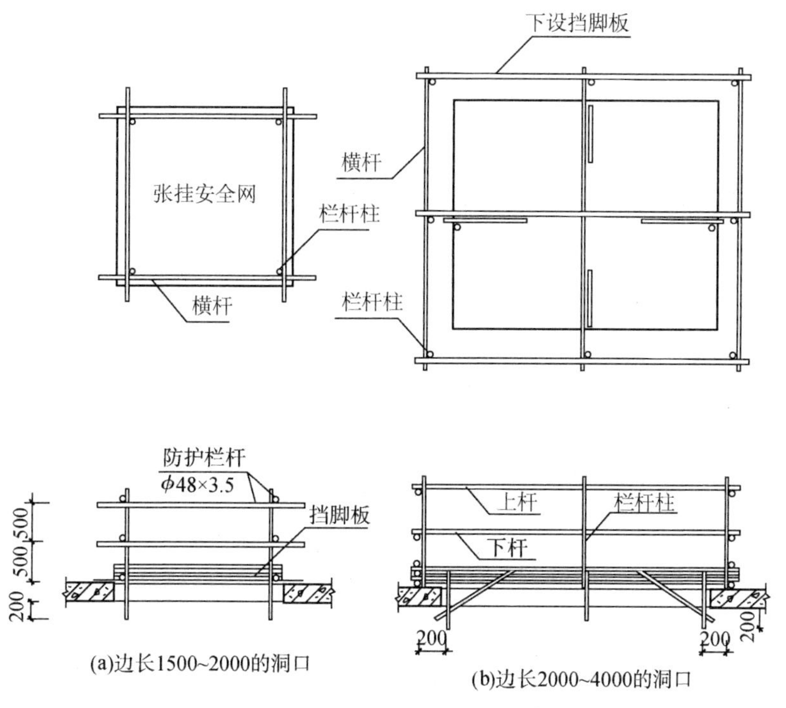

图 7-1 洞口防护栏杆(mm)

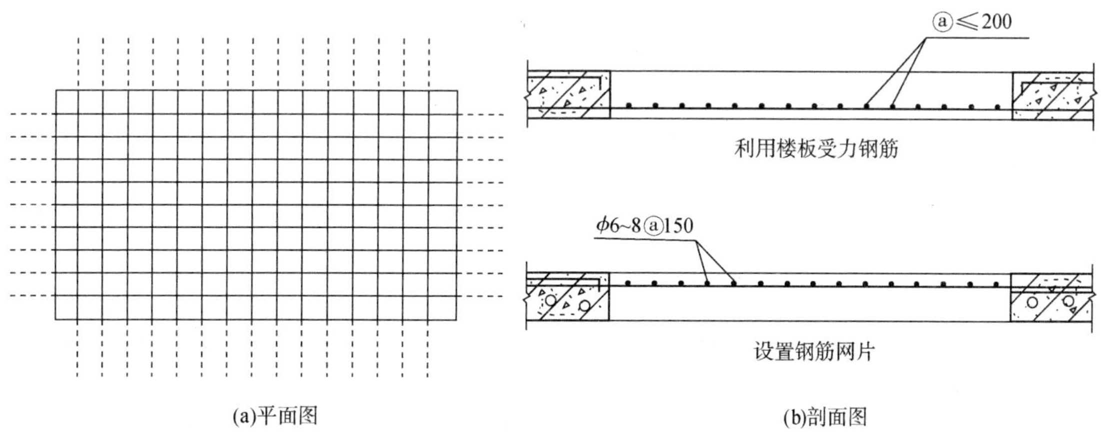

图 7-2 洞口钢筋防护网(mm)

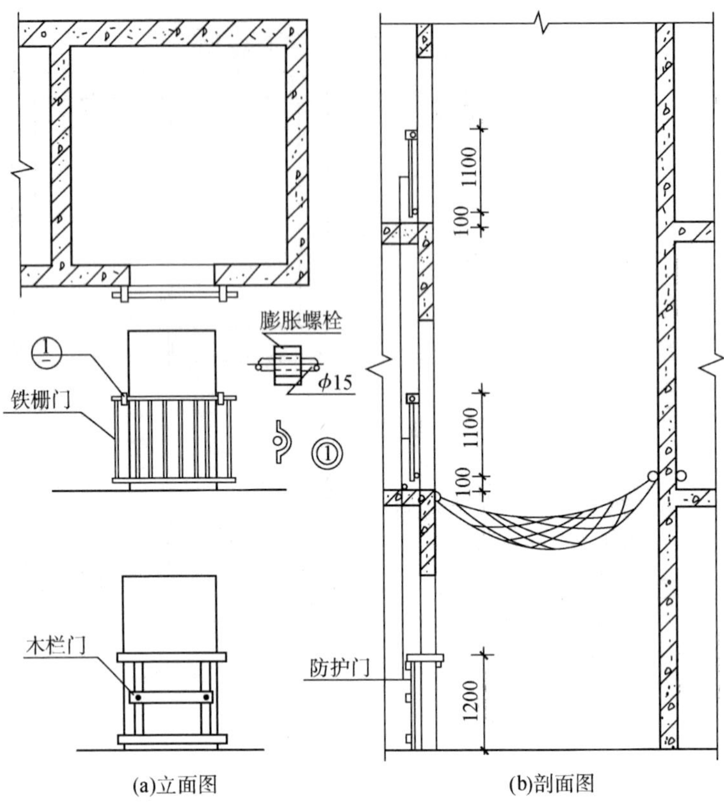

(a)立面图 (b)剖面图

图 7-3 电梯井口防护门(mm)

7.3 “临边”防护验收表

7.3.1 表格填写范例

“临边”防护验收表

表 AQ-C5-4

工程名称：××大厦工程　　**施工单位：**××建设集团有限公司　　**编号：**××××

<table>
<tr><th>序号</th><th>验收项目</th><th>验收要求</th><th>验收部位</th><th>验收结果</th></tr>
<tr><td>1</td><td>基槽、坑沟</td><td>深度超过 2m 的槽、坑、沟应设置高度不低于 1.2m 的双道防护栏杆，立挂密目网封闭</td><td>基坑</td><td>符合要求</td></tr>
<tr><td>2</td><td>结构周边、后浇带、伸缩缝</td><td>结构外侧无防护的必须设置高度不低于 1.2m 的双道防护栏，底部设不低于 18cm 高的挡脚板或立挂密目网封闭；后浇带、伸缩缝应用厚度不少于 2.5cm 的盖板封严</td><td>阳台</td><td>符合要求</td></tr>
<tr><td>3</td><td>屋面周边</td><td>平屋顶周边防护高度不低于檐口 1.2m，坡屋顶周边防护高度不低于檐口 1.5m，并加挂密目网封闭</td><td>平屋顶</td><td>符合要求</td></tr>
<tr><td>4</td><td>平台周边</td><td>落地或悬挑平台周边必须设置高度不低于 1.2m 的双道防护栏杆，密目网封严并设置不低于 18cm 高的挡脚板</td><td>卸料平台</td><td>符合要求</td></tr>
<tr><td>5</td><td>斜道楼梯侧边</td><td>斜道楼梯两侧必须按其坡度设置高度 1.2m 的双道防护栏杆，斜坡两侧设置不低于 18cm 高的挡脚板</td><td>楼梯</td><td>符合要求</td></tr>
<tr><td colspan="3" rowspan="2">验收意见：

防护搭设符合相关规范要求。

××年××月××日</td><td>项目技术负责人</td><td>×××</td></tr>
<tr><td>专职安全员</td><td>×××</td></tr>
<tr><td colspan="5">监理单位意见：

方案合理，施工符合要求，验收合格。

监理工程师：×××
日　　期：××年××月××日</td></tr>
</table>

7.3.2 表格填写依据

(1)《建设工程施工现场安全资料管理规程》(CECS 266－2009)。

(2)《建筑施工高处作业安全技术规范》(JGJ 80－1991)。

7.3.3 表格解析指南

(1)对临边高处作业,必须设置防护措施,并符合下列规定:

1)基坑周边,尚未安装栏杆或栏板的阳台、料台与挑平台周边,雨篷与挑檐边,无外脚手的屋面与楼层周边及水箱与水塔周边等处,都必须设置防护栏杆。

2)首层墙高度超过 3.2m 的二层楼面周边,以及无外脚手架的高度超过 3.2m 的楼层周边,必须在外围架设安全平网一道。

3)分层施工的楼梯口和梯段边,必须安装临时护栏。顶层楼梯口应随工程结构进度安装正式防护栏杆。

4)井架与施工用电梯和脚手架或建筑物通道的两侧边等,必须设防护栏杆。地面通道上部应装设安全防护棚。双笼井架通道中间,应予分隔封闭。

5)各种垂直运输接料平台,除两侧设防护栏杆外,平台口还应设置安全门或活动防护栏杆。

(2)临边防护栏杆杆件的规格及连接要求,应符合下列规定:

1)毛竹横杆小头有效直径不应小于 70mm,栏杆柱小头直径不应小于 80mm,并须用不小于16 号的镀锌钢丝绑扎,不应少于 3 圈,并无泻滑。

2)原木横杆上杆梢径不应小于 70mm,下杆梢径不应小于 60mm,栏杆柱梢径不应小于75mm。并须用相应长度的圆钉钉紧,或用不小于 12 号的镀锌钢丝绑扎,要求表面平顺和稳固无动摇。

3)钢筋横杆上杆直径不应小于 16mm,下杆直径不应小于 14mm,栏杆柱直径不应小于18mm,采用电焊或镀锌钢丝绑扎固定。

4)钢管横杆及栏杆柱均采用 ϕ48×(2.7 5～3.5)mm 的管材,以扣件或电焊固定。

5)以其他钢材如角钢等作防护栏杆杆件时,应选用强度相当的规格,以电焊固定。

(3)搭设临边防护栏杆时,必须符合下列要求:

1)防护栏杆应由上、下两道横杆及栏杆柱组成,上杆离地高度为 1.0～1.2m,下杆离地高度为 0.5～0.6m。坡度大于 1:2.2 的屋面,防护栏杆应高 1.5m,并加挂安全立网。除经设计计算外,横杆长度大于 2m 时,必须加设栏杆柱。

2)栏杆柱的固定应符合下列要求:

①当在基坑四周固定时,可采用钢管并打入地面 50～70cm 深。钢管离边口的距离,不应小于 50cm。当基坑周边采用板桩时,钢管可打在板桩外侧。

②当在混凝土楼面、屋面或墙面固定时,可用预埋件与钢管或钢筋焊牢。采用竹、木栏杆时,可在预埋件上焊接 30cm 长的∟50×5 角钢,其上下各钻一孔,然后用 10mm 螺栓与竹、木杆件拴牢。

③当在砖或砌块等砌体上固定时,可预先砌入规格相适应的 80×6 弯转扁钢作预埋铁的混凝土块,然后用上项方法固定。

3)栏杆柱的固定及其与横杆的连接,其整体构造应使防护栏杆在上杆任何处,能经受任何方向的 1000N 外力。当栏杆所处位置有发生人群拥挤、车辆冲击或物件碰撞等可能时,应加大横杆截面或加密柱距。

4)防护栏杆必须自上而下用安全立网封闭，或在栏杆下边设置严密固定的高度不低于 18cm 的挡脚板或 40cm 的挡脚笆。挡脚板与挡脚笆上如有孔眼，不应大于 25mm。板与笆下边距离底面的空隙不应大于 10mm。

接料平台两侧的栏杆，必须自上而下加挂安全立网或满扎竹笆。

5)当临边的外侧面临街道时，除防护栏杆外，敞口立面必须采取满挂安全网或其他可靠措施作全封闭处理。

(4)构造实例(图 7-4～图 7-6)。

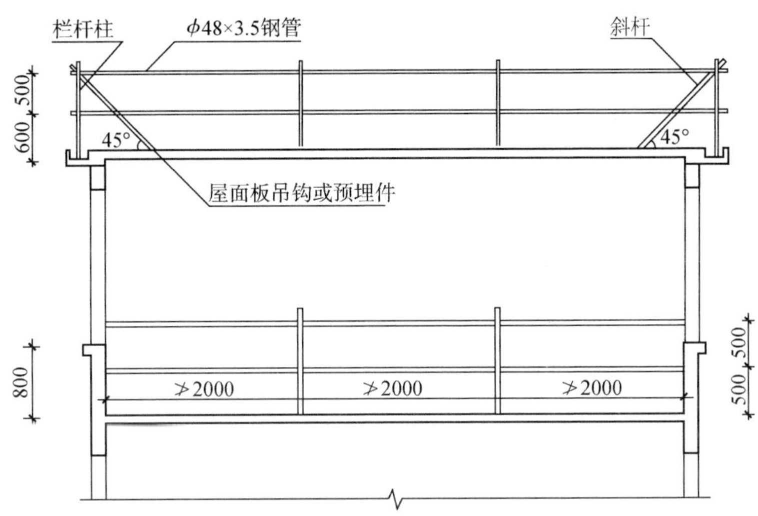

图 7-4 屋面和楼层临边防护栏杆(mm)

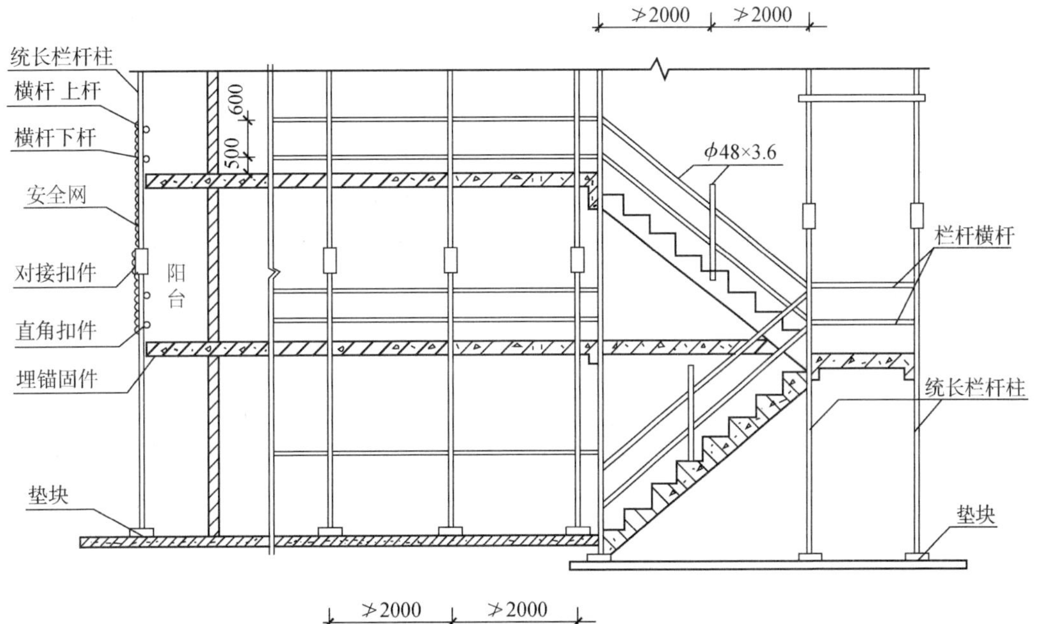

图 7-5 楼梯、楼层和阳台临边防护栏杆(mm)

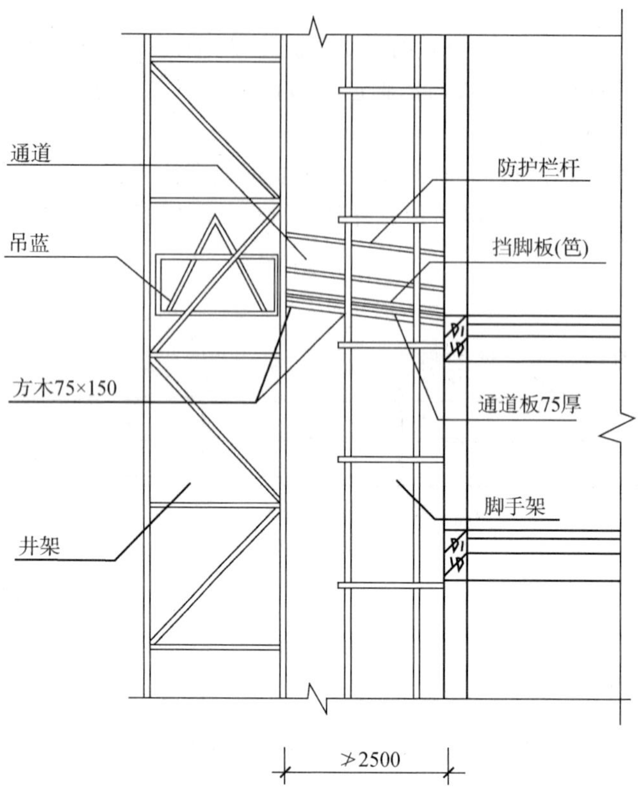

图 7-6 通道侧边防护栏杆(mm)

7.4 安全防护设施临时拆除、移动审批表

7.4.1 表格填写范例

安全防护设施临时拆除、移动审批表

表 AQ-C5-5

工程名称:××大厦工程　　施工单位:××建设集团有限公司　　编号:××××

<table>
<tr><td colspan="2">申请拆除设施或脚手架杆件名称及部位</td><td colspan="3">基坑临边防护拆除</td></tr>
<tr><td colspan="2">申请拆除班组</td><td>混凝土班</td><td>申请人</td><td>×××</td></tr>
<tr><td colspan="2">计划拆除时间</td><td>××年××月××日</td><td>申请时间</td><td>××年××月××日</td></tr>
<tr><td colspan="5">拆除原因:
安装混凝土拖泵</td></tr>
<tr><td colspan="5">加固补救措施:
安装完混凝土拖泵后,在基坑与拖泵间按规范要求,重新搭设临边防护。
施工负责人:×××</td></tr>
<tr><td colspan="2">拆除作业班组</td><td>脚手架班</td><td>措施落实人</td><td>×××</td></tr>
<tr><td rowspan="2">批准意见</td><td colspan="2" rowspan="2">同意临时拆除防护,要求安装完混凝土拖泵后,立刻重新搭设防护。
××年××月××日</td><td>技术负责人</td><td>×××</td></tr>
<tr><td>安全负责人</td><td>×××</td></tr>
<tr><td>拆除作业监控情况</td><td colspan="4">严格按照安全技术交底进行拆除。
监控人:×××　××年××月××日</td></tr>
</table>

7.4.2 表格填写依据

《建设工程施工现场安全资料管理规程》(CECS 266—2009)。

7.4.3 表格解析指南

施工过程中，凡是需要拆除安全防护设施、脚手架的受力杆或在脚手架中开门洞、拆除脚手架拉结时，由具体施工班组长提出申请，经该项目施工负责人检查确定拆除的范围和数量，并采取切实可行的加固措施后，由项目部技术人员、安全员共同检查验收，合格后，再安排架子工班组进行拆除。并报监理部备案。

第8章　临时用电安全资料表格范例及解析

8.1　施工现场临时用电验收表

8.1.1　表格填写范例

施工现场临时用电验收表

AQ-C6-1

工程名称：××大厦工程　　施工单位：××建设集团有限公司　　编号：××××

临时用电工程	××桥梁工程现场用电	作业电工	×××	验收时间	××年××月××日
检查项目	检查内容			检查结论	
1. 施工组织方案	用电设备5台以上或设备总容量在50kW以上者，应编制临时用电施工组织设计			符合要求	
2. 外电防护	小于安全距离时应有安全防护措施；防护措施应符合要求			符合要求	
3. 接地与接零保护系统	应采用TN-S系统供电；重复接地符合要求，其电阻值应不大于10Ω；各种电气设备和施工机械的金属外壳、金属支架和底座必须按规定采取可靠的接零或接地保护			符合要求	
4. 三级配电	配电室的设置应符合要求；现场实行三级配电，总配电箱应装设电压表、总电流表、总电度表及其他仪表；总配电箱的电器应具备电源隔离，正常接通与分断电路，以及短路、过载、漏电保护功能。分配电箱应设总开关和分开关，总开关应采用自动空气开关（具有可见分断点），分开关可采用漏电开关或闸刀开关并配备熔断器。开关箱内须安装断路器（具有可见分断点）或熔断器，以及漏电保护器			符合要求	
5. 漏电保护器	须实行两级漏电保护；严格实行“一机、一闸、一漏、一箱”；漏电保护装置应灵敏、有效，参数应匹配。在总配电箱上安装的漏电保护开关的漏电动作电流应为50～100mA；开关箱必须装漏电保护器，其额定漏电动作电流不大于30mA，额定漏电动作时间0.1s			符合要求	
6. 配电箱设置	配电箱安装位置应符合要求，箱体应采用铁板或优质绝缘材料制作，不得使用木质材料制作，箱体应牢固、防雨；箱内电器安装板应为绝缘材料；金属箱体等不带电的金属体必须作保护接零；进线口和出线口应设在箱体的下面，并加护套保护；工作零线、保护零线应分设接线端子板，并通过端子板接线；箱内接线应采用绝缘导线，接头不得松动，不得有带电体明露；闸具、熔断器参数与设备容量应匹配，安装应符合要求；不得用其他导线替代熔丝；箱内应设有线路图			符合要求	
7. 配电线路	电缆架设或埋设符合规定要求；须使用五芯线电缆，电缆完好，无老化、破皮现象			符合要求	
8. 其他	照明灯具金属外壳须作保护接零，使用行灯和低压照明灯具，其电源电压不应超过36V；行灯和低压灯的变压器应装设在电箱内，符合户外电气安装要求；交流电焊机须装设专用防触电保护装置、电焊把线应双线到位、电缆线应绝缘无破损			符合要求	
9. 其他增加的验收项目					
验收结论： 符合规范要求。 项目安全负责人：×××　　电气负责人：×××　　××年××月××日					

注：本表由施工单位填写，监理单位、施工单位各存一份。

8.1.2 表格填写依据

(1)《建设工程施工现场供应电安全规范》(GB 50194)。

(2)《施工现场临时用电安全技术规范》(JGJ 46)。

(3)《建设工程施工现场安全资料管理规程》(CECS 266—2009)。

8.1.3 表格解析指南

1. 一般规定

(1)建筑施工现场临时用电工程专用的电源中性点直接接地的220/380V三相四线制低压电力系统,必须符合下列规定:

1)采用三级配电系统;

2)采用TN-S接零保护系统;

3)采用二级漏电保护系统。

(2)临时用电工程必须经编制、审核、批准部门和使用单位共同验收,合格后方可投入使用。

2. 施工组织方案

(1)施工现场临时用电组织设计应包括下列内容:

1)现场勘测;

2)确定电源进线、变电所或配电室、配电装置、用电设备位置及线路走向;

3)进行负荷计算;

4)选择变压器;

5)设计配电系统:

①设计配电线路,选择导线或电缆;

②设计配电装置,选择电器;

③设计接地装置;

④绘制临时用电工程图纸,主要包括用电工程总平面图、配电装置布置图、配电系统接线图、接地装置设计图。

6)设计防雷装置;

7)确定防护措施;

8)制定安全用电措施和电气防火措施。

(2)临时用电工程图纸应单独绘制,临时用电工程应按图施工。

(3)临时用电组织设计及变更时,必须履行"编制、审核、批准"程序,由电气工程技术人员组织编制,经相关部门审核及具有法人资格企业的技术负责人批准后实施。变更用电组织设计时应补充有关图纸资料。

(4)施工现场临时用电设备在5台以下和设备总容量在50kW以下者,应制定定使用电和电气防火措施。

3. 外电防护

(1)在建工程不得在外电架空线路正下方施工、搭设作业棚、建造生活设施或堆放构件、架具、材料及其他杂物等。

(2)在建工程(含脚手架)的周边与外电架空线路的边线之间的最小安全操作距离应符合表8-1规定。

表 8-1　在建工程(含脚手架)的周边与架空线路的边线之间的最小安全操作距离

外电线路电压等级(kV)	<1	1～10	35～110	220	330～500
最小安全操作距离(m)	4.0	6.0	8.0	10	15

注:上、下脚手架的斜道不宜设在有外电线路的一侧。

(3)施工现场的机动车道与外电架空线路交叉时,架空线路的最低点与路面的最小垂直距离应符合表 8-2 规定。

表 8-2　施工现场的机动车道与架空线路交叉时的最小垂直距离

外电线路电压等级(kV)	<1	1～10	35
最小垂直距离(m)	6.0	7.0	7.0

(4)起重机严禁越过无防护设施的外电架空线路作业。在外电架空线路附近吊装时,起重机的任何部位或被吊物边缘在最大偏斜时与架空线路边线的最小安全距离应符合表 8-3 规定。

表 8-3　起重机与架空线路边线的最小安全距离

电压(kV) 安全距离(m)	<1	10	35	110	220	330	500
沿垂直方向	1.5	3.0	4.0	5.0	6.0	7.0	8.5
沿水平方向	1.5	2.0	3.5	4.0	6.0	7.0	8.5

(5)施工现场开挖沟槽边缘与外电埋地电缆沟槽边缘之间的距离不得小于 0.5m。

(6)当达不到(2)～(4)的规定时,必须采取绝缘隔离防护措施,并应悬挂醒目的警告标志。

架设防护设施时,必须经有关部门批准,采用线路暂时停电或其他可靠的安全技术措施,并应有电气工程技术人员和专职安全人员监护。

防护设施与外电线路之间的安全距离不应小于表 8-4 所列数值。

防护设施应坚固、稳定,且对外电线路的隔离防护应达至 IP30 级。

表 8-4　防护设施与外电线路之间的最小安全距离

外电线路电压等级(kV)	≤10	35	110	220	330	500
最小安全距离(m)	1.7	2.0	2.5	4.0	5.0	6.0

(7)当(6)规定的防护措施无法实现时,必须与有关部门协商,采取停电、迁移外电线路或改变工程位置等措施,未采取上述措施的严禁施工。

(8)在外电架空线路附近开挖沟槽时,必须会同有关部门采取加固措施,防止外电架空线路电杆倾斜、悬倒。

4. 接地与接零保护系统

(1)在施工现场专用变压器的供电的 TN-S 接零保护系统中,电气设备的金属外壳必须与保护零线连接。保护零线应由工作接地线、配电室(总配电箱)电源侧零线或总漏电保护器电源侧零线处引出(图 8-1)。

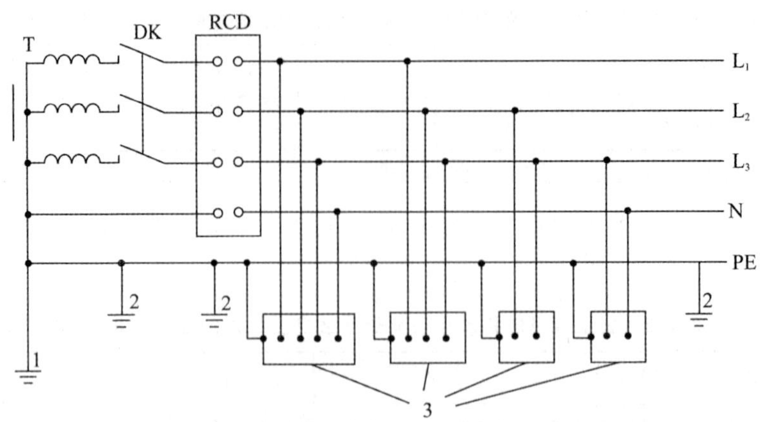

图 8-1　专用变压器供电时 TN-S 接零保护系统示意

1—工作接地；2—PE 线重复接地；3—电气设备金属外壳（正常不带电的外露可导电部分）；
L_1、L_2、L_3—相线；N—工作零线；PE—保护零线；DK—总电源隔离开关；RCD—总漏电保护器
（兼有短路、过载、漏电保护功能的漏电断路器）；T—变压器

(2)当施工现场与外电线路共用同一供电系统时，电气设备的接地、接零保护应与原系统保持一致。不得一部分设备做保护接零，另一部分设备做保护接地。

采用 TN 系统做保护接零时，工作零线（N 线）必须通过总漏电保护器，保护零线（PE 线）必须由电源进线零线重复接地处或总漏电保护器电源侧零线处，引出形成局部 TN-S 接零保护系统（图 8-2）。

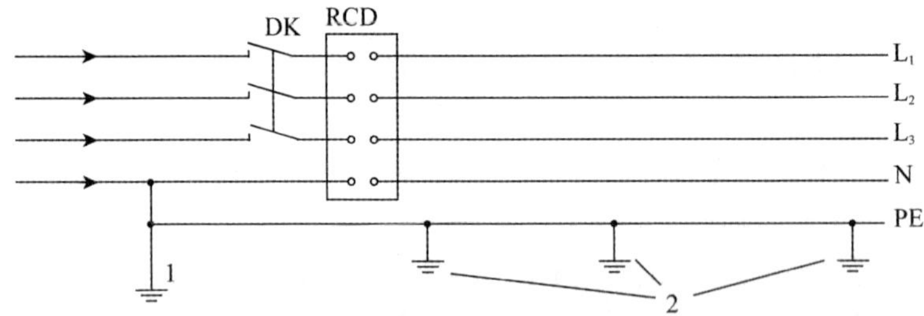

图 8-2　三相四线供电时局部 TN-S 接零保护系统保护零线引出示意

1—NPE 线重复接地；2—PE 线重复接地；L_1、L_2、L_3—相线；
N—工作零线；PE—保护零线；DK—总电源隔离开关；
RCD—总漏电保护器（兼有短路、过载、漏电保护功能的漏电断路器）

(3)在 TN 接零保护系统中，通过总漏电保护器的工作零线与保护零线之间不得再做电气连接。

(4)在 TN 接零保护系统中，PE 零线应单独敷设。重复接地线必须与 PE 线相连接，严禁与 N 线相连接。

(5)使用一次侧由 50V 以上电压的接零保护系统供电，二次侧为 50V 及以下电压的安全隔离变压器时，二次侧不得接地，并应将二次线路用绝缘管保护或采用橡皮护套软线。

当采用普通隔离变压器时，其二次侧一端应接地，且变压器正常不带电的外露可导电部分应与一次回路保护零线相连接。

以上变压器尚应采取防直接接触带电体的保护措施。

(6)施工现场的临时用电电力系统严禁利用大地做相线或零线。

(7)接地装置的设置应考虑土壤干燥或冻结等季节变化的影响，并应符合表 8-5 的规定，防雷装置的冲击接地电阻值只考虑在雷雨季节中土壤干燥状态的影响。

表 8-5　接地装置的季节系数 ψ 值

埋　深(m)	水平接地体	长 2～3m 的垂直接地体
0.5	1.4～1.8	1.2～1.4
0.8～1.0	1.25～1.45	1.15～1.3
2.5～3.0	1.0～1.1	1.0～1.1

注：大地比较干燥时，取表中较小值；比较潮湿时，取表中较大值。

(8)PE 线所用材质与相线、工作零线(N 线)相同时，其最小截面应符合表 8-6 的规定。

表 8-6　PE 线截面与相线截面的关系

相线芯线截面 $S(mm^2)$	PE 线最小截面(mm^2)
$S\leqslant16$	5
$16<S\leqslant35$	16
$S>35$	$S/2$

(9)保护零线必须采用绝缘导线。

配电装置和电动机械相连接的 PE 线应为截面不小于 $2.5mm^2$ 的绝缘多股铜线。手持式电动工具的 PE 线应为截面不小于 $1.5mm^2$ 的绝缘多股铜线。

(10)PE 线上严禁装设开关或熔断器，严禁通过工作电流，且严禁断线。

(11)相线、N 线、PE 线的颜色标记必须符合以下规定：相线 L_1(A)，L_2(B)，L_3(C)相序的绝缘颜色依次为黄、绿、红色；N 线的绝缘颜色为淡蓝色；PE 线的绝缘颜色为绿/黄双色。任何情况下上述颜色标记严禁混用和互相代用。

(12)在 TN 系统中，下列电气设备不带电的外露可导电部分应做保护接零：

1)电机、变压器、电器、照明器具、手持式电动工具的金属外壳；

2)电气设备传动装置的金属部件；

3)配电柜与控制柜的金属框架；

4)配电装置的金属箱体、框架及靠近带电部分的金属围栏和金属门；

5)电力线路的金属保护管、敷线的钢索、起重机的底座和轨道、滑升模板金属操作平台等；

6)安装在电力线路杆(塔)上的开关、电容器等电气装置的金属外壳及支架。

(13)城防、人防、隧道等潮湿或条件特别恶劣施工现场的电气设备必须采用保护接零。

(14)在 TN 系统中，下列电气设备不带电的外露可导电部分，可不做保护接零：

1)在木质、沥青等不良导电地坪的干燥房间内，交流电压 380V 及以下的电气装置金属外壳(当维修人员可能同时触及电气设备金属外壳和接地金属物件时除外)；

2)安装在配电柜、控制柜金属框架和配电箱的金属箱体上，且与其可靠电气连接的电气测量仪表、电流互感器、电器的金属外壳。

(15)TN 系统中的保护零线除必须在配电室或总配电箱处做重复接地外，还必须在配电系统的中间处和末端处做重复接地。

(16)在 TN 系统中，严禁将单独敷设的工作零线再做重复接地。

(17)每一接地装置的接地线应采用 2 根及以上导体，在不同点与接地体做电气连接。

不得采用铝导体做接地体或地下接地线。垂直接地体宜采用角钢、钢管或光面圆钢，不得采用螺纹钢。

接地可利用自然接地体，但应保证其电气连接和热稳定。

(18)移动式发电机供电的用电设备，其金属外壳或底座应与发电机电源的接地装置有可靠的电气连接。

(19)移动式发电机系统接地应符合电力变压器系统接地的要求。下列情况可不另做保护接零：

1)移动式发电机和用电设备固定在同一金属支架上，且不供给其他设备用电时；

2)不超过 2 台的用电设备由专用的移动式发电机供电，供、用电设备间距不超过 50m，且供用电设备的金属外壳之间有可靠的电气连接时。

(20)在土壤电阻率低于 200Ω·m 区域的电杆可不另设防雷接地装置，但在配电室的架空进线或出线处应将绝缘子铁脚与配电室的接地装置相连接。

(21)做防雷接地机械上的电气设备，所连接的 PE 线必须同时做重复接地，同一台机械电气设备的重复接地和机械的防雷接地可共用同一接地体，但接地电阻应符合重复接地电阻值的要求。

5. 三级配电

(1)总配电箱(又称固定式配电箱)。总配电箱用符号“A”表示。总配电箱是控制施工现场全部供电的集中点，应设置在靠近电源地区。电源由施工现场用电变压器低压侧引出的电缆线接入，并装设电流互感器、有功电度表、无功电度表、电流表、电压表及总开关、分开关。总配电箱内的开关均应采用自动空气开关(或漏电保护开关)。引入、引出线应穿管并有防水弯。

(2)分配电箱(又称移动式配电箱)。分配电箱用符号“B”表示。其中 1、2、3 表示序号。分配电箱是总配电箱的一个分支，控制施工现场某个范围的用电集中点，应设在用电设备负荷相对集中的地区。箱内应设总开关和分开关。总开关应采用自动空气开关，分开关可采用漏电开关或闸刀开关并配备熔断器。

(3)开关箱。直接控制用电设备。开关箱与所控制的固定式用电设备的水平距离不得大于 3m，与分配电箱的距离不得大于 30m。开关箱内安装漏电开关、熔断器及插座。电源线采用橡套软电缆线，从分配电箱引出，接入开关箱上闸口。

6. 配电箱及开关箱

(1)配电箱及其内部开关、器件的安装应端正牢固。安装在建筑物或构筑物上的配电箱为固定式配电箱，其箱底距地面的垂直距离应大于 1.3m，小于 1.5m。移动式配电箱不得置于地面上随意拖拉，应固定在支架上，其箱底与地面的垂直距离应大于 0.6m，小于 1.5m。

(2)配电箱内的开关、电器，应安装在金属或非木质的绝缘电器安装板上，然后整体紧固在配电箱体内，金属箱体、金属电器安装板以及箱内电器不带电的金属底座，外壳等，必须做保护接零。保护零线必须通过零线端子板连接。

(3)配电箱和开关箱的进出线口，应设在箱体的下面，并加护套保护。进、出线应分路成束，不得承受外力，并做好防水弯。导线束不得与箱体进、出线口直接接触。

(4)配电箱内的开关及仪表等电器排列整齐，配线绝缘良好，绑扎成束。熔丝及保护装置按设备容量合理选择，三相设备的熔丝大小应一致。三个及其以上回路的配电箱应设总开关，分开关应标有回路名称。三相胶盖闸开关只能作为断路开关使用，不得装设熔丝，应另加熔断器。各开关、触点应动作灵活、接触良好。配电箱的操作盘面不得有带电体明露。箱内应整洁，不得放置工具等杂物，箱门应有锁，并用红色油漆喷上警示标语和危险标志，喷写配电箱分类编号。箱内应设有线路图。下班后必须拉闸断电，锁好箱门。

(5)每台用电设备应有各自专用的开关箱，必须实行“一机一闸一漏一箱”制，严禁同一个开关电器直接控制二台及二台以上用电设备(含插座)。

7. 配电线路

(1)架空线路。

1)架空线必须采用绝缘导线。

2)架空线必须架设在专用电杆上，严禁架设在树木、脚手架及其他设施上。

3)架空线导线截面的选择应符合下列要求：

①导线中的计算负荷电流不大于其长期连续负荷允许载流量；

②线路末端电压偏移不大于其额定电压的 5%；

③三相四线制线路的 N 线和 PE 线截面不小于相线截面的 50%，单相线路的零线截面与相线截面相同；

④按机械强度要求，绝缘铜线截面不小于 $10mm^2$，绝缘铝线截面不小于 $16mm^2$；

⑤在跨越铁路、公路、河流、电力线路挡距内，绝缘铜线截面不小于 $16mm^2$，绝缘铝线截面不小于 $25mm^2$。

4)架空线在一个挡距内，每层导线的接头数不得超过该层导线条数的 50%，且一条导线应只有一个接头。

在跨越铁路、公路、河流、电力线路挡距内，架空线不得有接头。

5)架空线路相序排列应符合下列规定：

①动力、照明线在同一横担上架设时，导线相序排列是：面向负荷从左侧起依次为 L_1、N、L_2、L_3、PE；

②动力、照明线在二层横担上分别架设时，导线相序排列是：上层横担面向负荷从左侧起依次为 L_1、L_2、L_3；下层横担面向负荷从左侧起依次为 L_1(L_2、L_3)、N、PE。

6)架空线路的挡距不得大于 35m。

7)架空线路的线间距不得小于 0.3m，靠近电杆的两导线的间距不得小于 0.5m。

8)架空线路横担间的最小垂直距离不得小于表 8-7 所列数值；横担宜采用角钢或方木，低压铁横担角钢应按表 8-8 选用，方木横担截面应按 80mm×80mm 选用；横担长度应按表 8-9 选用。

表 8-7　横担间的最小垂直距离(m)

排列方式	直　线　杆	分支或转角杆
高压与低压	1.2	1.0
低压与低压	0.6	0.3

表 8-8　低压铁横担角钢选用

导线截面(mm^2)	直线杆	分支或转角杆	
		二线及三线	四线及以上
16 25 35 50	L50×5	2×L50×5	2×L63×5
70 95 120	L63×5	2×L63×5	2×L70×6

表 8-9 横担长度选用

<table>
<tr><td colspan="3">横担长度(m)</td></tr>
<tr><td>二 线</td><td>三线、四线</td><td>五 线</td></tr>
<tr><td>0.7</td><td>1.5</td><td>1.8</td></tr>
</table>

9)架空线路与邻近线路或固定物的距离应符合表 8-10 的规定。

10)架空线路宜采用钢筋混凝土杆或木杆。钢筋混凝土杆不得有露筋、宽度大于 0.4mm 的裂纹和扭曲;木杆不得腐朽,其梢径不应小于 140mm。

表 8-10 架空线路与邻近线路或固定物的距离

<table>
<tr><td>项 目</td><td colspan="7">距离类别</td></tr>
<tr><td rowspan="2">最小净空距离(m)</td><td colspan="2">架空线路的过引线、接下线与邻线</td><td colspan="2">架空线与架空线电杆外缘</td><td colspan="3">架空线与摆动最大时树梢</td></tr>
<tr><td colspan="2">0.13</td><td colspan="2">0.05</td><td colspan="3">0.50</td></tr>
<tr><td rowspan="3">最小垂直距离(m)</td><td rowspan="2">架空线同杆架设下方的通信、广播线路</td><td colspan="3">架空线最大弧垂与地面</td><td rowspan="2">架空线最大弧垂与暂设工程顶端</td><td colspan="2">架空线与邻近电力线路交叉</td></tr>
<tr><td>施工现场</td><td>机动车道</td><td>铁路轨道</td><td>1kV 以下</td><td>1～10kV</td></tr>
<tr><td>1.0</td><td>4.0</td><td>6.0</td><td>7.5</td><td>2.5</td><td>1.2</td><td>2.5</td></tr>
<tr><td rowspan="2">最小水平距离(m)</td><td colspan="2">架空线电杆与路基边缘</td><td colspan="2">架空线电杆与铁路轨道边缘</td><td colspan="3">架空线边线与建筑物凸出部分</td></tr>
<tr><td colspan="2">1.0</td><td colspan="2">杆高(m)+3.0</td><td colspan="3">1.0</td></tr>
</table>

11)电杆埋设深度宜为杆长的 1/10 加 0.6m,回填土应分层夯实。在松软土质处宜加大埋入深度或采用卡盘等加固。

12)直线杆和 15°以下的转角杆,可采用单横担单绝缘子,但跨越机动车道时应采用单横担双绝缘子;15°到 45°的转角杆应采用双横担双绝缘子;45°以上的转角杆,应采用十字横担。

13)架空线路绝缘子应按下列原则选择:

①直线杆采用针式绝缘子;

②耐张杆采用蝶式绝缘子。

14)电杆的拉线宜采用不少于 3 根 $D4.0$mm 的镀锌钢丝。拉线与电杆的夹角应在 30°～45°之间。拉线埋设深度不得小于 1m。电杆拉线如从导线之间穿过,应在高于地面 2.5m 处装设拉线绝缘子。

15)因受地形环境限制不能装设拉线时,可采用撑杆代替拉线,撑杆埋设深度不得小于 0.8m,其底部应垫底盘或石块。撑杆与电杆的夹角宜为 30°。

16)接户线在挡距内不得有接头,进线处离地高度不得小于 2.5m。接户线最小截面应符合表 8-11 规定。接户线线间及与邻近线路间的距离应符合表 8-12 的要求。

表 8-11　接户线的最小截面

接户线架设方式	接户线长度(m)	接户线截面(mm^2)	
		铝　线	铝　线
架空或沿墙敷设	10～25	6.0	10.0
	≤10	4.0	6.0

表 8-12　接户线线间及与邻近线路间的距离

接户线架设方式	接户线挡距(m)	接户线线间距离(mm)
架空敷设	≤25	150
	>25	200
沿墙敷设	≤6	100
	>6	150
架空接户线与广播电话线交叉时的距离(mm)		接户线在上部,600 接户线在下部,300
架空或沿墙敷设的接户线零线和相线交叉时的距离(mm)		100

17)架空线路必须有短路保护。

采用熔断器做短路保护时,其熔体额定电流不应大于明敷绝缘导线长期连续负荷允许载流量的 1.5 倍。

采用断路器做短路保护时,其瞬动过流脱扣器脱扣电流整定值应小于线路末端单相短路电流。

18)架空线路必须有过载保护。

采用熔断器或断路器做过载保护时,绝缘导线长期连续负荷允许载流量不应小于熔断器熔体额定电流或断路器长延时过流脱扣器脱扣电流整定值的 1.25 倍。

(2)电缆线路。

1)电缆中必须包含全部工作芯线和用作保护零线或保护线的芯线。需要三相四线制配电的电缆线路必须采用五芯电缆。

五芯电缆必须包含淡蓝、绿/黄二种颜色绝缘芯线。淡蓝色芯线必须用作 N 线;绿/黄双色芯线必须用作 PE 线,严禁混用。

2)电缆截面的选择应符合上述"架空线导线截面的选择"中"①～③"的规定,根据其长期连续负荷允许载流量和允许电压偏移确定。

3)电缆线路应采用埋地或架空敷设,严禁沿地面明设,并应避免机械损伤和介质腐蚀。埋地电缆路径应设方位标志。

4)电缆类型应根据敷设方式、环境条件选择。埋地敷设宜选用恺装电缆;当选用无恺装电缆时,应能防水、防腐。架空敷设宜选用无恺装电缆。

5)电缆直接埋地敷设的深度不应小于 0.7m,并应在电缆紧邻上、下、左、右侧均匀敷设不小于 50mm 厚的细砂,然后覆盖砖或混凝土板等硬质保护层。

6)埋地电缆在穿越建筑物、构筑物、道路、易受机械损伤、介质腐蚀场所及引出地面从 2.0m 高到地下 0.2m 处,必须加设防护套管,防护套管内径不应小于电缆外径的 1.5 倍。

7)埋地电缆与其附近外电电缆和管沟的平行间距不得小于 2m,交叉间距不得小于 1m。

8)埋地电缆的接头应设在地面上的接线盒内,接线盒应能防水、防尘、防机械损伤,并应远离易燃、易爆、易腐蚀场所。

9)架空电缆应沿电杆、支架或墙壁敷设,并采用绝缘子固定,绑扎线必须采用绝缘线,固定点间距应保证电缆能承受自重所带来的荷载,敷设高度应符合(1)架空线路敷设高度的要求,但沿墙壁敷设时最大弧垂距地不得小于 2.0m。

架空电缆严禁沿脚手架、树木或其他设施敷设。

10)在建工程内的电缆线路必须采用电缆埋地引入,严禁穿越脚手架引入。电缆垂直敷设应充分利用在建工程的竖井、垂直孔洞等,并宜靠近用电负荷中心,固定点每楼层不得少于一处。电缆水平敷设宜沿墙或门口刚性固定,最大弧垂距地不得小于 2.0m。

装饰装修工程或其他特殊阶段,应补充编制单项施工用电方案。电源线可沿墙角、地面敷设,但应采取防机械损伤和电火措施。

11)电缆线路必须有短路保护和过载保护,短路保护和过载保护电器与电缆的选配应符合(1)下 17)、18)的要求。

(3)室内配线。

1)室内配线必须采用绝缘导线或电缆。

2)室内配线应根据配线类型采用瓷瓶、瓷(塑料)夹、嵌绝缘槽、穿管或钢索敷设。

潮湿场所或埋地非电缆配线必须穿管敷设,管口和管接头应密封;当采用金属管敷设时,金属管必须做等电位连接,且必须与 PE 线相连接。

3)室内非埋地明敷主干线距地面高度不得小于 2.5m。

4)架空进户线的室外端应采用绝缘子固定,过墙处应穿管保护,距地面高度不得小于 2.5m,并应采取防雨措施。

5)室内配线所用导线或电缆的截面应根据用电设备或线路的计算负荷确定,但铜线截面不应小于 1.5mm^2,铝线截面不应小于 2.5mm^2。

6)钢索配线的吊架间距不宜大于 12m。采用瓷夹固定导线时,导线间距不应小于 35cm,瓷夹间距不应大于 800mm;采用瓷瓶固定导线时,导线间距不应小于 100mm,瓷瓶间距不应大于 1.5m;采用护套绝缘导线或电缆时,可直接敷设于钢索上。

7)室内配线必须有短路保护和过载保护,短路保护和过载保护电器与绝缘导线、电缆的选配应符合(1)下 17)、18)的要求。对穿管敷设的绝缘导线线路,其短路保护熔断器的熔体额定电流不应大于穿管绝缘导线长期连续负荷允许载流量的 2.5 倍。

8. 漏电保护器

(1)当总路设置总漏电保护器时,还应装设总隔离开关、分路隔离开关以及总断路器、分路断路器或总熔断器、分路熔断器。当所设总漏电保护器是同时具备短路、过载、漏电保护功能的漏电断路器时,可不设总断路器或总熔断器。

(2)当各分路设置分路漏电保护器时,还应装设总隔离开关、分路隔离开关以及总断路器、分路断路器或总熔断器、分路熔断器。当分路所设漏电保护器是同时具备短路、过载、漏电保护功能的漏电断路器时,可不设分路断路器或分路熔断器。

(3)当漏电保护器是同时具有短路、过载、漏电保护功能的漏电断路器时,可不装设断路器或熔断器。

(4)漏电保护器应装设在总配电箱、开关箱靠近负荷的一侧,且不得用于启动电气设备的操作。

(5)漏电保护器的选择应符合现行国家标准《剩余电流动作保护器的一般要求》(GB/Z 6829—2008)和《剩余电流动作保护装置安装和运行》(GB 13955—2005)的规定。

(6)开关箱中漏电保护器的额定漏电动作电流不应大于 30mA,额定漏电动作时间不应大于 0.1s。

使用于潮湿或有腐蚀介质场所的漏电保护器应采用防溅型产品,其额定漏电动作电流不应大于 15mA,额定漏电动作时间不应大于 0.1s。

(7)总配电箱中漏电保护器的额定漏电动作电流应大于 30mA,额定漏电动作时间应大于 0.1s,但其额定漏电动作电流与额定漏电动作时间的乘积不应大于 30mA·s。

(8)总配电箱和开关箱中漏电保护器的极数和线数必须与其负荷侧负荷的相数和线数一致。

(9)配电箱、开关箱中的漏电保护器宜选用无辅助电源型(电磁式)产品,或选用辅助电源故障时能自动断开的辅助电源型(电子式)产品。当选用辅助电源故障时不能自动断开的辅助电源型(电子式)产品时,应同时设置缺相保护。

(10)漏电保护器应按产品说明书安装、使用。对搁置已久重新使用或连续使用的漏电保护器应逐月检测其特性,发现问题应及时修理或更换。

漏电保护器的正确使用接线方法应按图 8-3 选用。

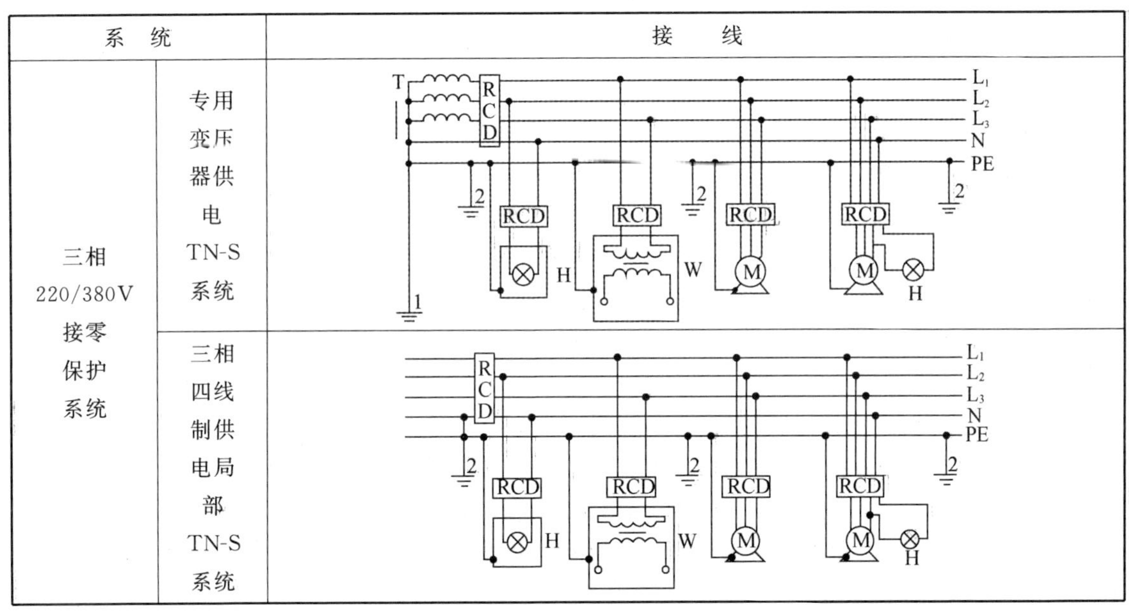

图 8-3　漏电保护器使用接线方法示意

L_1、L_2、L_3—相线;N—工作零线;PE—保护零线、保护线;1—工作接地;

2—重复接地;T—变压器;RCD—漏电保护器;H—照明器;W—电焊机;M—电动机

9. 照明

(1)照明供电。

1)一般场所宜选用额定电压为 220V 的照明器。

2)下列特殊场所应使用安全特低电压照明器:

①隧道、人防工程、高温、有导电灰尘、比较潮湿或灯具离地面高度低于 2.5m 等场所的照明,电源电压不应大于 36V;

②潮湿和易触及带电体场所的照明,电源电压不得大于 24V;

③特别潮湿场所、导电良好的地面、锅炉或金属容器内的照明,电源电压不得大于 12V。

3)使用行灯应符合下列要求：

①电源电压不大于36V；

②灯体与手柄应坚固、绝缘良好并耐热耐潮湿；

③灯头与灯体结合牢固，灯头无开关；

④灯泡外部有金属保护网；

⑤金属网、反光罩、悬吊挂钩固定在灯具的绝缘部位上。

4)远离电源的小面积工作场地、道路照明、警卫照明或额定电压为12～36V照明的场所，其电压允许偏移值为额定电压值的－10%～5%；其余场所电压允许偏移值为额定电压值的±5%。

5)照明变压器必须使用双绕组型安全隔离变压器，严禁使用自耦变压器。

6)照明系统宜使三相负荷平衡，其中每一单相回路上，灯具和插座数量不宜超过25个，负荷电流不宜超过15A。

7)携带式变压器的一次侧电源线应采用橡皮护套或塑料护套铜芯软电缆，中间不得有接头，长度不宜超过3m，其中绿/黄双色线只可作PE线使用，电源插销应有保护触头。

8)工作零线截面应按下列规定选择：

①单相二线及二相二线线路中，零线截面与相线截面相同；

②三相四线制线路中，当照明器为白炽灯时，零线截面不小于相线截面的50%；当照明器为气体放电灯时，零线截面按最大负载相的电流选择；

③在逐相切断的三相照明电路中，零线截面与最大负载相相线截面相同。

9)室内、室外照明线路的敷设应符合上述“8. 配电线路”要求。

(2)照明装置。

1)照明灯具的金属外壳必须与PE线相连接，照明开关箱内必须装设隔离开关、短路与过载保护电器和漏电保护器，并应符合上述“7. 配电箱及开关箱”的规定。

2)室外220V灯具距地面不得低于3m，室内220V灯具距地面不得低于2.5m。

普通灯具与易燃物距离不宜小于300mm；聚光灯、碘钨灯等高热灯具与易燃物距离不宜小于500mm，且不得直接照射易燃物。达不到规定安全距离时，应采取隔热措施。

3)路灯的每个灯具应单独装设熔断器保护。灯头线应做防水弯。

4)荧光灯管应采用管座固定或用吊链悬挂。荧光灯的镇流器不得安装在易燃的结构物上。

5)碘钨灯及钠、铊、铟等金属卤化物灯具的安装高度宜在3m以上，灯线应固定在接线柱上，不得靠近灯具表面。

6)投光灯的底座应安装牢固，应按需要的光轴方向将枢轴拧紧固定。

7)螺口灯头及其接线应符合下列要求：

①灯头的绝缘外壳无损伤、无漏电；

②相线接在与中心触头相连的一端，零线接在与螺纹口相连的一端。

8)灯具内的接线必须牢固，灯具外的接线必须做可靠的防水绝缘包扎。

9)暂设工程的照明灯具宜采用拉线开关控制，开关安装位置宜符合下列要求：

①拉线开关距地面高度为2～3m，与出入口的水平距离为0.15～0.2m，拉线的出口向下；

②其他开关距地面高度为1.3m，与出入口的水平距离为0.15～0.2m。

10)灯具的相线必须经开关控制，不得将相线直接引入灯具。

11)对夜间影响飞机或车辆通行的在建工程及机械设备，必须设置醒目的红色信号灯，其电源应设在施工现场总电源开关的前侧，并应设置外电线路停止供电时的应急自备电源。

8.2　施工现场电气绝缘强度测试记录表

8.2.1　表格填写范例

施工现场电气绝缘强度测试记录

AQ-C6-2

工程名称:××大厦工程　　施工单位:××建设集团有限公司公司　　编号:××××

<table>
<tr><td>计量单位</td><td colspan="5">MΩ(兆欧)</td><td colspan="2">测试日期</td><td colspan="3">××年××月××日</td></tr>
<tr><td>仪表型号</td><td colspan="2">ZC-7</td><td>电压</td><td colspan="2">1000 V</td><td colspan="2">天气情况</td><td colspan="3">晴阴雨雪:晴
气温:最高 35℃
最低 25℃</td></tr>
<tr><td rowspan="2">测试项目
测试内容</td><td colspan="3">相　间</td><td colspan="3">相对零</td><td colspan="3">相对地</td><td>零对地</td></tr>
<tr><td>A-B</td><td>B-C</td><td>C-A</td><td>A-N</td><td>B-N</td><td>C-N</td><td>A-E</td><td>B-E</td><td>C-E</td><td>N-E</td></tr>
<tr><td>ZXA1#箱电缆</td><td>600</td><td>602</td><td>601</td><td>600</td><td>603</td><td>600</td><td>600</td><td>602</td><td>601</td><td>600</td></tr>
<tr><td>FXB1#箱电缆</td><td>750</td><td>751</td><td>756</td><td>750</td><td>750</td><td>756</td><td>756</td><td>754</td><td>750</td><td>750</td></tr>
<tr><td>KXC-1#箱电缆</td><td>450</td><td>451</td><td>456</td><td>452</td><td>451</td><td>451</td><td>450</td><td>452</td><td>450</td><td>450</td></tr>
<tr><td>塔吊箱电缆</td><td>600</td><td>602</td><td>600</td><td>603</td><td>602</td><td>601</td><td>603</td><td>600</td><td>602</td><td>600</td></tr>
<tr><td>…</td><td></td><td></td><td></td><td></td><td></td><td></td><td></td><td></td><td></td><td></td></tr>
<tr><td></td><td></td><td></td><td></td><td></td><td></td><td></td><td></td><td></td><td></td><td></td></tr>
<tr><td></td><td></td><td></td><td></td><td></td><td></td><td></td><td></td><td></td><td></td><td></td></tr>
<tr><td></td><td></td><td></td><td></td><td></td><td></td><td></td><td></td><td></td><td></td><td></td></tr>
<tr><td></td><td></td><td></td><td></td><td></td><td></td><td></td><td></td><td></td><td></td><td></td></tr>
<tr><td></td><td></td><td></td><td></td><td></td><td></td><td></td><td></td><td></td><td></td><td></td></tr>
<tr><td colspan="11">测试结论:

经摇测绝缘电阻值合格,符合规范要求,同意投入使用。

项目安全负责人:×××　　测试电工(二人):×××、×××
电气负责人:×××　　××年××月××日</td></tr>
</table>

注:1. 本表适用于单相、单相三线、三相四线制、三相五线制的照明、动力线路及电缆线路、电机、设备电器等绝缘电阻的测试;

2. 表中 A 代表第一相、B 代表第二相、C 代表第三相、N 代表零线(中性线)、E 代表接地线;

3. 本表由施工单位填写,监理单位、施工单位各存一份。

8.2.2 表格填写依据

(1)《建设工程施工现场供应电安全规范》(GB 50194－1993)。

(2)《施工现场临时用电安全技术规范》(JGJ 46－2005)。

(3)《建设工程施工现场安全资料管理规程》(CECS 266－2009)。

8.2.3 表格解析指南

1. 测试的外部条件

绝缘试验应在良好的天气且被试物及仪器周围温度不宜低于5℃,空气相对湿度不宜高于80%的条件下进行。对不满足上述条件情况下进行的试验数据,应进行综合分析,以判断电气设备是否可以投入使用。

2. 测试项目合格判断

进行电气绝缘的测试时,当只有个别项目达不到《电气装置安装工程 电气设备交接试验标准》(GB 50150－2006)的规定时,则应根据全面的试验记录进行综合判断,经综合判断认为可以投入运行者,可以投入使用。

3. 测试数据(绝缘电阻值)要求

(1)杆上低压配电箱的电气装置和馈电线路,其相间和相对地间的绝缘电阻值应大于0.5MΩ。

(2)柜、屏、台、箱、盘间线路的线间和线对地间绝缘电阻值,馈电线路必须大于0.5MΩ;二次回路必须大于1MΩ。

(3)柜、屏、台、箱、盘间二次回路交流工频耐压试验,当绝缘电阻值大于10MΩ时,用2500V兆欧表摇测1min,应无闪络击穿现象;当绝缘电阻值在1～10MΩ时,做1000V交流工频耐压试验,时间1min,应无闪络击穿现象。

(4)直流屏试验,应将屏内电子器件从线路上退出,检测主回路线间和线对地间绝缘电阻值应大于0.5MΩ,直流屏所附蓄电池组的充、放电应符合产品技术要求;整流器的控制调整和输出特性试验应符合产品技术文件要求。

(5)电动机、电加热器及电动执行机构绝缘电阻值应大于0.5MΩ。

(6)发电机线至低压配电柜馈电线路的相间、相对地间的绝缘电阻值应大于0.5MΩ;塑料绝缘电缆馈电线路直流耐压试验为2.4kV,时间15min,泄漏电流稳定,无击穿现象。

(7)不间断电源装置间连线的线间、线对地间绝缘电阻值大于0.5MΩ。

(8)低压电线和电缆,线间和线对地间的绝缘电阻值必须大于0.5MΩ。

(9)对成套灯具的绝缘电阻、内部接线等性能进行现场抽样检测。灯具的绝缘电阻值不小于2MΩ,内部接线为铜芯绝缘电线,芯线截面积不小于0.5mm^2,橡胶或聚氯乙烯(PVC)绝缘电线的绝缘层厚度不小于0.6mm。对游泳池和类似场所灯具(水下灯及防水灯具)的密闭和绝缘性能有异议时,按批抽样送有资质的试验室检测。

(10)开关、插座的绝缘电阻值不小于5MΩ。

8.3　施工现场临时用电接地电阻测试记录表

8.3.1　表格填写范例

施工现场临时用电接地电阻测试记录表

AQ-C6-3

工程名称:××大厦工程　　施工单位:××建设集团有限公司　　编号:××××

<table>
<tr><td>仪表型号</td><td colspan="2">ZC-29B</td><td>测试日期</td><td colspan="2">××年××月××日</td></tr>
<tr><td>计量单位</td><td colspan="2">Ω(欧姆)</td><td>天气情况</td><td colspan="2">晴阴雨雪:晴
气温:最高 35℃
最低 25℃</td></tr>
<tr><td>接地类型
测试内容</td><td>防雷接地</td><td>保护接地</td><td>重复接地</td><td>工作接地</td><td>保护接地</td></tr>
<tr><td>变压器</td><td>1.1</td><td>1.8</td><td>2.4</td><td>3.2</td><td>3.0</td></tr>
<tr><td>…</td><td></td><td></td><td></td><td></td><td></td></tr>
<tr><td></td><td></td><td></td><td></td><td></td><td></td></tr>
<tr><td></td><td></td><td></td><td></td><td></td><td></td></tr>
<tr><td></td><td></td><td></td><td></td><td></td><td></td></tr>
<tr><td></td><td></td><td></td><td></td><td></td><td></td></tr>
<tr><td></td><td></td><td></td><td></td><td></td><td></td></tr>
<tr><td></td><td></td><td></td><td></td><td></td><td></td></tr>
<tr><td></td><td></td><td></td><td></td><td></td><td></td></tr>
<tr><td></td><td></td><td></td><td></td><td></td><td></td></tr>
<tr><td></td><td></td><td></td><td></td><td></td><td></td></tr>
<tr><td></td><td></td><td></td><td></td><td></td><td></td></tr>
<tr><td></td><td></td><td></td><td></td><td></td><td></td></tr>
<tr><td>设计要求</td><td>≤4Ω</td><td>≤4Ω</td><td>≤4Ω</td><td>≤4Ω</td><td>≤5Ω</td></tr>
<tr><td colspan="6">测试结论

经摇测符合规范要求,同意投入运行。

项目安全负责人:×××　　电气负责人:×××　　测试电工(二人):×××、×××</td></tr>
</table>

注:本表由施工单位填写,监理单位、施工单位各存一份。

8.3.2 表格填写依据

(1)《建设工程施工现场供应电安全规范》(GB 50194)。

(2)《施工现场临时用电安全技术规范》(JGJ 46—2005)。

(3)《建设工程施工现场安全资料管理规程》(CECS 266—2009)。

(4)《交流 1000V 和直流 1500V 以下低压配电系统电气安全 防护措施的试验、测量或监控设备 第 4 部分:接地电阻和等电位接地电阻》(GB/T 18216.4—2012)。

8.3.3 表格解析指南

1. 施工用电接地电阻

(1)单台容量超过 100kVA 或使用同一接地装置并联运行且总容量超过 100kVA 的电力变压器或发电机的工作接地电阻值不得大于 4Ω。

(2)单台容量不超过 100kVA 或使用同一接地装置并联运行且总容量不超过 100kVA 的电力变压器或发电机的工作接地电阻值不得大于 10Ω。

(3)在土壤电阻率大于 1000Ω·m 的地区,当达到上述接地电阻值有困难时,工作接地电阻值可提高到 30Ω。

(4)在 TN 系统中,保护零线每一处重复接地装置的接地电阻值不应大于 10Ω。在工作接地电阻值允许达到 10Ω 的电力系统中,所有重复接地的等效电阻值不应大于 10Ω。

(5)在有静电的施工现场内,对集聚在机械设备上的静电应采取接地泄漏措施。每组专设的静电接地体的接地电阻值不应大于 100Ω,高土壤电阻率地区不应大于 1000Ω。

(6)机械上的电气设备做防雷接地,所连接的 PE 线必须同时做重复接地,同一台机械电气设备的重复接地和机械的防雷接地可共用同一接地体,但接地电阻应符合重复接地电阻值的要求。

2. 雨期施工防雷保护

(1)位于山区和多雷地区的变、配电装置应安装独立的防雷装置。

(2)施工现场的高耸建(构)筑物和高度 20m 以上的金属架构物(垂直提升装置、脚手架等),若在相邻建(构)筑物的防雷装置的保护范围以外时,应按规定安装防雷装置。

(3)防雷装置的冲击接地电阻值不得大于 30Ω。

8.4　施工现场漏电保护器监测记录表

8.4.1　表格填写范例

漏电保护器监测记录

表 AQ-C6-4

工程名称:××大厦工程　　施工单位:××建设集团有限公司　　编号:××××

<table>
<tr><td>保护设备名称</td><td colspan="2">塔式起重机</td><td colspan="2">设备编号</td><td colspan="2">机-001</td><td>额定功率</td><td>25.82kW</td></tr>
<tr><td>漏电保护器型　　号</td><td colspan="2">SZB45LE</td><td colspan="2">额定电流</td><td colspan="2">50A</td><td>额定漏电动作电流</td><td>30mA</td></tr>
<tr><td>维护电工姓名</td><td colspan="2">×××</td><td colspan="2">电工证号</td><td colspan="4">××××</td></tr>
<tr><td rowspan="2">检测日期</td><td colspan="2">A 相对地</td><td colspan="2">B 相对电</td><td colspan="2">C 相对地</td><td rowspan="2">检测结论</td><td rowspan="2">检测人</td></tr>
<tr><td>动作电流</td><td>动作时间</td><td>动作电流</td><td>动作时间</td><td>动作电流</td><td>动作时间</td></tr>
<tr><td>××月××日</td><td>30mA</td><td>0.1s</td><td>30mA</td><td>0.1s</td><td>30mA</td><td>0.1s</td><td>符合安全要求</td><td>×××</td></tr>
<tr><td>××月××日</td><td></td><td></td><td></td><td></td><td></td><td></td><td></td><td></td></tr>
<tr><td>××月××日</td><td></td><td></td><td></td><td></td><td></td><td></td><td></td><td></td></tr>
<tr><td>××月××日</td><td></td><td></td><td></td><td></td><td></td><td></td><td></td><td></td></tr>
<tr><td>××月××日</td><td></td><td></td><td></td><td></td><td></td><td></td><td></td><td></td></tr>
<tr><td>××月××日</td><td></td><td></td><td></td><td></td><td></td><td></td><td></td><td></td></tr>
<tr><td>××月××日</td><td></td><td></td><td></td><td></td><td></td><td></td><td></td><td></td></tr>
<tr><td>××月××日</td><td></td><td></td><td></td><td></td><td></td><td></td><td></td><td></td></tr>
<tr><td>××月××日</td><td></td><td></td><td></td><td></td><td></td><td></td><td></td><td></td></tr>
<tr><td>××月××日</td><td></td><td></td><td></td><td></td><td></td><td></td><td></td><td></td></tr>
<tr><td>××月××日</td><td></td><td></td><td></td><td></td><td></td><td></td><td></td><td></td></tr>
</table>

注:每月检测一次。

8.4.2　表格填写依据

(1)《施工现场临时用电安全技术规范》(JGJ 46—2005)。

(2)《建设工程施工现场安全资料管理规程》(CECS 266—2009)。

8.5 施工现场安全用电设施交接验收记录

8.5.1 表格填写范例

安全用电设施交接验收记录

表 AQ-C6-5

工程名称：××大厦工程　　施工单位：××建设集团有限公司　　编号：××××

<table>
<tr><td>设施移交单位</td><td>××建设集团有限公司</td><td>设施接受单位</td><td>××幕墙工程公司</td></tr>
<tr><td>移交部位或设施</td><td colspan="3">临时用电设施</td></tr>
<tr><td colspan="2">移交单位意见：
现场临时用电布置符合规范要求，验收合格，现移交施工方。</td><td colspan="2">接受单位意见：
经检查，符合规范要求，我方同意接收。</td></tr>
<tr><td>移交单位安全员</td><td>×××</td><td>接受单位安全员</td><td>×××</td></tr>
<tr><td>移交单位负责人</td><td>×××</td><td>接受单位负责人</td><td>×××</td></tr>
<tr><td>移交日期</td><td>××年××月××日</td><td>接受日期</td><td>××年××月××日</td></tr>
<tr><td colspan="4">总包单位意见：
同意移交，并做好如下几点：
1. 安装、维修、拆除临时用电工程均应由上报的专业电工完成。
2. 临时用电应符合 JGJ 46—2005 用电规范的要求。
3. 对临时用电做好日常检查和检修工作，严禁带病运转，并对我方用电设施进行妥善维护。
负责人：×××　　日期：××年××月××日</td></tr>
</table>

注：1. 凡施工中甲单位的安全用电设施，由乙单位在施工中使用时，或由乙单位委托甲单位搭设的安全用电设施时，必须办理交接验收手续；

2. 移交单位的安全用电设施标准必须符合规定要求，接收单位在验收合格接受后，施工中必须保持安全用电设施的完好。

8.5.2　表格填写依据

(1)《建设工程施工现场安全资料管理规程》(CECS 266—2009)。

(2)《电气装置安装工程 电气设备交接试验标准》(GB 50150—2006)。

(3)《施工现场临时用电安全技术规范》(JGJ 46—2005)。

8.5.3　表格解析指南

移交用电设施包括:机械设备、施工现场临时用电、生活区、办公区的临时用电。用电设施的安装、维修、保养要符合《施工现场临时用电安全技术规范》(JGJ 46—2005)的有关要求。

8.6 施工现场电工巡检维修记录表

8.6.1 表格填写范例

施工现场电工巡检维修记录表

表 AQ-C6-6

工程名称:××大厦工程　　施工单位:××建设集团有限公司　　编号:××××

电工姓名	×××　×××　×××	值班时间	××时××分至××时××分
供电方式	实行三相五线 TN-S 系统供电方式	额定容量	400kV
巡视检查项目	巡视检查内容	发现隐患	维修结果
1. 高压线防护	按方案进行防护并做到严密,安全可靠	防护不严密	已整改,符合 JGJ 46—2005 技术规范要求
2. 接地或接零保护系统	工作接地、重复接地牢固可靠。系统保护零线重复接地不少于三处。工作接地电阻不大于 4Ω,定期检测重复接地电阻,阻值不大于 10Ω。保护零线正确,采用绿/黄双色线其截面与工作零线截面相同或不小于相线的 1/2	保护零线压接松动	已整改,符合 JGJ 46—2005 技术规范要求
3. 配电箱开关箱	总配电箱中应在电源隔离开关(可视明显断开点)的负荷侧装置漏电保护器,并灵敏可靠。分配电箱设置正确并与开关箱距离不大于 30m,固定开关箱(一机一闸一漏一箱)漏电保护装置在设备负荷侧,灵敏可靠,并距离设备不大于 3m,固定配电箱、开关箱装位置正确,高度在 1.4～1.6m。移动配电箱、开关箱安装高度在 0.8～1.6m。电箱底进出线,标识明确,并应加绝缘护套采用固定线夹成束卡固在箱体花栏架构上。箱内无杂物,有门、锁、编号、防触电标志及防雨措施。闸具、保护零线端子、工作零线端子齐全完好。箱门与箱体之间必须采用编制软铜线电气连接。电器用途明确标识。箱内不应有带电明露点。箱内应有本箱体的配电系统图	总配电箱、分配电箱中未设电源隔离开关(可视明显断开点)	已更换开关,符合 JGJ 46—2005 技术规范要求
4. 现场、生活区照明	现场照明回路有漏电保护器,动作灵敏可靠。灯具金属外壳应做保护接零。室内 220V 灯具安装高度大于 2.5m,低于 2.5m 使用安全电压供电。手持照明灯具必须使用电压 36V(含)以下照明,电源线必须采用橡套电缆线,不得使用塑胶线,手柄及外防护罩完好无损。低压安全变压器应放置在专用配电箱内。碘钨灯照明必须采用密闭式防雨灯具,金属灯具和金属支架应做好保护接零,架杆手持部位应采取绝缘措施,电源线必须采用橡套电缆线,电源侧应装设漏电保护器	36V 手持照明灯具使用塑绞线	已更换电缆,符合 JGJ 46—2005 技术规范要求
5. 配电线路	配电线路无老化、破损、断裂现象,与交通线路交叉的电源线应符合有关安装架设标准有线路过路保护。架空线路架符合有关规定,严禁架在树木、脚手架上	电缆线过路无保护措施	已穿管,防护符合 JGJ 46—2005 技术规范要求
6. 变配电装置	露天变压器设置符合规定要求,配电元器件间距符合规范要求,并有可靠安全的防护措施,及正确悬挂警告标志,门应朝外开,有锁。变配电室内不得堆放杂物,并设有消防器材。发电机组及其配电室内严禁存放贮油桶,发电机设有短路、过负荷保护。配电室必须有相应的配电制度、配电平面图、配电系统图、防火管理制度、值班制度、责任人;具有良好的照明及应急照明;具有防止小动物的措施;具有良好的绝缘操作措施;良好通风条件。易发热元件是否在正常工作范围内	配电室内堆放杂物	已清理干净,符合 JGJ 46—2005 技术规范要求
7. 其他	除以上内容发现的其他隐患		
维修巡查电工:×××			××年××月××日

注:本表由施工单位填写,施工单位存放。

8.6.2　表格填写依据

(1)《建设工程施工现场供应电安全规范》(GB 50194)。

(2)《施工现场临时用电安全技术规范》(JGJ 46—2005)。

(3)《建设工程施工现场安全资料管理规程》(CECS 266—2009)。

8.6.3　表格解析指南

(1)施工现场应制定电气安全运行与维修管理规定,现场电工和各用电人员应熟悉规定,并认真执行。

(2)施工用电应由电气工程技术人员负责管理,并建立安全技术档案。

(3)施工用电设施的安装、拆卸和维护运行必须由电工负责,严禁非电工进行任何电气作业。

(4)施工现场值班电工应熟悉管理范围内的变电站、供电线路和用电设备的性能与运行方式,做好现场巡视、维护管理。

(5)施工现场电气设备的接线应正确、牢固,布线应清晰、整齐,不得乱拉、乱扯。电缆穿越道路时,应穿钢管并覆土保护。

(6)变压器、供电线路检修时,必须执行停电、验电管理规定,并采取挂接临时接地线和设安全标志等措施。

(7)现场电工应严格遵守停送电制度,严禁约时送电。

(8)值班电工应建立交接班制度,并有文字记录。

(9)工程总承包单位应与分包单位签署施工用电的安全用电协议。分包单位应接受总承包单位的监督、管理。

(10)电工班应配备齐全的高压绝缘安全用具和防护用品。

(11)高压绝缘安全用具应按规范要求定期进行试验并记录,试验合格后方可使用。

(12)电工禁止酒后作业。

第 9 章　施工升降机安全资料表格范例及解析

9.1　施工现场施工升降机安装/拆卸任务书

9.1.1　表格填写范例

施工现场施工升降机安装/拆卸任务书

表 AQ-C7-1

工程名称:××大厦工程　　　　施工单位:××建设集团有限公司　　　　编号:××××

安装/拆卸单位	××建筑机械安装公司	负责人	×××
施工地点	×市×区×街×号	安装/拆卸日期	××年××月××日
设备型号	SC 200/200	安装高度	××m
安装/拆卸任务内容及责任: 1. 在安装前由生产副经理或班组长和安全技术人员组织拆装人员进行班前教育和安全技术交底,并交代注意事项。 2. 安装前要对设备严格检查,对不符合安全要求的设备进行整改,合格后才能安装。 3. 做到分工明确、责任到人,严格把关,认真执行操作规程,杜绝违章作业和野蛮施工,要确保施工安全。 4. 要求班组长做好记录。 安装/拆卸单位负责人:××× 任务接受负责人:×××　　　　××年××月××日			

注:本表由安装/拆卸单位填写,施工单位、租赁单位和安装/拆卸单位各存一份。

9.1.2　表格填写依据

(1)《建筑施工升降机安装、使用、拆卸安全技术规程》(JGJ 215—2010)。

(2)《建筑机械使用安全技术规程》(JGJ 33—2012)。

(3)《建设工程施工现场安全资料管理规程》(CECS 266—2009)。

9.1.3　表格解析指南

(1)施工升降机安装单位应具备建设行政主管部门颁发的起重设备安装工程专业承包资质和建筑施工企业安全生产许可证。

(2)施工升降机安装、拆卸项目应配备与承担项目相适应的专业安装作业人员以及专业安装技术人员。施工升降机的安装拆卸工、电工、司机等应具有建筑施工特种作业操作资格证书。

(3)施工升降机使用单位应与安装单位签订施工升降机安装/拆卸合同,明确双方的安全生产责任。实行施工总承包的施工总承包单位,应与安装单位签订施工升降机安装/拆卸工程安全协议书。

(4)施工升降机应具有特种设备制造许可证、产品合格证、使用说明书、起重机械制造监督检验证书,并已在产权单位工商注册所在地县级以上建设行政主管部门备案登记。

(5)施工升降机安装作业前,安装单位应编制施工升降机安装/拆卸工程专项施工方案,由安装单位技术负责人批准后,报送施工总承包单位或使用单位、监理单位审核,并告知工程所在地县级以上建设行政主管部门。

(6)施工升降机的类型、型号和数量应能满足施工现场货物尺寸、运载重量、运载频率和使用高度等方面的要求。

(7)当利用辅助起重设备安装/拆卸施工升降机时,应对辅助设备设置位置、锚固方法和基础承载能力等进行设计和验算。

(8)施工升降机安装/拆卸工程专项施工方案,应根据使用说明书的要求、作业场地及周边环境的实际情况、施工升降机使用要求等编制。当安装/拆卸过程中专项施工方案发生变更时,应按程序重新对方案进行审批,未经审批不得继续进行安装、拆卸作业。

(9)施工升降机安装/拆卸工程专项施工方案应包括以下主要内容:

1)工程概况;

2)编制依据;

3)作业人员组织和职责;

4)施工升降机安装位置平面、立面图和安装作业范围平面图;

5)施工升降机技术参数、主要零部件外形尺寸和重量;

6)辅助起重设备的种类、型号、性能及位置安排;

7)吊索具的配置、安装与拆卸工具及仪器;

8)安装、拆卸步骤与方法;

9)安全技术措施;

10)安全应急预案。

(10)施工总承包单位进行的工作应包括以下内容:

1)向安装单位提供拟安装设备位置的基础施工资料,确保施工升降机进场安装所需的施工条件;

2)审核施工升降机的特种设备制造许可证、产品合格证、起重机械制造监督检验证书、备案证明等文件;

3)审核施工升降机安装单位、使用单位的资质证书、安全生产许可证和特种作业人员的特种作业操作资格证书;

4)审核安装单位制定的施工升降机安装/拆卸工程专项施工方案;

5)审核使用单位制定的施工升降机安全应急预案;

6)指定专职安全生产管理人员监督检查施工升降机安装、使用、拆卸情况。

(11)监理单位进行的工作应包括以下内容:

1)审核施工升降机特种设备制造许可证、产品合格证、起重机械制造监督检验证书、备案证明等文件;

2)审核施工升降机安装单位、使用单位的资质证书、安全生产许可证和特种作业人员的特种作业操作资格证书;

3)审核施工升降机安装/拆卸工程专项施工方案;

4)监督安装单位对施工升降机安装/拆卸工程专项施工方案的执行情况;

5)监督检查施工升降机的使用情况;

6)发现存在生产安全事故隐患的,应要求安装单位、使用单位限期整改;对安装单位、使用单位拒不整改的,应及时向建设单位报告。

9.2　施工现场施工升降机安装/拆卸安全和技术交底记录表

9.2.1　表格填写范例

施工现场施工升降机安装/拆卸安全和技术交底记录表

表 AQ-C7-2

工程名称：××大厦工程　　施工单位：××建设集团有限公司　　编号：××××

安装/拆卸单位	××建筑机械安装公司	安装/拆卸单位负责人	×××
施工地点	×市×区×街×号	安装/拆卸日期	××年××月××日
设备型号	SC 200/200	安装高度	××m
安装/拆卸任务内容及责任： 一、安全交底： 1. 升降机的安装和拆卸工作必须由取得建设行政主管部门颁发的拆装资质证书的专业队伍负责。 2. 升降机的防坠安全器，在使用中不得任意拆检调整，需要拆检调整时或每满一年后，均由生产厂或指定的认可单位进行调整、检修或鉴定。 （编者：具体内容略） 安全交底人：×××　　××年××月××日			
二、技术交底： 作业前重点检查项目应符合下列要求： 1. 各部位钢丝绳固定良好，无异常磨损。 2. 齿条与齿轮、导向轮与导轨均接合正常。 3. 各部位结构无变形，连接螺栓无松动。 4. 运行范围内无障碍。 （编者：具体内容略） 技术交底人：×××　　××年××月××日			
接受交底人：×××、×××、×××、×××、××× ××年××月××日			

注：本表由安装/拆卸单位填写，施工单位、租赁单位和安装/拆卸单位各存一份。

9.2.2 表格填写依据

(1)《建筑施工升降机安装、使用、拆卸安全技术规程》(JGJ 215—2010)。

(2)《建筑机械使用安全技术规程》(JGJ 33—2012)。

(3)《建设工程施工现场安全资料管理规程》(CECS 266—2009)。

9.2.3 表格解析指南

1. 安全交底

(1)安装作业人员应按施工安全技术交底内容进行作业。

(2)安装单位的专业技术人员、专职安全生产管理人员应进行现场监督。

(3)施工升降机的安装作业范围应设置警戒线及明显的警示标志。非作业人员不得进入警戒范围。任何人不得在悬吊物下方行走或停留。

(4)进入现场的安装作业人员应佩戴安全防护用品,高处作业人员应系安全带,穿防滑鞋。作业人员严禁酒后作业。

(5)安装作业中应统一指挥,明确分工。危险部位安装时应采取可靠的防护措施。当指挥信号传递困难时,应使用对讲机等通信工具进行指挥。

(6)当遇大雨、大雪、大雾或风速大于13m/s等恶劣天气时,应停止安装作业。

2. 技术交底

(1)安装条件。

1)施工升降机地基、基础应满足使用说明书的要求。对基础设置在地下室顶板、楼面或其他下部悬空结构上的施工升降机,应对基础支撑结构进行承载力验算。施工升降机安装前应对基础进行验收,合格后方能安装。

2)安装作业前,安装单位应根据施工升降机基础验收表、隐蔽工程验收单和混凝土强度报告等相关资料,确认所安装的施工升降机和辅助起重设备的基础、地基承载力、预埋件、基础排水措施等符合施工升降机安装/拆卸工程专项施工方案的要求。

3)施工升降机安装前应对各部件进行检查。对有可见裂纹的构件应进行修复或更换,对有严重锈蚀、严重磨损、整体或局部变形的构件必须进行更换,符合产品标准的有关规定后方能进行安装。

4)安装作业前,应对辅助起重设备和其他安装辅助用具的机械性能和安全性能进行检查,合格后方能投入作业。

5)安装作业前,安装技术人员应根据施工升降机安装/拆卸工程专项施工方案和使用说明书的要求,对安装作业人员进行安全技术交底,并由安装作业人员在交底书上签字。在施工期间内,交底书应留存备查。

6)有下列情况之一的施工升降机不得安装使用:

①属国家明令淘汰或禁止使用的;

②超过由安全技术标准或制造厂家规定使用年限的;

③经检验达不到安全技术标准规定的;

④无完整安全技术档案的;

⑤无齐全有效的安全保护装置的。

7)施工升降机必须安装防坠安全器。防坠安全器应在一年有效标定期内使用。

8)施工升降机应安装超载保护装置。超载保护装置在载荷达到额定载重量的110%前应能中止吊笼启动,在齿轮齿条式载人施工升降机载荷达到额定载重量的90%时应能给出报警信号。

9)附墙架附着点处的建筑结构承载力应满足施工升降机使用说明书的要求。

10)施工升降机的附墙架形式、附着高度、垂直间距、附着点水平距离、附墙架与水平面之间的夹角、导轨架自由端高度和导轨架与主体结构间水平距离等均应符合使用说明书的要求。

11)当附墙架不能满足施工现场要求时,应对附墙架另行设计。附墙架的设计应满足构件刚度、强度、稳定性等要求,制作应满足设计要求。

12)在施工升降机使用期限内,非标准构件的设计计算书、图纸、施工升降机安装工程专项施工方案及相关资料应在工地存档。

13)基础预埋件、连接构件的设计、制作应符合使用说明书的要求。

14)安装前应做好施工升降机的保养工作。

(2)安装作业。

1)电气设备安装应按施工升降机使用说明书的规定进行,安装用电应符合现行行业标准《施工现场临时用电安全技术规范》(JGJ 46)的规定。

2)施工升降机金属结构和电气设备金属外壳均应接地,接地电阻不应大于4Ω。

3)安装时应确保施工升降机运行通道内无障碍物。

4)安装作业时必须将按钮盒或操作盒移至吊笼顶部操作。当导轨架或附墙架上有人员作业时,严禁开动施工升降机。

5)传递工具或器材不得采用投掷的方式。

6)在吊笼顶部作业前应确保吊笼顶部护栏齐全完好。

7)吊笼顶上所有的零件和工具应放置平稳,不得超出安全护栏。

8)安装作业过程中安装作业人员和工具等总载荷不得超过施工升降机的额定安装载重量。

9)当安装吊杆上有悬挂物时,严禁开动施工升降机。严禁超载使用安装吊杆。

10)层站应为独立受力体系,不得搭设在施工升降机附墙架的立杆上。

11)当需安装导轨架加厚标准节时,应确保普通标准节和加厚标准节的安装部位正确,不得用普通标准节替代加厚标准节。

12)导轨架安装时,应对施工升降机导轨架的垂直度进行测量校准。施工升降机导轨架安装垂直度偏差应符合使用说明书和表9-1的规定。

表9-1　安装垂直偏差

导轨架架设高度 h(m)	$h\leqslant 70$	$70<h\leqslant 100$	$100<h\leqslant 150$	$150<h\leqslant 200$	$h>200$
垂直度偏差(mm)	不大于$(1/1000)h$	$\leqslant 70$	$\leqslant 90$	$\leqslant 110$	$\leqslant 130$
	对钢丝绳式施工升降机,垂直度偏差不大于$(1.5/1000)h$				

13)接高导轨架标准节时,应按使用说明书的规定进行附墙连接。

14)每次加节完毕后,应对施工升降机导轨架的垂直度进行校正,且应按规定及时重新设置行程限位和极限限位,经验收合格后方能运行。

15)连接件和连接件之间的防松防脱件应符合使用说明书的规定,不得用其他物件代替。对有预紧力要求的连接螺栓，应使用扭力扳手或专用工具，按规定的拧紧次序将螺栓准确地紧固到规定的扭矩值。安装标准节连接螺栓时，宜螺杆在下，螺母在上。

16）施工升降机最外侧边缘与外面架空输电线路的边线之间，应保持安全操作距离。最小安全操作距离应符合表 9-2 的规定。

表 9-2　最小安全操作距离

外电线电路电压（kV）	<1	1～10	35～110	220	330～500
最小安全操作距离（m）	4	6	8	10	15

17）当发现故障或危及安全的情况时，应立刻停止安装作业，采取必要的安全防护措施，应设置警示标志并报告技术负责人。在故障或危险情况未排除之前，不得继续安装作业。

18）当遇意外情况不能继续安装作业时，应使已安装的部件达到稳定状态并固定牢靠，经确认合格后方能停止作业。作业人员下班离岗时，应采取必要的防护措施，并应设置明显的警示标志。

19）安装完毕后应拆除为施工升降机安装作业而设置的所有临时设施，清理施工场地上作业时所用的索具、工具、辅助用具、各种零配件和杂物等。

20）钢丝绳式施工升降机的安装还应符合下列规定：

①卷扬机应安装在平整、坚实的地点，且应符合使用说明书的要求；

②卷扬机、曳引机应按使用说明书的要求固定牢靠；

③应按规定配备防坠安全装置；

④卷扬机卷筒、滑轮、曳引轮等应有防脱绳装置；

⑤每天使用前应检查卷扬机制动器，动作应正常；

⑥卷扬机卷筒与导向滑轮中心线应垂直对正，钢丝绳出绳偏角大于 2°时应设置排绳器；

⑦卷扬机的传动部位应安装牢固的防护罩；卷扬机卷筒旋转方向应与操纵开关上指示方向一致。卷扬机钢丝绳在地面上运行区域内应有相应的安全保护措施。

（3）拆卸。

1）拆卸前应对施工升降机的关键部件进行检查，当发现问题时，应在问题解决后方能进行拆卸作业。

2）施工升降机拆卸作业应符合拆卸工程专项施工方案的要求。

3）应有足够的工作面作为拆卸场地，应在拆卸场地周围设置警戒线和醒目的安全警示标志，并应派专人监护。拆卸施工升降机时，不得在拆卸作业区域内进行与拆卸无关的其他作业。

4）夜间不得进行施工升降机的拆卸作业。

5）拆卸附墙架时施工升降机导轨架的自由端高度应始终满足使用说明书的要求。

6）应确保与基础相连的导轨架在最后一个附墙架拆除后，仍能保持各方向的稳定性。

7）施工升降机拆卸应连续作业。当拆卸作业不能连续完成时，应根据拆卸状态采取相应的安全措施。

8）吊笼未拆除之前，非拆卸作业人员不得在地面防护围栏内、施工升降机运行通道内、导轨架内以及附墙架上等区域活动。

9.3　施工现场施工升降机基础验收表

9.3.1　表格填写范例

施工现场施工升降机基础验收表

表 AQ-C7-3

工程名称:××大厦工程　　施工单位:××建设集团有限公司　　编号:××××

基础施工单位	××地基基础工程公司	项目负责人	×××
安装单位	××建筑机械安装公司	安装负责人	×××
施工地点	×市×区×街×号	基础施工日期	××年××月××日
型　号	SC 200/200	安装最终高度	××m

验收项目及标准要求	实测数据	验收结论
地基的承载能力≥MPa	210 MPa	合格
基础混凝土强度(并附试验报告)	C30×115%	合格
基础周围有无排水设施	有排水设施	合格
基础地下有无暗沟、孔洞(附钎探资料)	无暗沟、孔洞	合格
混凝土基础尺寸(预埋件尺寸)和地脚螺栓数量、规格是否符合图纸及说明书要求	符合要求	合格
混凝土基础表面平整情况	符合要求	合格

验收意见:

地基承载力满足施工要求,基础符合方案要求,验收合格。

项目技术负责人:×××

施工升降机安装负责人:×××　　××年××月××日

注:本表由基础施工单位填写,施工单位、租赁单位和安装/拆卸单位各存一份。

9.3.2 表格填写依据

(1)《建筑施工升降机安装、使用、拆卸安全技术规程》(JGJ 215—2010)。

(2)《建筑机械使用安全技术规程》(JGJ 33—2012)。

(3)《建设工程施工现场安全资料管理规程》(CECS 266—2009)。

9.3.3 表格解析指南

(1)地基承载力必须符合说明书或设计要求,对于不符合的,需要采取地基处理或基础加大等措施的须经设计计算,保证施工升降机安装后在使用过程中基础的稳固,不发生沉降或其他不正常现象。

(2)钢筋网格及预埋件,必须有隐蔽工程验收。

(3)混凝土强度必须有混凝土试块的强度报告,且符合说明书或规范要求。

(4)地脚螺栓应与基础主钢筋焊牢。

(5)地基表面平整度允许偏差一般应为 10mm。

(6)基础周围应设有排水设施。

9.4　施工现场施工升降机安装/拆卸过程记录表

9.4.1　表格填写范例

施工现场施工升降机安装/拆卸过程记录表

表 AQ-C7-4

工程名称:××大厦工程　　施工单位:××建设集团有限公司　　编号:××××

<table>
<tr><td>安装/拆卸单位</td><td colspan="2">××建筑机械安装公司</td><td>安装/拆卸单位负责人</td><td>×××</td></tr>
<tr><td>施工地点</td><td colspan="2">×市×区×街×号</td><td>安装/拆卸日期</td><td>××年××月××日</td></tr>
<tr><td>型　号</td><td colspan="2">SC 200/200</td><td>安装高度</td><td>××m</td></tr>
<tr><td>姓　名</td><td>工　种</td><td>证书号</td><td colspan="2">工 作 内 容</td></tr>
<tr><td>×××</td><td>技术</td><td>××××</td><td colspan="2">安装/拆卸技术工作</td></tr>
<tr><td>×××</td><td>安装工</td><td>××××</td><td colspan="2">具体实施安装/拆卸工作</td></tr>
<tr><td>×××</td><td>安装工</td><td>××××</td><td colspan="2">具体实施安装/拆卸工作</td></tr>
<tr><td>…</td><td></td><td></td><td colspan="2"></td></tr>
<tr><td></td><td></td><td></td><td colspan="2"></td></tr>
<tr><td></td><td></td><td></td><td colspan="2"></td></tr>
<tr><td colspan="5">安装/拆卸过程有关情况:

安装过程没有出项异常情况,安装工作顺利完成。

安装/拆卸负责人:×××　　××年××月××日</td></tr>
</table>

注:本表由安装/拆卸单位填写,施工单位、租赁单位和安装/拆卸单位各存一份。

9.4.2 表格填写依据

(1)《建筑施工升降机安装、使用、拆卸安全技术规程》(JGJ 215—2010)。

(2)《建筑机械使用安全技术规程》(JGJ 33—2012)。

(3)《建设工程施工现场安全资料管理规程》(CECS 266—2009)。

9.4.3 表格解析指南

建筑起重机械安装拆卸工(施工升降机)是指在建筑施工现场从事施工升降机安装、附着、加节和拆卸作业的人员。

(1)应具备的基本条件：

1)年满18周岁；

2)身体健康,无听觉障碍、无色盲,双眼裸视力在5.0以上,无妨碍从事本工种的疾病(如癫痫病、高血压、心脏病、眩晕症、恐高症、精神病和突发性昏厥症等)和生理缺陷；

3)具有初中及以上文化程度。

(2)应具备的安全生产基本知识：

1)了解建筑安全生产法律法规和规章制度；

2)熟悉有关特种作业人员的管理制度；

3)掌握从业人员的权利义务和法律责任；

4)熟悉高处作业安全知识；

5)掌握安全防护用品的使用；

6)熟悉安全标志、安全色的基本知识；

7)熟悉施工现场消防知识；

8)了解现场急救知识；

9)熟悉施工现场安全用电基本知识。

(3)应具备的专业基础知识：

1)熟悉力学基本知识；

2)了解电工基本知识；

3)掌握机械基本知识；

4)了解液压传动知识；

5)了解钢结构基础知识；

6)熟悉起重吊装基本知识。

(4)应具备的专业技术理论：

1)了解施工升降机的分类、性能；

2)熟悉施工升降机的基本技术参数；

3)掌握施工升降机的基本构造和工作原理；

4)熟悉施工升降机主要零部件的技术要求及报废标准；

5)熟悉施工升降机安全保护装置的构造、工作原理；

6)掌握施工升降机安全保护装置的调整(试)方法；

7)掌握施工升降机的安装、拆除的程序、方法；

8)掌握施工升降机安装、拆除的安全操作规程；

9)掌握施工升降机主要零部件安装后的调整(试);

10)熟悉施工升降机维护保养要求;

11)掌握施工升降机安装自检的内容和方法;

12)了解施工升降机安装、拆卸常见事故和原因。

(5)应具备的实际操作能力:

1)掌握施工升降机安装、拆卸前的检查和准备;

2)掌握施工升降机的安装、拆卸工序和注意事项;

3)掌握主要零部件的性能及可靠性的判定;

4)掌握防坠安全器动作后的检查与复位处理方法;

5)掌握常见故障的识别、判断;

6)掌握紧急情况处置方法。

9.5 施工现场施工升降机安装验收记录表

9.5.1 表格填写范例

施工现场施工升降机安装验收记录表

表 AQ-C7-5

工程名称:×大厦工程　　施工单位:××建设集团有限公司　　编号:××××

安装单位	××建筑机械安装公司	负责人	×××
施工地点	×市×区×街×号	安装高度	××m
型　号	SC 200/200	安装时间	××年××月××日

验收内容和标准要求		验收情况
金属结构	零部件应齐全,安装应符合产品说明书要求	齐全
	结构无变形、开焊、裂纹、破损等问题	正常
	联结螺栓和拧紧力矩应符合产品说明书要求	符合要求
	相邻标准节的立管对接处的错位阶差应≤0.8mm 的标准要求	符合要求
	对重安装应符合产品说明书要求	符合要求
	导轨架对底座水平基准面的垂直度偏差应符合国家标准	符合标准
电气及控制系统	电线、电缆应无破损,供电电压 380V±5%	无破损
	接地装置应符合技术要求,接地电阻应≤4Ω	符合要求
	电机及电气元件(电子元器件部分除外)的对地绝缘电阻值应≥0.5MΩ,电气线路的对地绝缘电阻值应≥1MΩ	符合要求
	仪表、照明、电箱应完好有效	完好有效
	操纵装置动作应灵敏可靠	灵敏可靠
	应配备专门的供电电源箱	配备齐全
绳轮系统	钢丝绳的规格及完好情况应符合标准要求	符合要求
	滑轮、滑轮组在运行中应无卡塞,润滑良好	润滑良好
	滑轮、滑轮组的防绳脱槽装置应有效、可靠	有效可靠
	钢丝绳的固定方式应符合国家标准	符合标准
导轨架附着	附着连接方式及紧固应符合产品说明书要求	符合要求
	最上一道附着架以上自由高度应符合说明书要求(说明书要求　m)	×m 符合要求
	附着架的间距应符合说明书要求(说明书要求　m)	×m 符合要求

续表

<table>
<tr><td rowspan="9">安全装置</td><td colspan="3">吊笼门的电气开关装置应灵敏可靠</td><td>灵敏可靠</td></tr>
<tr><td colspan="3">吊笼顶部活板门电气安全开关应灵敏可靠</td><td>灵敏可靠</td></tr>
<tr><td colspan="3">基础防护围栏门的机、电联锁装置应灵敏可靠</td><td>灵敏可靠</td></tr>
<tr><td colspan="3">防坠安全器(即限速器)的上次标定时间应符合国家标准</td><td>符合标准</td></tr>
<tr><td colspan="3">上、下限位开关应灵敏可靠</td><td>灵敏可靠</td></tr>
<tr><td colspan="3">上、下极限开关应灵敏可靠</td><td>灵敏可靠</td></tr>
<tr><td colspan="3">急停开关应灵敏可靠</td><td>灵敏可靠</td></tr>
<tr><td colspan="3">防松(断)绳保护安全装置应灵敏可靠</td><td>灵敏可靠</td></tr>
<tr><td colspan="3">安全标志(限载标志、危险警示、操作标识应齐全)</td><td>齐全</td></tr>
<tr><td rowspan="6">传动系统检查</td><td colspan="3">各机构传动应平稳，无漏油等异常现象，润滑应良好</td><td>平稳无异常</td></tr>
<tr><td colspan="3">齿轮与齿条的啮合侧隙应为 0.2～0.5mm</td><td>0.4mm 符合要求</td></tr>
<tr><td colspan="3">相邻两齿条的对接处沿齿高方向的偏差≤0.3mm</td><td>0.2mm 符合要求</td></tr>
<tr><td colspan="3">滚轮与导轨架立管的间隙应符合产品说明书要求</td><td>符合要求</td></tr>
<tr><td colspan="3">齿轮齿的磨损应符合产品说明书要求</td><td>符合要求</td></tr>
<tr><td colspan="3">靠背轮与齿条背面的间隙应符合产品说明书要求</td><td>符合要求</td></tr>
<tr><td rowspan="3">试运行</td><td>空载荷</td><td>额定载荷</td><td>超载 25%动载</td><td></td></tr>
<tr><td>正常</td><td>正常</td><td>正常</td><td></td></tr>
<tr><td colspan="3">双笼升降机应该分别进行空载荷和额定载荷试运行，试验应符合启、制动正常，运行平稳，无异常现象</td><td>符合要求</td></tr>
<tr><td>坠落试验</td><td colspan="3">吊笼制动停止后，结构及连接应无任何损坏及永久变形、制动距离应符合国家标准规定(0.25～1.2m)</td><td>符合要求</td></tr>
<tr><td colspan="5">验收结论：
方案合理，安装符合要求，同意使用。

安装负责人：×××
安装单位技术负责人：×××
租赁单位负责人：×××
施工升降机机长：×××
××年××月××日</td></tr>
</table>

注：1. 施工升降机每次安装后必须做坠落试验，并填写实测数据；

2. 购置后初次安装及大修后的升降机应做“超 25%动载”试运行；

3. 本表由安装单位填写，安装单位、租赁单位、施工单位和监理单位各存一份。

9.5.2 表格填写依据

(1)《建筑施工升降机安装、使用、拆卸安全技术规程》(JGJ 215—2010)。

(2)《建筑机械使用安全技术规程》(JGJ 33—2012)。

(3)《建设工程施工现场安全资料管理规程》(CECS 266—2009)。

9.5.3 表格解析指南

1. 导轨架

(1)一般规定。

1)对重的导轨可以是导轨架的一部分,柔性物件(如钢丝绳、链条)不能用作导轨;

2)各标准节、导轨之间应有保持对正的连接接头。连接接头应牢固、可靠。

(2)齿轮齿条式施工升降机。

1)导轨架轴心线对底座水平基准面的安装垂直度偏差应符合表 9-3 的规定。

表 9-3 安装垂直度偏差

导轨架架设高度 h(m)	$h \leqslant 70$	$70 < h \leqslant 100$	$100 < h \leqslant 150$	$150 < h \leqslant 200$	$h > 200$
垂直度偏差(mm)	不大于 $(1/1000)h$	$\leqslant 70$	$\leqslant 90$	$\leqslant 110$	$\leqslant 130$

2)标准钳子应保证互换性。拼接时,相邻标准节的立柱结合面对接应平直,相互错位形成的阶差应限制在:

①吊笼导轨不大于 0.8mm;

②对重导轨不大于 0.5mm。

3)标准节上的齿条联接应牢固,相邻两齿条的对接处,沿齿高方向的阶差不应大于 0.3mm,沿长度方向的齿距偏差不应大于 0.6mm。

4)当一台施工升降机的标准节有不同的立管壁厚时,标准节应有标识,以防标准节安装不正确。

5)计算防坠安全器动作下导轨架和齿条的强度时,载荷冲击系数的取值应为:

①渐进式安全器为 2.5;

②瞬时式安全器为 5。

(3)钢丝绳式施工升降机。

1)导轨架轴心线对底座水平基准面的安装垂直度偏差值不应大于导轨架高度的 1.5‰;

2)标准节截面内,两对角线长度的偏差不应大于最大边长的 3‰;

3)导轨接点截面相互错位形成的阶差不大于 1.5mm。

2. 吊笼

(1)一般规定。

1)吊笼应有足够刚性的导向装置以防脱落或卡住。

2)吊笼应具有有效的装置使吊笼在导向装置失效时仍能保持在导轨上。当采用安全钩时,最高一对安全钩应处于最低驱动齿轮之下。

3)应有防止吊笼驶出导轨的措施。

4)上述设施不仅在正常工作时起作用,在安装、拆卸、维护时也应起作用。

5)吊笼若设司机室,应有良好视野和足够的空间。

(2)吊笼底板。

1)吊笼底板应能防滑、排水。其强度为:在 0.1m×0.1m 区域内能承受静载 1.5kN 或额定载重量的 25%(取两者中较大值,但最大取 3 kN)而无永久变形。

2)吊笼的可载人数为额定载重量除以 80kg,舍尾取整。吊笼底板的人均占地面积不应小于 0.18m^2;当吊笼仅用于载人的场合时,人均占地面积不应大于 0.25m^2。

(3)吊笼顶。

1)载人吊笼应封顶。

2)封顶吊笼的内净高度不应小于 2m。

3)吊笼顶上可开一面积不小于 0.4m×0.6m 的天窗,作为紧急逃离出口。天窗上应有窗盖。

4)如果吊笼顶作为安装、拆卸、维修的平台或设有天窗,则顶板应抗滑且周围应设护栏。该护栏的上扶手高度不小于 1.05m,中间高度应设横杆,护脚板高度不小于 100mm。护栏与顶板边缘的距离不应大于 100mm。

5)如果另一吊笼或对重的运动件距离护栏在 0.3m 以内,则沿该运动件宽度方向应设置 2.0m高的附加护栏,且每侧应比运动件宽出 100mm。

6)若顶板用作安装,维修或有紧急出口,则在任一 0.1m×0.1m 区域内应能承受不小于 1.5kN的力而无永久变形。

7)若顶板不允许站人,则按任一 0.1m×0.1m 的区域可承载 1.0kN 设计。

8)若顶板是网板结构,孔径应小于 25mm。

9)货用钢丝绳式施工升降机,当其安装高度小于 50m 时,可以不封顶。

(4)吊笼立面

1)吊笼底板与吊笼顶之间应全高度有立面;

2)网孔立面应符合表 9-4 的规定;

3)吊笼立面在下述试验中应无永久变形:在任一 500mm^2 的方形或圆形面积上,作用 300N 的法向力;在框架顶端任一点作用 1.0kN 的垂直力。

表 9-4　孔眼或开口尺寸　　单位:mm

与相近运动部件的间距,a	孔眼或开口的尺寸,b
$a\leqslant 22$	$b\leqslant 10$
$22<a\leqslant 50$	$10<b\leqslant 13$
$50<a\leqslant 100$	$13<b\leqslant 25$

注:若孔眼或开口是长方形,则其宽度不应大于表内所列最大数值,其长度可大于表内最大数值。

4)货用钢丝绳式施工升降机,当其安装高度小于 50m 时,吊笼装立面的高度不应低于 1.5m。

(5)吊笼门。

1)载人吊笼门框的净高度至少为 2.0m,净宽度至少为 0.6m。门应能完全遮蔽开口,其开启高度不应低于 1.8m。网孔门应符合表 9-4 的规定。

2)载人吊笼采用实板门时,实板门应有视窗。视窗面积不小于 25 000mm^2,其位置应与人的视线相适应,可看见层站边缘。

3)门的设计应符合下述“4. 层门”的要求。

4)吊笼门应装机械锁钩以保证运行时不会自动打开。

5)水平或垂直滑动的门应有导向装置,其运动应有挡块限位。

6)吊笼门的强度应符合上述“(4)吊笼立面”中“3)”条的要求,且在试验时门不会脱离导轨,其弹性变形不大于 30 mm。

7)当吊笼翻板门兼作运货用跳板时,必须具有足够的强度和刚度。

8)吊笼门应设有电气安全开关。当门未完全关闭时,该开关应有效切断控制回路电源,使吊笼停止或无法起动。

(6)紧急逃离。

1)载人吊笼上至少有一扇门或天窗可供紧急逃离。

2)紧急逃离门应有电气安全开关联锁。当门未锁紧时吊笼应停止、无法起动;在重新锁上后,可恢复施工升降机正常工作。

3)若在吊笼立面上设紧急逃离门,其尺寸应是:宽度不小于 0.4m、高度不小于 1.4m,且应向吊笼内侧打开或是滑动型的门。

4)吊笼顶上的天窗盖不应向笼内侧打开。抵达天窗的梯子应始终置于吊笼内。

3. 防护围栏和底架

(1)施工升降机应设置高度不低于 1.8m 的地面防护围栏,地面防护围栏应围成一周。围栏登机门的开启高度不应低于 1.8m,围栏登机门应具有机械锁紧装置和电气安全开关,使吊笼只有位于底部规定位置时,围栏登机门才能开启,而在该门开启后吊笼不能起动。围栏门的电气安全开关可不装在围栏上。

(2)对重应置于地面围栏之内。

(3)为便于维修,围栏可另设入口门,该门只能从里面打开。

(4)基础底架应能承受施工升降机作用在其上的所有载荷,并能有效地将载荷传递到其支承件基础表面,不应通过弹簧或充气轮胎等弹性体来传递载荷。

(5)防护围栏的任一 $2500mm^2$ 的方形或圆形面积上,应能承受 350N 的水平力而不产生永久变形。

4. 层门

(1)齿轮齿条式施工升降机。

1)一般规定。

①施工升降机的每一个登机处应设置层门。

②层门不得向吊笼通道开启,封闭式层门上应设有视窗。

③水平或垂直滑动的层门应有导向装置,其运动应有挡块限位。

④垂直滑动的层门两侧均应有悬挂装置。悬挂绳或悬挂链相对于最小破断强度的安全系数不应小于 6,且有将其保持在滑轮或链轮槽中的措施。滑轮的名义直径应不小于钢丝绳直径的 15 倍。

⑤层门的平衡重应有导向,且有防止其滑出导轨的措施。门与平衡重的重量差不超过 5kg,且有保护人的手指不被门压伤的措施。

⑥不应利用由吊笼的运动所控制的机械装置来打开或关闭层门。

2)全高度层门。

①层门打开后的净高度不应小于 2.0m。在特殊的情况下，当进入建筑物的入口高度小于 2.0m 时，则允许降低层门框架高度，但净高度不应小于 1.8m。

②装载和卸载时，吊笼门与登机平台边缘的水平距离不应大于 50mm。

③除了门下部间隙不应大于 50mm 外，各门周围的间隙或门各零件间的间隙应符合表 9-4 的规定。

④正常工况下，关闭的吊笼门与层门间的水平距离不应大于 200mm。

3)高度降低的层门。

①层门高度不应小于 1.1m；

②层门与正常工作的吊笼运动部件的安全距离不应小于 0.85m；如果额定提升速度不大于 0.7m/s 时，则此安全距离可为 0.50m；

③层门应全宽度挡住开口，与地面的最大间隙为 35mm；

④层门两侧应设置高度不小于 1.1m 的护栏，护栏的中间高度应设横杆，护脚板高度不小于 100mm；

⑤吊笼与侧面护栏的间距不应小于 100mm；

⑥装载和卸载时，吊笼门与登机平台边缘的水平距离不应大于 50mm。

4)层门强度。

①对于全高度层门，在其锁住的位置，一个 300N 的法向力作用在任一面上的任何位置，力作用在 $5000mm^2$ 的方形或圆形面积上，门应：

a. 能承受且无永久变形；

b. 弹性变形不大于 30mm；

c. 试验之后工作正常。

②对于高度降低的层门，当用 1kN 的法向力作用到门或侧面护栏顶部的任一点，用 300N 的法向力作用的顶杆、中间杆、护脚板任一点时，门或侧面护栏应：

a. 能够承受且无永久变形；

b. 试验之后工作正常。

(2)钢丝绳式施工升降机。

1)各停层处应设置层门或层站栏杆；

2)层门或层站栏杆不应突出到吊笼的升降通道内；

3)层门应保证在关闭时人员不能进出；

4)层门或层站栏杆的开、关可采用手动，但不能受吊笼运动的直接控制；

5)人货两用施工升降机的层门或层站栏杆应与吊笼电气或机械联锁。

5. 对重

(1)吊笼不能作为对重。

(2)对重两端应有滑靴或滚轮导向，并设有防脱轨保护装置。

(3)若对重使用填充物，应采取措施防止其窜动。应有详细的提示以说明所需对重的总重量，而每一个单独填充物也应在其上标明自重。

(4)对重应根据有关规定的要求涂成警告色。

(5)如果制造商允许使用施工升降机的进出通道在对重的下方，则对重应装有超速安全装置。

6. 电气及控制系统

(1)一般规定。

1)施工升降机上的电动机及电气元件(电子元器件部分除外)的对地绝缘电阻不应小于0.5MΩ,电气线路的对地绝缘电阻不应小于1MΩ;

2)施工升降机的基础应能承受最不利工作条件下的全部载荷;

3)电气部件和安装应符合国家有关电气标准的规定;

4)对于电子元件,应考虑其制造商给出的使用环境温度,当使用环境温度超出规定时,须使用加热或散热装置;

5)在电源错相或断相的情况下,施工升降机应该无法起动;

6)对变频调速施工升降机,控制回路应采取措施避免当驱动电机起发电作用时引起的危险。

(2)外界干扰防护。

对电气装置应注意防止外界(如雨、雪、泥浆、灰尘等)造成危害。防护等级至少:

1)便携式控制装置应为IP65;

2)控制盒和开关、控制器、电气元件应为IP53;

3)电动机应为IP44。

(3)电缆。

施工升降机上的所有电缆电线在布线和安装时应注意防止机械损伤。尤其要注意吊笼上悬挂电缆的强度和气候的影响。为防止不正确的插入,插头插座应有防止误插的机械配对设计。

(4)接触器、继电器。

1)交流或直流电机的主接触器的使用类别不应低于AC-3或DC-3。

2)用作主接触器的继电器,控制交流电磁铁的使用类别不应低于AC-15;控制直流电磁铁的使用类别不应低于DC-13。

3)在采取措施且符合《吊笼有垂直导向的人货两用施工升降机》(GB 26557)的规定,主接触器和继电器都应:

①只要有一个"常闭触点"闭合,则所有"常开触点"分离;

②只要有一个"常开触点"闭合,则所有"常闭触点"分离。

(5)电气安全装置。

1)在正常工作时,任何电气设备都不应与电气安全回路的触点并联。

2)电气安全装置的控制元件在承受连续正常工作时的机械应力后,应始终功能正常。不应用一些简单手段使电气安全装置不工作。

3)对于使用类别为AC-15和DC-13的接触器,其额定绝缘电压不应小于250V。

(6)照明。

只要施工升降机在工作,吊笼内都应有照明,在控制装置处的照度不应小于50lx。

7. 钢丝绳

(1)悬挂吊笼和对重的钢丝绳。

1)当悬挂使用两根或两根以上相互独立的钢丝绳时,应设置自动平衡钢丝绳张力的装置。当单根钢丝绳过分拉长或破坏时,电气安全装置应停止吊笼的运行。

2)为防止钢丝绳被腐蚀应采用电镀或涂抹适当的保护化合物。

3)对用做以后改变吊笼运行高度的多余钢丝绳的贮存,应遵循以下要求:

①如果被固定的钢丝绳截面以后是悬挂绳的一部分,则固定用的连接件或装置不应损伤这

些固定截面；

②卷筒节径与钢丝绳直径的比值不应小于 15；

③在张紧力下贮存的多余钢丝绳，应卷绕在带有螺旋槽的卷筒上，螺旋槽式卷筒的槽宽应使相邻的钢丝绳有间隙；

④多层卷绕的钢丝绳可采用无槽卷筒，但钢丝绳不应受张紧力，且其弯曲直径不应小于钢丝绳直径的 15 倍；

⑤卷筒两端应装有挡板，挡板边缘应大于最上层钢丝绳直径的 2 倍；

⑥当过多的多余钢丝绳贮存在吊笼顶上时，应有限制吊笼超载的措施。

4)人货两用施工升降机钢丝绳在驱动卷筒上的绳端应采用楔形装置固定，货用施工升降机钢丝绳的驱动卷筒上的绳端可采用压板固定。

(2)齿轮齿条式施工升降机。

1)人货两用施工升降机悬挂对重的钢丝绳不应少于 2 根，且相互独立。

2)悬挂对重的钢丝绳为单绳时，安全系数不应小于 8；采用双绳时，每绳的安全系数不应小于 6；直径不应小于 9mm。

3)安装吊杆提升钢丝绳的安全系数不应小于 8，直径不应小于 5mm。

4)钢丝绳绳头应采用可靠的连接方式，绳接头的强度不低于钢丝绳强度的 80%。

(3)钢丝绳式施工升降机。

1)人货两用施工升降机驱动吊笼的钢丝绳不应少于 2 根，且是相互独立的。钢丝绳的安全系数不应小于 12，钢丝绳直径不应小于 9mm。

2)货用施工升降机驱动吊笼的钢丝绳允许用一根，其安全系数不应小于 8。额定载重量不大于 320kg 的施工升降机，钢丝绳直径不应小于 6mm；额定载重量大于 320kg 的施工升降机，钢丝绳直径不应小于 8mm。

3)防坠安全装置若包含钢丝绳，则钢丝绳的张紧力应是安全装置起作用所需力的 2 倍、且不小于 300N。

4)提升钢丝绳采用多层缠绕时，应有排绳措施。

8. 滑轮

(1)滑轮、曳引轮应有防止钢丝绳脱槽的措施。

(2)悬挂对重用滑轮的名义直径与钢丝绳直径之比不应小于 30。

(3)绳槽应为弧形，槽底半径 R 与钢丝绳半径 r 关系应为：$1.05r \leqslant R \leqslant 1.075r$，深度不小于 1.5 倍钢丝直径。

(4)具有钢丝绳导向装置的滑轮应防止异物进入。

(5)应采取有效的方法防止钢丝绳脱槽。

(6)钢丝绳与滑轮轴平面法线的夹角不超过 2.5°。

9. 导轨架的附着

(1)导轨架的高度超过最大独立高度时，应设有附着装置。

(2)施工升降机运动部件与除登机平台以外的建筑物和固定施工设备之间的距离不应小于 0.2m。

10. 层门锁止装置

(1)层门应装备可以人工打开的自锁装置。

(2)只有在吊笼底板离某一登机平台的垂直距离在 ±0.25m 以内时，该平台的层门方可打开。

(3)层门锁止装置应安装牢固,紧固件应有防松装置。锁止装置和紧固件在锁紧位置应能承受 1kN 沿开门方向的力。

(4)锁止装置若有拆卸式罩盖,则罩盖的拆除不应干涉任何锁止机构或导线。所有可拆卸式罩盖应由紧固件固定。

(5)锁止元件应借助弹簧或重力保持在锁紧的位置。若用弹簧,则应是受压弹簧且有导向,弹簧的失效不应导致不安全。

(6)所有锁止元件的嵌入深度不应少于 7mm。

11. 防坠安全装置

(1)齿轮齿条式施工升降机。

1)每个吊笼上应装有渐进式防坠安全器(以下简称防坠安全器),不允许采用瞬时式安全器。额定载重量为 200kg 及以下、额定提升速度小于 0.40m/s 的施工升降机允许采用匀速式安全器。

2)防坠安全器只能在有效的标定期限内使用,防坠安全器的有效标定期限不应超过两年。

3)防坠安全器装机使用时,应按吊笼额定载重量进行坠落试验。以后至少每 3 个月应进行一次额定载重量的坠落试验。

4)对重重量大于吊笼重量的施工升降机应加设对重的防坠安全器。

5)防坠安全器在任何时候都应该起作用,包括安装和拆卸工况。

6)防坠安全器应能使以触发速度运行的,带有 1.3 倍额定载重量的吊笼制停和保持停止状态。在吊笼空载或带有额定载重量时,防坠安全器的平均减速度应在(0.2～1.0)g_n 之间,且尖峰减速度不超过 2.5g_n、持续时间不超过 0.04s。

7)一旦防坠安全器触发,正常控制下的吊笼运动应由电气安全装置自动中止。

8)防坠安全器复位需要由专门人员实施使施工升降机恢复到正常工作状态。

9)防坠安全器试验时,吊笼不允许载人。

10)应有防止对防坠安全器动作速度作未经授权的调节的措施(如:有效的铅封或漆封等)。

11)防坠安全器不应由电动、液压或气动操纵的装置触发。

12)防坠安全器的触发速度应符合表 9-5 的规定。

表 9-5 防坠安全器标定动作速度

施工升降机额定提升速度,V	防坠安全器标定动作速度,V_1
$V \leqslant 0.60$	$V_1 \leqslant 1.00$
$0.60 < V \leqslant 1.33$	$V_1 \leqslant V + 0.40$
$V > 1.33$	$V_1 \leqslant 1.3V$

注:对于预定提升速度低、额定载重量大的施工升降机,其防坠安全器可采用较低的动作速度。

13)在所有承载条件下(超载除外),在防坠安全器动作后,施工升降机结构和各连接部分应无任何损坏及永久性变形,吊笼底板在各个方向的水平偏差改变值不应大于 30mm/m,且能恢复原状而无永久变形。

(2)钢丝绳式施工升降机。

1)人货两用施工升降机每个吊笼应设置兼有防坠、限速双重功能的防坠安全装置。当吊笼超速下行、或其悬挂装置断裂时，该装置应能将吊笼制停并保持静止状态。

2）如果制造商允许使用施工升降机的进出通道在对重的下方，则对重也应设置兼有防坠、限速双重功能的防坠安全装置。当对重超速下行、或其悬挂装置断裂时，该装置应能将对重制停并保持静止状态。

3）上述防坠安全装置的使用条件为：

①对于吊笼，其额定提升速度大于 0.63m/s 时应采用渐进式防坠安全装置；额定提升速度小于或等于 0.63m/s 时可采用瞬时式防坠安全装置；

②对于对重，其额定提升速度大于 1m/s 时应采用渐进式防坠安全装置；额定提升速度小于或等于 1 m/s 时可采用瞬时式防坠安全装置，瞬时式防坠安全装置允许借助悬挂装置的断裂或借助一根安全绳来动作；

③不应由电气、液压或气动操纵的装置来触发防坠安全装置；

④吊笼防坠安全装置的标定动作速度可参照表 9-5，对重防坠安全装置的动作速度应大于吊笼防坠安全装置的动作速度，但不得超过 10%；

⑤在装有额定载重量的吊笼自由下落、或对重自由下落的情况下，渐进式防坠安全装置制动时的平均减速度应在(0.2～1.0)g_n 之间。

4）货用施工升降机每个吊笼至少应装有断绳保护装置。当吊笼提升钢丝绳松绳或断绳时，该装置应能制停带有额定载重量的吊笼，且不造成结构严重损坏。对于额定提升速度大于 0.85m/s的施工升降机，该装置应是非瞬时式的。

5）对于仅装有上述的断绳保护装置的货用施工升降机，每个吊笼还应装有停层防坠落装置。在吊笼停层后，人员出入吊笼之前，该装置应动作，使吊笼的下降操作无效；即使此时发生吊笼提升钢丝绳断绳，吊笼也不会坠落。

6）在载荷均匀分布的情况下，吊笼防坠安全装置动作后吊笼底板在各个方向的水平度偏差改变值不应大于 50mm/m。

7）只有将吊笼（或对重）提起，方有可能使吊笼（或对重）的防坠安全装置释放，释放后，防坠安全装置应处于正常操纵状态。

8）防坠安全装置释放后，应由专业人员调整，施工升降机方可恢复使用。

12. 超载保护装置

（1）齿轮齿条式施工升降机。

1）超载检测应在吊笼静止时进行。超载保护装置应在载荷达到额定载重量的 90%时给出清晰的报警信号；并在载荷达到额定载重量的 110%前中止吊笼起动（对于货用施工升降机可不设报警功能）；

2）在设计和安装超载指示器、检测器时，应考虑到进行超载检测时不拆卸、不影响指示器和检测器的性能；

3）应防止超载保护装置在经受冲击、振动、使用（包括安装、拆卸、维护）及环境影响时损坏。

（2）钢丝绳式施工升降机。

超载检测应在吊笼静止时进行，超载保护装置应在载荷达到额定载重量的 110%前中止吊笼起动。

13. 行程限位开关

每个吊笼应装有上、下限位开关，人货两用施工升降机的吊笼还应装有极限开关。上、下限位开关可用自动复位型，切断的是控制回路；极限开关不允许用自动复位型，切断的是总电源。

(1)上限位开关的安装位置应符合以下要求：

1)当额定提升速度小于 0.80m/s 时，上限位开关的安装位置应保证吊笼触发该开关后，上部安全距离不小于 1.8m；

2)当额定提升速度大于或等于 0.80m/s 时，上限位开关的安装位置应保证吊笼触发该开关后，上部安全距离能满足下式的计算值：

$$L=1.8+0.1v^2$$

式中 L——上部安全距离的数值，m；

v——提升速度的数值，m/s。

(2)下限位开关的安装位置应保证吊笼以额定载重量下降时，触板触发该开关使吊笼制停，此时触板离下极限开关还应有一定行程。

(3)上、下极限开关的安装位置应符合以下要求：

1)在正常工作状态下，上极限开关的安装位置应保证上极限开关与上限位开关之间的越程距离为 0.15m；

2)在正常工作状态下，下极限开关的安装位置应保证吊笼在碰到缓冲器之前下极限开关先动作。

(4)上、下限位开关应能自动地将吊笼从额定速度上停止。不应以触发上、下限位开关来作为吊笼在最高层站和地面站停站的操作口。

(5)极限开关不应与限位开关共用一个触发元件。

(6)行程限位开关均应由吊笼或相关零件的运动直接触发。

14. 钢丝绳松弛装置

用于对重的钢丝绳应装有防松绳装置(如非自动复位型的防松绳开关)，在发生松、断绳时，该装置应中断吊笼的任何运动，直到由专业人员进行调整后，方可恢复使用。

15. 急停开关

在吊笼的控制装置(含便携式控制装置)上应装有非自动复位型的急停开关，任何时候均可切断控制电路停止吊笼运行。

16. 传动系统

(1)齿轮齿条式施工升降机。

1)每个吊笼至少应有一套驱动装置。

2)驱动电机应通过不会脱离啮合的直接传动系统与驱动齿轮相连接。

3)吊笼在工作中应始终由动力驱动上升或下降。

4)传动系统和制动系统中所有易疲劳的承载零件、连接件应作疲劳应力分析，如轴和齿轮。分析时需考虑应力幅和应力循环次数。应力循环次数为：

①50％额定载重量时，吊笼运行 80000 次；

②空载时，吊笼运行 80000 次。

5)人货两用施工升降机的工作循环次数宜取 1.6×10^3。

6)考虑所有裂痕的影响，每根轴相对于疲劳极限的最小安全系数应为 2。

7)应设置固定的保护装置以防止可能引起传动系统零件损坏的物质进入。

8)齿轮、传动带、链轮、飞轮、导轮、联轴器及类似的旋转零件应设置有效的保护，但设计和定位时已经考虑了安全保护的零件、已设计成易接近作检查和维护的零件除外。保护板上网孔及开口尺寸应符合表 9-4 的规定。

9)驱动齿轮和防坠安全器齿轮应直接固定在轴上，不能采用摩擦和夹紧的方法连接。

10)防坠安全器齿轮位置应低于最低的驱动齿轮。

11)应采取措施防止异物进入驱动齿轮或防坠安全器齿轮与齿条的啮合区间。

(2)钢丝绳式施工升降机。

1)人货两用施工升降机的驱动卷筒节径、滑轮直径与钢丝绳直径之比不应小于 30，对于 V 形或底部切槽的钢丝绳曳引轮，其节径与钢丝绳直径之比不应小于 31。

2)货用施工升降机的驱动卷筒节径、曳引轮节径、滑轮直径与钢丝绳直径之比不应小于 20。

3)传动系统各个零部件应装配良好，滑轮应转动灵活并能保证钢丝绳不脱槽，钢丝绳绳端在卷筒上的固定应牢固可靠，钢丝绳卷入卷筒时应排绳整齐。

4)提升钢丝绳与曳引轮槽之间应有足够的摩擦力，当吊笼装载额定载重量时，钢丝绳与曳引轮绳槽之间的单位压力应在允许范围之内。

5)当吊笼或对重停止在被其重量压缩的缓冲器上时，提升钢丝绳不应松弛。当吊笼超载 25%并以额定提升速度上、下运行和制动时，钢丝绳在曳引轮绳槽内不应产生滑动。

6)卷扬驱动只允许用于：

①无对重的施工升降机；

②货用施工升降机；

③吊笼额定提升速度不大于 0.63m/s 的人货两用施工升降机。

7)人货两用施工升降机采用卷筒驱动时，钢丝绳只允许绕一层，若使用自动绕绳系统，允许绕两层；货用施工升降机采用卷筒驱动时，允许绕多层。

8)当吊笼停止在最低位置时，留在卷筒上的钢丝绳不应小于 3 圈。

9)卷筒两端应有挡板，挡板边缘应大于最上层钢丝绳直径的 2 倍。

10)人货两用施工升降机的驱动卷筒应开槽，卷筒绳槽应符合下列要求：

①绳槽轮廓应为大于 120° 的弧形，槽底半径 R 与钢丝绳半径 r 的关系应为 $1.05r \leqslant R \leqslant 1.075r$；

②绳槽的深度不小于钢丝绳直径的 1/3；

③绳槽的节距应大于或等于 1.15 倍钢丝绳直径。

11)钢丝绳出绳偏角 α：有排绳器时 $\alpha \leqslant 4^\circ$；自然排绳时 $\alpha \leqslant 2^\circ$。

12)人货两用施工升降机钢丝绳在驱动卷筒上的绳端应采用楔形装置固定，货用施工升降机钢丝绳在驱动卷筒上的绳端可采用压板固定。

17. 试运行

(1)空载试验。

1)每个吊笼应分别进行空载试验；

2)应全行程进行不少于 3 个工作循环的空载试验，每个工作循环的升、降过程中应进行不少于两次的制动，其中在半行程应至少进行一次吊笼上升和下降的制动试验，观察有无制动瞬时滑移现象。

(2)额定载荷试验。

1)双笼施工升降机应按左、右吊笼分别进行额定重量试验；

2)吊笼内装额定载重量，载荷重心位置按吊笼宽度方向均向远离导轨架方向偏 1/6 宽度，长度方向均向附墙架方向偏 1/6 长度的内偏(以下简称内偏)以及反向偏移 1/6 长度的外偏(以下简称外偏)，按所选电动机的工作制，内偏和外偏各做全行程连续运行 30min 的试验，每一工作循环的升、降过程应进行不少于一次制动。

(3)超载 25%动载试验。

超载试验取 125%额定载重量。载荷在吊笼内均匀布置,工作行程为全行程,工作循环不应少于 3 个,每一工作循环的升、降过程中应进行不少于一次制动。

18. 坠落试验

(1)坠落试验时,应在额定载重量和额定安装载重量中选择最不利的工况作为试验条件。

(2)坠落试验前,不应解体或更换防坠安全器。

(3)对 SC 型施工升降机进行坠落试验时,通过操作按钮盒驱动吊笼以额定提升速度上升约 3~10m。按坠落试验按钮,电磁制动器松闸,吊笼将呈自由状态下落,直到达到试验速度时防坠安全器动作,测量制动距离。试验结束后应将防坠安全器复位,对于防坠安全器不能制停吊笼的施工升降机,应立即停机检修。

(4)在 SC 型施工升降机坠落试验中,当防坠安全器动作时,其电气联锁安全开关也应动作。

(5)对 SS 型施工升降机进行坠落试验时,将吊笼上升约 3m 后停住,作模拟断绳试验(应是突然断绳,不能以松绳代替断绳),试验防坠安全装置的可靠性。

(6)坠落试验后应检查:

1)结构及连接有无损坏及永久变形;

2)吊笼底板在各个方向的水平度偏差改变值。

9.6　施工现场施工升降机接高验收记录表

9.6.1　表格填写范例

施工现场施工升降机接高验收记录表

表 AQ-C7-6

工程名称：××大厦工程　　施工单位：××建设集团有限公司　　编号：××××

<table>
<tr><td>安装单位</td><td>××建筑机械安装公司</td><td colspan="2">安装单位负责人</td><td colspan="2">×××</td></tr>
<tr><td>施工地点</td><td>×市×区×街×号</td><td colspan="2">接高时间</td><td colspan="2">××年××月××日</td></tr>
<tr><td>型　号</td><td>SC 200/200</td><td>原高度</td><td>××m</td><td>接高后高度</td><td>××m</td></tr>
<tr><td>项　目</td><td colspan="3">检查内容与要求</td><td colspan="2">验收结果</td></tr>
<tr><td rowspan="8">接高前检查</td><td colspan="3">天轮及对重是否按要求拆下</td><td colspan="2">符合要求</td></tr>
<tr><td colspan="3">附着件、标准节型号及数量是否正确、齐全</td><td colspan="2">齐全</td></tr>
<tr><td colspan="3">附着件、标准节是否有开焊、变形和裂纹等问题</td><td colspan="2">没有开焊等问题</td></tr>
<tr><td colspan="3">吊杆是否灵活可靠、吊具是否齐全</td><td colspan="2">齐全</td></tr>
<tr><td colspan="3">吊笼启、制动是否正常，无异常响声</td><td colspan="2">正常</td></tr>
<tr><td colspan="3">表 AQ-C7-5 所列安全装置项目应灵敏、可靠</td><td colspan="2">可靠</td></tr>
<tr><td colspan="3">地线是否压接牢固</td><td colspan="2">牢固</td></tr>
<tr><td colspan="3">在使用控制盒操作时，其他操作装置应均不起作用，但吊笼的安全装置仍应起保护作用</td><td colspan="2">符合要求</td></tr>
<tr><td rowspan="7">接高后检查</td><td colspan="3">标准节联接应可靠，螺栓是否齐全</td><td colspan="2">齐全</td></tr>
<tr><td colspan="3">标准节联结螺栓拧紧力矩应符合技术要求</td><td colspan="2">符合要求</td></tr>
<tr><td colspan="3">导轨架安装垂直度偏差应符合技术要求</td><td colspan="2">符合要求</td></tr>
<tr><td colspan="3">天轮与对重安装符合技术要求</td><td colspan="2">符合要求</td></tr>
<tr><td colspan="3">限位开关、极限开关安装应符合技术要求，灵敏可靠</td><td colspan="2">灵敏可靠</td></tr>
<tr><td colspan="3">附着件的安装应符合设计要求</td><td colspan="2">符合要求</td></tr>
<tr><td colspan="3">附着件的安装间距应符合要求（说明书要求　m）</td><td colspan="2">符合要求</td></tr>
<tr><td colspan="6">验收结论：
方案合理，安装符合方案要求，验收合格。
安装负责人：×××
安全单位技术负责人：×××
租赁单位负责人：×××
施工升降机机长：×××
××年××月××日</td></tr>
</table>

注：本表由安装单位填写，安装单位、施工单位和监理单位各存一份。

9.6.2 表格填写依据

(1)《建筑施工升降机安装、使用、拆卸安全技术规程》(JGJ 215－2010)。

(2)《建筑机械使用安全技术规程》(JGJ 33－2012)。

(3)《建设工程施工现场安全资料管理规程》(CECS 266－2009)。

9.6.3 表格解析指南

升降机接高时还应注意的事项：

1. 基础

(1)基础强度是否满足接高要求。

(2)基础周围排水设施是否达到要求。

2. 金属结构

整个结构不应有明显变形、脱焊、开裂、破损等现象。

3. 围栏防护

接高后,新加的围栏应与原围栏结构连接成整体,并符合相关规定。

4. 钢丝绳及绳卡

(1)钢丝绳应有出厂合格证,及未达到报废标准。

(2)对重钢丝绳绳头号采用绳卡固接时数量不得少于 3 个,间距不小于绳径的 6 倍,绳卡应与绳径匹配。

5. 其他

(1)传动系统的转动零部件应有防护罩等防护装置。

(2)导向轮、背轮等应润滑良好,导向轮灵活,无明显倾侧现象。

(3)应设常闭制动器,并装有手动紧急操作机构及手动松闸功能。

第 10 章　塔式起重机安全资料表格范例及解析

10.1　施工现场塔式起重机安装/拆卸任务书

10.1.1　表格填写范例

施工现场塔式起重机安装/拆卸任务书

表 AQ-C8-1

工程名称:××大厦工程　　　　施工单位:××建设集团有限公司　　　　编号:××××

<table>
<tr><td>安装/拆卸单位</td><td colspan="3">××机械租赁公司</td><td>安装/拆卸单位负责人</td><td colspan="4">×××</td></tr>
<tr><td>施工地点</td><td colspan="3">×市×区×街×号</td><td>安全生产许可证编号</td><td colspan="4">××××</td></tr>
<tr><td>塔式起重机</td><td>型号</td><td>G 25/15</td><td>统一编号</td><td>××××</td><td>塔高</td><td>14.8m</td><td>臂长</td><td>45m</td></tr>
<tr><td>安、拆期限</td><td colspan="5">××年××月××日至××年××月××日</td><td colspan="2">任务下达者</td><td>×××</td></tr>
</table>

要求及说明:

1. 在安装前由生产副经理或班组长和安全技术人员组织拆装人员班前教育和安全技术交底并交代注意事项。
2. 安装前要对设备严格检查,对不符合安全要求设备进行整改,合格后才能安装。
3. 做到分工明确责任到人,严格把关,认真执行操作规程,杜绝违章作业和野蛮施工,要确保施工安全。
4. 要求班组长做好记录。

现场情况和建筑物平面示意图:

塔吊

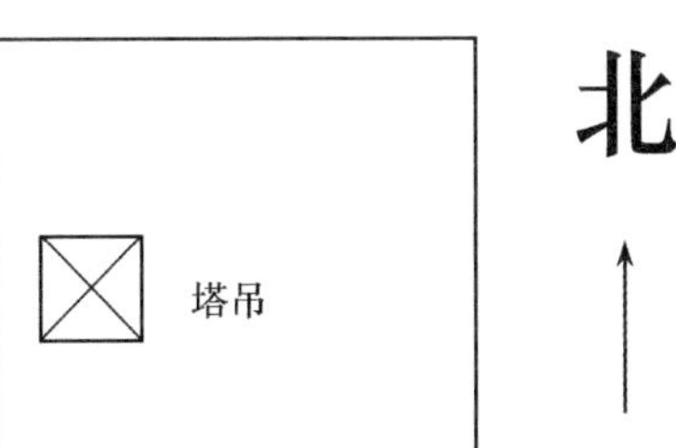

安装/拆卸单位负责人:×××

任务接受负责人:×××　　　　××年××月××日

注:本表由安装/拆卸单位填写,施工单位、租赁单位和安装/拆卸单位各存一份。

10.1.2 表格填写依据

(1)《建设工程施工现场安全资料管理规程》(CECS 266－2009)。

(2)《建筑施工塔式起重机安装、使用、拆卸安全技术规程》(JGJ 196－2010)。

10.1.3 表格解析指南

(1)风力达到四级以上时不得进行顶升、安装、拆卸作业。

(2)塔式起重机安装/拆卸单位必须具有从事塔式起重机安装/拆卸业务的资质。

(3)塔式起重机安装/拆卸单位应具备安全管理保证体系,有健全的安全管理制度。

(4)塔式起重机安装/拆卸作业应配备下列人员:

1)持有安全生产考核合格证书的项目负责人和安全负责人、机械管理人员;

2)具有建筑施工特种作业操作资格证书的建筑起重机械安装拆卸工、起重司机、起重信号工、司索工等特种作业操作人员。

(5)塔式起重机应具有特种设备制造许可证、产品合格证、制造监督检验证明,并已在县级以上地方建设主管部门备案登记。

(6)塔式起重机应符合现行国家标准《塔式起重机安全规程》(GB 5144)及《塔式起重机》(GB/T 5031)的相关规定。

(7)塔式起重机启用前应检查下列项目:

1)塔式起重机的备案登记证明等文件;

2)建筑施工特种作业人员的操作资格证书;

3)专项施工方案;

4)辅助起重机械的合格证及操作人员资格证书。

(8)对塔式起重机应建立技术档案,其技术档案应包括下列内容:

1)购销合同、制造许可证、产品合格证、制造监督检验证明、使用说明书、备案证明等原始资料;

2)定期检验报告、定期自行检查记录、定期维护保养记录、维修和技术改造记录、运行故障和生产安全事故记录、累计运转记录等运行资料;

3)历次安装验收资料。

(9)塔式起重机的选型和布置应满足工程施工要求,便于安装和拆卸,并不得损害周边其他建筑物或构筑物。

(10)有下列情况之一的塔式起重机严禁使用:

1)国家明令淘汰的产品;

2)超过规定使用年限经评估不合格的产品;

3)不符合国家现行相关标准的产品;

4)没有完整安全技术档案的产品。

(11)塔式起重机安装、拆卸前,应编制专项施工方案,指导作业人员实施安装、拆卸作业。专项施工方案应根据塔式起重机使用说明书和作业场地的实际情况编制,并应符合国家现行相关标准的规定。专项施工方案应由本单位技术、安全、设备等部门审核、技术负责人审批后,经监理单位批准实施。

(12)塔式起重机安装前应编制专项施工方案,并应包括下列内容:

1)工程概况;

2)安装位置平面和立面图；

3)所选用的塔式起重机型号及性能技术参数；

4)基础和附着装置的设置；

5)爬升工况及附着节点详图；

6)安装顺序和安全质量要求；

7)主要安装部件的重量和吊点位置；

8)安装辅助设备的型号、性能及布置位置；

9)电源的设置；

10)施工人员配置；

11)吊索具和专用工具的配备；

12)安装工艺程序；

13)安全装置的调试；

14)重大危险源和安全技术措施；

15)应急预案等。

(13)塔式起重机拆卸专项方案应包括下列内容：

1)工程概况；

2)塔式起重机位置的平面和立面图；

3)拆卸顺序；

4)部件的重量和吊点位置；

5)拆卸辅助设备的型号、性能及布置位置；

6)电源的设置；

7)施工人员配置；

8)吊索具和专用工具的配备；

9)重大危险源和安全技术措施；

10)应急预案等。

(14)塔式起重机与架空输电线的安全距离应符合现行国家标准《塔式起重机安全规程》(GB 5144)的规定。

(15)当多台塔式起重机在同一施工现场交叉作业时。应编制专项方案，并应采取防碰撞的安全措施。任意两台塔式起重机之间的最小架设距离应符合下列规定：

1)低位塔式起重机的起重臂端部与另一台塔式起重机的塔身之间的距离不得小于2m；

2)高位塔式起重机的最低位置的部件(或吊钩升至最高点或平衡重的最低部位)与低位塔式起重机中处于最高位置部件之间的垂直距离不得小于2m。

(16)在塔式起重机的安装、使用及拆卸阶段，进入现场的作业人员必须佩戴安全帽、防滑鞋、安全带等防护用品，无关人员严禁进入作业区域内。在安装、拆卸作业期间，应设警戒区。

(17)塔式起重机在安装前和使用过程中。发现有下列情况之一的，不得安装和使用：

1)结构件上有可见裂纹和严重锈蚀的；

2)主要受力构件存在塑性变形的；

3)连接件存在严重磨损和塑性变形的；

4)钢丝绳达到报废标准的；

5)安全装置不齐全或失效的。

10.2 施工现场塔式起重机安装/拆卸安全和技术交底

10.2.1 表格填写范例

施工现场塔式起重机安装/拆卸安全和技术交底

表 AQ-C8-2

工程名称:××大厦工程　　**施工单位**:××建设集团有限公司　　**编号**:××××

<table>
<tr><td>安装/拆卸单位</td><td>××机械租赁公司</td><td>安装/拆卸
单位负责人</td><td colspan="3">×××</td></tr>
<tr><td>施工地点</td><td>×市×区×街×号</td><td>塔吊型号规格</td><td colspan="3">G 25/15</td></tr>
<tr><td>登记编号</td><td>××××</td><td>塔　高</td><td>54.8m</td><td>臂长</td><td>45m</td></tr>
<tr><td>起重设备配备</td><td>配重铁×t</td><td>运输设备配备</td><td colspan="3">东风半挂</td></tr>
<tr><td colspan="6">一、安全交底内容:
1. 施工人员进入现场必须戴安全帽,高空作业系好安全带,检查好各自防护用品,以防高空坠落和物体打击。
2. 作业期间,设立安全区域,并派专人监护,禁止非作业人员进入。
3. 安装过程要求全体作业人员必须严格执行安全技术操作规程和产品使用说明书中有关规定,认真作业严禁“三违”现象发生。
4. 安装作业前要对结构检查有无变形、开焊、裂纹、破损、连接螺栓和拧紧力矩是否符合安全要求。拆卸前要对机械进行检查,是否存在安全问题,确认后才能进行安装。
5. 分工明确,责任到人,现场作业人员必须先签字再施工。
6. 作业过程要统一指挥,一切程序都必须通过指挥实施。
…
交底人:×××　　××年××月××日</td></tr>
<tr><td colspan="6">二、技术交底内容:
1. 要求全体作业人员必须熟悉设备性能和《产品使用说明书》中有关塔吊安装规定及要求,严格按照安装工艺和安装程序进行作业。
2. 作业人员不准随便更改,安装由下往上按技术要求进行,不得违章作业。其中严禁只安装一个臂就中断作业。
3. 正确选择吊点,保证吊装平稳。
4. 各部位连接销子要到位,开口销要开。
5. 安装完毕要对塔吊进行检查是否完好,要做好记录。
…
交底人:×××　　××年××月××日</td></tr>
<tr><td colspan="6">接收交底人:×××、×××…　　××年××月××日</td></tr>
</table>

说明:1. 常规装拆只需写明按说明书或按照装拆工艺;特殊情况安装/拆卸必须进行交底并附安装/拆卸方案;

2. 本表由安装/拆卸单位填写,施工单位、租赁单位和安装/拆卸单位各存一份。

10.2.2　表格填写依据

(1)《塔式起重机》(GB/T 5031—2008)。

(2)《塔式起重机安全规程》(GB 5144—2006)。

(3)《建筑施工塔式起重机安装、使用、拆卸安全技术规程》(JGJ 196—2010)。

(4)《建设工程施工现场安全资料管理规程》(CECS 266—2009)。

10.2.3　表格解析指南

1. 安全交底

(1)雨雪、浓雾天气严禁进行安装作业。安装时塔式起重机最大高度处的风速应符合使用说明书的要求，且风速不得超过12m/s。

(2)塔式起重机不宜在夜间进行安装作业；当需在夜间进行塔式起重机安装和拆卸作业时，应保证提供足够的照明。

(3)当遇特殊情况安装作业不能连续进行时，必须将已安装的部位固定牢靠并达到安全状态，经检查确认无隐患后，方可停止作业。

(4)施工人员进入现场必须戴安全帽，高空作业必须穿防滑鞋、系好安全带，检查好各自防护用品，以防高空坠落和物体打击。当发现异常情况或疑难问题时，应及时向技术负责人反映，不得自行其是，应防止处理不当而造成事故。

(5)作业期间，设立安全区域，并派专人监护，禁止非作业人员进入。

(6)安装过程要求全体作业人员必须严格执行安全技术操作规程和产品使用说明书中有关规定，认真作业严禁“三违”现象发生。

(7)分工明确，责任到人，现场作业人员必须先签字再施工。

(8)风力达到四级以上时不得进行顶升、安装、拆卸作业。

2. 技术交底

(1)安装前应根据专项施工方案，对塔式起重机基础的下列项目进行检查，确认合格后方可实施：

1)基础的位置、标高、尺寸；

2)基础的隐蔽工程验收记录和混凝土强度报告等相关资料；

3)安装辅助设备的基础、地基承载力、预埋件等；

4)基础的排水措施。

(2)安装作业，应根据专项施工方案要求实施。安装作业人员应分工明确、职责清楚。安装前应对安装作业人员进行安全技术交底。

(3)安装辅助设备就位后，应对其机械和安全性能进行检验，合格后方可作业。

(4)安装所使用的钢丝绳、卡环、吊钩和辅助支架等起重机具均应符合《建筑施工塔式起重机安装、使用、拆卸安全技术规程》(JGJ 196)第6章的规定，并经检查合格后方可使用。

(5)安装作业中应统一指挥，明确指挥信号。当视线受阻、距离过远时，应采用对讲机或多级指挥。

(6)自升式塔式起重机的顶升加节应符合下列规定：

1)顶升系统必须完好；

2)结构件必须完好；

3)顶升前,塔式起重机下支座与顶升套架应可靠连接;

4)顶升前,应确保顶升横梁搁置正确;

5)顶升前,应将塔式起重机配平;顶升过程中,应确保塔式起重机的平衡;

6)顶升加节的顺序,应符合使用说明书的规定;

7)顶升过程中,不应进行起升、回转、变幅等操作;

8)顶升结束后,应将标准节与回转下支座可靠连接;

9)塔式起重机加节后需进行附着的,应按照先装附着装置、后顶升加节的顺序进行,附着装置的位置和支撑点的强度应符合要求。

(7)塔式起重机的独立高度、悬臂高度应符合使用说明书的要求。

(8)电气设备应按使用说明书的要求进行安装,安装所用的电源线路应符合现行行业标准《施工现场临时用电安全技术规范》(JGJ 46)的要求。

(9)塔式起重机的安全装置必须齐全,并应按程序进行调试合格。

(10)连接件及其防松防脱件严禁用其他代用品代用。连接件及其防松防脱件应使用力矩扳手或专用工具紧固连接螺栓。

(11)安装完毕后,应及时清理施工现场的辅助用具和杂物。

(12)安装单位应对安装质量进行自检,并应按《建筑施工塔式起重机安装、使用、拆卸安全技术规程》(JGJ 196)附录 A 填写自检报告书。

(13)安装单位自检合格后,应委托有相应资质的检验检测机构进行检测。检验检测机构应出具检测报告书。

(14)安装质量的自检报告书和检测报告书应存入设备档案。

(15)经自检、检测合格后,应由总承包单位组织出租、安装、使用、监理等单位进行验收,并填写《施工现场塔式起重机安装验收表》,合格后方可使用。

(16)塔式起重机停用 6 个月以上的,在复工前,应重新进行验收,合格后方可使用。

3. 拆卸

(1)塔式起重机拆卸作业宜连续进行;当遇特殊情况拆卸作业不能继续时,应采取措施保证塔式起重机处于安全状态。

(2)当用于拆卸作业的辅助起重设备设置在建筑物上时,应明确设置位置、锚固方法,并应对辅助起重设备的安全性及建筑物的承载能力等进行验算。

(3)拆卸前应检查主要结构件、连接件、电气系统、起升机构、回转机构、变幅机构、顶升机构等项目。发现隐患应采取措施,解决后方可进行拆卸作业。

(4)拆卸作业应符合上述"2. 技术交底"(2)～(9)条的规定。

(5)附着式塔式起重机应明确附着装置的拆卸顺序和方法。

(6)自升式塔式起重机每次降节前,应检查顶升系统和附着装置的连接等,确认完好后方可进行作业。

(7)拆卸时应先降节、后拆除附着装置。

(8)拆卸完毕后,为塔式起重机拆卸作业而设置的所有设施应拆除,清理场地上作业时所用的吊索具、工具等各种零配件和杂物。

10.3　施工现场塔式起重机基础验收记录表

10.3.1　表格填写范例

施工现场塔式起重机基础验收记录表

表 AQ-C8-3

工程名称：××大厦工程　　施工单位：××建设集团有限公司　　编号：××××

安装单位	××机械租赁公司	负责人	×××
基础施工单位	××建筑劳务公司	负责人	×××
施工地点	×市×区×街×号	塔吊规格型号	G25/15
安装高度	20m	安装日期	××年××月××日

检验项目	实测数据	验收结论
路基允许承载能力(N/m^2)	××	合格
土壤干容重(g/cm^3)	××	合格
基坑边坡坡度(°)	/	
路基距基坑边距离(m)	/	
暗沟、防空洞、坑(有、无)	无	合格
排水沟(有、无)	无	合格
高压线(有、无)	无	合格
场地平整情况	/	
混凝土强度	C30、115%	合格
固定支腿安装垂直度、平面度	符合要求	合格
固定支腿接地电阻的设置	符合要求	合格
基础尺寸及表面平整度及预埋螺栓情况	符合要求	合格
其他		

验收意见：

基础验收合格，可以进行安装作业。

基础施工负责人：×××

项目负责人：×××

塔式起重机安装负责人：×××

××年××月××日

注：本表由基础施工单位填写，施工单位、安装单位和基础施工单位各存一份。

10.3.2 表格填写依据

(1)《建设工程施工现场安全资料管理规程》(CECS 266－2009)。

(2)《塔式起重机混凝土基础工程技术规程》(JGJ/T 187－2009)。

10.3.3 表格解析指南

1. 地基土检查验收

(1)塔机基础的基坑开挖后应按现行国家标准《建筑地基基础工程施工质量验收规范》(GB 50202)的规定进行验槽,应检验坑底标高、长度和宽度、坑底平整度及地基土性是否符合设计要求,地质条件是否符合岩土工程勘察报告。

(2)基础土方开挖工程质量检验标准应符合现行国家标准《建筑地基基础工程施工质量验收规范》(GB 50202)的规定。

(3)地基加固工程应在正式施工前进行试验段施工,并应论证设定的施工参数及加固效果。为验证加固效果所进行的载荷试验,其最大加载压力不应小于设计要求压力值的 2 倍。

(4)经地基处理后的复合地基的承载力应达到设计要求的标准。检验方法应按现行行业标准《建筑地基处理技术规范》(JGJ 79)的规定执行。

(5)地基土的检验除符合上述规定外,尚应符合现行国家标准《建筑地基基础工程施工质量验收规范》(GB 50202)的有关规定,必要时应检验塔机基础下的复合地基。

2. 基础检查验收

(1)钢材、水泥、砂、石子、外加剂等原材料进场时,应按现行国家标准《混凝土结构工程施工质量验收规范》(GB 50204)和《钢结构工程施工质量验收规范》(GB 50205)的规定作材料性能检验。

(2)基础的钢筋绑扎后,应作隐蔽工程验收。隐蔽工程应包括塔机基础节的预埋件或预埋节等。验收合格后方可浇筑混凝土。

(3)基础混凝土的强度等级必须符合设计要求。用于检查结构构件混凝土强度的试件,应在混凝土的浇筑地点随机抽取。取样与试件留置应符合现行国家标准《混凝土结构工程施工质量验收规范》(GB 50204)的有关规定。

(4)基础结构的外观质量不应有严重缺陷,不宜有一般缺陷,对已经出现的严重缺陷或一般缺陷应采用相关处理方案进行处理,重新验收合格后方可安装塔机。

(5)基础的尺寸允许偏差应符合表 10-1 的规定。

表 10-1 塔机基础尺寸允许偏差或检验方法

项目		允许偏差(mm)	检验方法
标高		±20	水准仪或拉线、钢尺寸检查
平面外形尺寸(长度、宽度、高度)		±20	钢尺检查
表面平整度		10、L/1000	水准仪或拉线、钢尺寸检查
洞穴尺寸		±20	钢尺检查
预埋锚栓	标高(顶部)	±20	水准仪或拉线、钢尺检查
	中心距	±2	钢尺检查

表中 L 为矩形或十字形基础的长边。

(6)基础工程验收除应符合上述第 2 条要求外，尚应符合现行国家标准《混凝土结构工程施工质量验收规范》(GB 50204)的规定。

3. 桩基检查验收

(1)预制桩(包括预制混凝土桩、预应力混凝土管桩、钢桩)施工过程中应进行下列检验：

1)打入深度、停锤标准、静压终止压力值及桩身(或架)垂直度检查；

2)接桩质量、接桩间歇时间及桩顶完整状况；

3)每米进尺锤击数、最后 1.0m 锤击数、总锤击数、最后三阵贯入度及桩尖标高等。

(2)灌注桩施工过程中应进行下列检验：

1)灌注混凝土前，应按现行行业标准《建筑桩基技术规范》(JGJ 94)的规定，对已成孔的中心位置、孔深、孔径、垂直度、孔底沉渣厚度进行检验；

2)应对钢筋笼安放的实际位置等进行检查，并应填写相应质量检测、检查记录。

(3)混凝土灌注桩的强度等级应按现行行业标准《建筑桩基技术规范》(JGJ 94)的规定进行检验。

(4)成桩桩位偏差的检查应按现行国家标准《建筑地基基础工程施工质量验收规范》(GB 50202)和行业标准《建筑桩基技术规范》(JGJ 94)的规定执行。

(5)桩基宜随同主体结构基础的工程桩进行承载力和桩身质量检验。

(6)基桩与承台的连接构造以及主筋的锚固长度应符合《塔式起重机混凝土基础工程技术规程》(JGJ/T 187)第 6.2 节规定和现行行业标准《建筑桩基技术规范》(JGJ 94)的规定。

4. 格构式钢柱检查验收

(1)钢材及焊接材料的品种、规格、性能等应符合国家产品标准和设计要求。

(2)焊工应经考试合格并取得合格证书。

(3)焊缝厚度应符合设计要求，焊缝表面不得有裂纹、焊瘤、气孔、夹渣、弧坑裂纹、电弧擦伤等缺陷。

(4)格构式钢柱及缀件的拼接误差应符合设计要求及现行国家标准《钢结构工程施工质量验收规范》(GB 50205)的规定。

(5)格构式钢柱的安装误差应符合表 10-2 的规定。

表 10-2　格构式钢柱安装的允许偏差

项目	允许偏差(mm)	检验方法
柱端中心线对轴线的偏差	0～20	用吊线和钢尺检查
柱基准点标高	±10	用水准仪检查
柱轴线垂直度	$0.5H/100$ 且≤35	用经纬仪或吊线和钢尺检查

注：表中 H 为格构式钢柱的总长度。

10.4 施工现场塔式起重机轨道验收记录表

10.4.1 表格填写记录

施工现场塔式起重机轨道验收记录表

表 AQ-C8-4

工程名称：××大厦工程　　施工单位：××建设集团有限公司　　编号：××××

<table>
<tr><td>安装单位</td><td colspan="3">××机械租赁公司</td><td colspan="2">负责人</td><td colspan="3">×××</td></tr>
<tr><td>施工地点</td><td colspan="3">×市×区×街×号</td><td colspan="2">轨道铺设单位</td><td colspan="2">××机械租赁公司</td><td>负责人</td><td>×××</td></tr>
<tr><td>安装高度</td><td colspan="3">18m</td><td colspan="3">安装日期</td><td colspan="3">××年××月××日</td></tr>
<tr><td>塔机型号</td><td>G 25/15</td><td>钢轨型号</td><td>130</td><td>轨道长度</td><td>××m</td><td>轨距</td><td colspan="3">××m</td></tr>
<tr><td colspan="4">检验项目和标准</td><td colspan="3">实测数据</td><td colspan="3">结论</td></tr>
<tr><td colspan="4">碎石粒度　**20～40mm**</td><td colspan="3">20～40mm</td><td colspan="3">合格</td></tr>
<tr><td colspan="4">路基碎石厚度　**>250mm**</td><td colspan="3">270mm</td><td colspan="3">合格</td></tr>
<tr><td colspan="4">枕木间距　**≤600mm**</td><td colspan="3">580mm</td><td colspan="3">合格</td></tr>
<tr><td colspan="4">钢轨接头间隙　**≤4mm**</td><td colspan="3">3mm</td><td colspan="3">合格</td></tr>
<tr><td colspan="4">钢轨接头高度差　**≤2mm**</td><td colspan="3">1.5mm</td><td colspan="3">合格</td></tr>
<tr><td colspan="4">钢轨接头错开距离　**≥1.5m**</td><td colspan="3">2mm</td><td colspan="3">合格</td></tr>
<tr><td colspan="4">拉杆距离　**≤6m**</td><td colspan="3">5.5mm</td><td colspan="3">合格</td></tr>
<tr><td colspan="4">轨距误差　**≤1‰**</td><td colspan="3">0.5‰</td><td colspan="3">合格</td></tr>
<tr><td colspan="4">钢轨顶面纵、横方向倾斜度≤5‰，测量点距离≤10m</td><td colspan="3">符合要求</td><td colspan="3">合格</td></tr>
<tr><td colspan="4">接地装置组数(每隔 20m 设 1 组)和质量</td><td colspan="3">2 组</td><td colspan="3">合格</td></tr>
<tr><td colspan="4">接地电阻　**≤4Ω**</td><td colspan="3">2.3Ω</td><td colspan="3">合格</td></tr>
<tr><td colspan="10">验收意见：
经检查，验收合格。

轨道铺设负责人：×××

项目负责人：×××

塔式起重机安装负责人：×××

××年××月××日</td></tr>
</table>

注：本表由轨道铺设单位填写，轨道铺设单位、安装单位和施工单位各存一份。

10.4.2　表格填写依据

(1)《塔式起重机》(GB 5031－2008)。

(2)《塔式起重机安全规程》(GB 5144－2006)。

(3)《建设工程施工现场安全资料管理规程》(CECS 266－2009)。

10.4.3　表格解析指南

(1)轨道安装后,必须符合下列规定:

1)两轨道的高度差不大于 1/1000;

2)纵向和横向的坡度均不大于 1/1000;

3)轨距与名义值的误差不大于 1/1000,其绝对值不大于 6mm;

4)钢轨接头间隙在 2～4mm 之间,接头处两轨顶高差不大于 2mm,两根钢轨接头必须错开 1.5m。

(2)固定式塔式起重机基础必须设置钢筋混凝土基础,该基础必须能够承受工作状态的最大载荷,并应满足塔机基础的横向偏差、纵向偏差、轨距偏差等项要求。

(3)轨道不得直接敷设在地下建筑物上面(如暗沟、人防等设施)。

(4)敷设碎石前的路面,必须压实。轨道碎石基础必须整平捣平,道木之间应填满碎石。钢轨接头处必须有道木支承,不得悬空。

路基两侧或中间应设排水沟,路基不得积水。道碴层厚度不得少于 20cm(枕木上、下各 10cm);碴石粒径为 25～60mm。

(5)起重机轨道应通过垫块与道木连接。轨道每间隔 6m 设轨距拉杆一个。

(6)塔式起重机的轨辅应设不少于两组接地装置。轨道较长的每隔 20m 应加一组接地装置,接地电阻不大于 4Ω。

(7)路基土壤承载力必须符合专项安全施工组织设计(施工方案)规定的要求。

(8)距轨道终端 1.5m 处必须设置极限位置阻挡器,其高度应不小于行走轮半径。

(9)冬期施工时轨道上的积雪、冰雪必须及时清除干净。起重机在施工期内,每周或雨、雪后应对轨道基础进行检查。发现不符合规定,应及时调整。

(10)塔机的轨道铺设完毕,必须经有关人员检查验收合格后方可进行塔机的安装。

(11)塔机行走范围内的轨道中间严禁堆放任何物料。

10.5 施工现场起重机安装/拆卸过程记录表

10.5.1 表格填写范例

施工现场塔式起重机安装/拆卸过程记录表

表 AQ-C8-5

工程名称：××大厦工程　　施工单位：××建设集团有限公司　　编号：××××

<table>
<tr><td>安装/拆卸单位</td><td colspan="4">××机械安装公司</td><td>负责人</td><td colspan="4">×××</td></tr>
<tr><td>施工地点</td><td colspan="4">×市×区×街×号</td><td>安装/拆卸日期</td><td colspan="4">××年××月××日</td></tr>
<tr><td>塔式起重机</td><td>型号</td><td>G 25/15</td><td>统一编号</td><td colspan="2">××××</td><td>塔高</td><td>××m</td><td>臂长</td><td>××m</td></tr>
<tr><td>起重设备配备</td><td colspan="4">配重铁</td><td>司机</td><td colspan="4">×××</td></tr>
<tr><td>日期/风力</td><td>××月××日/
1～2 级</td><td>××月××日/
2～3 级</td><td></td><td></td><td></td><td></td><td colspan="3"></td></tr>
<tr><td>人员/工种</td><td colspan="9">工　作　内　容</td></tr>
<tr><td>姓 名</td><td>工种</td><td>证件号</td><td colspan="7"></td></tr>
<tr><td>×××</td><td>队长</td><td>××××</td><td colspan="7">现场总指挥</td></tr>
<tr><td>×××</td><td>拆装工</td><td>××××</td><td colspan="7">进行塔式起重机安装</td></tr>
<tr><td>×××</td><td>拆装工</td><td>××××</td><td colspan="7">进行塔式起重机安装</td></tr>
<tr><td>×××</td><td>拆装工</td><td>××××</td><td colspan="7">进行塔式起重机安装</td></tr>
<tr><td>×××</td><td>拆装工</td><td>××××</td><td colspan="7">进行塔式起重机安装</td></tr>
<tr><td>×××</td><td>拆装工</td><td>××××</td><td colspan="7">进行塔式起重机安装</td></tr>
<tr><td>×××</td><td>拆装工</td><td>××××</td><td colspan="7">进行塔式起重机安装</td></tr>
<tr><td>×××</td><td>拆装工</td><td>××××</td><td colspan="7">进行塔式起重机安装</td></tr>
<tr><td>×××</td><td>拆装工</td><td>××××</td><td colspan="7">进行塔式起重机安装</td></tr>
<tr><td>×××</td><td>电 工</td><td>××××</td><td colspan="7">接线</td></tr>
<tr><td>×××</td><td>安全员</td><td>××××</td><td colspan="7">安全监护</td></tr>
<tr><td>×××</td><td>技术员</td><td>××××</td><td colspan="7">技术指导</td></tr>
<tr><td></td><td></td><td></td><td colspan="7"></td></tr>
<tr><td></td><td></td><td></td><td colspan="7"></td></tr>
<tr><td colspan="10">安装/拆卸过程有关情况：
安装过程状态良好。
安装/拆卸单位负责人：×××
××年××月××日</td></tr>
</table>

注：本表由安装/拆卸单位填写，施工单位、安装/拆卸单位和租赁单位各保存一份。

10.5.2　表格填写依据

(1)《塔式起重机》(GB 5031－2008)。

(2)《塔式起重机安全规程》(GB 5144－2006)。

(3)《建设工程施工现场安全资料管理规程》(CECS 266－2009)。

10.5.3　表格解析指南

(1)一般规定：

1)起重工必须经专门安全技术培训，考试合格后持证上岗，严禁酒后作业。

2)起重工应健康，两眼视力均不得低于 1.0，无色盲、听力障碍、高血压、心脏病、癫痫病、眩晕、突发性昏厥及其他影响起重吊装作业的疾病与生理缺陷。

3)作业前必须检查作业环境、吊索具、防护用品。吊装区域无闲散人员，障碍已排除。吊索具无缺陷，捆绑正确牢固，被吊物与其他物件无连接。确认安全后方可作业。

4)轮式或履带式起重机作业时必须确定吊装区域，并设警戒标志，必要时派人监护。

5)大雨、大雪、大雾及风力六级以上(含六级)等恶劣天气，必须停止露天起重吊装作业。严禁在带电的高压线下或一侧作业。

6)在高压线垂直或水平方向作业时，必须保持下表 10-3 所列的最小安全距离。

表 10-3　起重机与架空线路最小安全距离

输电导线电压(kV)	1 以下	1～15	20～40	60～110	220
允许沿输电导线垂直方向的最小距离(m)	1.5	3	4	5	6
允许沿输电导线水平方向的最小距离(m)	1	1.5	2	4	6

(2)起重机司机必须掌握的知识和操作能力：

1) 所操纵的起重机的构造和技术性能；

2) 起重机安全技术规程、制度；

3) 起重量、变幅、起升速度与机械稳定性的关系；

4) 钢丝绳的类型、鉴别、保养与安全系数的选择；

5) 一般仪表的使用及电气设备常见故障的排除；

6) 钢丝绳接头的穿结(卡接、插接)；

7) 吊装构件重量计算；

8) 操作中能及时发现或判断各机构故障，并能采取有效措施；

9) 制动器突然失效能作紧急处理。

(3)指挥信号工必须掌握的知识和操作能力：

1) 应掌握所指挥的起重机的技术性能和起重工作性能，能定期配合司机进行检查。能熟练地运用手势、旗语、哨声和通讯设备；

2) 能看懂一般的建筑结构施工图，能按现场平面布置图和工艺要求指挥起吊、就位构件、材料和设备等；

3) 掌握常用材料的重要和吊运就位方法及构件重心位置，并能计算非标准构件和材料的重量；

4）正确地使用吊具、索具，编插各种规格的钢丝绳；

5）有防止构件装卸、运输、堆放过程中变形的知识；

6）掌握起重机最大起重量和各种高度、幅度时的起重量，熟知吊装、起重有关知识；

7）具备指挥单机、双机或多机作业的指挥能力；

8）严格执行“十不吊”的原则。即被吊物重量超过机械性能允许范围：信号不清；吊物下方有人；吊物上站人；埋在地下物；斜拉斜牵物；散物捆绑不牢；立式构件、大模板等不用卡环；零碎物无容器；吊装物重量不明等。

(4)挂钩工必须相对固定，以及必须掌握以下知识和操作能力：

1)必须服从指挥信号的指挥；

2)熟练运用手势、旗语、哨声的使用；

3)熟悉起重机的技术性能和工作性能；

4)熟悉常用材料重量，构件的重心位置及就位方法；

5)熟悉构件的装卸、运输、堆放的有关知识；

6)能正确使用吊、索具和各种构件的拴挂方法。

(5)作业时必须执行安全技术交底，听从统一指挥。

(6)使用起重机作业时，必须正确选择吊点的位置，合理穿挂索具，试吊。除指挥及挂钩人员外，严禁其他人员进入吊装作业区。

10.6　施工现场塔式起重机附着检查记录表

10.6.1　表格填写范例

施工现场塔式起重机附着检查记录表

表 AQ-C8-6

工程名称：××大厦工程　　　施工单位：××建设集团有限公司　　　编号：××××

安装单位	××机械租赁公司		负责人	×××		
施工地点	×市×区×街×号		附着负责人	×××		
塔式起重机	型号	G 25/15	登记编号	××××	附着后高	××m
	附着道数	1	与下面一道附着间距	××m	与建筑物水平距离	××m
项目	工作内容					结果
附着之前检查项目	框架、锚杆、墙板等应无开焊、变形和裂纹					无开焊、裂缝
	锚杆长度和结构形式应符合附着要求					达到技术要求
	建筑物上附着点布置和强度应符合要求					达到技术要求
	第一道附着以下高度不得大于说明书中规定					达到说明书要求
	附着之间距离应符合要求					符合要求
附着之后检查项目	附着框架安装位置应符合规定要求					符合要求
	塔身与锚固框架应固定牢固					牢固、可靠
	框架、锚杆、墙板等各处螺栓、销轴应齐全、正确、可靠					齐全、正确、可靠
	垫铁、楔块等零、部件齐全可靠					齐全、可靠
	最高附着点以下塔身轴线对支撑面垂直度不得大于相应高度的2‰					符合要求
	最高附着点以上塔身轴线对支撑面垂直度不得大于4‰					符合要求
	附着点以上塔机自由高度不得大于说明书要求					达到说明书要求
验收结论： 符合要求，验收合格。 安装单位技术负责人：××× 项目机械设备管理负责人：×××　　　××年××月××日						

注：本表由安装单位填写，安装单位、租赁单位和施工单位各存一份。

10.6.2　表格填写依据

(1)《塔式起重机》(GB 5031－2008)。

(2)《塔式起重机安全规程》(GB 5144－2006)。

(3)《建设工程施工现场安全资料管理规程》(CECS 266－2009)。

10.6.3　表格解析指南

(1)起重机附着的建筑物,其锚固点的受力强度应满足起重机的设计要求。附着杆系的布置方式、相互间距和附着距离等,应按出厂使用说明书规定执行。有变动时,应另行设计。

(2)装设附着框架和附着杆件,应采用经纬仪测量塔身垂直度,并应采用附着杆进行调整,在最高锚固点以下垂直度允许偏差为 2/1000。

(3)在附着框架和附着支座布设时,附着杆倾斜角不得超过 10°。

(4)附着框架宜设置在塔身标准节连接处,箍紧塔身。塔架对角处在无斜撑时应加固。

(5)塔身顶升接高到规定锚固间距时,应及时增设与建筑物的锚固装置。塔身高出锚固装置的自由端高度,应符合出厂规定。

(6)起重机作业过程中,应经常检查锚固装置,发现松动或异情况时,应立即停止作业,故障未排除,不得继续作业。

(7)拆卸起重机时,应随着降落塔身的进程拆卸相应的锚固装置。严禁在落塔之前先拆卸锚固装置。

(8)遇有六级以上大风时,严禁安装或拆卸锚固装置。

(9)锚固装置的安装、拆卸、检查和调整,均应有专人负责,工作时应系安全带和戴安全帽,并应遵守高处作业有关安全操作的规定。

(10)轨道式起重机作附着式使用时,应提高轨道基础的承载能力和切断行走机构的电源,并应设置阻挡行走轮移动的支座。

10.7　施工现场塔式起重机顶升检验记录表

10.7.1　表格填写范例

施工现场塔式起重机顶升检验记录表

表 AQ-C8-7

工程名称：××大厦工程　　施工单位：××建设集团有限公司　　编号：××××

<table>
<tr><td>安装单位</td><td colspan="2">××机械租赁公司</td><td colspan="2">负责人</td><td>×××</td></tr>
<tr><td>施工地点</td><td colspan="2">×市×区×街×号</td><td colspan="2">附着负责人</td><td>×××</td></tr>
<tr><td>塔式型号</td><td>G 25/15</td><td>登记编号</td><td>××××</td><td>原塔高××m</td><td>顶升后高××m</td></tr>
<tr><td rowspan="7">顶升之前检查</td><td colspan="4">标准节数量和型号是否正确</td><td>型号正确</td></tr>
<tr><td colspan="4">标准节套架、平台等应无开焊、变形和裂纹</td><td>无开焊、无变形、无裂纹</td></tr>
<tr><td colspan="4">套架滚轮转动应灵活，与塔身的间隙应合适</td><td>灵活、合适</td></tr>
<tr><td colspan="4">液压系统压力应达到要求，油路应畅通，无泄漏</td><td>达到要求、畅通、无泄漏</td></tr>
<tr><td colspan="4">钢轨顶面纵横方向倾斜度≤3‰（上回转）或5‰（下回转），测量点距离≤10m</td><td>符合要求</td></tr>
<tr><td colspan="4">电缆线应放松到足够长度</td><td>符合要求</td></tr>
<tr><td colspan="4">顶升套架和回转支承应可靠连接</td><td>可靠连接</td></tr>
<tr><td rowspan="4">顶升过程检查</td><td colspan="4">顶升安全装置是否就位</td><td>就位</td></tr>
<tr><td colspan="4">液压系统有无异常</td><td>系统无异常</td></tr>
<tr><td colspan="4">回转支承与顶升套架是否可靠连接</td><td>可靠连接</td></tr>
<tr><td colspan="4">套架滚轮转动应灵活，与塔身的间隙应合适</td><td>灵活、间隙合适</td></tr>
<tr><td rowspan="4">顶升之后检查</td><td colspan="4">塔身连接应可靠，螺栓和销子应齐全</td><td>可靠、齐全</td></tr>
<tr><td colspan="4">塔身与回转平台连接应可靠，螺栓拧紧力矩应符合标准</td><td>可靠、达标</td></tr>
<tr><td colspan="4">塔身轴线对支承面侧向垂直度应<4‰</td><td>符合规定位置、接好</td></tr>
<tr><td colspan="4">顶升油缸是否放置在规定位置</td><td>放置在规定位置</td></tr>
<tr><td colspan="6">验收结论：

检验合格，同意使用。

安装单位技术负责人：×××
顶升作业负责人：×××
项目机械设备管理负责人：×××　　××年××月××日</td></tr>
</table>

注：本表由安装单位填写，安装单位、租赁单位和施工单位各存一份。

10.7.2 表格填写依据

(1)《塔式起重机》(GB 5031－2008)。

(2)《塔式起重机安全规程》(GB 5144－2006)。

(3)《建设工程施工现场安全资料管理规程》(CECS 266－2009)。

10.7.3 表格解析指南

(1)升降作业过程,必须有专人指挥,专人照看电源,专人操作液压系统,专人拆装螺栓。非作业人员不得登上顶升套架的操作平台。操纵室内应只准一人操作,必须听从指挥信号。

(2)升降应在白天进行,特殊情况需在夜间作业时,应有充分的照明。

(3)风力在四级及以上时,不得进行升降作业。在作业中风力突然增大达到四级时,必须立即停止,并应紧固上、下塔身各连接螺栓。

(4)顶升前应预先放松电缆,其长度宜大于顶升总高度,并应紧固好电缆卷筒。下降时应适时收紧电缆。

(5)升降时,必须调整好顶升套架滚轮与塔身标准节的间隙,并应按规定使起重臂和平衡臂处于平衡状态,并将回转机构制动住,当回转台与塔身标准节之间的最后一处连接螺栓(销子)拆卸困难时,应将其对角方向的螺栓重新插入,再采取其他措施。不得以旋转起重臂动作来松动螺栓(销子)。

(6)升降时,顶升撑脚(爬爪)就位后,应插上安全销,方可继续下一动作。

(7)升降完毕后,各连接螺栓应按规定扭力紧固,液压操纵杆回到中间位置,并切断液压升降机构电源。

10.8　施工现场塔式起重机安装验收记录表

10.8.1　表格填写范例

施工现场塔式起重机安装验收记录表

表 AQ-C8-8

工程名称：××大厦工程　　施工单位：××建设集团有限公司　　编号：××××

<table>
<tr><td colspan="2">安装单位</td><td colspan="3">××机械租赁公司</td><td colspan="2">负责人</td><td>×××</td></tr>
<tr><td colspan="2">施工地点</td><td colspan="3">×市×区×街×号</td><td colspan="2">安装日期</td><td>××年××月××日</td></tr>
<tr><td rowspan="3">塔式起重机</td><td>型号</td><td>G25/15</td><td>登记编号</td><td>××××</td><td colspan="2">起升高度</td><td>××m</td></tr>
<tr><td>幅度</td><td>×m</td><td>起重力矩</td><td>×t·m</td><td colspan="2">最大起重量</td><td>×t</td></tr>
<tr><td>中心压重重量</td><td>×t</td><td>平衡重重量</td><td>×t</td><td colspan="2">臂端起重量（2/4 绳）</td><td>×t</td></tr>
<tr><td>项目</td><td colspan="5">检查内容与要求</td><td colspan="2">结　果</td></tr>
<tr><td rowspan="4">塔吊结构</td><td colspan="5">部件、附件、联结件安装应齐全，位置应正确</td><td colspan="2">可靠、正确</td></tr>
<tr><td colspan="5">螺栓拧紧力矩应达到技术要求，开口销应安全撬开</td><td colspan="2">符合要求</td></tr>
<tr><td colspan="5">结构不应有变形、开焊、裂纹</td><td colspan="2">无变形、开焊、裂纹</td></tr>
<tr><td colspan="5">压重、配重重量、位置应达到说明书要求</td><td colspan="2">符合要求</td></tr>
<tr><td rowspan="5">绳轮钩系统</td><td colspan="5">钢丝绳在卷筒上面缠绕应整齐、润滑应良好</td><td colspan="2">整齐、润滑良好</td></tr>
<tr><td colspan="5">钢丝绳规格应正确、断丝和磨损应未达到报废标准</td><td colspan="2">正确、未达到报废标准</td></tr>
<tr><td colspan="5">钢丝绳固定和编插是否符合国家标准</td><td colspan="2">符合国家标准</td></tr>
<tr><td colspan="5">各部件滑轮转动是否灵活可靠，无卡塞现象</td><td colspan="2">灵活可靠</td></tr>
<tr><td colspan="5">吊钩磨损应未达到报废标准、保险装置应可靠</td><td colspan="2">可靠</td></tr>
<tr><td rowspan="3">传动系统</td><td colspan="5">各机构转动应平稳、无异常声响</td><td colspan="2">平稳、无异常</td></tr>
<tr><td colspan="5">各润滑点应润滑良好、润滑油牌号应正确</td><td colspan="2">良好、正确</td></tr>
<tr><td colspan="5">制动器、离合器动作应灵活可靠</td><td colspan="2">灵活可靠</td></tr>
<tr><td rowspan="6">电气系统</td><td colspan="5">电缆供电系统供电应正常，电压 380V±5%</td><td colspan="2">供电正常</td></tr>
<tr><td colspan="5">碳刷、接触器、继电器触点应良好</td><td colspan="2">良好</td></tr>
<tr><td colspan="5">仪表、照明、报警系统应完好可靠</td><td colspan="2">完好可靠</td></tr>
<tr><td colspan="5">控制、操纵装置动作应灵活可靠</td><td colspan="2">灵活可靠</td></tr>
<tr><td colspan="5">电气各种安全保护装置应齐全可靠</td><td colspan="2">齐全可靠</td></tr>
<tr><td colspan="5">电气系统的绝缘电阻≥0.5MΩ</td><td colspan="2">符合要求 0.8 MΩ</td></tr>
<tr><td rowspan="10">安全限位和保险装置</td><td colspan="5">力矩限制器应灵活、可靠，其综合误差不大于额定值的 8%</td><td colspan="2">灵活、可靠、5%</td></tr>
<tr><td colspan="5">重量限制器应灵活、可靠，其误差不大于额定值的 5%</td><td colspan="2">灵活、可靠、3%</td></tr>
<tr><td colspan="5">回转限位器应灵活、可靠</td><td colspan="2">灵活、可靠</td></tr>
<tr><td colspan="5">行走限位器应灵活可靠</td><td colspan="2">固定式</td></tr>
<tr><td colspan="5">变幅限位器应灵活、可靠</td><td colspan="2">灵活、可靠</td></tr>
<tr><td colspan="5">超高限位器应灵活、可靠</td><td colspan="2">灵活、可靠</td></tr>
<tr><td colspan="5">吊钩保险应灵活、可靠</td><td colspan="2">灵活、可靠</td></tr>
<tr><td colspan="5">卷筒保险应灵活、可靠</td><td colspan="2">灵活、可靠</td></tr>
<tr><td colspan="5">应设置有效的小车断绳保护</td><td colspan="2">灵敏、可靠</td></tr>
<tr><td colspan="5">应设置有效的小车断轴保护</td><td colspan="2">灵敏、可靠</td></tr>
</table>

续 表

<table>
<tr><td>项目</td><td colspan="7">检查内容与要求</td><td>结　果</td></tr>
<tr><td rowspan="5">路基复验</td><td colspan="7">复查路基资料应齐全、准确</td><td>齐全准确</td></tr>
<tr><td colspan="7">钢轨顶面纵、横方向上的倾斜度≤3‰(上回转)或(下回转)≤5‰，测量点距离≤10m</td><td>符合要求</td></tr>
<tr><td colspan="7">在空载无风状态下塔身轴心线对支撑面侧向垂直度≤4‰</td><td>符合要求</td></tr>
<tr><td colspan="7">止挡装置距钢轨两端距离≥1m</td><td>符合要求</td></tr>
<tr><td colspan="7">行走限位装置保证塔机在与止挡装置距离≥1.5m能完全停止</td><td>符合要求</td></tr>
<tr><td rowspan="4">试运行</td><td rowspan="2">空载荷</td><td colspan="2">额定载荷</td><td colspan="2">超载10%动载</td><td colspan="2">超载25%静载</td><td rowspan="3"></td></tr>
<tr><td>幅度</td><td>重量</td><td>幅度</td><td>重量</td><td>幅度</td><td>重量</td></tr>
<tr><td>正常</td><td>×m</td><td>×t</td><td>×m</td><td>×t</td><td>×m</td><td>×t</td></tr>
<tr><td colspan="7">检查各传动机构工作应准确、平稳，应无异常声音，液压系统应无渗漏，操作和控制系统应灵敏可靠，钢结构应无永久变形和开焊，制动应可靠。调整安全装置并进行不少于3次的检测</td><td>符合要求</td></tr>
<tr><td colspan="9">验收结论：

检验合格，同意使用。

安装负责人：×××
安装单位技术负责人：×××
租赁单位负责人：×××
塔式起重机机长：×××　　　　××年××月××日</td></tr>
</table>

注：1.“试运行”栏中“超过25%静载”只在新截和大修后第一次安装时做，并填写实测数据；

2. 本表由安装单位填写，有关单位参加验收，安装单位、租赁单位、施工单位各存一份。

10.8.2　表格填写依据

(1)《塔式起重机》(GB 5031－2008)。

(2)《塔式起重机安全规程》(GB 5144－2006)。

(3)《建设工程施工现场安全资料管理规程》(CECS 266－2009)。

10.8.3　表格解析指南

1. 结构

(1)塔机梯子、扶手和护圈的设置要符合 GB 5144－2006 的要求,且梯子及护圈固定可靠。(2007 年 10月 1 日以前出厂的塔机按 GB 5144－1994 执行)。

(2)塔机平台、走道、踢脚板和栏杆的设置要符合 GB 5144－2006 的要求。(2007 年 10 月 1 日以前出厂的塔机按 GB 5144－1994 执行) 。

(3)塔机的主要受力构件不应有塑性变形、严重锈蚀 (或腐蚀)和可见裂纹。

(4)金属结构的连接焊缝无明显可见的裂纹等缺陷。螺栓和销轴连接应符合塔机使用说明书的要求。

(5)平衡重及压重在其规定位置上无移位,固定可靠,并有明显的重量标识。

(6)塔机安装后,在空载、风速小于 3m/s 的状态下,塔身轴心线对支承面的侧向垂直度≤4/1000。附着时,最高附着点以下塔身轴心线对支承面侧向垂直度应≤4/1000。

(7)对附着式塔机,附着装置与塔身节或建筑物的连接必须安全可靠,连接件不应缺少或松动,并符合说明书要求。对于不符合说明书要求的附着装置,由受检单位出具可安全使用的证明材料。

2. 司机室

(1)司机室应固定牢固,能与回转部分同步回转,不得悬挂在起重臂上。在正常工作情况下,塔机的活动部件不会撞击司机室。司机室内应有绝缘地板和灭火器。

(2)司机室应有良好的视野,其结构应连接牢固,司机室门、窗玻璃应使用钢化玻璃或夹层玻璃。

(3)司机室内易于观察的位置应设有常用操作数据的标牌或显示屏。在所有手柄、手轮、按钮及踏板的附近,应有表示用途和操作方向的醒目标志。

3. 基础

(1)塔机的基础应满足说明书或设计的要求,并能提供资料。

(2)现场应保证塔机基础周围无积水。

(3)塔机轨道应通过垫块与轨枕可靠地连接,每间隔 6m 设轨距拉杆一个 (采用长枕的除外),在使用过程中轨道不得移动。钢轨接头必须有轨枕支承,不得悬空。

(4)塔机安装后应符合下列要求：

1)轨道顶面纵、横方向上的倾斜度,上回转塔机不大于 3/1000,下回转塔机不大于 5/1000;

2)轨距误差不大于公称值的 1/1000,其绝对值不大于 6mm;

3)钢轨接头间隙不大于 4mm,与另一侧接头错开距离不小于 1.5m,接头处两轨顶高度差不大于 2mm。

4. 主要零部件和机构

(1)吊钩应有防脱钩装置。

(2)吊钩不应有可见裂纹,禁止补焊。吊钩挂绳处截面磨损量不得超过原高度的10%。

(3)钢丝绳的规格、型号应符合说明书要求,更换的钢丝绳应不低于原规格的要求,并正确穿绕。钢丝绳绳端应正确固定,并牢固、可靠。

(4)钢丝绳应润滑良好,在卷筒上排列整齐,不应与任何接触件有滑动摩擦。

(5)钢丝绳的报废应符合《起重机 钢丝绳 保养、维护、安装、检验和报废》(GB/T 5972—2009)的有关规定。

(6)滑轮、起升卷筒及动臂塔机的变幅卷筒均应设有钢丝绳防脱装置,该装置与滑轮或卷筒侧板最外缘的间隙不得超过钢丝绳直径的20%。

(7)塔机的起升、回转、变幅、行走机构都应配备制动器,且制动有效,其制动间隙应符合说明书的要求。

(8)制动器的零部件不应有裂纹、过度磨损、塑性变形、缺件等缺陷。液压制动器不应漏油。制动轮与摩擦片之间应接触均匀且不能有影响制动性能的缺陷或油污。

(9)车轮踏面不应有过度磨损,磨损量符合《塔式起重机安全规程》(GB 5144—2006)的要求。

(10)减速器连接无松动,运转时无异常声响。

(11)顶升液压缸应具有可靠的平衡阀或液压锁,平衡阀或液压锁与液压缸之间不应用软管连接。

检验人员观察检验。

5. 电气

(1)主电路和控制电路的对地绝缘电阻应不小于0.5MΩ。

(2)塔机必须设有零位保护。

(3)塔机总电源开关状态在司机室内应有明显的信号指示。

(4)塔机的金属结构、轨道、所有电器设备的金属外壳、金属线管、安全照明的变压器次级等均应可靠接地,接地电阻不大于4 Ω。重复接地电阻不大于10Ω。接地装置的选择和安装应符合电气安全的有关要求。

(5)塔机供电电源应设独立的配电箱和总电源开关,配电箱应设置在靠近塔机且地面人员易于操作的地方,出线端不得连接与塔机无关的电气设备。

(6)总电源电路应设置自动空气开关作为短路保护。短路保护应满足《塔式起重机设计规范》(GB/T 13752—1992)中的有关规定。

(7)电源电路应设有失压保护,当供电中断时,能自动断开总电路。

(8)电源电路应设置过流保护,过流保护应满足《塔式起重机设计规范》(GB/T 13752—1992)中的有关规定。

(9)电源电路中应装设错相及断相保护装置。

6. 安全装置

(1)塔机应安装吊钩上极限位置的起升高度限位器。起升高度限位器应满足《塔式起重机设计规范》(GB/T 13752—1992)中的有关规定。

(2)塔机必须安装起重力矩限制器,定码变幅的触点和定幅变码的触点应分别设置,且能分别调整。如设有起重力矩显示装置,其数值误差不得大于实际值的±5%。当起重力矩大于相应工况下的额定值并小于额定值的110%时,应切断上升和幅度增大方向的运动,但机构可作下降和减小幅度方向的运动。

(3)轨道式塔机行走机构,应设置双向行程限位开关。在轨道上应安装限位开关碰铁,其安装位置应保证塔机在距止挡装置大于 1m 处能完全停住,此时电缆还应有足够的长度。

(4)动臂式塔机应设置臂架低位置和臂架高位置的幅度限位开关,以及防止臂架反弹后翻的装置。

(5)回转部分不设集电器的塔机,应安装回转限位器。

(6)小车变幅的塔机,变幅的双向均应设置断绳保护装置。

(7)轨道式塔机应按照使用说明书要求安装夹轨器。

(8)塔机行走和小车变幅机构行程末端均需安装止挡装置,缓冲装置安装在止挡装置或塔机(变幅小车)上。

(9)在轨道上运行的塔机行走机构应设清轨板,清轨板距轨顶应不大于 5mm。

(10)小车变幅的塔机,应设置变幅小车断轴保护装置。

(11)塔机必须设置非自动复位的、能切断塔机总控制电源的紧急断电开关。该开关应设在司机操作方便的地方。

(12)塔机应安装符合要求的起重量限制器,其精度满足±5%的要求。

7. 试运行

(1)空载试验,变幅、回转、起升高度、幅度、行走限位应灵敏有效;各机构应运转正常;操纵系统、电气控制系统应工作正常。

(2)额定载荷试验,根据现场情况,在某一幅度起吊相应额定起重量,进行起升、变幅、回转、行走试验,试验次数不少于 3 次,并对各项参数进行测量、记录,检验力矩限制器的精度和灵敏度。各种安全装置工作可靠有效;各机构运转正常,制动可靠;操纵系统、电气控制系统工作正常。试验后不应有裂纹、连接松动、构件损坏等影响塔式起重机性能和安全的缺陷。

10.9 施工现场塔式起重机安装垂直度测量记录表

10.9.1 表格填写范例

施工现场塔式起重机安装垂直度测量记录表

表 AQ-C8-9

工程名称：××大厦工程　　施工单位：××建设集团有限公司　　编号：××××

安装/拆卸单位	××机械安装公司	负责人	×××
起重设备型号	G 25/15	起重设备编号	机－005
安装日期	××年××月××日	测量日期	××年××月××日
高　度	××m	臂　长	××m

现场测量平面和立面示意图及数据标注

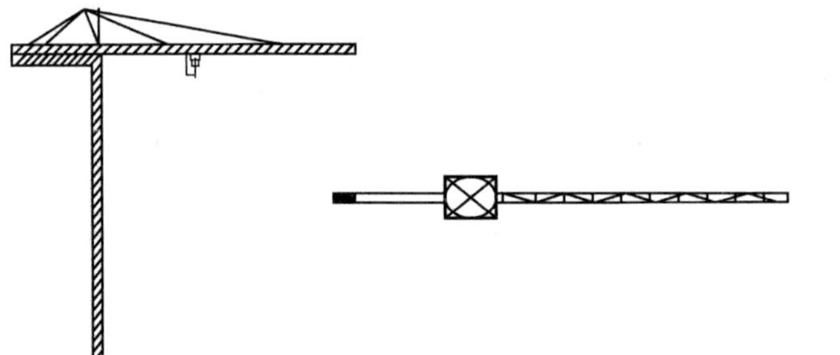

实际测量的高度值　××mm　　在此状态下的偏差值　××mm　　在此状态下的偏差值　××mm

测量结论：

测量数据显示，符合规范要求。

测量人签字：×××　　××年××月××日

注：本表由安装/拆卸单位填写，安装/拆卸单位、施工单位和租赁单位各存一份。

10.9.2　表格填写依据

(1)《塔式起重机》(GB 5031—2008)。

(2)《塔式起重机安全规程》(GB 5144—2006)。

(3)《建筑施工塔式起重机安装、使用、拆卸安全技术规程》(JGJ 196—2010)。

(4)《建设工程施工现场安全资料管理规程》(CECS 266—2009)。

10.9.3　表格解析指南

(1)塔式起重机安装后,在空载无风状态下,塔身轴心线对支承面的侧向垂直度为 4/1000,同时要测量互成 90°的两个方向。应该注意的是测量时起重臂与被测塔身,必须在同一平面内。

(2)塔式起重机附着后,附着点以下,塔身垂直度偏差不大于 2/1000,附着点以上仍为 4/1000。

(3)内爬式塔式起重机,在上下两支承装置间测量时,其塔身对基准面的垂直度偏差不大于 2.5/1000。

(4)塔式起重机在起升额定载荷时,起重臂根部水平静位移 Δx 应不大于 $h/100$,其中 h 对移动式塔式起重机为塔身与起重臂连接处至直接支持整个塔身的作用平面的垂直距离。对附着式塔式起重机为塔身与起重臂连接处至最高一个附着点的垂直距离。Δx 按下式计算:

$$\Delta x=[1/(1-F_n/F_e)]\times \Delta m$$

式中　F_n——在额定起升载荷作用下,塔身与臂架连接处以上所有垂直力;

F_e——欧拉临界载荷;

Δm——额定起升载荷对塔身中心线的弯矩引起的塔身与起重臂连接处的水平位移。

10.10 施工现场塔式起重机运行记录表

10.10.1 表格填写范例

施工现场塔式起重机运行记录表

表 AQ-C8-10

工程名称：××大厦工程　　施工单位：××建设集团有限公司　　编号：××××

年 月	日 时 分	主要内容	司机(签字)
××年××月	××日××时××分 起 ××日××时××分 止	运行正常，无故障	×××
	起 止		
	起 止		
	起 止		
	起 止		
	起 止		
	起 止		
	起 止		
	起 止		
	起 止		
	起 止		
	起 止		
	起 止		

注：1. 塔式起重机司机应按照规定认真填写记录并在机组存放。

2. 工作记录主要内容：(1)每班首次作业前试验情况；(2)各安全装置、电气线路检查的情况；(3)设备作业的情况。

3. 运行中如发现设备有异常情况，应立即停机检查报修，排除故障后方可继续运行，同时将情况填入记录。

4. 起重机械运行记录单独组卷，每本填写完后送交设备产权单位存档。

5. 运行记录每周报使用单位存档。

10.10.2　表格填写依据

(1)《塔式起重机操作使用规程》(JG/T 100—1999)。

(2)《北京市市政工程施工安全操作规程》(DBJ 01—56—2001)。

(3)《建设工程施工现场安全资料管理规程》(CECS 266—2009)。

10.10.3　表格填解析指南

1. 作业前

(1)起重机作业前,应检查轨道基础平直无沉陷,鱼尾板联接螺栓及道钉无松动,并应清除轨道上的障碍物,松开夹轨器并向上固定好。

(2)起动前重点检查项目应符合下列要求:

1) 金属结构和工作机构的外观情况正常;

2) 各安全装置和各指示仪表齐全完好;

3) 各齿轮箱、液压油箱的油位符合规定;

4) 主要部位连接螺栓无松动;

5) 钢丝绳磨损情况及各滑轮穿绕符合规定;

6) 供电电缆无破损。

(3)送电前,各控制器手柄应在零位。当接通电源时,应采用试电笔检查金属结构部分,确认无漏电后,方可上机。

(4)作业前,应进行空载运转,试验各工作机构是否运转正常,有无噪音及异响,各机构的制动器及安全防护装置是否有效,确认正常后方可作业。

2. 作业中

(1)起吊重物时,重物和吊具的总重量不得超过起重机相应幅度下规定的起重量。

(2)应根据起吊重物和现场情况,选择适当的工作速度,操纵各控制器时应从停止点(零点)开始,依次逐级增加速度,严禁越档操作。在变换运转方向时,应将控制器手柄扳到零位,待电动机停转后再转向另一方向,不得直接变换运转方向、突然变速或制动。

(3)在吊钩提升、起重小车或行走大车运行到限位装置前,均应减速缓行到停止位置,并应与限位装置保持一定距离(吊钩不得小于1m,行走轮不得小于2m)。严禁采用限位装置作为停止运行的控制开关。

(4)动臂式起重机的起升、回转、行走可同时进行,变幅应单独进行。每次变幅后应对变幅部位进行检查。允许带载变幅的,当载荷达到额定起重量的90%及以上时,严禁变幅。

(5)提升重物,严禁自由下降。重物就位时,可采用慢就位机构或利用制动器使之缓慢下降。

(6)提升重物作水平移动时,应高出其跨越的障碍物0.5m以上。

(7)对于无中央集电环及起升机构不安装在回转部分的起重机,在作业时,不得顺一个方向连续回转。

(8)装有上、下两套操纵系统的起重机,不得上、下同时使用。

(9)作业中,当停电或电压下降时,应立即将控制器扳到零位,并切断电源。如吊钩上挂有重物,应稍松稍紧反复使用制动器,使重物缓慢地下降到安全地带。

(10)采用涡流制动调速系统的起重机,不得长时间使用低速挡或慢就位速度作业。

(11)作业中如遇六级及以上大风或阵风,应立即停止作业,锁紧夹轨器,将回转机构的制动器完全松开，起重臂应能随风转动。对轻型俯仰变幅起重机，应将起重臂落下并与塔身结构锁紧在一起。

(12)作业中，操作人员临时离开操纵室时，必须切断电源，锁紧夹轨器。

(13)起重机载人专用电梯严禁超员，其断绳保护装置必须可靠。当起重机作业时，严禁开动电梯。电梯停用时，应降至塔身底部位置，不得长时间悬在空中。

3. 作业后

(1)作业完毕后，起重机应停放在轨道中间位置，起重臂应转到顺风方向，并松开回转制动器，小车及平衡重应置于非工作状态，吊钩宜升到离起重臂顶端2～3m处。

(2)停机时，应将每个控制器拨回零位，依次断开各开关，关闭操纵室门窗，下机后，应锁紧夹轨器，使起重机与轨道固定，断开电源总开关，打开高空指示灯。

(3)检修人员上塔身、起重臂、平衡臂等高空部位检查或修理时，必须系好安全带。

(4)在寒冷季节，对停用起重机的电动机、电器柜、变阻器箱、制动器等，应严密遮盖。

(5)动臂式和尚未附着的自升式塔式起重机，塔身上不得悬挂标语牌。

10.11　施工现场塔式起重机维修保养记录表

10.11.1　表格填写范例

施工现场塔式起重机维修保养记录表

表 AQ-C8-11

工程名称：××大厦工程　　施工单位：××建设集团有限公司　　编号：××××

工程地点	×市×区×街×号			使用单位	××工程公司	
租赁单位	××机械租赁公司			负责人	×××	
设备名称	规格型号	设备编号	出厂日期	使用年限	上次维修保养时间	本次维修有效期
塔吊	G 25/15	机一007	××年××月××日	1 年	××年××月××日	××年××月××日
检查维修保养记录	更换机油滤芯换机油					
更换主要零配件记录	机油滤芯					
维修保养有效期限合格证的起止时间： 合格证有效期：××年××月××日至××年××月××日						
维修检查人：××× 租赁单位负责人：××× 项目机械设备管理负责人：×××　　××年××月××日						

注：本表由租赁单位或保养维修单位填写，施工单位、租赁单位或维修单位各存一份。

10.11.2 表格填写依据

(1)《塔式起重机》(GB 5031－2008)。

(2)《建筑机械使用安全技术规程》(JGJ 33－2012)。

(3)《建筑施工塔式起重机安装、使用、拆卸安全技术规程》(JGJ 196－2010)。

(4)《建设工程施工现场安全资料管理规程》(CECS 266－2009)。

10.11.3 表格解析指南

(1)塔式起重机的维修和保养应找有塔式起重机维修和保养资质的单位进行。

(2)塔式起重机应当经常进行检查、维护和保养,传动部分应有足够的润滑油,对易损件必须经常检查、维修或更换,对机械的螺栓,特别是经常振动的零件,如塔身连接螺栓应经常进行检查是否松动,如有松动则必须及时拧紧或更换。

(3)安全装置的维护保养。

1)应每班要检查力矩限制器、起重量限制器、高度限位器、幅度限位器等安全装置是否正常,开关是否完好、螺栓是否紧固(力矩、重量限制可用手动开关检查,高度限位器起升吊钩至上限位位置应能自动停止,幅度限位器开动小车至起重臂两端与块接触应能自动停止);

2)每半月应对力矩限制器和起重量限制器进行一次吊重检测。检查该两种安全装置精度是否符合要求,若发现超载,应立即进行调整,检查调整方法见说明书。

(4)机械设备的维护与保养。

1)各机构的制动器应经常进行检查及调整制动瓦和制动轮的间隙,保证灵活可靠,其间隙保证在 0.5～1mm 之间,在摩擦面上,不应有污物存在,遇有污物必须洗掉;

2)减速箱、外啮等各部分的润滑以及液压油均按润滑表中的要求进行。

10.12　施工现场塔式起重机检查记录表

10.12.1　表格填写范例

施工现场塔式起重机检查记录表

表 AQ-C8-12

工程名称：××大厦工程　　　施工单位：××建设集团有限公司　　　编号：××××

安装/拆卸单位	××机械租赁公司		负责人		×××
施工地点	×市×区×街×号		安装高度		××m
设备型号	G 25/15		安装/拆卸时间		××年××月××日
验收项目		验收结果	验收项目		验收结果
管　理	安装方案	齐全	吊盘	两侧防护	完好
	安全技术交底	齐全		导轨间隙	符合要求
基　础	基础承载能力	符合要求	安全装置	安全停靠装置	符合要求
	水平偏差	符合要求		超高(低)限位装置	符合要求
架　体	标准节连接	符合要求		信号装置	完好
	垂直度	符合要求		断绳保护装置	完好
	架体防护	完好		限重装置	完好
	缆风绳和拉接	牢固		制动装置	完好
	自由高度	符合要求	防护门	进料门	/
	防雷装置	符合要求		出料门	/
卷扬机	锚固	牢固		吊盘防护门	/
	与定滑轮距离	符合要求	首层防护	护头棚	/
	机棚及护栏	符合要求		周边防护	/
钢丝绳	钢丝绳过路保护设施	符合要求		其他	/
	钢丝绳应垂直绷紧	符合要求	持证上岗		符合要求

验收结论：

以上项目符合要求规定。

安装负责人：×××
安装单位技术负责人：×××
租赁单位负责人：×××
塔式起重机机长：×××

注：1. 本表由施工单位组织有关人员定期按表的内容检查验收，在雨、风天、停用一周之后必须检查，不能满足要求应停运维修后才能使用；

2. 本表由施工单位填写，监理单位、施工单位、租赁单位、安装单位各存一份。

10.12.2 表格填写依据

(1)《塔式起重机》(GB 5031—2008)。

(2)《塔式起重机安全规程》(GB 5144—2006)。

(3)《建设工程施工现场安全资料管理规程》(CECS 266—2009)。

(4)《塔式起重机混凝土基础工程技术规程》(JGJ/T 187—2009)。

10.12.3 表格解析指南

1. 一般要求

(1)为了塔机的工作安全,应保持塔机处于适当的工作状况。因此所有塔机均应进行使用检查,以使不安全的情况得以及时排除。指派人员应安排塔机的检查工作。

检查包括:1)日常检查;2)周期检查;3)定期检查;4)全面检查;5)特殊检查。

(2)当制造商给出与此部分不同的检查说明时,应参照制造商的说明进行检查。

2. 日常检查

(1)一般规定

1)日常检查应在每班开始工作前进行。包括目测检查(一般不需要拆卸)和功能测试。

2)日常检查应由具有该方面能力的人进行(如塔机司机)。

(2)内容

日常检查至少应包括以下内容:

1)机构运转情况,尤其是制动器的动作情况(空载时);

2)指示与限制装置的动作情况;

3)肉眼可见的明显缺陷,包括钢丝绳和钢结构。

(3)结果

1)发现任何缺陷均应向指派人员报告。指派人员应根据缺陷严重情况作出塔机停用、维修、部分或整体检查、限制性使用等决定。

2)应查明缺陷产生的原因,并对缺陷进行分级。

3)应将结果及时记入设备档案(包括维修日期、处理方法等)。

3. 周期检查

(1)一般规定

周期检查包括目测检查(一般不需要拆卸)和功能测试。

周期检查应由有足够能力的人(如有经验的技师——因职业经历和经验在塔机领域具有丰富的知识并受过专业训练的人员)执行。

(2)内容

周期检查除日常检查的内容外还应包括以下内容:

1)润滑:油位、漏油、渗油;

2)液压装置:油位、漏油;

3)吊钩及防脱装置:可见的变形、裂纹、磨损;

4)钢丝绳:按 GB/T 5972 要求;

5)结合及连接处:目测检查锈蚀情况;

6)连接螺栓松动:用专用扳手检查,标准节连接螺栓松动时应特别注意接头处是否有裂纹;

7)销轴定位情况,尤其是臂架连接销轴;

8)接地电阻:为避免雷击,塔机主体结构、电机机座和所有电气设备的金属外壳、导线的金属保护管均应可靠接地,其接地电阻应不大于4Ω。采用多处重复接地时,其接地电阻应不大于10Ω;

9)起重力矩与起重量的限制器:精度变化;

10)制动磨损:制动衬垫减薄、调整装置、噪音等;

11)液压软管:尤其在工作时弯曲的软管;

12)电气安装:状态、老化迹象、水汽凝结;

13)基础及附着:状态变动。

(3)检查周期

周期检查的周期应按塔机的实际使用情况和使用环境决定。至少:

1)周期检查中1)~7)的项目每月检查一次;

2)周期检查中8)~13)的项目每6个月检查一次或按制造商要求。

(4)结果

发现任何缺陷均应向指派人员报告。指派人员应根据缺陷严重情况作出塔机停用、维修、部分或整体检查、限制性使用等决定。

应查明缺陷产生的原因,并对缺陷进行分级。

应将结果及时记入设备档案(包括维修日期、处理方法等)。

4.定期检查

(1)一般规定

定期检查包括目测检查(一般不需要拆卸)和功能测试(空载和额定载荷)。

定期检查应由有足够能力的人(如有经验的技师)执行。检查人员应掌握的资料:

1)之前的检查报告;

2)可能获得的自动记录的运行数据(工作循环次数、时数、天数、负载等),根据这些数据可判断塔机各零部件的服务时间。

(2)内容

定期检查时零部件功能测试应按载荷最不利位置进行,除第2条(2)款外还包括以下内容:

1)核实塔机的标志和标牌。

2)核实使用说明书没有丢失。

3)核实保养记录。

4)核实部件、设备及钢结构。将塔机上安装的零部件与技术文件所列明细进行对比。

5)根据设备表象判断老化状况:① 传动装置或其零部件松动、漏油;② 重要零件(如电机、齿轮箱、制动器、卷筒)连接装置磨损或损坏;③ 明显的异常噪音或振动;④ 明显的异常温升;⑤ 连接螺栓松动、裂纹或破损;⑥ 制动衬垫磨损或损坏;⑦ 可疑的锈蚀或污垢;⑧ 电气安装处(电缆入口、电缆附属物)出现损坏;⑨ 钢丝绳按GB/T 5972要求;⑩ 吊钩按GB 5144要求。

6)额定载荷状态下的功能测试及运转情况:① 机械,尤其是制动器;② 安全装置。

7)金属结构:① 焊缝,尤其注意可疑的表面油漆龟裂;② 锈蚀;③ 残余变形;④ 裂缝。

8)基础与附着。

(3)检查周期

1)塔机每年至少进行一次定期检查,每次重新安装后按定期检查要求进行检查;

2)对快装式塔机,在折叠或展开后只需按上述(2)款中的2)、3)、6)、7)和8)项检查;

3)塔机拆卸后应进行必要的检查;

4)更换滑轮组或增加标准节不被认为是拆卸或重新安装。

(4)结果

定期检查应提供检查报告,报告中应指出已检查的零部件以及遗留的缺陷。

报告应提供给指派人员。指派人员应根据缺陷严重情况作出塔机停用、维修、部分或整体检查、限制性使用等决定。

应查明缺陷产生的原因,并对缺陷进行分级。

应将结果及时记入设备档案(包括维修日期、处理方法等)。

5.全面检查

(1)一般规定

全面检查是根据下述检查周期内所做的详细检查。

全面检查应由有足够能力的人(如专业工程师——具有塔机设计、制造或维修经验、熟悉有关条例和标准的工程师)执行。检查人员应根据检查结果作出采取何种处理措施的判断。检查人员应掌握的资料:

1)之前的检查报告;

2)可能获得的自动记录的运行数据(工作循环次数、时数、天数、负载等),根据这些数据可判断,塔机各零部件的服务时间。

(2)内容

1)全面检查至少应包括定期检查的所有内容。在考虑以下结果后,必要时可进行无损检测和(或)解体检查:① 之前的检查内容和结果(包括日常、周期、定期检查);② 目前的测试结果;③ 目前的目测结果。

2)在解体检查时,应特别小心遵循维护保养说明要求进行,防止误操作。维护保养说明书中未说明时,应与塔机制造商或部件制造商联系寻求帮助。

3)全面检查过程中应特别注意以下情况:① 振动;② 异常噪音或温升;③ 整机或部件状况差:变形、锈蚀、磨损等;④ 机械设备的完整性,电机和齿轮箱、栏杆扶手、滑轮、轴;⑤ 制动器;⑥ 接头、螺栓、销轴。

(3)检查周期

1)使用情况无自动记录的塔机或部件的检查周期

对塔机整机或部件的全面检查应根据塔机的使用频度、载荷状况确定,至少应符合如下的时间要求:① 第4年时;② 第8年时;③ 第10年时;④ 第10年以后每年全面检查一次。

2)使用情况有自动记录的塔机或部件的检查周期

按制造商使用说明书中规定的周期。考虑设备闲置、贮存同样会对设备造成损伤,应至少按上述“(3)检查周期”1)条①～④的周期进行全面检查。

制造商应对使用说明书规定的全面检查周期计算方法进行说明(累积或重新计算)。

(4)结果

1)全面检查报告应包括专业工程师的检查结果和检查结论及建议,还应包括下一次全面检查的时间;

2)应查明缺陷产生的原因,并对缺陷进行分级;

3)应将结果及时记入设备档案(包括维修日期、处理方法等)。

第 11 章　施工机具安全资料表格范例及解析

11.1　施工现场施工机具（物料提升机）检查验收记录表

11.1.1　表格填写范例

施工现场施工机具（物料提升机）检查验收记录表

表 AQ-C9-1

工程名称：××大厦工程　　　　施工单位：××建设集团有限公司　　　　编号：××××

<table>
<tr><td>使用单位</td><td colspan="5">××建筑劳务公司</td><td colspan="2">项目负责人</td><td colspan="2">×××</td></tr>
<tr><td>安装单位</td><td colspan="5">××机械安装公司</td><td colspan="2">负责人</td><td colspan="2">×××</td></tr>
<tr><td>租赁单位</td><td colspan="4">××机械租赁公司</td><td>负责人</td><td>×××</td><td colspan="2">额定载荷</td><td>×t</td></tr>
<tr><td>设备型号</td><td>TN 236-52</td><td colspan="2">编号</td><td>机-023</td><td>标定日期</td><td>××年××月××日</td><td colspan="2">验收日期</td><td>××年××月××日</td></tr>
<tr><td>验收项目</td><td colspan="7">检查内容及要求</td><td colspan="2">验收结果</td></tr>
<tr><td>架体制作安装</td><td colspan="7">架体设计计算经过审批，厂家生产产品应有准用证。架体安装、拆除有施工方案，架体基础、垂直度、外侧防护网、与吊篮间隙、开口处的加固、摇壁杆安装符合设计要求</td><td colspan="2">符合要求</td></tr>
<tr><td rowspan="4">限位保险装置</td><td colspan="7">吊篮停靠装置可靠</td><td colspan="2">可靠</td></tr>
<tr><td colspan="7">超高限位装置可靠</td><td colspan="2">可靠</td></tr>
<tr><td colspan="7">超高断电装置有效可靠</td><td colspan="2">可靠</td></tr>
<tr><td colspan="7">极限限位器、缓冲器、超载限制器有效可靠</td><td colspan="2">可靠</td></tr>
<tr><td rowspan="6">架体稳定</td><td colspan="2" rowspan="3">缆风绳</td><td colspan="5">架高 20m 以下一组；20～30m 设二组；每组三根，均匀分布</td><td colspan="2">符合要求</td></tr>
<tr><td colspan="5">缆风绳应为钢丝绳，直径不小于 9.3mm；（设置角度 45°～60°）</td><td colspan="2">符合要求</td></tr>
<tr><td colspan="5">地锚应符合要求</td><td colspan="2">符合要求</td></tr>
<tr><td colspan="2" rowspan="3">与建筑物连接</td><td colspan="5">与建筑物连接杆件材质及连接方法应符合设计要求</td><td colspan="2">符合设计要求</td></tr>
<tr><td colspan="5">与建筑物结构连接位置应符合要求，并连接牢靠</td><td colspan="2">符合要求</td></tr>
<tr><td colspan="5">不得与脚手架连接</td><td colspan="2">符合要求</td></tr>
<tr><td rowspan="3">钢丝绳</td><td colspan="7">钢丝绳品种、直径符合要求，磨损不超过报废标准</td><td colspan="2">符合要求</td></tr>
<tr><td colspan="7">钢丝绳无锈蚀、缺油</td><td colspan="2">无锈蚀</td></tr>
<tr><td colspan="7">绳卡符合要求，有过路保护措施，不拖地</td><td colspan="2">符合要求</td></tr>
</table>

续 表

<table>
<tr><td>使用单位</td><td colspan="4">××工程公司××桥梁工程项目部</td><td colspan="2">项目负责人</td><td>×××</td></tr>
<tr><td>安装单位</td><td colspan="4">××机械安装公司</td><td colspan="2">负责人</td><td>×××</td></tr>
<tr><td>租赁单位</td><td colspan="3">××机械租赁公司</td><td>负责人</td><td>×××</td><td>额定载荷</td><td>×t</td></tr>
<tr><td>设备型号</td><td>TN 236-52</td><td>编号</td><td>机-023</td><td>标定日期</td><td>××年××月××日</td><td>验收日期</td><td>××年××月××日</td></tr>
<tr><td>验收项目</td><td colspan="6">检查内容级要求</td><td>验收结果</td></tr>
<tr><td rowspan="4">卸料平台防护</td><td colspan="6">卸料平台防护栏杆高度、严密符合要求</td><td>符合要求</td></tr>
<tr><td colspan="6">平台脚手板严密、牢固</td><td>符合要求</td></tr>
<tr><td colspan="6">平台防护门定型化、工具化，方便、有效</td><td>符合要求</td></tr>
<tr><td colspan="6">地面进料口设有防护棚</td><td>符合要求</td></tr>
<tr><td rowspan="2">吊篮</td><td colspan="6">吊篮安全门、安全门定型化、工具化</td><td>符合要求</td></tr>
<tr><td colspan="6">吊篮提升不得使用单根钢丝绳</td><td>符合要求</td></tr>
<tr><td rowspan="3">传动系统</td><td colspan="6">卷扬机地锚应牢固、卷筒钢丝绳缠线整齐，并有防滑脱装置</td><td>符合要求</td></tr>
<tr><td colspan="6">滑轮翼缘无破损与架体连接牢固，滑轮与钢丝绳应匹配</td><td>符合要求</td></tr>
<tr><td colspan="6">卷扬机有符合要求的操作棚</td><td>符合要求</td></tr>
<tr><td>避雷</td><td colspan="6">有符合要求的避雷装置</td><td>符合要求</td></tr>
<tr><td>联络信号</td><td colspan="6">联络方式合理、有效、可靠</td><td>合理、有效、可靠</td></tr>
<tr><td colspan="8">验收结论：

符合要求，同意使用。

安装单位负责人：×××
租赁单位负责人：×××
项目机械设备管理负责人：×××
机长：××× ××年××月××日</td></tr>
</table>

注：本表由安装单位填写，施工单位、租赁单位、安装单位各存一份。

11.1.2　表格填写依据

(1)《建筑机械使用安全技术规程》(JGJ 33—2012)。

(2)《龙门架及井架物料提升机安全技术规范》(JGJ 88—2010)。

(3)《施工现场机械设备检查技术规程》(JGJ 160—2008)。

(4)《建设工程施工现场安全资料管理规程》(CECS 266—2009)。

11.1.3　表格解析指南

(1)卷扬机应符合下列规定:

1)卷扬机不得用于运送人员。

2)露天作业的卷扬机应有防雨措施。

3)卷扬机安装地点应平整,与基础或底架的连接应牢固,并应符合使用说明书的规定。

4)卷扬机安装时应与定滑轮对中,钢丝绳出偏角 α 应符合以下规定:

①自然排绳:$\alpha \leqslant 1°30'$;

②排绳器排绳:$\alpha \leqslant 2°$;

③对于光卷筒,从卷筒中心到导向轮的距离不应小于卷筒长的 20 倍;对有槽卷筒子,从卷筒中心到导向轮的距离不应小于卷筒长的 15 倍。

5)卷扬机用于起吊重物时,应安装上升行程限位开关且灵敏可靠,根据施工情况,如使用超载保护、下降行程限位开关时,应保证其灵敏可靠。

6)外露传动部位防护罩应齐全完好。

7)短路和过载保护、失压保护、零位保护装置工作应灵敏可靠。

8)滑轮与钢丝绳应匹配。

(2)严禁使用倒顺开关作为物料提长机卷扬机的控制开关。

(3)手持控制按钮应使用安全电压,其接线长度不应大于 5m。

(4)基础应符合下列规定:

1)应能承载设计载荷;

2)承台应符合说明书要求,预埋件埋设应正确;

3)无设计要求的低架提升机,土层压实后的承载力不应小于 80kPa,浇筑混凝土强度等级不应小于 C20,厚度应为 300mm;

4)基础表面应平整,水平度偏差值不应大于 10mm;

5)应有排水措施。

(5)附墙架与物料提升机架体之间及建筑物之间应采用刚性连接;附墙架及架体不得与脚手架连接。

(6)附墙架应符合下列规定:

1)附墙架的设置应符合设计要求,其间隔不宜大于 9m,且在建筑物顶部应设置一组附墙架,悬高高度应符合说明书要求;

2)附墙架的材质应与架体相同,不应采用木质和竹竿等做附墙架。

(7)缆风绳应符合下列规定:

1)当提升机无法用附墙架时,应采用缆风绳稳固架体;

2)缆风绳安全系数应选用 3.5,并应经计算确定,直径不应小于 9.30mm;提升机高度在 20m

及以下时，缆风绳不应少于 1 组，提升机高度在 21～30m 时，缆风绳不应少于 2 组；

3)缆风绳与地面夹角不应大于 60°；

4)高架提升机不应使用缆风绳。

(8)吊篮应装安全门，安全门应定型化、工具化。

(9)安全装置应符合下列规定：

1)安全停靠装置：吊篮运行到位后，停靠装置应将吊篮定位，该装置应能承受所有载荷。

2)断绳保护装置应能使满载断绳时，吊篮的滑落行程不大于 1m。

3)吊篮安全门应采用机电连锁装置，当门打开时，吊笼不应工作。

4)上料口防护宽度应大于提升机最外部尺寸长度，低架提升机应大于 3m，高架应大于 5m；应能承受 100N/m^2 均布荷载。

5)上极限位器安装位置为：到天梁最低处的距离不应小于 3m。

6)非自动复位型紧急停电开关安装位置应能使司机及时切断提升机的总控制电源，但工作照明不应断电。

7)信号装置：由司机控制的音响信号，各楼层装卸人员应都能听到。

8)高架提升机(30m 以上)除具有低架提升机所有安全装置外，还应有下列安全装置：

①下极限限位器：应满足在吊篮碰到缓冲器之前限位器能够动作，吊笼停止下降；

②缓冲器：应采用弹簧或弹性实体；

③超载限制器：当超过额定载荷时，应能切断起升控制电源；

④通讯装置：司机应能与每一站对讲联系。

9)提升机架体地面进料口处应搭设防护棚，防护棚两侧应挂立网。

(10)当提升高度超过相邻建筑物的避雷装置的保护范围时，应设置避雷装置，所连接的 PE 线应作重复接地，其接地电阻不应大于 10Ω。

11.2　施工现场施工机具(电动吊篮)检查验收记录表

11.2.1　表格填写范例

施工现场施工机具(电动吊篮)检查验收记录表

表 AQ-C9-2

工程名称：××桥梁工程　　施工单位：××建设集团有限公司　　编号：××××

<table>
<tr><td colspan="2">使用单位</td><td colspan="5">××建筑劳务公司</td><td colspan="2">项目负责人</td><td>×××</td></tr>
<tr><td colspan="2">安装单位</td><td colspan="5">××机械租赁公司</td><td colspan="2">负责人</td><td>×××</td></tr>
<tr><td>租赁单位</td><td colspan="2">××机械租赁公司</td><td colspan="2">负责人</td><td colspan="3">×××</td><td>额定荷载</td><td>××t</td></tr>
<tr><td>设备型号</td><td>ZLP 500</td><td>编号</td><td>机一024</td><td>标定日期</td><td colspan="3">××年××月××日</td><td>验收日期</td><td>××年××月××日</td></tr>
<tr><td>验收项目</td><td colspan="8">检查内容及要求</td><td>验收结果</td></tr>
<tr><td rowspan="6">技术资料</td><td colspan="8">经过审批合格的安装技术方案</td><td>有方案</td></tr>
<tr><td colspan="8">出租单位营业执照、产品合格证齐全</td><td>齐全</td></tr>
<tr><td colspan="8">吊篮安全锁的标定证书</td><td>有标定证书</td></tr>
<tr><td colspan="8">安装、使用维护保养说明书齐全</td><td>其全</td></tr>
<tr><td colspan="8">安装人员的操作证件</td><td>有操作证</td></tr>
<tr><td colspan="8">产品标牌内容应齐全(产品名称、主要技术性能、制造日期、出厂编号、制造厂名称等)</td><td>齐全</td></tr>
<tr><td rowspan="3">吊篮平台防护</td><td colspan="8">吊篮结构件无开焊或明显腐蚀，螺栓无松动、缺损，外框无明显变形、锈蚀</td><td>无腐蚀、变形等</td></tr>
<tr><td colspan="8">吊篮平台使用所需的长度不能超过厂家使用说明书所规定的长度</td><td>符合要求</td></tr>
<tr><td colspan="8">吊篮平台底板四周应有标准高度的踢脚板、吊篮平台底板应有防滑措施</td><td>符合要求</td></tr>
<tr><td rowspan="3">提升机构</td><td colspan="8">提升机构的所有装置外露部分应安装防护装置</td><td>符合要求</td></tr>
<tr><td colspan="8">提升机构的连接螺母应紧固</td><td>连接紧固</td></tr>
<tr><td colspan="8">电磁制动器和机械制动器应灵敏有效</td><td>灵敏有效</td></tr>
<tr><td rowspan="4">安全装置</td><td colspan="8">上、下行程限位装置应灵敏可靠</td><td>灵敏可靠</td></tr>
<tr><td colspan="8">超高限位器止挡安装在距顶端 80cm 处固定</td><td>符合要求</td></tr>
<tr><td colspan="8">安全锁灵敏可靠，在标定有效期内，离心触发式制动距离 100mm，摆臂防倾 3°～8°锁绳</td><td>符合要求</td></tr>
<tr><td colspan="8">独立设置保险绳，直径不小于 16mm 的保险绳，锁绳器符合要求</td><td>符合要求</td></tr>
</table>

续 表

<table>
<tr><th>验收项目</th><th>检查内容及要求</th><th>验收结果</th></tr>
<tr><td rowspan="3">钢丝绳</td><td>钢丝绳无断丝、磨损、扭结、变形、腐蚀，无砂砾、灰尘附着，符合吊篮安全使用要求</td><td>符合使用安全要求</td></tr>
<tr><td>钢丝绳的固定应符合要求</td><td>符合要求</td></tr>
<tr><td>钢丝绳坠重应距地 15cm 垂直绷紧</td><td>符合要求</td></tr>
<tr><td rowspan="3">悬挂机构</td><td>配重应固定牢固，重量及块数______（是否符合要求）</td><td>符合要求</td></tr>
<tr><td>悬挂机构挑梁外伸长度______m，两根挑梁之间的距离是______m，悬挂机构前高后低设置，纤绳张紧度为前端上翘 2～3cm，抗倾覆系数符合安全使用要求（>2）</td><td>符合要求</td></tr>
<tr><td>行走轮用木方垫起脱离地面</td><td>符合要求</td></tr>
<tr><td rowspan="5">电气系统</td><td>电动吊篮必须设置专用电主控制箱</td><td>设置了专用主电控箱</td></tr>
<tr><td>配电箱外壳的绝缘电阻≥0.5MΩ</td><td>符合要求</td></tr>
<tr><td>电线、电缆无破损，供电电压 380V±5%</td><td>符合要求</td></tr>
<tr><td>电气系统各种安全保护装置应齐全可靠</td><td>齐全可靠</td></tr>
<tr><td>电气元件应灵敏可靠</td><td>灵敏可靠</td></tr>
<tr><td colspan="3">验收结论：

符合要求，同意使用。

安装负责人：×××
安装单位负责人：×××
租赁单位负责人：×××
项目机械设备管理负责人：×××
机长：×××   ××年××月××日</td></tr>
</table>

注：本表由安装单位填写，施工单位、租赁单位、安装单位各存一份。

11.2.2　表格填写依据

(1)《高处作业吊篮》(GB 19155－2003)。

(2)《起重机 钢丝绳保养、维护、安装、检验和报废》(GB 5972－2009)。

(3)《建筑机械使用安全技术规程》(JGJ 33－2012)。

(4)《建筑施工工具式脚手架安全技术规范》(JGJ 202－2010)。

(5)《建设工程施工现场安全资料管理规程》(CECS 266－2009)。

11.2.3　表格填解析指南

1. 构造

(1)悬挂吊篮的支架支撑点处结构的承载能力,应大于所选择吊篮各工况的荷载最大值。

(2)高处作业吊篮应由悬挂机构、吊篮平台、提升机构、防坠落机构、电气控制系统、钢丝绳和配套附件、连接件组成。

(3)吊篮平台应能通过提升机构沿动力钢丝绳升降。

(4)吊篮悬挂机构前后支架的间距,应能随建筑物外形变化进行调整。吊篮悬挂机构的安装,原则上应与吊篮工作面相垂直,但在转角、弧形等部位时,吊篮悬挂机构往往不能与吊篮工作面垂直,形成一定夹角,悬挂机构的抗倾覆力矩会随之发生变化,为保证抗倾覆力矩不降低,应调整前后支架间距。

2. 吊篮安装作业技术要点

(1)作业准备

1)安装作业前,应划定安全区域,并应排除作业障碍;

2)高处作业吊篮组装前应确认结构件、紧固件已配套且完好,其规格型号和质量应符合设计要求;

3)高处作业吊篮所用的构配件应是同一厂家的产品。

(2)安全作业要求

1)高处作业吊篮安装时应按专项施工方案,在专业人员的指导下实施。

2)在建筑物屋面上进行悬挂机构的组装时,作业人员应与屋面边缘保持 2m 以上的距离。组装场地狭小时应采取防坠落措施。

3)悬挂机构前支架严禁支撑在女儿墙上、女儿墙外或建筑物挑檐边缘。

4)高处作业吊篮安装和使用时,在 10m 范围内如有高压输电线路,应按照现行行业标准《施工现场临时用电安全技术规范》(JGJ 46)的规定,采取隔离措施。

5)安装时钢丝绳应沿建筑物立面缓慢下放至地面,不得抛掷。

(3)机构安装

1)悬挂机构宜采用刚性联结方式进行拉结固定;

2)当使用两个以上的悬挂机构时,悬挂机构吊点水平间距与吊篮平台的吊点间距应相等,其误差不应大于 50mm;

3)悬挂机构前支架应与支撑面保持垂直,脚轮不得受力;

4)安装任何形式的悬挑结构,其施加于建筑物或构筑物支承处的作用力,均应符合建筑结构的承载能力,不得对建筑物和其他设施造成破坏和不良影响。

(4)前梁外伸长度应符合高处作业吊篮使用说明书的规定。

(5)悬挑横梁应前高后低,前后水平高差不应大于横梁长度的2%。

(6)配重件应稳定可靠地安放在配重架上,并应有防止随意移动的措施。严禁使用破损的配重件或其他替代物。配重件的重量应符合设计规定。

3.吊篮拆除作业技术要点

(1)高处作业吊篮拆除时应按照专项施工方案,并应在专业人员的指挥下实施。

(2)拆除前应将吊篮平台下落至地面,并应将钢丝绳从提升机、安全锁中退出,切断总电源。

(3)拆除支承悬挂机构时,应对作业人员和设备采取相应的安全措施。

(4)拆卸分解后的构配件不得放置在建筑物边缘,应采取防止坠落的措施。零散物品应放置在容器中。不得将吊篮任何部件从屋顶处抛下。

11.3　施工现场施工机具(龙门吊)检查验收记录表

11.3.1　表格填写范例

施工现场施工机具(龙门吊)检查验收记录表

表 AQ-C9-3

工程名称:××大厦工程　　施工单位:××建设集团有限公司　　编号:××××

使用单位	××建筑劳务公司	负责人	×××	验收日期	××年××月××日
租赁单位	××机械租赁公司	负责人	×××	额定荷载	××
安装单位	××机械安装公司	负责人	×××	设备名称型号	SD 256

验收项目	验收内容及要求	验收结果
安全管理	施工方案	有施工方案
	安全使用技术交底	有安全使用技术交底
	操作人员持证上岗	操作人员能持证上岗
	设备产品生产合格证	有产品生产合格证
轨道铺设	路基、固定基础承载能力符合要求,有排水、防雨设施,没有积水;道渣层厚度大于250mm;枕木间距小于600mm,道钉数量不得少于50%	符合要求
	钢轨接头间隙不大于2～4mm,两轨顶高度差不大于2mm。鱼尾板安装符合要求	符合要求
	纵横方向上钢轨顶面倾斜度≤1‰	0.5‰,符合要求
安全装置	起升超高限位器、小车行走限位器、大车行走限位器、操作室门连锁安全限位器、维修平台门连锁安全限位器	齐全有效
	警示电铃完好有效	完好有效
	多机在同一轨道作业防碰撞限位器	有防碰撞限位器
	吊钩保险装置齐全	齐全有效
	大车夹轨器,轨道终端1m处必须设置缓冲止挡器	齐全有效
钢丝绳	起重钢丝绳无断丝、断股,无乱绳,润滑良好,符合安全使用要求	无断丝、断股无乱绳符合要求
吊钩滑轮	吊钩、卷筒、滑轮无裂纹,符合安全使用要求	无裂纹,符合安全使用要求
架体	架体稳固、焊缝无开裂,符合安装技术要求	无开裂,符合安装技术要求
用电管理	设置专用配电箱,符合临电规范要求	符合临电规范要求
	卷线器、滑线器运转正常,电源线无破损,压接、固定牢固	运转正常,无破损,固定牢固
	地线设置符合规范要求,地线接地电阻≤4Ω	符合规范要求

验收结论:

符合要求,同意使用。

安装负责人:×××

安装单位负责人:×××

租赁单位负责人:×××

项目机械设备管理负责人:×××

机长:×××

××年××月××日

注:本表由安装单位填写,施工单位、租赁单位、安装单位各存一份。

11.3.2 表格填写依据

(1)《建筑机械使用安全技术规程》(JGJ 33－2012)。

(2)《施工现场机械设备检查技术规程》(JGJ 160－2008)。

(3)《建设工程施工现场安全资料管理规程》(CECS 266－2009)。

11.3.3 表格解析指南

(1)桥(门)式起重机主梁、端梁、平衡梁(支腿)、小车架不应有裂纹和明显变形;腐蚀超过原厚度的10%应予报废。

(2)主梁跨中上拱度应为:(0.09%～0.14%)S,且最大上拱度应控制在$S/10$范围内;主梁跨中的下挠值应控制在跨度1/700范围内;端梁有效悬臂处的上翘度应为:(0.9/350～1.4/350)L_1或L_2(S:表示跨度;L_1、L_2:表示有效悬臂长度)。

(3)刚性支腿与主梁在跨度方向的垂直度应为$h_1 \leqslant H_1/2000$(h_1:表示下沉深度;H_1:表示起升高度)。

(4)通用门式起重机跨度极限偏差应为:

1)当$S \leqslant 26$m时,$\Delta s = \pm 8$mm,相对差不应大于8mm;

2)当$S > 26$m时,$\Delta s = \pm 10$mm,相对差不应大于10mm。

(5)行走机构应符合下列规定:

1)在轨道接头未焊为一体的情况下,应满足以下要求:

①接头处的高低差不应大于1mm;

②接头处的头部间隙不应大于2mm;

③接头处的侧向错位不应大于1mm;

④对正轨箱形梁及半偏轨箱形梁,轨道接缝应放在筋板上,允许误差不应大于15mm;

⑤两端最短一段轨道长度应放在不小于1.5m处加挡铁;

⑥轨道纵向坡度不应超过0.5%;

⑦固定轨道的螺栓和压板不应缺少,垫片不应窜动,压板应固定牢固;

⑧轨道不应有裂纹或严重磨损等影响安全运行的缺陷;

⑨当大车运行出现啃轨或大车轨距:$S \leqslant 10$m时,$\Delta s = \pm 3$mm;$S > 10$m时,$\Delta s = \pm[3 + 0.25(S - 10)]$mm,且最大不应超过±15mm。

2)大车运行出现啃轨时,跨度极限偏差应符合下列要求:

①采用可分离式端梁并镗孔直接装车轮结构的跨度极限偏差应为:

a. $S \leqslant 10$m时,$\Delta s = \pm 2$mm;

b. $S > 10$m时,$\Delta s = \pm[2 + 0.1(S - 10)]$mm。

②采用焊接连接的端梁及角型轴承箱装车轮的跨度极限偏差:(通用桥式起重机)$\Delta s = \pm 5$mm,每对车轮测出的跨度相对差不应大于5mm。

(6)传动系统的驱动轮应同向同步转动。

(7)制动及安全装置应符合下列规定:

1)运行终点应设置四套终点止挡架和灵敏、有效的行程限位装置;

2)各限位器应齐全、灵敏、有效;

3)导绳器移动应灵活,自动限位应灵敏可靠;

4)外露传动部分防护罩(盖)应完好齐全,并装有防雨罩;

5)进入起重机的门和司机室到桥架上的门,应设有电器连锁保护装置,当任何一个门打开时,起重机所有机构均应停止工作;

6)大车轨道铺设在工作面或地面时,起重机应设置扫轨板;扫轨板距轨面不应大于 10mm;

7)应设置非自动复位型的紧急断电开关,并保证司机操作方便;

8)在主梁一侧落钩的单主梁起重机应设置防倾翻安全钩;小车正常运行时,应保证安全钩与主梁的间隙适宜,运行不应有卡阻;

9)吊运炽热金属的起升机构应装两套高度限位器,两套开关动作应有先后,并应控制不同的断路装置或采用不同的结构形式,功能应可靠、有效;

10)桥式起重机司机室位于大车滑线端时,通向起重机的梯子和走台与滑线间应设置防护板;滑线端的端梁下,应设置防护板。

(8)电气系统应符合下列规定:

1)供电电源总开关应设在靠近起重机地面易操作的地方,并加锁。

2)电气设备及电器元件应齐全、完好,绝缘性能应良好,应固定牢固;动作应灵敏、有效,符合说明书的要求;额定电压不大于 500V 时,电气线路对地的绝缘电阻,一般环境下不应低于 0.8MΩ;潮湿环境下不应低于 0.14MΩ。

3)总电源回路至少应设置一级短路保护,应由自动断路器或熔断器来实现;自动断路器每相均应有瞬时动作的过流脱扣器,其整定值应随自动开关的类型来定;熔断器熔体的额定电流应按起重机尖峰电流的 1/2~1/1.6 选取。

4) 总电源应设置非自动复位型失压保护装置。

5) 每个机构应单独设置过流保护装置:

①交流绕线式异步电机应采用电流继电器;在两相中设置的过电流继电器的整定值不应大于电机额定电流的 2.5 倍,在第三相中的总过电流继电器的整定值不应大于电机额定电流的 2.25倍加上其余各机构电机额定电流之和;

②鼠笼型交流电机应采用热继电器或带热脱扣器的自动断路器作过载保护,其整定值不应大于电机额定电流的 1.1 倍。

6) 主起升机构应设有超速保护装置。

7) 大、小车的馈电装置应符合说明书要求。

11.4 施工现场施工机具(打桩、钻孔机械)检查验收记录表

11.4.1 表格填写范例

施工现场施工机具(打桩、钻孔机械)检查验收记录表

表 AQ-C9-4

工程名称:××大厦工程 施工单位:××建设集团有限公司 编号:××××

使用单位	××地基工程公司	负责人	×××	设备型号	V-400
安装单位	××机械安装公司	负责人	×××	验收日期	××年××月××日

验收项目	验收内容及要求	验收结果
外观验收	灯光、仪表齐全有效	齐全有效
	全车各部位无变形,驱动轮、托链轮、支重轮无变形、行走链条磨损符合机械性能要求	符合要求
	配重安装符合要求	符合要求
	无任何部位的漏油、漏气、漏水,机容机况整洁	整洁
水、油位检查	水箱水位、电瓶水位正常	正常
	机油油位正常、液压油位正常	正常
	方向机油油位正常、刹车制动油位正常	正常
	变速箱油位正常、各齿轮油位正常	正常
发动机部分	机油压力怠速时不少于 1.5kg/cm^2	符合要求
	水温正常	正常完好
	发动机运转正常无异响	正常完好
	各辅助机构工作正常	正常完好
传动液压部分	液压泵压力正常、液压油温无异常	正常完好
	支腿正常伸缩,无下滑拖滞现象、回转正常	正常完好
	变幅油缸无下滑现象、钻斗提升油缸正常	正常完好
底盘部分	变速箱正常	正常完好
	刹车系统正常、各操作控制机构正常	正常完好
	动力头运转正常,钻杆无弯扭变形	正常完好
安全防护部分	有产品质量合格证	有合格证
	起重钢丝绳无断丝、断股,无乱绳,润滑良好,符合安全使用要求	符合安全使用要求
	吊钩、卷筒、滑轮无裂纹,符合安全使用要求	符合要求
	起升高度限位器的报警切断动力功能正常	正常
	水平仪的指示正常	正常
	防过放绳装置的功能正常	正常
	高压线附近作业,保证足够的安全距离	符合要求
	设置专用配电箱,符合临电规范要求,电源线按要求架设或有保护措施	符合要求
	操作工持证上岗,遵守操作规程	符合要求
	驾驶室内挂设安全技术性能表和操作规程	符合要求
验收结论: 符合要求,同意使用。 安装单位负责人:××× 租赁单位负责人:××× 机械设备管理负责人:××× 机长:××× ××年××月××日		

注:本表由安装单位填写,施工单位、租赁单位、安装单位各存一份。

11.4.2　表格填写依据

(1)《打桩设备安全规范》(GB 22361—2008)。

(2)《建筑机械使用安全技术规程》(JGJ 33—2012)。

(3)《施工现场机械设备检查技术规程》(JGJ 160—2008)。

(4)《建设工程施工现场安全资料管理规程》(CECS 266—2009)。

11.4.3　表格解析指南

(1)整机应符合下列规定：

1)打桩机结构件、附属部件应齐全，主要受力构件不应有失稳及明显变形；

2) 金属结构件焊缝不应有开焊和焊接缺陷；

3) 金属结构件锈蚀(或腐蚀)的深度不应超过原厚度的10%；

4) 金属结构杆件螺栓连接或铆接不应松动；不应有缺损，关键部件连接螺栓应配有防松、防脱落装置，使用高强度螺栓时应有足够的预紧力矩；

5) 钢丝绳的使用应符合《起重机 钢丝绳保养、维护、安装、检验和报废》(GB/T 5972—2009)的规定。

(2)传动系统应符合下列规定：

1) 离合器接合应平稳，传递和切断动力应有效，不应有异响及打滑；

2) 传动机构的齿轮、链轮、链条等部件应能有效传递动力，齿轮啮合应平稳，不应有异响、干磨、过热；

3)联轴器不应缺损，连接应牢固，橡胶圈不应老化，运转时不应有剧烈撞击声；

4) 传动机构的防护罩、盖板、防护栏杆应齐全，不应有变形、破损。

(3)液压系统应符合下列规定：

1)液压系统运转应平稳，系统内应设防止过载和冲击的安全装置，其调定压力应符合机械产品使用说明书的规定；

2)液压泵、液压马达工作时不应有异响，其他液压元器件应满足使用要求；

3)液压管路不得有泄漏，管接头、各类控制阀等液压元件不应漏油，液压软管不得有破损、老化，易受到损坏的外露软管应加防护套；

4)使用的液压油应符合说明书要求，进口桩机选用国产液压油应选择技术参数相近的标号；工作时，液压油油温不应大于80℃，油量应符合规定要求；

5)过滤装置应齐全，滤芯、滤网应保持清洁，不应有破损。

(4)吊钩应符合下列规定：

1)起重机不得使用铸造的吊钩。

2)吊钩严禁补焊。

3)吊钩表面应光洁，不应有剥裂、锐角、毛刺、裂纹。

4)吊钩应设有防脱装置；防脱棘爪在吊钩负载时不得张开，安装棘爪后钩口尺寸减小值不得超过钩口尺寸的10%；防脱棘爪的形态应与钩口端部相吻合。

5)吊钩出现下列情况之一时应予报废：

①表面有裂纹或破口；

②钩尾和螺纹部分等危险截面及钩筋有永久性变形；

③挂绳处截面磨损量超过原高度的 10%；

④开口度比原尺寸增加 15%；开口扭转变形超过 10°；

⑤板钩衬套磨损达原尺寸的 50%时，应报废衬套；

⑥板钩芯轴磨损达原尺寸的 5%时，应报废芯轴。

(5)卷筒和滑轮应符合下列规定：

1)卷筒两侧边缘的高度应超过最外层钢丝绳，其值不应小于钢丝绳直径的 2 倍。

2)卷筒上钢丝绳尾端的固定装置，应有防松或自紧性能。

3) 滑轮槽应光洁平滑，不应有损伤钢丝绳的缺陷。

4) 滑轮应有防止钢丝绳跳出轮槽的装置。

5) 当卷筒和滑轮出现下列情况之一时应予报废：

①裂纹或轮缘破损；

②卷筒壁磨损量达到原壁厚的 10%；

③滑轮槽不均匀磨损达 3mm；

④滑轮绳槽壁厚磨损量达到原壁厚的 20%；

⑤滑轮槽底的磨损量超过相应钢丝绳直径的 25%；

⑥其他能损害钢丝绳的缺陷。

(6)电气系统应符合下列规定：

1)电气管线排列应整齐，连接卡固应牢靠，电线电缆应按规定配置，绝缘性能应良好，不应有损伤、老化、裸露；

2)电气开关、按钮、接触器等电气元器件动作应灵敏，操作应可靠；

3)各类电气指示仪表不应有破损，性能应良好，指示数据应准确；

4)电气箱安装应牢固，门锁应完好，并有防雨防潮措施。

(7)制动系统应符合下列规定：

1)在额定载荷下，桩基常闭式制动器应能有效地制动；

2)制动器的零部件不应有裂纹、过度磨损、塑性变形、开焊、缺件等缺陷；

3)制动轮与制动摩擦片之间应接触均匀，不应有污垢，制动片磨损不应超过原厚度的 50%且不应露出铆钉，制动轮的凹凸不平度不应大于 1.5mm；

4)制动踏板行程调整应适宜，制动应平稳可靠。

11.5　施工现场施工机具(装载机)检查验收记录表

11.5.1　表格填写范例

施工现场施工机具(装载机)检查验收记录表

表 AQ-C9-5

工程名称:××大厦工程　　施工单位:××建设集团有限公司　　编号:××××

使用单位	××建筑劳务公司	负责人	×××	设备型号	CLG 855
租赁单位	××机械租赁公司	负责人	×××	验收日期	××年××月××日
验收项目	验收内容及要求				验收结果
外观验收	灯光正常				正常
	仪表齐全有效				正常、齐全有效
	驱动轮、托链轮、支重轮无变形				紧固无缺少
	行走链条磨损符合机械性能要求				螺丝紧固无缺少
	配重安装正常				横竖拉杆无松动
	无漏油、漏气、漏水				无漏油漏气漏水
	全车各部位无变形				各部位无变形
油位水位检查	水箱水位正常、机油油位正常、液压油位正常、各齿轮油位正常、电瓶水位正常、变速箱油位正常				正常
发动机部分	机油压力怠速时≥$1.5kg/cm^2$				怠速不小于 $1.5kg/cm^2$
	水温正常				水温正常
	发动机运转正常无异响				运转正常无异响
	各辅助机构工作正常				机构工作正常
液压传动部分	液压泵压力正常,大臂、小臂油缸伸缩正常,转斗油缸伸缩正常、回转正常,液压油温无异常				正常
底盘部分	变速箱正常、刹车系统正常、各操控正常、行走系统正常				正常
安全防护	具有产品质量合格证				符合要求
	操作人员持证上岗				符合要求
	驾驶室内挂设安全技术操作规程				符合要求
验收结论: 经验收已达到使用要求,同意使用。 租赁单位负责人:××× 机械设备管理负责人:××× 机长:×××　　××年××月××日					

注:本表由施工单位填写,施工单位、租赁单位各存一份。

11.5.2 表格填写依据

(1)《建筑机械使用安全技术规程》(JGJ 33—2012)。

(2)《施工现场机械设备检查技术规程》(JGJ 160—2008)。

(3)《建设工程施工现场安全资料管理规程》(CECS 266—2009)。

11.5.3 表格解析指南

(1)驱动桥齿轮应运转平稳,不应有异响,桥壳不应有裂纹,连接螺栓应紧固;齿轮油油面应达到油位标记高度。

(2)轮边减速器运转应平稳,不应有异响及过热。

(3)操纵控制阀应能准确有效地控制动臂升降及浮动、铲斗上转及下翻等各种动作。

(4)工作装置应符合下列规定:

1)动臂、摇臂和拉杆不应有变形和裂纹,轴销应固定牢靠,润滑应良好;

2)铲斗应完好,不应有裂纹,斗齿应齐全、完整,不应松动。

(5)制动及安全装置应符合下列规定:

1)制动应可靠有效;制动块、制动盘应清洁,不应有油污;制动踏板行程应符合使用说明书规定;

2)制动液型号、规格应符合使用说明书规定;制动液液位应在标记位置;

3)驻车制动摩擦片不应有油污和烧伤,驻车制动应可靠有效;

4)空气压缩机运转应正常,气压调节阀工作应正常;当系统压力超过规定值时,安全阀应能自动打开;

5)制动总泵、分泵及连接管路不应有漏气和漏油。

11.6　施工现场施工机具(挖掘机)检查验收记录表

11.6.1　表格填写范例

施工现场施工机具(挖掘机)检查验收记录表

表 AQ-C9-6

工程名称:××大厦工程　　施工单位:××建设集团有限公司　　编号:××××

<table>
<tr><td>使用单位</td><td>××建筑劳务公司</td><td>负责人</td><td>×××</td><td>设备型号</td><td>PC 300-7</td></tr>
<tr><td>租赁单位</td><td>××机械租赁公司</td><td>负责人</td><td>×××</td><td>验收日期</td><td>××年××月××日</td></tr>
<tr><td>验收项目</td><td colspan="4">验收内容及要求</td><td>验收结果</td></tr>
<tr><td rowspan="5">外观验收</td><td colspan="4">灯光、仪表正常,齐全有效</td><td>符合要求</td></tr>
<tr><td colspan="4">轮胎螺丝紧固无缺少、传动螺丝紧固无缺少</td><td>符合要求</td></tr>
<tr><td colspan="4">方向机横、竖杆无松动</td><td>无松动</td></tr>
<tr><td colspan="4">无漏油、漏气、漏水</td><td>无漏油、气、水</td></tr>
<tr><td colspan="4">全车各部位无变形</td><td>无变形</td></tr>
<tr><td>检查油位水位</td><td colspan="4">水箱水位正常、机油油位正常、方向机油油位、刹车机动油正常、变速箱油位正常、液压油位正常、各齿轮油位正常、电瓶水位正常</td><td>正常</td></tr>
<tr><td rowspan="2">发动机部分</td><td colspan="4">机油压力怠速时不少于 1.5kg /cm²、水温正常</td><td>正常</td></tr>
<tr><td colspan="4">发动机运转正常无异响、各辅助机构工作正常</td><td>正常</td></tr>
<tr><td rowspan="2">液压传动部分</td><td colspan="4">液压泵压力正常、行走系统正常、液压油温无异常</td><td>正常</td></tr>
<tr><td colspan="4">举臂油缸、转斗油缸起升正常</td><td>正常</td></tr>
<tr><td>底盘部分</td><td colspan="4">液压耦合器、变速箱正常,刹车系统、各操控、行走系统正常</td><td>正常</td></tr>
<tr><td rowspan="3">安全防护</td><td colspan="4">具有产品质量合格证</td><td>有产品质量合格证</td></tr>
<tr><td colspan="4">操作人员持证上岗</td><td>能持证上岗</td></tr>
<tr><td colspan="4">驾驶室内挂设安全技术操作规程</td><td>有安全技术操作规程</td></tr>
<tr><td colspan="6">验收结论:

经验收已达到使用要求,同意使用。

租赁单位负责人:×××
项目机械设备管理负责人:×××
机长:×××　　　　××年××月××日</td></tr>
</table>

注:本表由施工单位填写,施工单位、租赁单位各存一份。

11.6.2 表格填写依据

(1)《建筑机械使用安全技术规程》(JGJ 33—2012)。

(2)《施工现场机械设备检查技术规程》(JGJ 160—2008)。

(3)《建设工程施工现场安全资料管理规程》(CECS 266—2009)。

11.6.3 表格解析指南

(1)回转机构应符合下列规定:

1)回转驱动装置工作应平稳,不应过热;

2)回转平台旋转应平稳,不应有阻滞、冲击,回转齿轮啮合、润滑应良好;

3)回转减速装置齿轮油油面应达到油位标记高度。

(2)行走驱动马达、回转驱动马达工作时不应有异响、过热、泄漏。

(3)工作装置动作速度应正常,工作装置液压缸活塞杆的下沉量不应大于100mm/h。

(4)操纵控制阀应能有效地控制回转平台左右旋转、斗杆伸出及回缩、动臂上升及下降等各种动作。

(5)工作装置应符合下列规定:

1)动臂、斗杆、铲斗不应有变形、裂纹、开焊;

2)斗齿应齐全、完整,不应松动;

3)动臂、斗杆、铲斗的连接轴销等应润滑良好,轴销固定应牢靠。

(6)制动及安全装置应符合下列规定:

1)当行走踏板处于自由状态、行走操纵杆处于中立位置时,行走制动器应自动处于制动状态;

2)放开多路换向阀操纵杆后,操纵杆应自动更换位置,挖掘机的工作功能应能停止;

3)先导控制开关杆工作应可靠有效。

11.7　施工现场施工机具(混凝土泵)检查验收记录表

11.7.1　表格填写范例

施工现场施工机具(混凝土泵)检查验收记录表

表 AQ-C9-7

工程名称:××大厦工程　　施工单位:××建设集团有限公司　　编号:××××

使用单位	××建筑劳务公司	负责人	×××	设备型号	HBT S30-08-45
租赁单位	××机械租赁公司	负责人	×××	验收日期	××年××月××日
验收项目	验收内容及要求				验收结果
外观验收	设备基础平整坚实,安装平稳,有足够的操作空间				平整坚实,安装平稳有足够的操作空间
	仪表齐全有效				仪表齐全有效
	轮胎螺丝紧固无缺失,地泵支腿插销入位,安全可靠				螺丝坚固无缺损,支腿插入销位安全可靠
	料斗螺丝紧固无缺失,隔栅安装可靠				符合要求
	机容机况整洁,无漏油、漏气、漏水				整洁,无任何漏油、漏气、漏水
	泵体各部位无变形				泵体无变形
油位水位检查	水箱水位正常、电瓶水位正常				正常
	机油油位正常、液压油位正常				正常
发动机部分	机油压力怠速时≥1.5kg/cm^2、水温正常				符合要求
	发动机运转正常无异响、液压泵压力正常、各辅助机构工作正常				正常
底盘部分	变速箱正常,行走、刹车系统正常				正常
	各操控机构正常				各操控机构正常
安全防护	具有产品质量合格证				有产品质量合格证
	泵管布设合理,壁厚和材质符合安全使用要求,卡箍安装到位,逆止阀工作可靠				符合要求
	搭设符合要求的防雨、防砸、防噪声的操作棚,棚内悬挂安全技术操作规程,操作人员持证上岗				符合要求
验收结论: 经验收已达到使用要求,同意使用。 租赁单位负责人:××× 项目机械设备管理负责人:××× 机长:×××　　××年××月××日					

注:本表由施工单位填写,施工单位、租赁单位各存一份。

11.7.2 表格填写依据

(1)《混凝土泵》(GB 13333—2004)。

(2)《建筑机械使用安全技术规程》(JGJ 33—2012)。

(3)《施工现场机械设备检查技术规程》(JGJ 160—2008)。

(4)《建设工程施工现场安全资料管理规程》(CECS 266—2009)。

11.7.3 表格解析指南

(1)蓄能器压力应符合使用说明书要求。

(2)搅拌系统应符合下列规定：

1)料斗上部应设置隔板；

2)搅拌装置的叶片与搅拌筒间的间隙应符合说明书规定，搅拌轴轴端不应漏浆。

(3)电瓶应清洁，卡固应可靠，电解液液面应高出极板 10～15mm，免维护电瓶标志应符合规定。

(4)手动、遥控控制装置动作应灵敏、可靠。

(5)液压系统应符合下列规定：

1)主油泵工作能力应达到额定值，运转应平稳，不应有泄漏；

2)液压系统阀组工作应灵敏，不应有中位；系统工作压力应符合说明书要求；

3)液压油型号、油质、油量及使用应符合有关规定；散热泵工作应有效，油温不应超过 80℃，管路连接应可靠，不应有锈蚀、变形、老化、破损、渗油；

4)各液压操纵部分运动应灵活、连接应可靠；

5)液压缸活塞工作应有力，调节阀、溢流阀工作应有效。

(6)混凝土泵送系统应符合下列规定：

1)混凝土泵的活塞的行程应符合说明书规定；

2)混凝土泵的活塞与缸筒的间隙应符合说明书规定；不应漏浆，漂洗箱中的冷却水不应浑浊；

3)分配阀与眼睛板的调整间隙应符合说明书规定，保证泵送、回抽有力，不应滞后；

4)切割环(条)磨损量应在说明书规定范围内，磨损超标应更换。

(7)冷却系统工作有效，应符合说明书规定；部件应齐全完整，管路不应泄漏。

(8)水泵(油泵)工作不应有异响，水质(油质)不应浑浊。

(9)安全装置应符合下列规定：

1)液压系统中应设有防止过载和液压冲击的安全装置；安全溢流阀的调整压力不得大于系统额定工作压力的 110%；系统的额定工作压力不得大于液压泵的额定压力；

2)安全阀及过载保护装置应齐全、灵敏、有效；压力表应有效且在检定期内；

3)漏电保护器参数应匹配，安装应正确，动作应灵敏可靠；

4)料斗上应安装连锁安全装置。

(10)柴油机应符合下列规定：

1)柴油机启动、加速性能应良好，怠速平稳；

2)运转不应有异响，油压宜为 0.15～0.30MPa，水温、仪表指示数据应准确，符合说明书的规定；

3)柴油机曲轴箱内机油量不应过低或过高，宜在机油尺上、下刻度中间稍上位置；

4)空气、机油、柴油滤清器应保持清洁，更换滤芯的时间应按使用说明书要求执行；

5)水箱应定期清洗，保持水箱内外清洁；

6)当水温超过规定值时，节温装置应能自动打开；

7)风扇皮带松紧应适度；

8)电气线路、油管管路应排列整齐、卡固牢靠；

9)柴油机地脚螺栓不应松动、缺损；

10)柴油机负荷调节器配备应合理。

(11)电动输送泵的电气系统和电器元件应符合说明书要求，应灵敏、有效。

11.8 施工现场施工机具(混凝土搅拌机)检查验收记录表

11.8.1 表格填写范例

施工现场施工机具(混凝土搅拌机)检查验收记录表

表 AQ-C9-8

工程名称:××大厦工程　　施工单位:××建设集团有限公司　　编号:××××

使用单位	××建筑劳务公司	负责人	×××	设备型号	HZS 90
租赁单位	××机械租赁公司	负责人	×××	验收日期	××年××月××日

验收项目	验收内容与要求	验收结果
1	机体安装在有防雨、防砸、防噪音操作棚内	符合要求
2	设备周围排水通畅、严禁积水,必须设置沉淀池	符合要求
3	安装牢固平稳,轮胎离地并做保护	符合要求
4	搅拌机离合器、制动器、传动部位有防护罩	符合要求
5	操作手柄有保险装置	符合要求
6	料斗保险挂钩齐全完好	齐全完好
7	钢丝绳使用符合规定要求	符合要求
8	开关箱距设备距离不大于 3m 且电源线穿管保护	符合要求
9	挂设安全操作规程牌	符合要求
10	操作人员持证上岗	符合要求
11	按要求设置喷淋降尘装置	符合要求

验收结论:

检查合格,同意使用。

租赁单位负责人:×××

项目机械设备管理负责人:×××　　××年××月××日

注:本表由施工单位填写,施工单位、租赁单位各存一份。

11.8.2　表格填写依据

(1)《混凝土搅拌机》(GB/T 9142—2000)。

(2)《建筑机械使用安全技术规程》(JGJ 33—2012)。

(3)《施工现场机械设备检查技术规程》(JGJ 160—2008)。

(4)《建设工程施工现场安全资料管理规程》(CECS 266—2009)。

11.8.3　表格解析指南

(1)传动系统应符合下列规定：

1)传动装置运转应平稳，各部连接应可靠；采用齿轮传动方式的其齿轮啮合应良好，侧向间隙不应大于1.5～3mm，径向间隙不应大于4～6mm，大齿轮的径向跳动不应大于3mm；小齿轮的径向跳动不应大于0.05mm；JZM型的橡胶托轮与滚道应接触良好，运转时不应有跳动和跑偏，托轮和滚道磨损量不应超过原厚度的30%；

2)皮带松紧应适宜，受力应均匀、不应有断裂；链条、链轮不应有咬齿；

3)上料斗滚轮、托轮应完好，磨损不应超过规定；

4)减速箱运转不应有异响，密封应良好，不应有漏油；

5)装有轮胎的混凝土搅拌机，其轮胎气压应符合说明书规定，固定螺栓应完好、齐全，不应松动；

6)离合器动力传递应有效，分离应彻底；制动器应灵敏可靠。

(2)搅拌系统应符合下列规定：

1)JZ型搅拌机的拌筒与托轮接触应良好，不应有跑偏、窜动，磨损不应超过说明书规定；

2)JS型搅拌机的拌筒内铲臂紧固不应松动，刮板与衬板间隙应符合说明书要求，磨损不应超过说明书规定；

3)拌筒内不应有积灰，叶片不应松动和变形，上料斗和卸料斗不应有明显变形。

(3)搅拌机供配电电源的架设应符合国家现行标准《施工现场临时用电安全技术规范》(JGJ46)的有关规定。

(4)操作控制柜面板上的仪表、指示灯、按钮应齐全完好。

(5)上料斗钢丝绳润滑应充分，应符合《起重机 钢丝绳保养、维护、安装、检验和报废》(GB 5972—2009)的规定。

(6)供水系统应符合下列规定：

1)供水系统水泵、管道部件应齐全完整，供水管路不应有泄漏；

2)在水温达到50℃时，供水系统应仍能保证正常工作；

3)供水仪表计量数据应准确，且在有效标定期内。

(7)搅拌机作业中产生的污水应通过设置沉淀池，经沉淀后达标排放。

(8)制动及安全装置应符合下列规定：

1)上料斗应能保证在任意位置可靠制动，料斗不应下滑；上、下限位装置动作应灵敏可靠；

2)开式齿轮及皮带的安全防护罩应齐全、完好，上料斗安全挂钩及轨道上的安全插销应完好、齐全；

3)漏电保护器参数应匹配，安装应正确，动作应灵敏可靠。

11.9 施工现场施工机具(钢筋机械)检查验收记录表

11.9.1 表格填写范例

施工现场施工机具(钢筋机械)检查验收记录表

表 AQ-C9-9

工程名称:××大厦工程　　施工单位:××建设集团有限公司　　编号:××××

<table>
<tr><td>使用单位</td><td>××建筑劳务公司</td><td>负责人</td><td>×××</td><td>设备型号</td><td>GBQ 75</td></tr>
<tr><td>机具安装位置</td><td>钢筋加工场地</td><td>负责人</td><td>×××</td><td>验收日期</td><td>××年××月××日</td></tr>
<tr><td>验收项目</td><td colspan="4">验收内容与要求</td><td>验收结果</td></tr>
<tr><td>工作棚</td><td colspan="4">钢筋机械必须安装在符合要求的防护棚内,基础平整坚实,周围排水畅通,安装平稳牢固,保持水平位置</td><td>符合要求</td></tr>
<tr><td>工作场地</td><td colspan="4">调直机工作区域应设置警戒区,并且安装防护栏杆及警告标志;冷拉机防护棚前用钢管做防回弹隔挡;切断机旁应有存放材料、半成品的场地</td><td>符合要求</td></tr>
<tr><td>切断机</td><td colspan="4">切断机设备完好,安全装置齐全有效,传动部位必须安装防护罩,传动箱齿轮油应清洁饱满,切断机切刀无裂痕、刀架螺栓紧固,防护罩牢固可靠</td><td>牢固可靠</td></tr>
<tr><td>弯曲机</td><td colspan="4">弯曲机传动机构间隙符合要求,齿轮啮合和滑动部位润滑良好,运行无异响;芯轴和成型轴、挡铁轴及轴套符合工作要求并且无裂痕和损伤</td><td>符合要求</td></tr>
<tr><td>冷弯机</td><td colspan="4">冷拉卷扬机联轴器的连接螺栓连接牢固、抱闸间隙符合 1～1.5mm 要求;钢丝绳应经滑轮并和被拉钢筋水平方向成直角,操作人员要能看见整个冷拉场地,卷扬机与冷拉中线不得小于 5m;卷扬机必须使用封闭式导向滑轮,严禁使用开口拉板式滑轮,卷筒上的钢丝绳应排列整齐,至少保留 3～5 圈,夹板完好;卷扬机背后应设置稳固可靠的地锚并与卷扬机底座牢固连接</td><td>符合要求</td></tr>
<tr><td rowspan="3">电源</td><td colspan="4">设置独立的开关箱必须达到“一机、一闸、一箱、一漏”,开关箱距设备距离不大于 3m 且电源线穿管保护。漏电保护开关灵敏、匹配正确、保护接零符合要求,严禁使用铁壳倒顺开关</td><td>符合要求</td></tr>
<tr><td colspan="4">电动机、电缆线绝缘电阻是否符合要求</td><td>符合要求</td></tr>
<tr><td colspan="4">机旁悬挂设安全操作规程牌,明确责任人,操作人员持证上岗</td><td>符合要求</td></tr>
<tr><td colspan="6">验收结论:

经全面验收,符合机械使用要求。
租赁单位负责人:×××
项目机械设备管理负责人:×××　　××年××月××日</td></tr>
</table>

注:1. 以钢筋加工棚为单位进行验收;

2. 本表由施工单位填写,施工单位、租赁单位各存一份。

11.9.2　表格填写依据

(1)《建筑机械使用安全技术规程》(JGJ 33—2012)。

(2)《施工现场机械设备检查技术规程》(JGJ 160—2008)。

(3)《建设工程施工现场安全资料管理规程》(CECS 266—2009)。

11.9.3　表格解析指南

(1)整机应符合下列规定:

1)机械的安装应坚实稳固,保持水平位置;

2)金属结构不应有开焊、裂纹;

3)零部件应完整,随机附件应齐全;

4)外观应清洁,不应有油垢和锈蚀;

5)操作系统应灵敏可靠,各仪表指示数据应准确;

6)传动系统运转应平稳,不应有异常冲击、振动、爬行、窜动、噪声、超温、超压;

7)机身不应有破损、断裂及变形;

8)各部位连接应牢靠,不应松动。

(2)电气系统及润滑系统应符合下列规定:

1)钢筋加工机械的用电应符合国家现行标准《施工现场临时用电安全技术规范》JGJ 46 的有关规定;

2)电气系统装置应齐全,线路排列应整齐,卡固应牢靠;

3)电气设备安装应牢固,电气接触应良好;

4)电机运行时不应有异常响声、抖动及过热;

5)电气控制设备和元件应置于柜(箱)内,电气柜(箱)门锁应齐全有效;

6)油泵工作应有效;油路、油嘴应畅通;油杯、油线、油毡应齐全,不应有破损;油标应醒目,刻线应正确,油质、油量应符合说明书的要求;

7)润滑系统工作应有效,油路应畅通,润滑应良好;各润滑部位及零件不应严重拉毛、磨损、碰伤;

8)润滑油型号、油质及油量应符合说明书的要求。

(3)安全防护应符合下列规定:

1)安全防护装置及限位应齐全、灵敏可靠,防护罩、板安装应牢固,不应破损;

2)接地(接零)应符合用电规定,接地电阻不应大于 4Ω;

3)漏电保护器参数应匹配,安装应正确,动作应灵敏可靠;电气保护(短路、过载、失压)应齐全有效。

(4)液压系统应符合下列规定:

1)各液压元件固定应牢固,不应有渗漏;

2)液压系统应清洁,不应有油垢;

3)各液压元件的调定压力应符合说明书的要求;

4)各液压元件应定期校准和检验。

11.10 施工现场施工机具(木工机械)检查验收记录表

11.10.1 表格填写范例

施工现场施工机具(木工机械)检查验收记录表

表 AQ-C9-10

工程名称:××大厦工程　　施工单位:××建设集团有限公司　　编号:××××

使用单位	××建筑劳务公司	负责人	×××	使用负责人	×××
机具安装位置	模板加工场地	设备型号	MJ 104	验收日期	××年××月××日

验收项目	验收内容与要求	验收结果
1	安装在符合降低噪声要求的防护棚内并有良好的通风	良好
2	安装平稳牢固、工作台平整光滑,床身工作时不得有明显震动,有足够宽敞场地保证操作	平稳牢固
3	平饱必须安装安全保护手装置,圆盘锯锯盘护罩、分料器(锯尾刀)、防护挡板安全装置齐全有效	齐全有效
4	刀片和刀片螺丝的硬度、重量必须一致,刀片严禁有裂纹,刀架夹板必须平整贴紧,合金刀片焊缝的高度不得超出刀头,刀片紧固螺丝应按入刀片槽内,槽端离刀背不得小于 10mm	完好
5	传动部位防护罩齐全牢固	齐全
6	设置独立的开关箱必须达到"一机、一闸、一箱、一漏",开关箱距设备距离不大于 3m 且电源线穿管保护。漏电保护开关灵敏、匹配正确、保护接零符合要求,严禁使用铁壳倒顺开关	符合要求
7	必须独立使用一台电动机,不得与其他机械用同一台电动机,多功能木工设备严禁两项(含)以上功能同时使用	符合要求
8	设备旁悬挂安全操作规程牌,明确责任人,操作人员持证上岗	符合要求

验收结论:

符合要求,同意使用。

租赁单位负责人:×××

项目机械设备管理负责人:×××　　××年××月××日

注:1. 以木工房为单位进行验收;

2. 本表由施工单位填写,施工单位、租赁单位各存一份。

11.10.2　表格填写依据

(1)《木工机械安全使用要求》(AQ 7005－2008)。

(2)《建筑机械使用安全技术规程》(JGJ 33－2012)。

(3)《施工现场机械设备检查技术规程》(JGJ 160－2008)。

(4)《建设工程施工现场安全资料管理规程》(CECS 266－2009)。

11.10.3　表格解析指南

1. 电气安全

(1)电源开关。

1)每台机器控制系统应有总电源开关,总电源开关应能切断机器的所有电源。电源开关只能有一个“断开”位置和一个“接通”位置。在断开位置时,应有能够锁住的机构。电源开关应安装在机器上或接近机器的位置,并且易于识别和接近。

2)大型机器(如自动线)有多个独立的工作区,当每个工作区均有其自己的电气设备时,则每个工作区应设置各自的电源切断开关和联锁装置,实现每一个工作区的电源切断开关而导致总电源切断。

3)下列电路不需经过电源开关:

①检修时需用的照明电路;

②专门连接检修工具(如手电钻)的插销电路;

③欠压脱扣电路(它只在电源故障时用来自动跳闸);

对于上述情况,必须在电源开关附近给出提示,引起注意。对这些电路应设置自己的切断开关。

(2)启动。

机器电动机应设置启动按钮和按 GB/T 19670 和 GB 5226.1 的规定设置防止电动机意外启动的装置。

(3)正常停止。

1)机器应设置使机器所有传动能够正常停止的停止装置;

2) 机器进给运动的断开应不迟于主运动的断开;

3)机器或它的危险零件被停止后,其传动的能量供应必须切断。

(4)机器设置的急停操纵装置应符合 GB 16754 和 GB 5226.1 的规定。

(5)机器在停电或驱动电源断路时,要处于自动断开状态,当恢复供电或驱动电源接通时,应有防止再启动的装置。

(6)机器电气设备的电击防护、保护接地电路和绝缘电阻,应符合 GB 5226.1 的规定。

(7)1kW 以上的、连续工作的电动机应具有过载保护。

(8)电气设备、电气控制装置、电动机的防护等级。

1)加工木材的木工机械电气设备外壳的防护等级为 IP54,电动机的防护等级应不低于 IP44,推荐优先采用 IP54;

2)木工机械辅助用机器,如磨刀、磨锯等辅机,电气设备外壳的防护等级为 IP43;

3)防止粉尘和木屑的木工机械电气控制装置外壳的防护等级为 IP65。

(9)电气设备、电气控制装置应按 GB 2894 的规定设置安全标志。

2. 刀具、刀体和刀夹

(1)机器上安装的切削刀具、刀体和刀夹应有紧固和防松脱措施,确保当启动、运转和制动时不会松脱。

(2)机器上的切削刀具除必要的外露部分外,其余不得外露,否则要安装防护罩或接触预防装置。

(3)不应使用有明显变形、裂纹、崩刃等缺陷的影响使用安全的切削刀具。

(4)切削刀具使用磨钝后应及时修磨,经多次刃磨后切削部分的主要参数应能保持基本不变。旋转刀具修磨后应按 GB 12557 的规定进行静平衡或动平衡试验。

3. 制动系统

若刀具主轴停机后的惯性运动存在人与刀具接触的危险,则机器上应设置自动制动器,使刀具主轴在足够短的时间内停止运动。足够短的时间指:

(1)小于 10s;

(2)小于启动时间,但不得超过具体机器标准中规定的时间(对于启动时间大于 10s 的刀具主轴)。

4. 工件的支承和导向

对于手推工件进给的机器,工件的加工应通过工作台、工件安全进给导向板来支撑和把持。

5. 防护装置

(1)裸露的传动装置(如带和带轮、链和链轮、变速齿轮等)应设置防护装置;若操作者需伸手进入这一防护区域工作时,则可使用活动式防护装置,使用活动式防护装置时,防护装置开启应与机器启动联锁。

(2)手推工件进给的机器应设置防止与切削刀具接触的接触预防装置。

(3)防护装置应能抗御由机器部件、工件、折断的工具、喷射的固体的冲击以及由操作者等引起的冲击。

(4)机器上切削刀具的防护罩应按 GB 2894 的规定设置安全标志。

6. 吸尘设备

(1)加工木材的木工机械应配置收集粉尘和木屑的单机吸尘设备或连接集中吸尘设备。

(2)吸尘设备的风速为 20m/s (对于含水率小于 18%的木屑) 和 28m/s (对含水率大于等于18%的木屑)。

(3)吸尘设备的除尘和吸收装置应有防止粉尘爆炸和木屑燃烧的安全措施。

11.11　施工现场施工机具(机动翻斗车)检查验收记录表

11.11.1　表格填写范例

施工现场施工机具(机动翻斗车)检查验收记录表

表 AQ-C9-11

工程名称:××大厦工程　　施工单位:××建设集团有限公司　　编号:××××

使用单位	××建筑劳务公司	负责人	×××	设备型号	D 500
租赁单位	××机械租赁公司	负责人	×××	验收日期	××年××月××日
检查项目	检查内容与要求			验收结果	
发动机	冷却水充足,水箱浮子有效			冷却水充足,水箱浮子有效	
	曲轴箱机油油面在油标尺上两条刻线中间			机油油面在油标尺上两条刻线中间	
	机油指示器有效			机油指示器有效	
	空气滤清器清洁,机油添加符合要求			滤清器清洁,机油添加符合要求	
	减压装置灵敏有效			减压装置灵敏有效	
	不漏水,不漏油,不漏气			不漏水,不漏油,不漏气	
	放水嘴通畅			放水嘴通畅	
转向系统	方向盘自由行程小于 15°			自由行程小于 15°	
	转向桥与车架连接可靠			转向桥与车架连接可靠	
行驶系统	离合器踏板自由行程 25～30mm			离合器踏板自由行程 25～30mm	
	离合器结合时不发抖、不打滑			结合不发抖、不打滑	
	轮胎气压符合要求			气压符合要求	
	变速箱齿油添加符合要求			齿轮油添加符合要求	
	车辆制动灵敏有效			制动灵敏有效	
	车辆制动踏板自由行程 10～15mm			自由行程 10～15mm	
	传动三角皮带不老化,张紧度符合要求			皮带不老化,张紧度符合要求	
	手刹手柄向后拉过 3～4 齿时,制动应起作用			手刹拉过 3～4 齿时制动起作用	
其他	锁斗器、回斗器灵敏有效			锁斗器、回斗器灵敏有效	
	灯光、喇叭齐全有效			灯光、喇叭齐全有效	
	蓄电池外观清洁,符合要求			外观清洁符合要求	
	设备操作人员持证上岗操作			操作人员能持证上岗	
	设备具有产品合格证书			有合格证	
	驾驶室内挂设设备操作规程			有设备操作规程	
	整机清洁、防护齐全			整机清洁、防护齐全	
验收结论: 经验收已达到使用要求,同意使用。 租赁单位负责人:××× 项目机械设备管理负责人:××× 机长:×××　　××年××月××日					

注:本表由施工单位填写,施工单位、租赁单位各存一份。

11.11.2 表格填写依据

(1)《建筑机械使用安全技术规程》(JGJ 33－2012)。

(2)《施工现场机械设备检查技术规程》(JGJ 160－2008)。

(3)《建设工程施工现场安全资料管理规程》(CECS 266－2009)。

11.11.3 表格解析指南

1. 一般要求

(1)原材料、外购件和协作件均应有合格证。翻斗车制造厂应抽样检验，合格后方可使用。

(2)主要零部件应有企业质量检验部门的检验合格标记。

(3)翻斗车的外露金属面、备用件及其他需防锈的表面均应清理干净，涂以防护漆或防锈脂。

(4)翻斗车的操作和保养、检修等所需的最小入口尺寸应符合 GB/T 17299 的规定。

(5)翻斗车的油、水、气等各系统均应工作正常，各部件装配前均应按有关技术文件的规定进行密封性测定，不得漏油、漏水、漏气。

(6)电器线路、油管等应排列整齐、固定可靠，不应出现松动、碰撞、摩擦和挤压等现象。

(7)零部件的连接应可靠，不得松动。驱动轴和车轮的连接螺栓应按规定的紧固力矩拧紧，螺栓杆应高出螺母，高出部分的长度应为其螺距的 2～4 倍。

2. 性能与结构要求

(1)最高车速不得大于 25km/h。

(2)料斗平装容量、掘起力以及最小转弯直径应符合表 11-1 的规定。

表 11-1 自装式翻斗车的基本参数系列

<table>
<tr><td colspan="2">额定装载重量
t</td><td>0.7</td><td>1.0</td><td>1.2</td><td>1.5</td><td>2.0</td></tr>
<tr><td colspan="2">料斗平装容量
m^3</td><td>0.35</td><td>0.50</td><td>0.60</td><td>0.75</td><td>1.00</td></tr>
<tr><td colspan="2">掘起力
kN</td><td>≥8</td><td>≥12</td><td>≥14</td><td>≥18</td><td>24</td></tr>
<tr><td rowspan="2">最小转弯直径
m</td><td>整体式</td><td>≤8.0</td><td>≤8.5</td><td colspan="2">≤9.5</td><td>≤10.5</td></tr>
<tr><td>铰接式</td><td>≤7.0</td><td>≤7.5</td><td colspan="2">≤8.0</td><td>≤9.0</td></tr>
</table>

(3)最大卸载角不得小于 45°。

(4)料斗装满系数不得小于 0.85。

(5)最大爬坡度不得小于 36%。

(6)料斗处于运输位置时，其定位应可靠，不应出现明显的晃动和移位现象。

(7)离合器应接合平顺、分离彻底，保证翻斗车起步时无明显冲击和抖动。

(8)变速箱换挡应轻便，不允许出现脱挡或跳挡等现象。

(9)转向机构操作应灵活可靠，能保证翻斗车稳定行驶。转向机构还应满足以下要求：

1)方向盘上的操作力，对液压动力转向的不应大于 50N，对机械式转向的不应大于 115N；

2)转向系统应能承受紧急情况下驾驶员施加的 900N 的力而无功能性损坏；

3)方向盘的自由转角不应大于 15°。

(10)仪表盘应置于驾驶员在驾驶时能清楚看见的位置,并装备必需的仪表。

(11)翻斗车横向摆动时,应满足下列要求之一:

1)前车架相对后车架或摆动轴相对主车架的左右横向最大摆动角不得小于 12°;

2)左右车轮摆动时的最大相对高度差不得小于 240mm。

(12)燃油箱容量应保证翻斗车连续作业时间不得小于 9h。

(13)司机座椅应具有良好的弹性和减振缓冲性能。

(14)发动机的排气口应有消音装置,向上排气的烟囱应有防雨装置;发动机应有机罩。

(15)液压油和传动系统润滑油的固体污染清洁度等级应分别不低于 JG/T 5035 中规定的要求。

3. 安全与环保要求

(1)翻斗车须装备可靠的行车制动和停车制动系统,制动系统应满足以下要求:

1)行车制动器应能使空载的翻斗车以 20km/h 的初速度制动时,制动距离不大于 5m,且左右轮拖印偏差不大于 0.4m;满载的翻斗车以 10km/h 的初速度制动时,制动距离不大于 2.5m;

2)行车制动器应能使满载的翻斗车在坡度不小于 25%的坡道上停住,停车制动器应能使满载的翻斗车停在坡度不小于 15%的坡道上。

(2)翻斗车满载时其静态纵向稳定系数,对整体式的不应小于 0.5,对铰接式的不应小于 0.7。

(3)翻斗车对人员构成危险的部位,应有防护或隔离措施。

(4)人员上下翻斗车的通道和脚踏板的表面应有防滑措施。

(5)翻斗车应装有照明装置和行驶信号灯。照明和信号灯的光色应符合 GB/T 4785 的规定。

(6)翻斗车车外噪声值不应大于 86dB(A);装有封闭式驾驶室的翻斗车,司机耳边噪声值不应大于 92dB(A)。

(7)翻斗车排气烟度不应大于 4.5FSN。

(8)铰接式翻斗车,应备有固定前后车驾使其不能相对转动的装置。

4. 可靠性要求

翻斗车在进行累计工作时间为 500h 的可靠性试验时,其可靠性指标应满足下列要求:

(1)首次故障前的工作时间不应小于 250h;

(2)平均无故障的工作时间不应小于 200h;

(3)可靠度不应小于 85%。

11.12 施工现场施工机具(汽车吊)检查验收记录表

11.12.1 表格填写范例

施工现场施工机具(汽车吊)检查验收记录表

表 AQ-C9-12

工程名称:××大厦工程　　施工单位:××建设集团有限公司　　编号:××××

使用单位	××建筑劳务公司	负责人	×××	设备型号	QY 50K－1
租赁单位	××机械租赁公司	负责人	×××	验收日期	××年××月××日
检查项目	检查内容与要求			验收结果	
外观验收	灯光正常			正常	
	仪表正常、齐全有效			正常、齐全有效	
	轮胎螺丝紧固无缺少			紧固无缺少	
	方向机横竖拉杆无松动			无松动	
	无任何部位的漏油、漏气、漏水			无漏油、气、水	
	全车各部位无变形			无变形	
检查油位水位	水箱水位正常			正常	
	机油油位正常			正常	
	方向机油油位正常			正常	
	刹车制动油位正常			正常	
	变速箱油位正常			正常	
	液压油位正常			正常	
	各齿轮油位正常			正常	
	电瓶水位正常			正常	
发动机部分	机油压力怠速时不少于 1.5kg/cm^2			不少于 1.5kg/cm^2	
	水温正常			正常	
	发动机运转正常无异响			正常无异响	
	各附属机构齐全正常			齐全正常	
液压部分传动	液压泵压力正常			正常	
	支腿正常伸缩,无下滑拖滞现象			正常伸缩,无下滑拖滞	
	变幅油压缸无下滑现象			无下滑	
	主臂伸缩油缸正常,无下滑			正常无下滑	
	回转正常			正常	
	液压油温正常			正常	

续表

检查项目	检查内容与要求	验收结果
底盘部分	离合器正常无打滑	正常无打滑
	变速箱正常	正常
	刹车系统正常	正常
	各操控机构正常	正常
	行走系统正常	正常
安全防护	有产品合格证	有合格证
	起重钢丝绳无断丝、断股，润滑良好、直径缩径不大于 10%	无断丝断股润滑良好直径缩径不大于 10%
	吊钩及滑轮无裂纹，危险断面磨损不大于尺寸的 10%	无裂纹，危险断面磨损不大于尺寸的 10%
	起重机幅度指示正常	正常
	力矩限制器装置灵敏可靠	装置灵敏可靠
	起升高度限位器的报警切断动力功能正常	正常
	水平仪的指示正常	正常
	防过放绳装置的功能正常	正常
	卷筒无裂纹无乱绳现象	无裂纹无乱绳
	吊钩防脱装置工作可靠	防脱装置工作可靠
	操作人员持证上岗	持证上岗
	驾驶室内挂设安全技术操作规程	有安全技术操作规程
验收结论 经验收已达到使用要求，同意使用。 租赁单位负责人：××× 项目机械设备管理负责人：××× 机长：×××　　××年××月××日		

注：本表由施工单位填写，施工单位、租赁单位各存一份。

11.14.2 表格填写依据

(1)《汽车起重机和轮胎起重机安全规程》(JB 8716－1998)。

(2)《建筑机械使用安全技术规程》(JGJ 33－2012)。

(3)《施工现场机械设备检查技术规程》(JGJ 160－2008)。

(4)《建设工程施工现场安全资料管理规程》(CECS 266－2009)。

11.14.3 表格解析指南

(1)起重机的主要工作性能应达到说明书中的额定指标。

(2)作业前,应全部伸出支腿,确认地基承载力后在撑脚板下垫方木,使回转支承平面处于水平状态,水准泡居中,其倾斜度不应大于0.5%。

(3)各种灯光、信号、标志应齐全清晰,大灯光度光束应符合照明要求;后视镜安装应正确,喇叭音响应符合说明书规定。

(4)传递动力的分动箱取力器结合与分离应平稳,传递动力应有效;油泵工作不应有异响。

(5)工作时起重臂和起升钢丝绳不应有冲击、抖动。

(6)行驶机构应符合下列规定:

1)转向盘转动应灵活、操作应轻便,不应有阻滞;转向盘自由转动量不应大于30°;

2)转向节及臂,转向横、竖拉杆不应有裂纹、损伤,球销不应有松旷;

3)轮胎应符合《施工现场机构设备检查技术规程》(JGJ 160)第4.5.3条的规定。

(7)制动机构应符合下列规定:

1)制动系统各管路、部件连接应可靠;管路应畅通;不应漏气、漏油;

2)制动应可靠有效,不应跑偏;压印、拖印应符合验车规定;制动踏板自由行程应符合该车使用说明书规定。

(8)底盘应符合下列规定:

1)前、后桥不应有变形和裂纹;

2)独立悬挂装置应完好,功能应有效;

3)钢板弹簧不应有裂纹和断片。

(9)安全装置应符合下列规定:

1)液压系统中应设有防止过载和液压冲击的安全装置;安全溢流阀的调整压力不得大于系统额定工作压力的110%;系统额定工作压力不得大于液压泵的额定压力;

2)液压系统中,限制负载下降速度、保持工作机构平衡下降和微动下降的平衡阀工作应可靠有效;

3)各液压阀装置不应有内外泄漏,工作应可靠有效;

4)起重机的重量限制器、力矩限制器、高度限制器等安全装置部件应齐全、完整,动作应灵敏、可靠。

11.13　施工现场施工机具安装验收记录表

11.13.1　表格填写范例

施工现场施工机具安装验收记录表

表 AQ-C9-13

工程名称：××大厦工程　　施工单位：××建设集团有限公司　　编号：××××

使用单位	××建筑劳务公司	负责人	×××	设备名称型号	钢筋弯曲机 GW 50
租赁单位	××机械租赁公司	负责人	×××	验收日期	××年××月××日
验收项目	验收内容与要求				验收结果
1. 维修保养记录	检查有关证件				齐全
2. 状况	机架、机座				平稳牢固
	动力、传动部位				完好
	附件				完好
3. 防护装置	防护罩				齐全
	轴盖				齐全
	刃口防护				齐全
	挡板				齐全
	阀				齐全
4. 电源部分（动力）	开关箱				完好
	一(二)次线长度				符合要求
	漏(触)电保护				符合要求
	接零保护				符合要求
	绝缘保护				符合要求
验收结论： 符合要求，同意使用。 租赁单位负责人：××× 项目机械设备管理负责人：×××　　××年××月××日					

注：本表由施工单位填写，施工单位、租赁单位各存一份。

11.13.2 表格填写依据

(1)《建筑机械使用安全技术规程》(JGJ 33—2012)。

(2)《施工现场机械设备检查技术规程》(JGJ 160—2008)。

(3)《建设工程施工现场安全资料管理规程》(CECS 266—2009)。

11.13.3 表格解析指南

(1)整机应符合下列规定：

1)机械安装应坚实稳固，保持水平位置；

2)金属结构不应有开焊、裂纹；

3)机构应完整，零部件应齐全，连接应可靠；

4)外观应清洁，不应有油垢和明显锈蚀；

5)传动系统运转应平稳，不应有异常冲击、振动、爬行、窜动、噪声、超温、超压；传动皮带应完好，不应破损，松紧应适度；

6)变速系统换挡应自如，不应有跳挡；各挡速度应正常；

7)操作系统应灵敏可靠，配置操作按钮、手轮、手柄应齐全，反应应灵敏；各仪表指示数据应准确；

8)各导轨及工作面不应严重磨损、碰伤、变形；

9)刀具安装应牢固，定位应准确有效；

10)积尘装置应完好，工作应可靠。

(2)电气系统及润滑应符合下列规定：

1)机械的用电应符合国家现行标准《施工现场临时用电安全技术规范》(JGJ 46)的有关规定；

2)电气系统装置应齐全，线路排列应整齐，包扎、卡固应牢靠，绝缘应良好，电缆、电线不应有损伤、老化、裸露；

3)电机运转应平稳，不应有异常响声、振动及过热；

4)润滑装置应齐全完整，油路应通畅，润滑应良好，润滑油(脂)型号、油质及油量应符合说明书规定。

(3)安全防护装置应符合下列规定：

1)接地(接零)应正确，接地电阻应符合用电规定；

2)短路保护、过载保护、失压保护装置动作应灵敏、有效；

3)漏电保护器参数应匹配，安装应正确，动作应灵敏可靠；

4)外露传动部分防护罩壳应齐全完整，安装应牢靠；

5)防护压板、护罩等安全防护装置应齐全、可靠，指示标志应醒目有效。

11.14 施工现场施工机械维修保养记录表

11.14.1 表格填写范例

施工现场施工机械维修保养记录表

表 AQ-C9-14

工程名称：××大厦工程　　施工单位：××建设集团有限公司　　编号：××××

<table>
<tr><td>工程地点</td><td colspan="3">×市×区×街×号</td><td colspan="2">使用单位</td><td colspan="2">××建筑劳务公司</td></tr>
<tr><td>租赁单位</td><td colspan="3">××机械租赁公司</td><td colspan="2">负责人</td><td colspan="2">×××</td></tr>
<tr><td>设备名称</td><td>规格
型号</td><td>设备
编号</td><td>出厂日期</td><td colspan="2">使用年限</td><td>上次维修时间</td><td>本次维修有效期</td></tr>
<tr><td>机动翻斗车</td><td>DF 500</td><td>机 007</td><td>××年××月
××日</td><td colspan="2">10 年</td><td>××年××月
××日</td><td>××年××月
××日</td></tr>
<tr><td>检查维修
保养记录</td><td colspan="7">更换机油滤芯
换机油</td></tr>
<tr><td>更换主要零
配件记录</td><td colspan="7">机油滤芯

下次更换时间××月××日前</td></tr>
<tr><td colspan="8">维修保养有效期限合格证的起止时间：

合格证有效期：　自 ××年×× 月 ×× 日至　×× 年　××月　××日</td></tr>
<tr><td colspan="8">维修检查人：×××
租赁单位负责人：×××
项目机械设备管理负责人：×××　　　　××年××月××日</td></tr>
</table>

注：本表由租赁单位或保养维修单位填写，施工单位、租赁单位或维修单位各存一份。

11.12.2 表格填写依据

(1)《建筑机械使用安全技术规程》(JGJ 33—2012)。

(2)《施工现场机械设备检查技术规程》(JGJ 160—2008)。

(3)《建设工程施工现场安全资料管理规程》(CECS 266—2009)。

11.12.3 表格解析指南

1. 机械设备检查

(1)机械设备检查的主要内容:检查机械技术状况、附件、备品工具、资料、记录、保养、操作、消耗、质量等情况,并对机械使用人员进行技术考核。

1)检查规章制度的建立、健全和贯彻执行情况;

2)检查管理机构和机务人员配备情况;

3)检查技术培训及各级机务人员素质情况;

4)检查机械技术状况及完好率、利用率情况;

5)检查机械使用、维修、保养、管理情况;

6)检查机械使用维修的运行效果。

(2)机械设备检查的组织实施。

1)定期组织由各机械使用单位参加的机械大检查,对检查中发现的问题,以书面形式通报有关部门,定人定质限期解决;

2)机械设备使用单位凡不按规定要求组织机械检查或检查不细,存在问题未解决,发生机械事故的,对有关人员按失职追究责任。

2. 机械设备维修保养

通过擦拭、清扫、润滑、调整等一般方法对设备进行护理,以维持和保护设备的性能和技术状况,称为机械设备维护保养。

(1)机械设备维护保养的要求:

1)清洁。设备内外整洁,各滑动面、丝杠、齿条、齿轮箱、油孔等处无油污,各部位不漏油、不漏气,设备周围的切屑、杂物、脏物要清扫干净;

2)整齐。工具、附件、工件(产品)要放置整齐,管道、线路要有条理;

3)润滑良好。按时加油或换油,不断油,无干摩现象,油压正常,油标明亮,油路畅通,油质符合要求,油枪、油杯、油毡清洁;

4)安全。遵守安全操作规程,不超负荷使用设备,设备的安全防护装置齐全可靠,及时消除不安全因素。

(2)机械设备维护应按维护规程进行。机械设备维护规程是对设备日常维护方面的要求和规定,坚持执行设备维护规程,可以延长设备使用寿命,保证安全、舒适的工作环境。其主要内容应包括:

1)设备要达到整齐、清洁、坚固、润滑、防腐、安全等的作业内容、作业方法、使用的工器具及材料、达到的标准及注意事项;

2)日常检查维护及定期检查的部位、方法和标准;

3)检查和评定操作工人维护设备程度的内容和方法等。

(3)设备的三级保养制。

1)设备的日常维护保养：

设备的日常维护保养，一般有日保养和周保养，又称日例保和周例保。日例保由设备操作工人当班进行。周例保由设备操作工人在每周末进行，保养时间为：一般设备 2h，精、大、稀设备 4h。

①外观擦净设备导轨、各传动部位及外露部分，清扫工作场地。达到内外洁净无死角、无锈蚀，周围环境整洁；

②操纵传动检查各部位的技术状况，紧固松动部位，调整配合间隙。检查互锁、保险装置。达到传动声音正常、安全可靠；

③液压润滑清洗油线、防尘毡、滤油器，油箱添加油或换油。检查液压系统，达到油质清洁，油路畅通，无渗漏，无研伤；

④电气系统擦拭电动机、蛇皮管表面，检查绝缘、接地，达到完整、清洁、可靠。

2)一级保养：

一级保养是以操作工人为主，维修工人协助，按计划对设备局部拆卸和检查，清洗规定的部位，疏通油路、管道，更换或清洗油线、毛毡、滤油器，调整设备各部位的配合间隙，紧固设备的各个部位。一级保养所用时间为 4～8h，一保完成后应做记录并注明尚未清除的缺陷，车间机械员组织验收。一保的范围应是企业全部在用设备，对重点设备应严格执行。一保的主要目的是减少设备磨损，消除隐患、延长设备使用寿命，为完成到下次一保期间的生产任务在设备方面提供保障。

3)二级保养：

二级保养是以维修工人为主，操作工人参加来完成。二级保养列入设备的检修计划，对设备进行部分解体检查和修理，更换或修复磨损件，清洗、换油、检查修理电气部分，使设备的技术状况全面达到规定设备完好标准的要求。二级保养所用时间为 7d 左右。

二保完成后，维修工人应详细填写检修记录。二保的主要目的是使设备达到完好标准，提高和巩固设备完好率，延长大修周期。

第12章　施工现场文明生产、环境卫生安全资料表格范例及解析

12.1　施工现场噪声监测记录

12.1.1　表格填写范例

施工现场噪声监测记录表

表 AQ-C10-1

工程名称：××大厦工程　　施工单位：××建筑集团有限公司　　编号：××××

监测仪器型号	CEL-630	监测日期	××年××月××日
监测人	×××	监测时间	××时××分至××时××分
施工现场示意图 施工场地边界及测点位置 （图略）			
监测结果分析： 各项监测达标，符合国家标准。 记录人：×××　　项目安全负责人：×××　　××年××月××日			

注：本表由施工单位填写，监理单位、施工单位各存一份。

12.1.2　表格填写依据

(1)《建筑施工场界噪声排放标准》(GB 12523－2011)。

(2)《声环境质量标准》(GB 3096－2008)。

(3)《建设工程施工现场安全资料管理规程》(CECS 266－2009)。

12.1.3　表格解析指南

(1)施工现场应遵照《中华人民共和国建筑施工场界噪声限值》制定降噪措施。在城市市区范围内,建筑施工过程中使用的设备,可能产生噪声污染的,施工单位应按有关规定向工程所在地的环保部门申报。

(2)施工现场的电锯、电刨、搅拌机、固定式混凝土输送泵、大型空气压缩机等强噪声设备应搭设封闭式机棚,并尽可能设置在远离居民区的一侧,以减少噪声污染。

(3)因生产工艺上要求必须连续作业或者特殊需要,确需在 22 时至次日 6 时期间进行施工的,建设单位和施工单位应当在施工前到工程所在地的区、县建设行政主管部门提出申请,经批准后方可进行夜间施工。

建设单位应当会同施工单位做好周边居民工作。并公布施工期限。

(4)进行夜间施工作业的,应采取措施,最大限度减少施工噪声,可采用隔音布、低噪声振捣棒等方法。

(5)对人为的施工噪声应有管理制度和降噪措施,并进行严格控制。承担夜间材料运输的车辆,进入施工现场严禁鸣笛,装材料应做到轻拿轻放,最大限度地减少噪声扰民。

(6)施工现场应进行噪声值监测,监测方法执行《建筑施工场界噪声测量方法》,噪声值不应超过国家或地方噪声排放标准。

(7)环境噪声排放限值

1)建筑施工过程中场界环境噪声不得超过表 12-1 规定的排放限值。

表 12-1　建筑施工场界环境噪声排放限值　　单位:dB(A)

昼间	夜间
70	55

2)夜间噪声最大声级超过限值的幅度不得高于 15dB(A)。

3)当场界距噪声敏感建筑物较近,其室外不满足测量条件时,可在噪声敏感建筑物室内测量,并将表 12-1 中相应的限值减 10dB(A)作为评价依据。

12.2 施工现场文明生产定期检查表

12.2.1 表格填写范例

施工现场文明生产定期检查表

表 AQ-C10-2

工程名称：××大厦工程　　施工单位：××建设集团有限公司　　编号：××××

序　号	检查内容	检查结果
1. 施工现场料具堆放、分类堆放整齐、标牌齐全	料具堆放情况	堆放整齐、标牌齐全
2. 现场围挡完善、封闭管理，场地硬化处理，排水、道路、绿化	道路硬化及排水情况	符合要求
3. 现场设施与平面图保持一致，各种标牌、标识完整，工完场地清，卫生符合要求	各种标牌设备情况	符合要求
4. 生活区管理	环境卫生情况	符合要求
5. 检查结果		合格
检查人员：×××	项目安全负责人：×××	××年××月××日

注：本表由施工单位填写，施工单位保存。

12.2.2　表格填写依据

(1)《建设工程施工现场安全资料管理规程》(CECS 266－2009)。

(2)《建设工程施工现场环境与卫生标准》(JGJ 146－2013)。

12.2.3　表格解析指南

1. 现场围挡

施工现场应设封闭围挡,防止与施工作业无关人员进入,防止施工作业影响周围环境。

2. 封闭管理

施工现场实行封闭管理,出入大门口应有专职门卫,禁止外来人员随意进出,对来访人员进行登记。

3. 施工场地

施工现场必须采取排水措施,主要道路必须进行硬化处理。土方应集中堆放。裸露的场地和集中堆放的土方应采取覆盖、固化或绿化等措施。

4. 材料堆放

现场内材料应按照施工平面图统一布置,分类码放整齐,材料标识要清晰准确,材料的存放场地应平整夯实,有排水措施。材料保管应根据材料特点采取相应的保护措施。施工垃圾应集中分拣、回收利用并及时清运。

5. 现场宿舍

施工现场的施工区域应与办公、生活区划分清晰,并应采取相应的隔离措施。宿舍内夏季应采取消暑和灭蚊蝇措施,冬季应有采暖和防煤气中毒措施,并建立验收制度。

宿舍内应有必要的生活设施及必要的生活空间,内高度不得低于2.5m,通道不得小于1m,应有高于地面300mm的床铺,每人床铺占用面积不得小于$2m^2$,床铺被褥干净整洁,生活用品摆放整齐,室内保持通风。

办公区、生活区应保持整洁卫生,垃圾存放在密闭容器内,定期灭蝇,及时清运。生活垃圾不得与施工垃圾混放。

6. 现场防火

生活区必须配备消防器材,消防器材齐全有效。成立义务消防队,明确消防责任人。用火点和燃气灌不能放置在同一房间内。生活区不得存放易燃、易爆、剧毒、放射源等化学危险物品。

7. 治安综合治理

生活区设有文体活动室,配备电视机、书报、杂志和必要的文体活动用品。

8. 施工现场标识

主要出入口明显处应设置工程概况牌,大门内应有施工现场总平面图和安全生产、消防保卫、环境保护、文明施工等制度牌。施工现场各种标识牌字体正确规范、工整美观,并保持整洁完好。

9. 生活设施

(1)食堂:食堂所用建筑材料必须符合环保、消防要求;必须设置独立的制作间、库房和燃气灌存放间;有必要的排风设施和消毒设施;灶台及其周边应贴瓷砖,地面硬化,保持墙地面干净;必须设置隔油池;食堂制作间的下水管线应与污水管线连接,保证排水通畅;制作间必须有生熟分开的刀、盆、案板等炊具及存放柜;库房有存放佐料和副食的密闭器皿,应有距墙距地大于

20cm 的粮食存放台。

(2)厕所:必须设置水冲式厕所或移动式厕所;厕所墙壁屋顶严密,门窗齐全,采用水泥地面;厕所大小应根据生活区人员数量确定。

(3)盥洗设施:必须设置满足施工人员使用的水池和水龙头;盥洗设施的下水管线应与污水管线连接,必须保证排水通畅。

(4)淋浴室:设置冷热水管和淋浴喷头,保证施工人员定期洗热水澡;淋浴间内必须设有储衣柜或挂衣架;下水管线与污水管线连接,保证排水通畅;用电设施必须满足用电安全,照明设备必须安装防爆灯具和防水开关。

(5)开水房:设置开水炉或饮用水保温筒。

10. 保健急救

在办公室应配备药箱及一般常用药品以及绷带、止血带等急救器材。严格执行卫生、防疫管理规定,建立卫生防疫管理制度,并制定法定传染病、食物中毒、急性职业中毒等突发疾病应急预案。

11. 社区服务

施工现场严禁焚烧各类废弃物;施工现场应按现行国家标准《建筑施工场界噪声限值》(GB 12523)及《建筑施工场界噪声测量方法》(GB 12524)制定降噪措施,并由施工企业自行对施工现场的噪声值进行监测和记录;施工现场强噪声设备宜设置在远离居民区的一侧,并应采取降低噪声措施;对因生产工艺需要或者特殊需要,确需在夜间进行超过噪声标准施工的,施工前建设单位应向有关部门提出申请,经批准后方可进行夜间施工。

第 13 章　分包管理安全资料表格范例及解析

13.1　分包单位考察评价表

13.1.1　表格填写范例

分包单位考察评价表

表 AQ-C11-1

工程名称：××大厦工程　　施工单位：××建设集团有限公司　　编号：××××

<table>
<tr><td>分包单位名称</td><td colspan="2">××土石方工程公司</td><td>法人代表</td><td>×××</td></tr>
<tr><td>通讯地址、电话</td><td colspan="2">×市×街×号　63×××××</td><td>考察日期</td><td>××年××月××日</td></tr>
<tr><td colspan="5">考察情况：
1. 企业资质情况。
2. 人员配备及资质情况。
3. 企业的工程业绩情况及获奖情况。
4. 企业是否有重大安全事故情况。
5. 企业是否具有安全生产许可证。

考察人：×××</td></tr>
<tr><td colspan="3" rowspan="2">项目部评价意见：
分包企业具有承担该工程的资质，相关资料齐全有效，符合要求。</td><td>负责人</td><td>×××</td></tr>
<tr><td>日　期</td><td>××年××月××日</td></tr>
<tr><td colspan="3" rowspan="2">公司审批意见：
企业资质、人员资质符合要求，同意××土石方工程公司承担××大厦工程基础开挖、支护工程项目。</td><td>审查人</td><td>×××</td></tr>
<tr><td>日　期</td><td>××年××月××日</td></tr>
</table>

13.1.2 表格填写依据

(1)《建设工程施工现场安全资料管理规程》(CECS 266—2009)。

(2)《房屋建筑和市政基础设施工程施工分包管理办法》(中华人民共和国建设部令第124号)。

13.1.3 表格解析指南

对分包单位资格应审查以下内容：

(1)营业执照、企业资质等级证书、特殊行业施工许可证、国外(境外)企业在国内承包工程许可证(发生时)；

(2)企业业绩简介(包括历年承担主要工程介绍)；

(3)专职管理人员和特种作业人员的资格证、上岗证；

(4)企业是否具有安全生产许可证(有效期内)；

(5)企业是否有重大安全事故情况；

(6)对分包单位进行实地考察。

13.2　分包单位施工人员名册

13.2.1　表格填写范例

分包单位施工人员名册

表 AQ-C11-2

工程名称：××大厦工程　　施工单位：××建设集团有限公司　　编号：××××

序号	姓名	性别	出生年月	工种	身份号码	家庭住址	文化程度	教育时间	考核成绩	安全上岗证号	进场时间	离场时间
1	×××	男	××年××月	电工	××××	×省×市×镇×街×号	初中	××年××月××日	合格	××××	××年××月××日	/
2	×××	男	××年××月	焊工	××××	×省×市×镇×街×号	初中	××年××月××日	合格	××××	××年××月××日	××年××月××日
3	×××	男	××年××月	普工	××××	×省×市×镇×街×号	初中	××年××月××日	合格	/	××年××月××日	/

分包单位：（章）××土石方工程公司　　××年××月××日

13.2.2 表格填写依据

(1)《建设工程施工现场安全资料管理规程》(CECS 266—2009)。

(2)《房屋建筑和市政基础设施工程施工分包管理办法》(中华人民共和国建设部令第124号)。

13.2.3 表格解析指南

(1)分包单位施工人员,在进场前必须参加总包项目部组织的安全教育,并参加安全教育考试合格后方可进场。

(2)进场后分包单位还要组织施工人员进行班组安全教育。

(3)进场施工人员必须与分包单位施工人员名册所报的人员相对应,如有更换要及时上报总包项目部。

(4)上报分包单位施工人员名册时,同时把施工人员的身份证、特种作业操作证的复印件一同上报。

13.3　安全物资、机具、设施、设备移交单

13.3.1　表格填写范例

安全物资、机具、设施、设备移交单

表 AQ-C11-3

工程名称:××大厦工程　　施工单位:××建设集团有限公司　　编号:××××

<table>
<tr><td>移交单位</td><td colspan="2">××建设集团有限公司</td><td>使用单位</td><td colspan="2">××幕墙工程公司</td></tr>
<tr><td>移交验收项目</td><td colspan="5">吊篮</td></tr>
<tr><td colspan="6">1. 双方共同验收,此项目符合使用单位要求及规程要求。
2. 使用单位对于移交方提供的设备、设施不得私自拆改,需改动时应书面通知移交方负责人,由移交方指派专业人员进行整改。
3. 使用单位、人员在使用移交方的设备设施时应服从移交方安全人员的管理,如发现违章及冒险作业,安全人员有权制止或书面通知使用单位及进行经济处罚。
4. 移交后的设备设施由于使用单位人员违章使用,造成的一切后果由使用单位负责。
5. 使用电气设备应注明设备名称及总用电量。</td></tr>
<tr><td>移交单位安全员</td><td colspan="2">×××</td><td>使用单位安全员</td><td colspan="2">×××</td></tr>
<tr><td>移交单位负责人</td><td colspan="2">×××</td><td>使用单位负责人</td><td colspan="2">×××</td></tr>
<tr><td>移交日期</td><td colspan="2">××年××月××日</td><td>接收日期</td><td colspan="2">××年××月××日</td></tr>
<tr><td colspan="6">总包单位意见:
经多方共同验收,吊篮安装符合规范要求,满足施工要求。同意移交。

负责人:×××　　　　日期:××年××月××日</td></tr>
</table>

注:1. 凡施工中甲单位的安全物资、机具、防护设施或设备,由乙单位在施工中使用,或由乙单位委托甲单位搭设的安全防护设施及提供的设备,必须办理交接验收手续;
2. 此单一式三联,一联存档;二、三联移交双方单位。

13.3.2　表格填写依据

《建设工程施工现场安全资料管理规程》(CECS 266—2009)。

13.4 总包单位对分包单位的安全监督、检查记录

13.4.1 表格填写范例

总包单位对分包单位的安全监督、检查记录

表 AQ-C11-4

工程名称：××大厦工程　　施工单位：××建设集团有限公司　　编号：××××

<table>
<tr><td>检查单位</td><td>××建设集团有限公司</td><td>分包单位</td><td>××土石方工程公司</td></tr>
<tr><td>分包项目</td><td>土方工程</td><td>施工部位</td><td>基坑</td></tr>
<tr><td>检查人员</td><td colspan="3">×××、×××、×××、×××</td></tr>
<tr><td colspan="4">安全检查记录：
1. 机械设备的合格证、备案情况及操作规程。
2. 特殊工种的上岗证情况。
3. 专项施工方案。</td></tr>
<tr><td colspan="4">文明施工检查记录：
1. 环境保护措施。
2. 消防措施。
3. 材料堆放、弃土覆盖情况。
4. 宣传标语等。
5. 宿舍、食堂卫生、消防情况。</td></tr>
<tr><td colspan="4">检查结论：
1. 施工现场弃土没有按要求覆盖。
2. 消防器材没有按施工组织设计中的要求配备。
3. 要求以上内容在 3 天内整改完成。

检查负责人：×××
被检查单位：××土石方工程公司　　检查日期：××年××月××日</td></tr>
<tr><td colspan="4">复查记录：
1. 基坑挖土能集中堆放并按要求覆盖。
2. 消防器材配备齐全。

复查负责人：×××　　复查日期：××年××月××日</td></tr>
</table>

13.4.2　表格填写依据

(1)《建设工程施工现场安全资料管理规程》(CECS 266—2009)。

(2)《建筑施工安全检查标准》(JGJ 59—2011)。

13.4.3　表格解析指南

(1)在施工中分包单位必须按施工组织设计要求配备足够的、符合要求的、有经验的管理人员及施工工人。

(2)进入现场施工人员必须着装整齐,佩戴统一安全帽。特种作业人员必须佩戴相应的安全防护用品。

(3)项目安全部对分包单位的全体成员进行入场安全教育。经考试合格后进场作业。未经考试合格的人员不得参加施工生产。

(4)安装、维修或拆除临时用电工程,必须由电工完成。电工等级应同工程的难易程度和技术复杂性相适应。严格遵守临时用电各项管理规定,坚决执行国家关于《施工现场临时用电安全技术规范》(JGJ 46—2005)的各项管理规范。

(5)在施工程不得在高、低压线路下方施工,高低压线路下方,不得搭设作业棚,建造生活设施或堆放构件、架具、材料及其他杂物等。建筑物(含脚手架具)的外侧边缘与外电架空线路的边线之间,必须保持安全操作距离。

(6)现场的临时用电必须采取防护措施,增设屏障遮栏、围栏或保护网,并悬挂醒目的警告标志牌,在架设防护设施时,应有电气工程技术人员或专职安全人员负责监护。

(7)施工现场临时用电必须采用三相五线制供电体系。配电房、配电箱必须符合规范要求。

(8)施工现场的一切用电设备要有专人管理,其他人员未经批准不得擅自动用一切用电设备,在施工现场内的起重机等机械设备若在相邻建筑物、构筑物的防雷装置的保护范围以外,则必须安装防雷装置。现场内所有防雷接地装置的冲击接地电阻值不得大于 30Ω。各机械设备防雷引下线可利用该设备的金属结构体,但必须保证电气连接良好。

(9)配电箱应设在干燥、通风及常温场所,不得装设在有严重化学损伤作用、外来固体物撞击、强烈振动等场所。配电箱周围应有足够工作的空间和通路,不得堆放任何妨碍操作、维修的物品,不得有灌木杂草。

(10)每台固定用电设备应有各自专用开关箱,必须实行"一机一闸,一箱一漏"制,严禁用同一个开关电器直接控制二台以上用电设备(含插座)。

(11)施工现场各重点部位按规定合理配备消防设施和器材。施工现场不得随便动用明火。凡施工明火操作必须在使用前,报安全部检查,办理批准动火证手续,并有专人看火,配备必要的消防器材。

(12)木工车间(棚),应符合防火安全要求,刨花、木屑、锯末应及时清理,做到工完场清,并不得在棚内存放大量成品、半成品。物资仓库、易燃物品存放库房要设专人负责,并在库房门口挂牌标明,专职人员下班前应断电、关窗、锁门。木料及易燃物品堆放处、机械修理、油库区、油漆配料房、喷漆车间等部位严禁烟火,该区域内严禁明火作业。

(13)库房内各种材料要按性质及危险性分类存放。具有自燃、易燃、易爆的物品及化学物品必须分库存放。

(14)库房管理人员必须具备灭火常识,会使用灭火器材,下班前应对灯、闸、锁进行认真检查。

(15)施工现场道路为消防通道必须畅通无阻。现场必须设临时消防器材,并设有明显标志,周围 3 米内不得堆放材料和其他物品,不准埋压、圈占、挖沟、堆土,严禁随便动用或损坏各种消防器材。

第14章　施工现场安全检查表格范例及解析

14.1　施工安全检查资料

14.1.1　施工安全检查资料的意义及用途

1. 施工安全检查资料的意义

施工安全检查资料的意义在于科学地评价建筑施工安全生产情况，提高安全生产工作和文明施工的管理水平，预防伤亡事故的发生，确保职工的安全和健康，实现检查评价工作的标准化、规范化。

2. 施工安全检查资料的用途

(1)施工安全检查资料用于建筑施工企业及其主管部门对建筑施工安全工作的检查和评价，是主管部门在考核工程项目和建筑施工企业的安全情况、评选先进、企业升级、项目经理资质时的考核依据。

(2)施工安全检查资料采用检查评分表的形式、采用定量的方法，对建筑施工中易发生伤亡事故的主要环节、部位和工艺等的完成情况做安全检查评价，为安全评价提供了直观数字和综合评价标准。

14.1.2　施工安全检查资料的内容

施工安全检查评分资料的内容包括一张检查评分汇总表和安全管理、文明工地、脚手架、基坑工程、模板工程、高处作业、施工用电、物料提升机与施工升降机、塔式起重机与起重吊装和施工机具共十项分项检查评分表。

1. 检查评分汇总表

建筑施工安全检查评分汇总表主要内容应包括：安全管理、文明施工、脚手架、基坑工程、模板工程、高处作业、施工用电、物料提升机与施工升降机、塔式起重机与起重吊装和施工机具十项。该表所示得分作为对一个施工现场安全生产情况的评价依据。建筑施工安全检查评分汇总表是对十个分项检查结果的汇总，利用汇总表得分，来确定总体系统的安全生产工作情况。

2. 分项检查评分表

(1)安全管理检查评定保证项目应包括：安全生产责任制、施工组织设计及专项施工方案、安全技术交底、安全检查、安全教育、应急救援。一般项目应包括：分包单位安全管理、持证上岗、生产安全事故处理、安全标志。

(2)文明施工检查评定保证项目应包括：现场围挡、封闭管理、施工场地、材料管理、现场办公与住宿、现场防火。一般项目应包括：综合治理、公示标牌、生活设施、社区服务。

(3)扣件式钢管脚手架检查评定保证项目应包括：施工方案、立杆基础、架体与建筑结构拉结、杆件间距与剪刀撑、脚手板与防护栏杆、交底与验收。一般项目应包括：横向水平杆设置、杆件连接、层间防护、构配件材质、通道。

(4)门式钢管脚手架检查评定保证项目应包括：施工方案、架体基础、架体稳定、杆件锁臂、脚手板、交底与验收。一般项目应包括:架体防护、构配件材质、荷载、通道。

(5)碗扣式钢管脚手架检查评定保证项目应包括:施工方案、架体基础、架体稳定、杆件锁件、脚手板、交底与验收。一般项目应包括:架体防护、构配件材质、荷载、通道。

(6)承插型盘扣式钢管脚手架检查评定保证项目包括:施工方案、架体基础、架体稳定、杆件设置、脚手板、交底与验收。一般项目包括:架体防护、杆件连接、构配件材质、通道。

(7)满堂脚手架检查评定保证项目应包括:施工方案、架体基础、架体稳定、杆件锁件、脚手板、交底与验收。一般项目应包括:架体防护、构配件材质、荷载、通道。

(8)悬挑式脚手架检查评定保证项目应包括:施工方案、悬挑钢梁、架体稳定、脚手板、荷载、交底与验收。一般项目应包括:杆件间距、架体防护、层间防护、构配件材质。

(9)附着式升降脚手架检查评定保证项目包括:施工方案、安全装置、架体构造、附着支座、架体安装、架体升降。一般项目包括:检查验收、脚手板、架体防护、安全作业。

(10)高处作业吊篮检查评定保证项目应包括:施工方案、安全装置、悬挂机构、钢丝绳、安装作业、升降作业。一般项目应包括:交底与验收、安全防护、吊篮稳定、荷载。

(11)基坑工程检查评定保证项目应包括:施工方案、基坑支护、降排水、基坑开挖、坑边荷载、安全防护。一般项目应包括:基坑监测、支撑拆除、作业环境、应急预案。

(12)模板支架检查评定保证项目应包括:施工方案、支架基础、支架构造、支架稳定、施工荷载、交底与验收。一般项目应包括:杆件连接、底座与托撑、构配件材质、支架拆除。

(13)高处作业检查评定项目应包括:安全帽、安全网、安全带、临边防护、洞口防护、通道口防护、攀登作业、悬空作业、移动式操作平台、悬挑式物料钢平台。

(14)施工用电检查评定的保证项目应包括:外电防护、接地与接零保护系统、配电线路、配电箱与开关箱。一般项目应包括:配电室与配电装置、现场照明、用电档案。

(15)物料提升机检查评定保证项目应包括:安全装置、防护设施、附墙架与缆风绳、钢丝绳、安拆、验收与使用。一般项目应包括:基础与导轨架、动力与传动、通信装置、卷扬机操作棚、避雷装置。

(16)施工升降机检查评定保证项目应包括:安全装置、限位装置、防护设施、附墙架、钢丝绳、滑轮与对重、安拆、验收与使用。一般项目应包括:导轨架、基础、电气安全、通信装置。

(17)塔式起重机检查评定保证项目应包括:载荷限制装置、行程限位装置、保护装置、吊钩、滑轮、卷筒与钢丝绳、多塔作业、安拆、验收与使用。一般项目应包括:附着、基础与轨道、结构设施、电气安全。

(18)起重吊装检查评定保证项目应包括:施工方案、起重机械、钢丝绳与地锚、索具、作业环境、作业人员。一般项目应包括:起重吊装、高处作业、构件码放、警戒监护。

(19)施工机具检查评定项目应包括:平刨、圆盘锯、手持电动工具、钢筋机械、电焊机、搅拌机、气瓶、翻斗车、潜水泵、振捣器、桩工机械。

14.2 建筑施工安全检查评分汇总表

14.2.1 表格填写范例

表 A 建筑施工安全检查评分汇总表

企业名称：××建设集团有限公司　　资质等级：总承包一级　　××年××月××日

单位工程（施工现场）名称	建筑面积（m^2）	结构类型	总计得分（满分分值100分）	项目名称及分值									
				安全管理（满分10分）	文明施工（满分15分）	脚手架（满分10分）	基坑工程（满分10分）	模板支架（满分10分）	高处作业（满分10分）	施工用电（满分10分）	物料提升机与施工升降机（满分10分）	塔式起重机与起重吊装（满分10分）	施工机具（满分5分）
××大厦工程	20000	框剪	84.5	9.2	13.2	8.8	8.0	7.9	9.0	8.4	8.0	8.15	3.85

评语：

汇总表得超过80分，根据《建筑施工安全检查标准》(JGJ 59－2011)的规定，评定结果为优良。

检查单位	××建设集团有限公司	负责人	×××	受检项目	××大厦工程	项目经理	×××

14.2.2　表格填写依据

《建筑施工安全检查标准》(JGJ 59—2011)。

14.2.3　表格解析指南

1. 检查评分方法

(1)建筑施工安全检查评定中,保证项目应全数检查。

(2)检查评分表应分为安全管理、文明施工、脚手架、基坑工程、模板支架、高处作业、施工用电、物料提升机与施工升降机、塔式起重机与起重吊装、施工机具分项检查评分表和检查评分汇总表。

(3)各评分表的评分应符合下列规定:

1)分项检查评分表和检查评分汇总表的满分分值均应为 100 分,评分表的实得分值应为各检查项目所得分值之和;

2)评分应采用扣减分值的方法,扣减分值总和不得超过该检查项目的应得分值;

3)当按分项检查评分表评分时,保证项目中有一项未得分或保证项目小计得分不足 40 分,此分项检查评分表不应得分;

4)检查评分汇总表中各分项项目实得分值应按下式计算:

$$A_1=\frac{B\times C}{100}$$

式中:A_1——汇总表各分项项目实得分值;

B——汇总表中该项应得满分值;

C——该项检查评分表实得分值。

5)当评分遇有缺项时,分项检查评分表或检查评分汇总表的总得分值应按下式计算:

$$A_2=\frac{D}{E}\times 100$$

式中:A_2——遇有缺项时总得分值;

D——实查项目在该表的实得分值之和;

E——实查项目在该表的应得满分值之和。

6)脚手架、物料提升机与施工升降机、塔式起重机与起重吊装项目的实得分值,应为所对应专业的分项检查评分表实得分值的算术平均值。

2. 检查评定等级

(1)应按汇总表的总得分和分项检查评分表的得分,对建筑施工安全检查评定划分为优良、合格、不合格三个等级。

(2)建筑施工安全检查评定的等级划分应符合下列规定:

1)优良:

分项检查评分表无零分,汇总表得分值应在 80 分及以上。

2)合格:

分项检查评分表无零分,汇总表得分值应在 80 分以下,70 分及以上。

3)不合格:

1)当汇总表得分值不足 70 分时;

2)当有一分项检查评分表得零分时。

(3)当建筑施工安全检查评定的等级为不合格时,必须限期整改达到合格。

14.3 安全管理检查评分表

14.3.1 表格填写范例

表 B.1 安全管理检查评分表

序号	检查项目		扣分标准	应得分数	扣减分数	实得分数
1	保证项目	安全生产责任制	未建立安全生产责任制,扣 10 分 安全生产责任制未经责任人签字确认,扣 3 分 未配备各工种安全技术操作规程,扣 2～10 分 未按规定配备专职安全员,扣 2～10 分 工程项目部承包合同中未明确安全生产考核指标,扣 5 分 未制定安全生产资金保障制度,扣 5 分 未编制安全资金使用计划或未按计划实施,扣 2～5 分 未制定伤亡控制、安全达标、文明施工等管理目标,扣 5 分 未进行安全责任目标分解,扣 5 分 未建立对安全生产责任制和责任目标的考核制度,扣 5 分 未按考核制度对管理人员定期考核,扣 2～5 分	10	2	8
2		施工组织设计及专项施工方案	施工组织设计中未制定安全技术措施,扣 10 分 危险性较大的分部分项工程未编制安全专项施工方案,扣 10 分 未按规定对超过一定规模危险性较大的分部分项工程专项施工方案进行专家论证,扣 10 分 施工组织设计、专项施工方案未经审批,扣 10 分 安全技术措施、专项施工方案无针对性或缺少设计计算,扣 2～8 分 未按施工组织设计、专项施工方案组织实施,扣 2～10 分	10	0	10
3		安全技术交底	未进行书面安全技术交底,扣 10 分 未按分部分项进行交底,扣 5 分 交底内容不全面或针对性不强,扣 2～5 分 交底未履行签字手续,扣 4 分	10	0	10
4		安全检查	未建立安全检查制度,扣 10 分 未有安全检查记录,扣 5 分 事故隐患的整改未做到定人、定时间、定措施,扣 2～6 分 对重大事故隐患整改通知书所列项目未按期整改和复查,扣 5～10 分	10	0	10
5		安全教育	未建立安全教育培训制度,扣 10 分 施工人员入场未进行三级安全教育培训和考核,扣 5 分 未明确具体安全教育培训内容,扣 2～8 分 变换工种或采用新技术、新工艺、新设备、新材料施工时未进行安全教育,扣 5 分 施工管理人员、专职安全员未按规定进行年度教育培训和考核,每人扣 2 分	10	0	10

续表

序号	检查项目		扣分标准	应得分数	扣减分数	实得分数
6	保证项目	应急救援	未制定安全生产应急救援预案,扣 10 分 未建立应急救援组织或未按规定配备救援人员,扣 2～6 分 未定期进行应急救援演练,扣 5 分 未配置应急救援器材和设备,扣 5 分	10	0	10
		小 计		60	2	58
7	一般项目	分包单位安全管理	分包单位资质、资格、分包手续不全或失效,扣 10 分 未签订安全生产协议书,扣 5 分 分包合同、安全生产协议书,签字盖章手续不全,扣 2～6 分 分包单位未按规定建立安全机构或未配备专职安全员,扣 2～6 分	10	2	8
8		持证上岗	未经培训从事施工、安全管理和特种作业,每人扣 5 分 项目经理、专职安全员和特种作业人员未持证上岗,每人扣 2 分	10	0	10
9		生产安全事故处理	生产安全事故未按规定报告,扣 10 分 生产安全事故未按规定进行调查分析、制定防范措施,扣 10 分 未依法为施工作业人员办理保险,扣 5 分	10	0	10
10		安全标志	主要施工区域、危险部位未按规定悬挂安全标志,扣 2～6 分 未绘制现场安全标志布置图,扣 3 分 未按部位和现场设施的变化调整安全标志设置,扣 2～6 分 未设置重大危险源公示牌,扣 5 分	10	4	6
		小 计		40	6	34
检查项目合计				100	8	92

14.3.2 表格填写依据

《建筑施工安全检查标准》(JGJ 59－2011)。

14.3.3 表格解析指南

(1)安全管理检查评定应符合国家现行有关安全生产的法律、法规、标准的规定。

(2)安全管理检查评定保证项目应包括:安全生产责任制、施工组织设计及专项施工方案、安全技术交底、安全检查、安全教育、应急救援。一般项目应包括:分包单位安全管理、持证上岗、生产安全事故处理、安全标志。

(3)安全管理保证项目的检查评定应符合下列规定。

1)安全生产责任制:

①工程项目部应建立以项目经理为第一责任人的各级管理人员安全生产责任制;

②安全生产责任制应经责任人签字确认;

③工程项目部应有各工种安全技术操作规程;

④工程项目部应按规定配备专职安全员;

⑤对实行经济承包的工程项目,承包合同中应有安全生产考核指标;

⑥工程项目部应制定安全生产资金保障制度;

⑦按安全生产资金保障制度,应编制安全资金使用计划,并应按计划实施;

⑧工程项目部应制定以伤亡事故控制、现场安全达标、文明施工为主要内容的安全生产管理目标;

⑨按安全生产管理目标和项目管理人员的安全生产责任制,应进行安全生产责任目标分解;

⑩应建立对安全生产责任制和责任目标的考核制度;

⑪按考核制度,应对项目管理人员定期进行考核。

2)施工组织设计及专项施工方案:

①工程项目部在施工前应编制施工组织设计,施工组织设计应针对工程特点、施工工艺制定安全技术措施;

②危险性较大的分部分项工程应按规定编制安全专项施工方案,专项施工方案应有针对性,并按有关规定进行设计计算;

③超过一定规模危险性较大的分部分项工程,施工单位应组织专家对专项施工方案进行论证;

④施工组织设计、安全专项施工方案,应由有关部门审核,施工单位技术负责人、监理单位项目总监批准;

⑤工程项目部应按施工组织设计、专项施工方案组织实施。

3)安全技术交底:

①施工负责人在分派生产任务时,应对相关管理人员、施工作业人员进行书面安全技术交底;

②安全技术交底应按施工工序、施工部位、施工栋号分部分项进行;

③安全技术交底应结合施工作业场所状况、特点、工序,对危险因素、施工方案、规范标准、操作规程和应急措施进行交底;

④安全技术交底应由交底人、被交底人、专职安全员进行签字确认。

4)安全检查：

①工程项目部应建立安全检查制度；

②安全检查应由项目负责人组织，专职安全员及相关专业人员参加，定期进行并填写检查记录；

③对检查中发现的事故隐患应下达隐患整改通知单，定人、定时间、定措施进行整改。重大事故隐患整改后，应由相关部门组织复查。

5)安全教育：

①工程项目部应建立安全教育培训制度；

②当施工人员入场时，工程项目部应组织进行以国家安全法律法规、企业安全制度、施工现场安全管理规定及各工种安全技术操作规程为主要内容的三级安全教育培训和考核；

③当施工人员变换工种或采用新技术、新工艺、新设备、新材料施工时，应进行安全教育培训；

④施工管理人员、专职安全员每年度应进行安全教育培训和考核。

6)应急救援：

①工程项目部应针对工程特点，进行重大危险源的辨识。应制定防触电、防坍塌、防高处坠落、防起重及机械伤害、防火灾、防物体打击等主要内容的专项应急救援预案，并对施工现场易发生重大安全事故的部位、环节进行监控；

②施工现场应建立应急救援组织，培训、配备应急救援人员，定期组织员工进行应急救援演练；

③按应急救援预案要求，应配备应急救援器材和设备。

(4)安全管理一般项目的检查评定应符合下列规定。

1)分包单位安全管理：

①总包单位应对承揽分包工程的分包单位进行资质、安全生产许可证和相关人员安全生产资格的审查；

②当总包单位与分包单位签订分包合同时，应签订安全生产协议书，明确双方的安全责任；

③分包单位应按规定建立安全机构，配备专职安全员。

2)持证上岗：

①从事建筑施工的项目经理、专职安全员和特种作业人员，必须经行业主管部门培训考核合格，取得相应资格证书，方可上岗作业；

②项目经理、专职安全员和特种作业人员应持证上岗。

3)生产安全事故处理：

①当施工现场发生生产安全事故时，施工单位应按规定及时报告；

③施工单位应按规定对生产安全事故进行调查分析，制定防范措施；

③应依法为施工作业人员办理保险。

4)安全标志：

①施工现场入口处及主要施工区域、危险部位应设置相应的安全警示标志牌；

②施工现场应绘制安全标志布置图；

③应根据工程部位和现场设施的变化，调整安全标志牌设置；

④施工现场应设置重大危险源公示牌。

14.4 文明施工检查评分表

14.4.1 表格填写范例

表 B.2 文明施工检查评分表

序号	检查项目		扣分标准	应得分数	扣减分数	实得分数
1	保证项目	现场围挡	市区主要路段的工地未设置封闭围挡或围挡高度小于2.5m,扣5～10分 一般路段的工地未设置封闭围挡或围挡高度小于1.8m,扣5～10分 围挡未达到坚固、稳定、整洁、美观,扣5～10分	10	6	4
2		封闭管理	施工现场进出口未设置大门,扣10分 未设置门卫室扣5分 未建立门卫值守管理制度或未配备门卫值守人员,扣2～6分 施工人员进入施工现场未佩戴工作卡,扣2分 施工现场出入口未标有企业名称或标识,扣2分 未设置车辆冲洗设施扣3分	10	0	10
3		施工场地	施工现场主要道路及材料加工区地面未进行硬化处理,扣5分 施工现场道路不畅通、路面不平整坚实,扣5分 施工现场未采取防尘措施,扣5分 施工现场未设置排水设施或排水不通畅、有积水,扣5分 未采取防止泥浆、污水、废水污染环境措施,扣2～10分 未设置吸烟处、随意吸烟,扣5分 温暖季节未进行绿化布置,扣3分	10	3	7
4		材料管理	建筑材料、构件、料具未按总平面布局码放,扣4分 材料码放不整齐、未标明名称、规格,扣2分 施工现场材料存放未采取防火、防锈蚀、防雨措施,扣3～10分 建筑物内施工垃圾的清运未使用器具或管道运输,扣5分 易燃易爆物品未分类储藏在专用库房、未采取防火措施,扣5～10分	10	0	10
5		现场办公与住宿	施工作业区、材料存放区与办公、生活区未采取隔离措施,扣6分 宿舍、办公用房防火等级不符合有关消防安全技术规范要求,扣10分 在施工程、伙房、库房兼做住宿,扣10分 宿舍未设置可开启式窗户,扣4分 宿舍未设置床铺、床铺超过2层或通道宽度小于0.9m,扣2～6分 宿舍人均面积或人员数量不符合规范要求,扣5分 冬季宿舍内未采取采暖和防一氧化碳中毒措施,扣5分 夏季宿舍内未采取防暑降温和防蚊蝇措施,扣5分 生活用品摆放混乱、环境卫生不符合要求,扣3分	10	0	10

续表

序号	检查项目		扣分标准	应得分数	扣减分数	实得分数
6	保证项目	现场防火	施工现场未制定消防安全管理制度、消防措施,扣 10 分 施工现场的临时用房和作业场所的防火设计不符合规范要求,扣 10 分 施工现场消防通道、消防水源的设置不符合规范要求,扣 5～10 分 施工现场灭火器材布局、配置不合理或灭火器材失效,扣 5 分 未办理动火审批手续或未指定动火监护人员,扣 5～10 分	10	0	10
		小计		60	9	51
7	一般项目	综合治理	生活区未设置供作业人员学习和娱乐场所,扣 2 分 施工现场未建立治安保卫制度或责任未分解到人,扣 3～5 分 施工现场未制定治安防范措施,扣 5 分	10	0	10
8		公示标牌	大门口处设置的公示标牌内容不齐全,扣 2～8 分 标牌不规范、不整齐,扣 3 分 未设置安全标语,扣 3 分 未设置宣传栏、读报栏、黑板报,扣 2～4 分	10	0	10
9		生活设施	未建立卫生责任制度,扣 5 分 食堂与厕所、垃圾站、有毒有害场所的距离不符合规范要求,扣 2～6 分 食堂未办理卫生许可证或未办理炊事人员健康证,扣 5 分 食堂使用的燃气罐未单独设置存放间或存放间通风条件不良,扣 2～4 分 食堂未配备排风、冷藏、消毒、防鼠、防蚊蝇等设施,扣 4 分 厕所内的设施数量和布局不符合规范要求,扣 2～6 分 厕所卫生未达到规定要求,扣 4 分 不能保证现场人员卫生饮水,扣 5 分 未设置淋浴室或淋浴室不能满足现场人员需求,扣 4 分 生活垃圾未装容器或未及时清理,扣 3～5 分	10	3	7
10		社区服务	夜间未经许可施工,扣 8 分 施工现场焚烧各类废弃物,扣 8 分 施工现场未制定防粉尘、防噪音、防光污染等措施,扣 5 分 未制定施工不扰民措施,扣 5 分	10	0	10
		小计		40	3	37
检查项目合计				100	12	88

14.4.2 表格填写依据

《建筑施工安全检查标准》(JGJ 59—2011)。

14.4.3 表格解析指南

(1)文明施工检查评定应符合现行国家标准《建设工程施工现场消防安全技术规范》(GB 50720)和现行行业标准《建筑施工现场环境与卫生标准》(JGJ 146)、《施工现场临时建筑物技术规范》(JGJ/T 188)的规定。

(2)文明施工检查评定保证项目应包括:现场围挡、封闭管理、施工场地、材料管理、现场办公与住宿、现场防火。一般项目应包括:综合治理、公示标牌、生活设施、社区服务。

(3)文明施工保证项目的检查评定应符合下列规定。

1)现场围挡:

①市区主要路段的工地应设置高度不小于 2.5m 的封闭围挡;

②一般路段的工地应设置高度不小于 1.8m 的封闭围挡;

③围挡应坚固、稳定、整洁、美观。

2)封闭管理:

①施工现场进出口应设置大门,并应设置门卫值班室;

②应建立门卫职守管理制度,并应配备门卫职守人员;

③施工人员进入施工现场应佩戴工作卡;

④施工现场出入口应标有企业名称或标识,并应设置车辆冲洗设施。

3)施工场地:

①施工现场的主要道路及材料加工区地面应进行硬化处理;

②施工现场道路应畅通,路面应平整坚实;

③施工现场应有防止扬尘措施;

④施工现场应设置排水设施,且排水通畅无积水;

⑤施工现场应有防止泥浆、污水、废水污染环境的措施;

⑥施工现场应设置专门的吸烟处,严禁随意吸烟;

⑦温暖季节应有绿化布置。

4)材料管理:

①建筑材料、构件、料具应按总平面布局进行码放;

②材料应码放整齐,并应标明名称、规格等;

③施工现场材料码放应采取防火、防锈蚀、防雨等措施;

④建筑物内施工垃圾的清运,应采用器具或管道运输,严禁随意抛掷;

⑤易燃易爆物品应分类储藏在专用库房内,并应制定防火措施。

5)现场办公与住宿:

①施工作业、材料存放区与办公、生活区应划分清晰,并应采取相应的隔离措施;

②在施工程、伙房、库房不得兼做宿舍;

③宿舍、办公用房的防火等级应符合规范要求;

④宿舍应设置可开启式窗户,床铺不得超过 2 层,通道宽度不应小于 0.9m;

⑤宿舍内住宿人员人均面积不应小于 $2.5m^2$,且不得超过 16 人;

⑥冬季宿舍内应有采暖和防一氧化碳中毒措施；

⑦夏季宿舍内应有防暑降温和防蚊蝇措施；

⑧生活用品应摆放整齐，环境卫生应良好。

6)现场防火：

①施工现场应建立消防安全管理制度、制定消防措施；

②施工现场临时用房和作业场所的防火设计应符合规范要求；

③施工现场应设置消防通道、消防水源，并应符合规范要求；

④施工现场灭火器材应保证可靠有效，布局配置应符合规范要求；

⑤明火作业应履行动火审批手续，配备动火监护人员。

(4)文明施工一般项目的检查评定应符合下列规定。

1)综合治理：

①生活区内应设置供作业人员学习和娱乐的场所；

③施工现场应建立治安保卫制度、责任分解落实到人；

③施工现场应制定治安防范措施。

2)公示标牌：

①大门口处应设置公示标牌，主要内容应包括：工程概况牌、消防保卫牌、安全生产牌、文明施工牌、管理人员名单及监督电话牌、施工现场总平面图；

②标牌应规范、整齐.统一；

③施工现场应有安全标语；

④应有宣传栏、读报栏、黑板报。

3)生活设施：

①应建立卫生责任制度并落实到人；

②食堂与厕所、垃圾站、有毒有害场所等污染源的距离应符合规范要求；

③食堂必须有卫生许可证，炊事人员必须持身体健康证上岗；

④食堂使用的燃气罐应单独设置存放间，存放间应通风良好，并严禁存放其他物品；

⑤食堂的卫生环境应良好，且应配备必要的排风、冷藏、消毒、防鼠、防蚊蝇等设施；

⑥厕所内的设施数量和布局应符合规范要求；

⑦厕所必须符合卫生要求；

⑧必须保证现场人员卫生饮水；

⑨应设置淋浴室，且能满足现场人员需求；

⑩生活垃圾应装入密闭式容器内，并应及时清理。

4)社区服务：

①夜间施工前，必须经批准后方可进行施工；

②施工现场严禁焚烧各类废弃物；

③施工现场应制定防粉尘、防噪音、防光污染等措施；

④应制定施工不扰民措施。

14.5 扣件式钢管脚手架检查评分表

14.5.1 表格填写范例

表 B.3 扣件式钢管脚手架检查评分表

<table>
<tr><th>序号</th><th colspan="2">检查项目</th><th>扣分标准</th><th>应得分数</th><th>扣减分数</th><th>实得分数</th></tr>
<tr><td>1</td><td rowspan="7">保证项目</td><td>施工方案</td><td>架体搭设未编制专项施工方案或未按规定审核、审批，扣10分
架体结构设计未进行设计计算，扣10分
架体搭设超过规范允许高度，专项施工方案未按规定组织专家论证，扣10分</td><td>10</td><td>0</td><td>10</td></tr>
<tr><td>2</td><td>立杆基础</td><td>立杆基础不平、不实、不符合专项施工方案要求，扣5～10分
立杆底部缺少底座、垫板或垫板的规格不符合规范要求，每处扣2～5分
未按规范要求设置纵、横向扫地杆，扣5～10分
扫地杆的设置和固定不符合规范要求，扣5分
未采取排水措施，扣8分</td><td>10</td><td>2</td><td>8</td></tr>
<tr><td>3</td><td>架体与建筑结构拉结</td><td>架体与建筑结构拉结方式或间距不符合规范要求，每处扣2分
架体底层第一步纵向水平杆处未按规定设置连墙件或未采用其他可靠措施固定，每处扣2分
搭设高度超过24m的双排脚手架，未采用刚性连墙件与建筑结构可靠连接，扣10分</td><td>10</td><td>0</td><td>10</td></tr>
<tr><td>4</td><td>杆件间距与剪刀撑</td><td>立杆、纵向水平杆、横向水平杆间距超过设计或规范要求，每处扣2分
未按规定设置纵向剪刀撑或横向斜撑，每处扣5分
剪刀撑未沿脚手架高度连续设置或角度不符合规范要求，扣5分
剪刀撑斜杆的接长或剪刀撑斜杆与架体杆件固定不符合规范要求，每处扣2分</td><td>10</td><td>0</td><td>10</td></tr>
<tr><td>5</td><td>脚手板与防护栏杆</td><td>脚手板未满铺或铺设不牢、不稳，扣5～10分
脚手板规格或材质不符合规范要求，扣5～10分
架体外侧未设置密目式安全网封闭或网间连接不严，扣5～10分
作业层防护栏杆不符合规范要求，扣5分
作业层未设置高度不小于180mm的挡脚板，扣3分</td><td>10</td><td>0</td><td>10</td></tr>
<tr><td>6</td><td>交底与验收</td><td>架体搭设前未进行交底或交底未有文字记录，扣5～10分
架体分段搭设、分段使用未进行分段验收，扣5分
架体搭设完毕未办理验收手续，扣10分
验收内容未进行量化，或未经责任人签字确认，扣5分</td><td>10</td><td>5</td><td>5</td></tr>
<tr><td></td><td>小计</td><td></td><td>60</td><td>7</td><td>53</td></tr>
</table>

续表

序号	检查项目		扣分标准	应得分数	扣减分数	实得分数
7	一般项目	横向水平杆设置	未在立杆与纵向水平杆交点处设置横向水平杆，每处扣2分 未按脚手板铺设的需要增加设置横向水平杆，每处扣2分 双排脚手架横向水平杆只固定一端，每处扣2分 单排脚手架横向水平杆插入墙内小于180mm，每处扣2分	10	0	10
8		杆件连接	纵向水平杆搭接长度小于1m或固定不符合要求，每处扣2分 立杆除顶层顶步外采用搭接，每处扣4分 杆件对接扣件不符合要求，扣2分 扣件紧固力矩小于40N·m或大于65N·m，每处扣2分	10	2	8
9		层间防护	作业层脚手板下未采用安全平网兜底或作业层以下每隔10m未采用安全平网封闭，扣5分 作业层与建筑物之间未按规定进行封闭，扣5分	10	0	10
10		构配件	钢管直径、壁厚、材质不符合要求，扣5分 钢管弯曲、变形、锈蚀严重，扣5分 扣件未进行复试或技术性能不符合标准，扣5分	5	0	5
11		通道	未设置人员上下专用通道，扣5分 通道设置不符合要求，扣2分	5	0	5
		小计		40	2	38
检查项目合计				100	9	91

14.5.2 表格填写依据

《建筑施工安全检查标准》(JGJ 59—2011)。

14.5.3 表格解析指南

(1)扣件式钢管脚手架检查评定应符合现行行业标准《建筑施工扣件式钢管脚手架安全技术规范》(JGJ 130)的规定。

(2)扣件式钢管脚手架检查评定保证项目应包括:施工方案、立杆基础、架体与建筑结构拉结、杆件间距与剪刀撑、脚手板与防护栏杆、交底与验收。一般项目应包括:横向水平杆设置、杆件连接、层间防护、构配件材质、通道。

(3)扣件式钢管脚手架保证项目的检查评定应符合下列规定。

1)施工方案:

①架体搭设应编制专项施工方案,结构设计应进行计算,并按规定进行审核、审批;

②当架体搭设超过规范允许高度时,应组织专家对专项施工方案进行论证。

2)立杆基础:

①立杆基础应按方案要求平整、夯实,并应采取排水措施,立杆底部设置的垫板、底座应符合规范要求;

②架体应在距立杆底端高度不大于200mm处设置纵、横向扫地杆,并应用直角扣件固定在立杆上,横向扫地杆应设置在纵向扫地杆的下方。

3)架体与建筑结构拉结:

①架体与建筑结构拉结应符合规范要求;

②连墙件应从架体底层第一步纵向水平杆处开始设置,当该处设置有困难时应采取其他可靠措施固定;

③对搭设高度超过24m的双排脚手架,应采用刚性连墙件与建筑结构可靠拉结。

4)杆件间距与剪刀撑:

①架体立杆、纵向水平杆、横向水平杆间距应符合设计和规范要求;

②纵向剪刀撑及横向斜撑的设置应符合规范要求;

③剪刀撑杆件的接长、剪刀撑斜杆与架体杆件的固定应符合规范要求。

5)脚手板与防护栏杆:

①脚手板材质、规格应符合规范要求,铺板应严密、牢靠;

②架体外侧应采用密目式安全网封闭,网间连接应严密;

③作业层应按规范要求设置防护栏杆;

④作业层外侧应设置高度不小于180mm的挡脚板。

6)交底与验收:

①架体搭设前应进行安全技术交底,并应有文字记录;

②当架体分段搭设、分段使用时,应进行分段验收;

③搭设完毕应办理验收手续,验收应有量化内容并经责任人签字确认。

(4)扣件式钢管脚手架一般项目的检查评定应符合下列规定。

1)横向水平杆设置:

①横向水平杆应设置在纵向水平杆与立杆相交的主节点处,两端应与纵向水平杆固定;

②作业层应按铺设脚手板的需要增加设置横向水平杆；

③单排脚手架横向水平杆插入墙内不应小于 180mm。

2)杆件连接：

①纵向水平杆杆件宜采用对接，若采用搭接，其搭接长度不应小于 1m，且固定应符合规范要求；

②立杆除顶层顶步外，不得采用搭接；

③扣件紧固力矩不应小于 40N · m，且不应大于 65N · m。

3)层间防护：

①作业层脚手板下应采用安全平网兜底，以下每隔 10m 应采用安全平网封闭；

②作业层里排架体与建筑物之间应采用脚手板或安全平网封闭。

4)构配件材质：

①钢管直径、壁厚、材质应符合规范要求；

②钢管弯曲、变形、锈蚀应在规范允许范围内；

③扣件应进行复试且技术性能符合规范要求。

5)通道：

①架体应设置供人员上下的专用通道；

②专用通道的设置应符合规范要求。

14.6 门式钢管脚手架检查评分表

14.6.1 表格填写范例

表 B.4 门式钢管脚手架检查评分表

序号	检查项目		扣分标准	应得分数	扣减分数	实得分数
1	保证项目	施工方案	未编制专项施工方案或未进行设计计算,扣 10 分 专项施工方案未按规定审核、审批,扣 10 分 架体搭设超过规范允许高度,专项施工方案未组织专家论证,扣 10 分	10	0	10
2		架体基础	架体基础不平、不实,不符合专项施工方案要求,扣 5~10 分 架体底部未设置垫板或垫板的规格不符合要求,扣 2~5 分 架体底部未按规范要求设置底座,每处扣 2 分 架体底部未按规范要求设置扫地杆,扣 5 分 未采取排水措施,扣 8 分	10	2	8
3		架体稳定	架体与建筑物结构拉结方式或间距不符合规范要求,每处扣 2 分 未按规范要求设置剪刀撑,扣 10 分 门架立杆垂直偏差超过规范要求,扣 5 分 交叉支撑的设置不符合规范要求,每处扣 2 分	10	0	10
4		杆件锁臂	未按规定组装或漏装杆件、锁臂,扣 2~6 分 未按规范要求设置纵向水平加固杆,扣 10 分 扣件与连接的杆件参数不匹配,每处扣 2 分	10	0	10
5		脚手板	脚手板未满铺或铺设不牢、不稳,扣 5~10 分 脚手板规格或材质不符合要求,扣 5~10 分 采用挂扣式钢脚手板时挂钩未挂扣在横向水平杆上或挂钩未处于锁住状态,每处扣 2 分	10	0	10
6		交底与验收	脚手架搭设前未进行交底或交底未有文字记录,扣 5~10 分 脚手架分段搭设、分段使用未办理分段验收,扣 6 分 架体搭设完毕未办理验收手续,扣 10 分 验收内容未进行量化,或未经责任人签字确认,扣 5 分	10	0	10
		小计		60	2	58

续表

序号	检查项目		扣分标准	应得分数	扣减分数	实得分数
7	一般项目	架体防护	作业层防护栏杆不符合规范要求,扣5分 作业层未设置高度不小于180mm的挡脚板,扣3分 脚手架外侧未设置密目式安全网封闭或网间连接不严,扣5～10分 作业层脚手板下未采用安全平网兜底或作业层以下每隔10m未采用安全平网封闭,扣5分	10	0	10
8		构配件材质	杆件变形、锈蚀严重,扣10分 门架局部开焊,扣10分 构配件的规格、型号、材质或产品质量不符合规范要求,扣5～10分	10	0	10
9		荷载	施工荷载超过设计规定,扣10分 荷载堆放不均匀,每处扣5分	10	5	5
10		通道	未设置人员上下专用通道,扣10分 通道设置不符合要求,扣5分	10	0	10
		小计		40	5	35
检查项目合计				100	7	93

14.6.2 表格填写依据

《建筑施工安全检查标准》(JGJ 59—2011)。

14.6.3 表格解析指南

(1)门式钢管脚手架检查评定应符合现行行业标准《建筑施工门式钢管脚手架安全技术规范》(JGJ 128)的规定。

(2)门式钢管脚手架检查评定保证项目应包括:施工方案、架体基础、架体稳定、杆件锁臂、脚手板、交底与验收。一般项目应包括:架体防护、构配件材质、荷载、通道。

(3)门式钢管脚手架保证项目的检查评定应符合下列规定。

1)施工方案:

①架体搭设应编制专项施工方案,结构设计应进行计算,并按规定进行审核、审批;

②当架体搭设超过规范允许高度时,应组织专家对专项施工方案进行论证。

2)架体基础:

①立杆基础应按方案要求平整、夯实,并应采取排水措施;

②架体底部应设置垫板和立杆底座,并应符合规范要求;

③架体扫地杆设置应符合规范要求。

3)架体稳定:

①架体与建筑物结构拉结应符合规范要求;

②架体剪刀撑斜杆与地面夹角应在45°～60°之间,应采用旋转扣件与立杆固定,剪刀撑设置应符合规范要求;

③门架立杆的垂直偏差应符合规范要求;

④交叉支撑的设置应符合规范要求。

4)杆件锁臂:

①架体杆件、锁臂应按规范要求进行组装;

②应按规范要求设置纵向水平加固杆;

③架体使用的扣件规格应与连接杆件相匹配。

5)脚手板:

①脚手板材质、规格应符合规范要求;

②脚手板应铺设严密、平整、牢固;

③挂扣式钢脚手板的挂扣必须完全挂扣在水平杆上,挂钩应处于锁住状态。

6)交底与验收:

①架体搭设前应进行安全技术交底,并应有文字记录;

②当架体分段搭设、分段使用时,应进行分段验收;

③搭设完毕应办理验收手续,验收应有量化内容并经责任人签字确认。

(4)门式钢管脚手架一般项目的检查评定应符合下列规定。

1)架体防护:

①作业层应按规范要求设置防护栏杆;

②作业层外侧应设置高度不小于180mm的挡脚板;

③架体外侧应采用密目式安全网进行封闭,网间连接应严密;

④架体作业层脚手板下应采用安全平网兜底，以下每隔 10m 应采用安全平网封闭。

2)构配件材质：

①门架不应有严重的弯曲、锈蚀和开焊；

②门架及构配件的规格、型号、材质应符合规范要求。

3)荷载：

①架体上的施工荷载应符合设计和规范要求；

②施工均布荷载、集中荷载应在设计允许范围内。

4)通道：

①架体应设置供人员上下的专用通道；

②专用通道的设置应符合规范要求。

14.7 碗扣式钢管脚手架检查评分表

14.7.1 表格填写范例

表 B.5 碗扣式钢管脚手架检查评分表

<table>
<tr><th>序号</th><th colspan="2">检查项目</th><th>扣 分 标 准</th><th>应得分数</th><th>扣减分数</th><th>实得分数</th></tr>
<tr><td>1</td><td rowspan="7">保证项目</td><td>施工方案</td><td>未编制专项施工方案或未进行设计计算,扣 10 分
专项施工方案未按规定审核、审批,扣 10 分
架体搭设超过规范允许高度,专项施工方案未组织专家论证,扣 10 分</td><td>10</td><td>0</td><td>10</td></tr>
<tr><td>2</td><td>架体基础</td><td>基础不平、不实,不符合专项施工方案要求,扣 5～10 分
架体底部未设置垫板或垫板的规格不符合要求,扣 2～5 分
架体底部未按规范要求设置底座,每处扣 2 分
架体底部未按规范要求设置扫地杆,扣 5 分
未采取排水措施,扣 8 分</td><td>10</td><td>3</td><td>7</td></tr>
<tr><td>3</td><td>架体稳定</td><td>架体与建筑结构未按规范要求拉结,每处扣 2 分
架体底层第一步水平杆处未按规范要求设置连墙件或未采用其他可靠措施固定,每处扣 2 分
连墙件未采用刚性杆件,扣 10 分
未按规范要求设置竖向专用斜杆或八字形斜撑,扣 5 分
专用斜杆两端未固定在纵、横向水平杆与立杆汇交的碗扣节点处,每处扣 2 分
专用斜杆或八字形斜撑未沿脚手架高度连续设置或角度不符合要求,扣 5 分</td><td>10</td><td>2</td><td>8</td></tr>
<tr><td>4</td><td>杆件锁件</td><td>立杆间距、水平杆步距超过设计或规范要求,每处扣 2 分
未按专项施工方案设计的步距在立杆连接碗扣节点处设置纵、横向水平杆,每处扣 2 分
架体搭设高度超过 24m 时,顶部 24m 以下的连墙件层未按规定设置水平斜杆,扣 10 分
架体组装不牢或上碗扣紧固不符合要求,每处扣 2 分</td><td>10</td><td>0</td><td>10</td></tr>
<tr><td>5</td><td>脚手板</td><td>脚手板未满铺或铺设不牢、不稳,扣 5～10 分
脚手板规格或材质不符合要求,扣 5～10 分
采用挂扣式钢脚手板时挂钩未挂扣在横向水平杆上或挂钩未处于锁住状态,每处扣 2 分</td><td>10</td><td>0</td><td>10</td></tr>
<tr><td>6</td><td>交底与验收</td><td>架体搭设前未进行交底或交底未有文字记录,扣 5～10 分
架体分段搭设、分段使用未进行分段验收,扣 5 分
架体搭设完毕未办理验收手续,扣 10 分
验收内容未进行量化,或未经责任人签字确认,扣 5 分</td><td>10</td><td>0</td><td>10</td></tr>
<tr><td></td><td>小计</td><td></td><td>60</td><td>5</td><td>55</td></tr>
</table>

续表

序号	检查项目		扣分标准	应得分数	扣减分数	实得分数
7	一般项目	架体防护	架体外侧未采用密目式安全网封闭或网间连接不严，扣5～10分 作业层防护栏杆不符合规范要求，扣5分 作业层外侧未设置高度不小于180mm的挡脚板，扣3分 作业层脚手板下未采用安全平网兜底或作业层以下每隔10m未采用安全平网封闭，扣5分	10	0	10
8		构配件材质	杆件弯曲、变形、锈蚀严重，扣10分 钢管、构配件的规格、型号、材质或产品质量不符合规范要求，扣5～10分	10	5	5
9		荷载	施工荷载超过设计规定，扣10分 荷载堆放不均匀，每处扣5分	10	5	5
10		通道	未设置人员上下专用通道，扣10分 通道设置不符合要求，扣5分	10	0	10
		小计		40	10	30
检查项目合计				100	15	85

14.7.2 表格填写依据

《建筑施工安全检查标准》(JGJ 59—2011)。

14.7.3 表格解析指南

(1)碗扣式钢管脚手架检查评定应符合现行行业标准《建筑施工碗扣式钢管脚手架安全技术规范》(JGJ 166)的规定。

(2)碗扣式钢管脚手架检查评定保证项目应包括：施工方案、架体基础、架体稳定、杆件锁件、脚手板、交底与验收。一般项目应包括：架体防护、构配件材质、荷载、通道。

(3)碗扣式钢管脚手架保证项目的检查评定应符合下列规定。

1)施工方案：

①架体搭设应编制专项施工方案，结构设计应进行计算，并按规定进行审核、审批；

②当架体搭设超过规范允许高度时，应组织专家对专项施工方案进行论证。

2)架体基础：

①立杆基础应按方案要求平整、夯实，并应采取排水措施，立杆底部设置的垫板和底座应符合规范要求；

②架体纵横向扫地杆距立杆底端高度不应大于 350mm。

3)架体稳定：

①架体与建筑结构拉结应符合规范要求，并应从架体底层第一步纵向水平杆处开始设置连墙件，当该处设置有困难时应采取其他可靠措施固定；

②架体拉结点应牢固可靠；

③连墙件应采用刚性杆件；

④架体竖向应沿高度方向连续设置专用斜杆或八字撑；

⑤专用斜杆两端应固定在纵横向水平杆的碗扣节点处；

⑥专用斜杆或八字型斜撑的设置角度应符合规范要求。

4)杆件锁件：

①架体立杆间距、水平杆步距应符合设计和规范要求；

②应按专项施工方案设计的步距在立杆连接碗扣节点处设置纵、横向水平杆；

③当架体搭设高度超过 24m 时，顶部 24m 以下的连墙件层应设置水平斜杆，并应符合规范要求；

④架体组装及碗扣紧固应符合规范要求。

5)脚手板：

①脚手板材质、规格应符合规范要求；

②脚手板应铺设严密、平整、牢固；

③挂扣式钢脚手板的挂扣必须完全挂扣在水平杆上，挂钩应处于锁住状态。

6)交底与验收：

①架体搭设前应进行安全技术交底，并应有文字记录；

②架体分段搭设、分段使用时，应进行分段验收；

③搭设完毕应办理验收手续，验收应有量化内容并经责任人签字确认。

(4)碗扣式钢管脚手架一般项目的检查评定应符合下列规定。

1)架体防护：

①架体外侧应采用密目式安全网进行封闭，网间连接应严密；

②作业层应按规范要求设置防护栏杆；

③作业层外侧应设置高度不小于 180mm 的挡脚板；

④作业层脚手板下应采用安全平网兜底，以下每隔 10m 应采用安全平网封闭。

2)构配件材质：

①架体构配件的规格、型号、材质应符合规范要求；

②钢管不应有严重的弯曲、变形、锈蚀。

3)荷载：

①架体上的施工荷载应符合设计和规范要求；

②施工均布荷载、集中荷载应在设计允许范围内。

4)通道：

①架体应设置供人员上下的专用通道；

②专用通道的设置应符合规范要求。

14.8 承插型盘扣式钢管脚手架检查评分表

14.8.1 表格填写范例

表 B.6 承插型盘扣式钢管脚手架检查评分表

<table>
<tr><th>序号</th><th colspan="2">检查项目</th><th>扣分标准</th><th>应得分数</th><th>扣减分数</th><th>实得分数</th></tr>
<tr><td>1</td><td rowspan="7">保证项目</td><td>施工方案</td><td>未编制专项施工方案或未进行设计计算,扣 10 分
专项施工方案未按规定审核、审批,扣 10 分</td><td>10</td><td>0</td><td>10</td></tr>
<tr><td>2</td><td>架体基础</td><td>架体基础不平、不实、不符合专项施工方案要求,扣 5～10 分
架体立杆底部缺少垫板或垫板的规格不符合规范要求,每处扣 2 分
架体立杆底部未按要求设置底座,每处扣 2 分
未按规范要求设置纵、横向扫地杆,扣 5～10 分
未采取排水措施,扣 8 分</td><td>10</td><td>4</td><td>6</td></tr>
<tr><td>3</td><td>架体稳定</td><td>架体与建筑结构未按规范要求拉结,每处扣 2 分
架体底层第一步水平杆处未按规范要求设置连墙件或未采用其他可靠措施固定,每处扣 2 分
连墙件未采用刚性杆件,扣 10 分
未按规范要求设置竖向斜杆或剪刀撑,扣 5 分
竖向斜杆两端未固定在纵、横向水平杆与立杆汇交的盘扣节点处,每处扣 2 分
斜杆或剪刀撑未沿脚手架高度连续设置或角度不符合 45°～60°的要求,扣 5 分</td><td>10</td><td>5</td><td>5</td></tr>
<tr><td>4</td><td>杆件设置</td><td>架体立杆间距、水平杆步距超过设计或规范要求,每处扣 2 分
未按专项施工方案设计的步距在立杆连接盘处设置纵、横向水平杆,每处扣 2 分
双排脚手架的每步水平杆层,当无挂扣钢脚手板时未按规范要求设置水平斜杆,扣 5～10 分</td><td>10</td><td>0</td><td>10</td></tr>
<tr><td>5</td><td>脚手板</td><td>脚手板不满铺或铺设不牢、不稳,扣 5～10 分
脚手板规格或材质不符合要求,扣 5～10 分
采用挂扣式钢脚手板时挂钩未挂扣在水平杆上或挂钩未处于锁住状态,每处扣 2 分</td><td>10</td><td>0</td><td>10</td></tr>
<tr><td>6</td><td>交底与验收</td><td>脚手架搭设前未进行交底或交底未有文字记录,扣 5～10 分
脚手架分段搭设、分段使用未进行分段验收,扣 5 分
架体搭设完毕未办理验收手续,扣 10 分
验收内容未进行量化,或未经责任人签字确认,扣 5 分</td><td>10</td><td>0</td><td>10</td></tr>
<tr><td></td><td>小计</td><td></td><td>60</td><td>9</td><td>51</td></tr>
</table>

续表

序号	检查项目		扣分标准	应得分数	扣减分数	实得分数
7	一般项目	架体防护	架体外侧未采用密目式安全网封闭或网间连接不严，扣5～10分 作业层防护栏杆不符合规范要求，扣5分 作业层外侧未设置高度不小于180mm的挡脚板，扣3分 作业层脚手板下未采用安全平网兜底或作业层以下每隔10m未采用安全平网封闭，扣5分	10	3	7
8		杆件连接	立杆竖向接长位置不符合要求，每处扣2分 剪刀撑的斜杆接长不符合要求，扣8分	10	2	8
9		构配件材质	钢管、构配件的规格、型号、材质或产品质量不符合规范要求，扣5分 钢管弯曲、变形、锈蚀严重，扣10分	10	0	10
10		通道	未设置人员上下专用通道，扣10分 通道设置不符合要求，扣5分	10	0	10
		小计		40	5	35
检查项目合计				100	14	86

14.8.2 表格填写依据

《建筑施工安全检查标准》(JGJ 59—2011)。

14.8.3 表格解析指南

(1)承插型盘扣式钢管脚手架检查评定应符合现行行业标准《建筑施工承插型盘扣式钢管支架安全技术规范》(JGJ 231)的规定。

(2)承插型盘扣式钢管脚手架检查评定保证项目包括:施工方案、架体基础、架体稳定、杆件设置、脚手板、交底与验收。一般项目包括:架体防护、杆件连接、构配件材质、通道。

(3)承插型盘扣式钢管脚手架保证项目的检查评定应符合下列规定。

1)施工方案:

①架体搭设应编制专项施工方案,结构设计应进行计算;

②专项施工方案应按规定进行审核、审批。

2)架体基础:

①立杆基础应按方案要求平整、夯实,并应采取排水措施;

②土层地基上立杆底部必须设置垫板和可调底座,并应符合规范要求;

③架体纵、横向扫地杆设置应符合规范要求。

3)架体稳定:

①架体与建筑结构拉结应符合规范要求,并应从架体底层第一步水平杆处开始设置连墙件,当该处设置有困难时应采取其他可靠措施固定;

②架体拉结点应牢固可靠;

③连墙件应采用刚性杆件;

④架体竖向斜杆、剪刀撑的设置应符合规范要求;

⑤竖向斜杆的两端应固定在纵、横向水平杆与立杆汇交的盘扣节点处;

⑥斜杆及剪刀撑应沿脚手架高度连续设置,角度应符合规范要求。

4)杆件设置:

①架体立杆间距、水平杆步距应符合设计和规范要求;

②应按专项施工方案设计的步距在立杆连接插盘处设置纵、横向水平杆;

③当双排脚手架的水平杆层未设挂扣式钢脚手板时,应按规范要求设置水平斜杆。

5)脚手板:

①脚手板材质、规格应符合规范要求;

②脚手板应铺设严密、平整、牢固;

③挂扣式钢脚手板的挂扣必须完全挂扣在水平杆上,挂钩应处于锁住状态。

6)交底与验收:

①架体搭设前应进行安全技术交底,并应有文字记录;

②架体分段搭设、分段使用时,应进行分段验收;

③搭设完毕应办理验收手续,验收应有量化内容并经责任人签字确认。

(4)承插型盘扣式钢管脚手架一般项目的检查评定应符合下列规定。

1)架体防护:

①架体外侧应采用密目式安全网进行封闭,网间连接应严密;

②作业层应按规范要求设置防护栏杆；

③作业层外侧应设置高度不小于 180mm 的挡脚板；

④作业层脚手板下应采用安全平网兜底，以下每隔 10m 应采用安全平网封闭。

2)杆件连接：

①立杆的接长位置应符合规范要求；

②剪刀撑的接长应符合规范要求。

3)构配件材质：

①架体构配件的规格、型号、材质应符合规范要求；

②钢管不应有严重的弯曲、变形、锈蚀。

4)通道：

①架体应设置供人员上下的专用通道；

②专用通道的设置应符合规范要求。

14.9 满堂脚手架检查评分表

14.9.1 表格填写范例

表 B.7 满堂脚手架检查评分表

序号	检查项目		扣分标准	应得分数	扣减分数	实得分数
1	保证项目	施工方案	未编制专项施工方案或未进行设计计算，扣 10 分 专项施工方案未按规定审核、审批，扣 10 分	10	0	10
2		架体基础	架体基础不平、不实、不符合专项施工方案要求，扣 5～10 分 架体底部未设置垫板或垫板的规格不符合规范要求，每处扣 2～5 分 架体底部未按规范要求设置底座，每处扣 2 分 架体底部未按规范要求设置扫地杆，扣 5 分 未采取排水措施，扣 8 分	10	4	6
3		架体稳定	架体四周与中间未按规范要求设置竖向剪刀撑或专用斜杆，扣 10 分 未按规范要求设置水平剪刀撑或专用水平斜杆，扣 10 分 架体高宽比超过规范要求时未采取与结构拉结或其他可靠的稳定措施，扣 10 分	10	0	10
4		杆件锁件	架体立杆间距、水平杆步距超过设计和规范要求每处扣 2 分 杆件接长不符合要求，每处扣 2 分 架体搭设不牢或杆件结点紧固不符合要求，每处扣 2 分	10	2	8
5		脚手板	脚手板不满铺或铺设不牢、不稳，扣 5～10 分 脚手板规格或材质不符合要求，扣 5～10 分 采用挂扣式钢脚手板时挂钩未挂扣在水平杆上或挂钩未处于锁住状态，每处扣 2 分	10	0	10
6		交底与验收	架体搭设前未进行交底或交底未有文字记录，扣 5～10 分 架体分段搭设、分段使用未进行分段验收，扣 5 分 架体搭设完毕未办理验收手续，扣 10 分 验收内容未进行量化，或未经责任人签字确认，扣 5 分	10	0	10
		小计		60	6	54

续表

序号	检查项目		扣分标准	应得分数	扣减分数	实得分数
7	一般项目	架体防护	作业层防护栏杆不符合规范要求,扣 5 分 作业层外侧未设置高度不小于 180mm 挡脚板,扣 3 分 作业层脚手板下未采用安全平网兜底或作业层以下每隔 10m 未采用安全平网封闭,扣 5 分	10	0	10
8		构配件材质	钢管、构配件的规格、型号、材质或产品质量不符合规范要求,扣 5～10 分 杆件弯曲、变形、锈蚀严重,扣 10 分	10	0	10
9		荷载	架体的施工荷载超过设计和规范要求,扣 10 分 荷载堆放不均匀,每处扣 5 分	10	5	5
10		通道	未设置人员上下专用通道,扣 10 分 通道设置不符合要求,扣 5 分	10	0	10
		小计		40	5	35
检查项目合计				100	11	89

14.9.2 表格填写依据

《建筑施工安全检查标准》(JGJ 59－2011)。

14.9.3 表格解析指南

(1)满堂脚手架检查评定应符合现行行业标准《建筑施工扣件式钢管脚手架安全技术规范》(JGJ 130)、《建筑施工门式钢管脚手架安全技术规范》(JGJ 128)、《建筑施工碗扣式钢管脚手架安全技术规范》(JGJ 166)和《建筑施工承插型盘扣式钢管支架安全技术规范》(JGJ 231)的规定。

(2)满堂脚手架检查评定保证项目应包括:施工方案、架体基础、架体稳定、杆件锁件、脚手板、交底与验收。一般项目应包括:架体防护、构配件材质、荷载、通道。

(3)满堂脚手架保证项目的检查评定应符合下列规定。

1)施工方案:

①架体搭设应编制专项施工方案,结构设计应进行计算;

②专项施工方案应按规定进行审核、审批。

2)架体基础:

①架体基础应按方案要求平整、夯实,并应采取排水措施;

②架体底部应按规范要求设置垫板和底座,垫板规格应符合规范要求;

③架体扫地杆设置应符合规范要求。

3)架体稳定:

①架体四周与中部应按规范要求设置竖向剪刀撑或专用斜杆;

②架体应按规范要求设置水平剪刀撑或水平斜杆;

③当架体高宽比大于规范规定时应按规范要求与建筑结构拉结或采取增加架体宽度、设置钢丝绳张拉固定等稳定措施。

4)杆件锁件:

①架体立杆件间距,水平杆步距应符合设计和规范要求;

②杆件的接长应符合规范要求;

③架体搭设应牢固,杆件节点应按规范要求进行紧固。

5)脚手板:

①作业层脚手板应满铺,铺稳、铺牢;

②脚手板的材质、规格应符合规范要求;

③挂扣式钢脚手板的挂扣应完全挂扣在水平杆上,挂钩处应处于锁住状态。

6)交底与验收:

①架体搭设前应进行安全技术交底,并应有文字记录;

②架体分段搭设、分段使用时,应进行分段验收;

③搭设完毕应办理验收手续,验收应有量化内容并经责任人签字确认。

(4)满堂脚手架一般项目的检查评定应符合下列规定。

1)架体防护:

①作业层应按规范要求设置防护栏杆;

②作业层外侧应设置高度不小于180mm的挡脚板;

③作业层脚手板下应采用安全平网兜底,以下每隔10m应采用安全平网封闭。

2)构配件材质：

①架体构配件的规格、型号、材质应符合规范要求；

②杆件的弯曲、变形和锈蚀应在规范允许范围内。

3)荷载：

①架体上的施工荷载应符合设计和规范要求；

②施工均布荷载、集中荷载应在设计允许范围内。

4)通道：

①架体应设置供人员上下的专用通道；

②专用通道的设置应符合规范要求。

14.10 悬挑式脚手架检查评分表

14.10.1 表格填写范例

表 B.8 悬挑式脚手架检查评分表

<table>
<tr><th>序号</th><th colspan="2">检查项目</th><th>扣分标准</th><th>应得分数</th><th>扣减分数</th><th>实得分数</th></tr>
<tr><td>1</td><td rowspan="7">保证项目</td><td>施工方案</td><td>未编制专项施工方案或未进行设计计算，扣 10 分
专项施工方案未按规定审核、审批，扣 10 分
架体搭设超过规范允许高度，专项施工方案未按规定组织专家论证，扣 10 分</td><td>10</td><td>0</td><td>10</td></tr>
<tr><td>2</td><td>悬挑钢梁</td><td>钢梁截面高度未按设计确定或截面形式不符合设计和规范要求，扣 10 分
钢梁固定段长度小于悬挑段长度的 1.25 倍，扣 5 分
钢梁外端未设置钢丝绳或钢拉杆与上一层建筑结构拉结，每处扣 2 分
钢梁与建筑结构锚固处结构强度、锚固措施不符合设计和规范要求，每处扣 5～10 分
钢梁间距未按悬挑架体立杆纵距设置，扣 5 分</td><td>10</td><td>0</td><td>10</td></tr>
<tr><td>3</td><td>架体稳定</td><td>立杆底部与悬挑钢梁连接处未采取可靠固定措施，每处扣 2 分
承插式立杆接长未采取螺栓或销钉固定，每处扣 2 分
纵横向扫地杆的设置不符合规范要求，扣 5～10 分
未在架体外侧设置连续式剪刀撑，扣 10 分
未按规定设置横向斜撑，扣 5 分
架体未按规定与建筑结构拉结，每处扣 5 分</td><td>10</td><td>2</td><td>8</td></tr>
<tr><td>4</td><td>脚手板</td><td>脚手板规格、材质不符合要求，扣 5～10 分
脚手板未满铺或铺设不严、不牢、不稳，扣 5～10 分</td><td>10</td><td>0</td><td>10</td></tr>
<tr><td>5</td><td>荷载</td><td>脚手架施工荷载超过设计规定，扣 10 分
施工荷载堆放不均匀，每处扣 5 分</td><td>10</td><td>0</td><td>10</td></tr>
<tr><td>6</td><td>交底与验收</td><td>架体搭设前未进行交底或交底未有文字记录，扣 5～10 分
架体分段搭设、分段使用未进行分段验收，扣 6 分
架体搭设完毕未办理验收手续，扣 10 分
验收内容未进行量化，或未经责任人签字确认，扣 5 分</td><td>10</td><td>0</td><td>10</td></tr>
<tr><td></td><td>小计</td><td></td><td>60</td><td>2</td><td>58</td></tr>
</table>

续表

序号	检查项目		扣分标准	应得分数	扣减分数	实得分数
7	一般项目	杆件间距	立杆间距、纵向水平杆步距超过设计或规范要求,每处扣 2 分 未在立杆与纵向水平杆交点处设置横向水平杆,每处扣 2 分 未按脚手板铺设的需要增加设置横向水平杆,每处扣 2 分	10	2	8
8		架体防护	作业层防护栏杆不符合规范要求,扣 5 分 作业层架体外侧未设置高度不小于 180mm 的挡脚板,扣 3 分 架体外侧未采用密目式安全网封闭或网间不严,扣 5～10 分	10	3	7
9		层间防护	作业层脚手板下未采用安全平网兜底或作业层以下每隔 10m 未采用安全平网封闭,扣 5 分 作业层与建筑物之间未进行封闭,扣 5 分 架体底层沿建筑结构边缘,悬挑钢梁与悬挑钢梁之间未采取封闭措施或封闭不严,扣 2～8 分 架体底层未进行封闭或封闭不严,扣 10 分	10	4	6
10		构配件材质	型钢、钢管、构配件规格及材质不符合规范要求,扣 5～10 分 型钢、钢管、构配件弯曲、变形、锈蚀严重,扣 10 分	10	0	10
		小计		40	9	31
检查项目合计				100	11	89

14.10.2 表格填写依据

《建筑施工安全检查标准》(JGJ 59－2011)。

14.10.3 表格解析指南

(1)悬挑式脚手架检查评定应符合现行行业标准《建筑施工扣件式钢管脚手架安全技术规范》(JGJ 130)、《建筑施工门式钢管脚手架安全技术规范》(JGJ 128)、《建筑施工碗扣式钢管脚手架安全技术规范》(JGJ 166)和《建筑施工承插型盘扣式钢管支架安全技术规范》(JGJ 231)的规定。

(2)悬挑式脚手架检查评定保证项目应包括:施工方案、悬挑钢梁、架体稳定、脚手板、荷载、交底与验收。一般项目应包括:杆件间距、架体防护、层间防护、构配件材质。

(3)悬挑式脚手架保证项目的检查评定应符合下列规定。

1)施工方案:

①架体搭设应编制专项施工方案,结构设计应进行计算;

②架体搭设超过规范允许高度,专项施工方案应按规定组织专家论证;

③专项施工方案应按规定进行审核、审批。

2)悬挑钢梁:

①钢梁截面尺寸应经设计计算确定,且截面形式应符合设计和规范要求;

②钢梁锚固端长度不应小于悬挑长度的 1.25 倍;

③钢梁锚固处结构强度、锚固措施应符合设计和规范要求;

④钢梁外端应设置钢丝绳或钢拉杆与上层建筑结构拉结;

⑤钢梁间距应按悬挑架体立杆纵距设置。

3)架体稳定:

①立杆底部应与钢梁连接柱固定;

②承插式立杆接长应采用螺栓或销钉固定;

③纵横向扫地杆的设置应符合规范要求;

④剪刀撑应沿悬挑架体高度连续设置,角度应为 45°～60°;

⑤架体应按规定设置横向斜撑;

⑥架体应采用刚性连墙件与建筑结构拉结,设置的位置、数量应符合设计和规范要求。

4)脚手板:

①脚手板材质、规格应符合规范要求;

②脚手板铺设应严密、牢固,探出横向水平杆长度不应大于 150mm。

5)荷载:

架体上施工荷载应均匀,并不应超过设计和规范要求。

6)交底与验收:

①架体搭设前应进行安全技术交底,并应有文字记录;

②架体分段搭设、分段使用时,应进行分段验收;

③搭设完毕应办理验收手续,验收应有量化内容并经责任人签字确认。

(4)悬挑式脚手架一般项目的检查评定应符合下列规定。

1)杆件间距:

①立杆纵、横向间距、纵向水平杆步距应符合设计和规范要求；

②作业层应按脚手板铺设的需要增加横向水平杆。

2)架体防护：

①作业层应按规范要求设置防护栏杆；

②作业层外侧应设置高度不小于 180mm 的挡脚板；

③架体外侧应采用密目式安全网封闭，网间连接应严密。

3)层间防护：

①架体作业层脚手板下应采用安全平网兜底，以下每隔 10m 应采用安全平网封闭；

②作业层里排架体与建筑物之间应采用脚手板或安全平网封闭；

③架体底层沿建筑结构边缘在悬挑钢梁与悬挑钢梁之间应采取措施封闭；

④架体底层应进行封闭。

4)构配件材质：

①型钢、钢管、构配件规格材质应符合规范要求；

②型钢、钢管弯曲、变形、锈蚀应在规范允许范围内。

14.11 附着式升降脚手架检查评分表

14.11.1 表格填写范例

表 B.9 附着式升降脚手架检查评分表

序号	检查项目		扣分标准	应得分数	扣减分数	实得分数
1	保证项目	施工方案	未编制专项施工方案或未进行设计计算,扣 10 分 专项施工方案未按规定审核、审批,扣 10 分 脚手架提升超过规定允许高度,专项施工方案未按规定组织专家论证,扣 10 分	10	0	10
2		安全装置	未采用防坠落装置或技术性能不符合规范要求,扣 10 分 防坠落装置与升降设备未分别独立固定在建筑结构上,扣 10 分 防坠落装置未设置在竖向主框架处并与建筑结构附着,扣 10 分 未安装防倾覆装置或防倾覆装置不符合规范要求,扣 5~10 分 升降或使用工况,最上和最下两个防倾装置之间的最小间距不符合规范要求,扣 8 分 未安装同步控制装置或技术性能不符合规范要求,扣 5~8 分	10	0	10
3		架体构造	架体高度大于 5 倍楼层高,扣 10 分 架体宽度大于 1.2m,扣 5 分 直线布置的架体支承跨度大于 7m 或折线、曲线布置的架体支撑跨度的架体外侧距离大于 5.4m,扣 8 分 架体的水平悬挑长度大于 2m 或大于跨度 1/2,扣 10 分 架体悬臂高度大于架体高度 2/5 或大于 6m,扣 10 分 架体全高与支撑跨度的乘积大于 110m^2,扣 10 分	10	0	10
4		附着支座	未按竖向主框架所覆盖的每个楼层设置一道附着支座,扣 10 分 使用工况未将竖向主框架与附着支座固定,扣 10 分 升降工况未将防倾、导向装置设置在附着支座上,扣 10 分 附着支座与建筑结构连接固定方式不符合规范要求,扣 10 分	10	0	10
5		架体安装	主框架及水平支承桁架的节点未采用焊接、螺栓连接,扣 10 分 各杆件轴线未交汇于节点,扣 3 分 水平支承桁架的上弦及下弦之间设置的水平支撑杆件未采用焊接或螺栓连接,扣 5 分 架体立杆底端未设置在水平支承桁架上弦杆件节点处,扣 10 分 竖向主框架组装高度低于架体高度,扣 5 分 架体外立面设置的连续式剪刀撑未将竖向主框架、水平支承桁架和架体构架连成一体,扣 8 分	10	0	10

续表

<table>
<tr><th>序号</th><th colspan="2">检查项目</th><th>扣分标准</th><th>应得分数</th><th>扣减分数</th><th>实得分数</th></tr>
<tr><td>6</td><td rowspan="2">保证项目</td><td>架体升降</td><td>两跨及以上架体升降采用手动升降设备，扣 10 分
升降工况附着支座与建筑结构连接处混凝土强度未达到设计和规范要求，扣 10 分
升降工况架体上有施工荷载或有人员停留，扣 10 分</td><td>10</td><td>0</td><td>10</td></tr>
<tr><td></td><td>小计</td><td></td><td>60</td><td>0</td><td>60</td></tr>
<tr><td>7</td><td rowspan="5">一般项目</td><td>检查验收</td><td>主要构配件进场未进行验收，扣 6 分
分区段安装、分区段使用未进行分区段验收，扣 8 分
架体搭设完毕未办理验收手续，扣 10 分
验收内容未进行量化，或未经责任人签字确认，扣 5 分
架体提升前未有检查记录，扣 6 分
架体提升后、使用前未履行验收手续或资料不全，扣 2～8 分</td><td>10</td><td>2</td><td>8</td></tr>
<tr><td>8</td><td>脚手板</td><td>脚手板未满铺或铺设不严、不牢，扣 3～5 分
作业层与建筑结构之间空隙封闭不严，扣 3～5 分
脚手板规格、材质不符合要求，扣 5～10 分</td><td>10</td><td>4</td><td>6</td></tr>
<tr><td>9</td><td>架体防护</td><td>脚手架外侧未采用密目式安全网封闭或网间连接不严，扣 5～10 分
作业层防护栏杆不符合规范要求，扣 5 分
作业层未设置高度不小于 180mm 的挡脚板，扣 3 分</td><td>10</td><td>3</td><td>7</td></tr>
<tr><td>10</td><td>安全作业</td><td>操作前未向有关技术人员和作业人员进行安全技术交底或交底未有文字记录，扣 5～10 分
作业人员未经培训或未定岗定责，扣 5～10 分
安装拆除单位资质不符合要求或特种作业人员未持证上岗，扣 5～10 分
安装、升降、拆除时未设置安全警戒区及专人监护，扣 10 分
荷载不均匀或超载，扣 5～10 分</td><td>10</td><td>5</td><td>5</td></tr>
<tr><td></td><td>小计</td><td></td><td>40</td><td>14</td><td>26</td></tr>
<tr><td colspan="3">检查项目合计</td><td></td><td>100</td><td>14</td><td>86</td></tr>
</table>

14.11.2 表格填写依据

《建筑施工安全检查标准》(JGJ 59－2011)。

14.11.3 表格解析指南

(1)附着式升降脚手架检查评定应符合现行行业标准《建筑施工工具式脚手架安全技术规范》(JGJ 202)的规定。

(2)附着式升降脚手架检查评定保证项目包括:施工方案、安全装置、架体构造、附着支座、架体安装、架体升降。一般项目包括:检查验收、脚手板、架体防护、安全作业。

(3)附着式升降脚手架保证项目的检查评定应符合下列规定。

1)施工方案:

①附着式升降脚手架搭设作业应编制专项施工方案,结构设计应进行计算;

②专项施工方案应按规定进行审核、审批;

③脚手架提升超过规定允许高度,应组织专家对专项施工方案进行论证。

2)安全装置:

①附着式升降脚手架应安装防坠落装置,技术性能应符合规范要求;

②防坠落装置与升降设备应分别独立固定在建筑结构上;

③防坠落装置应设置在竖向主框架处,与建筑结构附着;

④附着式升降脚手架应安装防倾覆装置,技术性能应符合规范要求;

⑤升降和使用工况时,最上和最下两个防倾装置之间最小间距应符合规范要求;

⑥附着式升降脚手架应安装同步控制装置,并应符合规范要求。

3)架体构造:

①架体高度不应大于5倍楼层高度,宽度不应大于1.2m;

②直线布置的架体支承跨度不应大于7m,折线、曲线布置的架体支撑点处的架体外侧距离不应大于5.4m;

③架体水平悬挑长度不应大于2m,且不应大于跨度的1/2;

④架体悬臂高度不应大于架体高度的2/5,且不应大于6m;

⑤架体高度与支承跨度的乘积不应大于110m^2。

4)附着支座:

①附着支座数量、间距应符合规范要求;

②使用工况应将竖向主框架与附着支座固定;

③升降工况应将防倾、导向装置设置在附着支座上;

④附着支座与建筑结构连接固定方式应符合规范要求。

5)架体安装:

①主框架和水平支承桁架的节点应采用焊接或螺栓连接,各杆件的轴线应汇交于节点;

②内外两片水平支承桁架的上弦和下弦之间应设置水平支撑杆件,各节点应采用焊接或螺栓连接;

③架体立杆底端应设在水平桁架上弦杆的节点处;

④竖向主框架组装高度应与架体高度相等;

⑤剪刀撑应沿架体高度连续设置,并应将竖向主框架、水平支承桁架和架体构架连成一体,

剪刀撑斜杆水平夹角应为 45°～60°。

6)架体升降：

①两跨以上架体同时升降应采用电动或液压动力装置，不得采用手动装置；

②升降工况附着支座处建筑结构混凝土强度应符合设计和规范要求；

③升降工况架体上不得有施工荷载，严禁人员在架体上停留。

(4)附着式升降脚手架一般项目的检查评定应符合下列规定。

1)检查验收：

①动力装置、主要结构配件进场应按规定进行验收；

②架体分区段安装、分区段使用时，应进行分区段验收；

③架体安装完毕应按规定进行整体验收，验收应有量化内容并经责任人签字确认；

④架体每次升、降前应按规定进行检查，并应填写检查记录。

2)脚手板：

①脚手板应铺设严密、平整、牢固；

②作业层里排架体与建筑物之间应采用脚手板或安全平网封闭；

③脚手板材质、规格应符合规范要求。

3)架体防护：

①架体外侧应采用密目式安全网封闭，网间连接应严密；

②作业层应按规范要求设置防护栏杆；

③作业层外侧应设置高度不小于 180mm 的挡脚板。

4)安全作业：

①操作前应对有关技术人员和作业人员进行安全技术交底，并应有文字记录；

②作业人员应经培训并定岗作业；

③安装拆除单位资质应符合要求，特种作业人员应持证上岗；

④架体安装、升降、拆除时应设置安全警戒区，并应设置专人监护；

⑤荷载分布应均匀，荷载最大值应在规范允许范围内。

14.12 高处作业吊篮检查评分表

14.12.1 表格填写范例

表 B.10 高处作业吊篮检查评分表

序号	检查项目		扣分标准	应得分数	扣减分数	实得分数
1	保证项目	施工方案	未编制专项施工方案或未对吊篮支架支撑处结构的承载力进行验算,扣 10 分 专项施工方案未按规定审核、审批,扣 10 分	10	0	10
2		安全装置	未安装防坠安全锁或安全锁失灵,扣 10 分 防坠安全锁超过标定期限仍在使用,扣 10 分 未设置挂设安全带专用安全绳及安全锁扣或安全绳未固定在建筑物可靠位置,扣 10 分 吊篮未安装上限位装置或限位装置失灵,扣 10 分	10	0	10
3		悬挂机构	悬挂机构前支架支撑在建筑物女儿墙上或挑檐边缘,扣 10 分 前梁外伸长度不符合产品说明书规定,扣 10 分 前支架与支撑面不垂直或脚轮受力,扣 10 分 上支架未固定在前支架调节杆与悬挑梁连接的节点处,扣 5 分 使用破损的配重块或采用其他替代物,扣 10 分 配重块未固定或重量不符合设计规定,扣 10 分	10	0	10
4		钢丝绳	钢丝绳有断丝、松股、硬弯、锈蚀或有油污附着物,扣 10 分 安全钢丝绳规格、型号与工作钢丝绳不相同或未独立悬挂,扣 10 分 安全钢丝绳不悬垂,扣 5 分 电焊作业时未对钢丝绳采取保护措施,扣 5～10 分	10	0	10
5		安装作业	吊篮平台组装长度不符合产品说明书和规范要求,扣 10 分 吊篮组装的构配件不是同一生产厂家的产品,扣 5～10 分	10	5	5
6		升降作业	操作升降人员未经培训合格,扣 10 分 吊篮内作业人员数量超过 2 人,扣 10 分 吊篮内作业人员未将安全带用安全锁扣挂置在独立设置的专用安全绳上,扣 10 分 作业人员未从地面进出吊篮,扣 5 分	10	0	10
		小计		60	5	55

续表

序号	检查项目		扣分标准	应得分数	扣减分数	实得分数
7	一般项目	交底与验收	未履行验收程序,验收表未经责任人签字确认,扣 5～10 分 验收内容未进行量化,扣 5 分 每天班前班后未进行检查,扣 5 分 吊篮安装使用前未进行交底或交底未留有文字记录,扣 5～10 分	10	5	5
8		安全防护	吊篮平台周边的防护栏杆或挡脚板的设置不符合规范要求,扣 5～10 分 多层或立体交叉作业未设置防护顶板,扣 8 分	10	0	10
9		吊篮稳定	吊篮作业未采取防摆动措施,扣 5 分 吊篮钢丝绳不垂直或吊篮距建筑物空隙过大,扣 5 分	10	0	10
10		荷载	施工荷载超过设计规定,扣 10 分 荷载堆放不均匀,扣 5 分	10	5	5
		小计		40	10	30
检查项目合计				100	15	85

14.12.2 表格填写依据

《建筑施工安全检查标准》(JGJ 59－2011)。

14.12.3 表格解析指南

(1)高处作业吊篮检查评定应符合现行行业标准《建筑施工工具式脚手架安全技术规范》(JGJ 202)的规定。

(2)高处作业吊篮检查评定保证项目应包括:施工方案、安全装置、悬挂机构、钢丝绳、安装作业、升降作业。一般项目应包括:交底与验收、安全防护、吊篮稳定、荷载。

(3)高处作业吊篮保证项目的检查评定应符合下列规定。

1)施工方案:

①吊篮安装作业应编制专项施工方案,吊篮支架支撑处的结构承载力应经过验算;

②专项施工方案应按规定进行审核、审批。

2)安全装置:

①吊篮应安装防坠安全锁,并应灵敏有效;

②防坠安全锁不应超过标定期限;

③吊篮应设置为作业人员挂设安全带专用的安全绳和安全锁扣,安全绳应固定在建筑物可靠位置上,不得与吊篮上的任何部位连接;

④吊篮应安装上限位装置,并应保证限位装置灵敏可靠。

3)悬挂机构:

①悬挂机构前支架不得支撑在女儿墙及建筑物外挑檐边缘等非承重结构上;

②悬挂机构前梁外伸长度应符合产品说明书规定;

③前支架应与支撑面垂直,且脚轮不应受力;

④上支架应固定在前支架调节杆与悬挑梁连接的节点处;

⑤严禁使用破损的配重块或其他替代物;

⑥配重块应固定可靠,重量应符合设计规定。

4)钢丝绳:

①钢丝绳不应存断丝、断股、松股、锈蚀、硬弯及油污和附着物;

②安全钢丝绳应单独设置,型号规格应与工作钢丝绳一致;

③吊篮运行时安全钢丝绳应张紧悬垂;

④电焊作业时应对钢丝绳采取保护措施。

5)安装作业:

①吊篮平台的组装长度应符合产品说明书和规范要求;

②吊篮的构配件应为同一厂家的产品。

6)升降作业:

①必须由经过培训合格的人员操作吊篮升降;

②吊篮内的作业人员不应超过 2 人;

③吊篮内作业人员应将安全带用安全锁扣正确挂置在独立设置的专用安全绳上;

④作业人员应从地面进出吊篮。

(4)高处作业吊篮一般项目的检查评定应符合下列规定。

1)交底与验收：

①吊篮安装完毕，应按规范要求进行验收，验收表应由责任人签字确认；

②班前、班后应按规定对吊篮进行检查；

③吊篮安装、使用前对作业人员进行安全技术交底，并应有文字记录。

2)安全防护：

①吊篮平台周边的防护栏杆、挡脚板的设置应符合规范要求；

②上下立体交叉作业时吊篮应设置顶部防护板。

3)吊篮稳定：

①吊篮作业时应采取防止摆动的措施；

②吊篮与作业面距离应在规定要求范围内。

4)荷载：

①吊篮施工荷载应符合设计要求；

②吊篮施工荷载应均匀分布。

14.13 基坑工程检查评分表

14.13.1 表格填写范例

表 B.11 基坑工程检查评分表

序号	检查项目		扣分标准	应得分数	扣减分数	实得分数
1	保证项目	施工方案	基坑工程未编制专项施工方案,扣10分 专项施工方案未按规定审核、审批,扣10分 超过一定规模条件的基坑工程专项施工方案未按规定组织专家论证,扣10分 基坑周边环境或施工条件发生变化,专项施工方案未重新进行审核、审批,扣10分	10	0	10
2		基坑支护	人工开挖的狭窄基槽,开挖深度较大或存在边坡塌方危险未采取支护措施,扣10分 自然放坡的坡率不符合专项施工方案和规范要求,扣10分 基坑支护结构不符合设计要求,扣10分 支护结构水平位移达到设计报警值未采取有效控制措施,扣10分	10	0	10
3		降排水	基坑开挖深度范围内有地下水未采取有效的降排水措施,扣10分 基坑边沿周围地面未设排水沟或排水沟设置不符合规范要求,扣5分 放坡开挖对坡顶、坡面、坡脚未采取降排水措施,扣5～10分 基坑底四周未设排水沟和集水井或排除积水不及时,扣5～8分	10	5	5
4		基坑开挖	支护结构未达到设计要求的强度提前开挖下层土方,扣10分 未按设计和施工方案的要求分层、分段开挖或开挖不均衡,扣10分 基坑开挖过程中未采取防止碰撞支护结构或工程桩的有效措施,扣10分 机械在软土场地作业,未采取铺设渣土、砂石等硬化措施,扣10分	10	0	10
5		坑边荷载	基坑边堆置土、料具等荷载超过基坑支护设计允许要求,扣10分 施工机械与基坑边沿的安全距离不符合设计要求,扣10分	10	0	10
6		安全防护	开挖深度2m及以上的基坑周边未按规范要求设置防护栏杆或栏杆设置不符合规范要求,扣5～10分 基坑内未设置供施工人员上下的专用梯道或梯道设置不符合规范要求,扣5～10分 降水井口未设置防护盖板或围栏,扣10分	10	0	10
小计				60	5	55

续表

序号	检查项目		扣分标准	应得分数	扣减分数	实得分数
7	一般项目	基坑监测	未按要求进行基坑工程监测，扣 10 分 基坑监测项目不符合设计和规范要求，扣 5～10 分 监测的时间间隔不符合监测方案要求或监测结果变化速率较大未加密观测次数，扣 5～8 分 未按设计要求提交监测报告或监测报告内容不完整，扣 5～8 分	10	5	5
8		支撑拆除	基坑支撑结构的拆除方式、拆除顺序不符合专项施工方案要求，扣 5～10 分 机械拆除作业时，施工荷载大于支撑结构承载能力，扣 10 分 人工拆除作业时，未按规定设置防护设施，扣 8 分 采用非常规拆除方式不符合国家现行相关规范要求，扣 10 分	10	0	10
9		作业环境	基坑内土方机械、施工人员的安全距离不符合规范要求，扣 10 分 上下垂直作业未采取防护措施，扣 5 分 在各种管线范围内挖土作业未设专人监护，扣 5 分 作业区光线不良扣 5 分	10	5	5
10		应急预案	未按要求编制基坑工程应急预案或应急预案内容不完整，扣 5～10 分 应急组织机构不健全或应急物资、材料、工具机具储备不符合应急预案要求，扣 2～6 分	10	5	5
		小计		40	15	25
检查项目合计				100	20	80

14.13.2 表格填写依据

《建筑施工安全检查标准》(JGJ 59－2011)。

14.13.3 表格解析指南

(1)基坑工程安全检查评定应符合现行国家标准《建筑基坑工程监测技术规范》(GB 50497)及现行行业标准《建筑基坑支护技术规程》(JGJ 120)和《建筑施工土石方工程安全技术规范》(JGJ 180)的规定。

(2)基坑工程检查评定保证项目应包括:施工方案、基坑支护、降排水、基坑开挖、坑边荷载、安全防护。一般项目应包括:基坑监测、支撑拆除、作业环境、应急预案。

(3)基坑工程保证项目的检查评定应符合下列规定。

1)施工方案:

①基坑工程施工应编制专项施工方案,开挖深度超过 3m 或虽未超过 3m 但地质条件和周边环境复杂的基坑土方开挖、支护、降水工程,应单独编制专项施工方案;

②专项施工方案应按规定进行审核、审批;

③开挖深度超过 5m 的基坑土方开挖、支护、降水工程或开挖深度虽未超过 5m 但地质条件、周围环境复杂的基坑土方开挖、支护、降水工程专项施工方案,应组织专家进行论证;

④当基坑周边环境或施工条件发生变化时,专项施工方案应重新进行审核、审批。

2)基坑支护:

①人工开挖的狭窄基槽,开挖深度较大并存在边坡塌方危险时,应采取支护措施;

②地质条件良好、土质均匀且无地下水的自然放坡的坡率应符合规范要求;

③基坑支护结构应符合设计要求;

④基坑支护结构水平位移应在设计允许范围内。

3)降排水:

①当基坑开挖深度范围内有地下水时,应采取有效的降排水措施;

②基坑边沿周围地面应设排水沟;放坡开挖时,应对坡顶、坡面、坡脚采取降排水措施;

③基坑底四周应按专项施工方案设排水沟和集水井,并应及时排除积水。

4)基坑开挖:

①基坑支护结构必须在达到设计要求的强度后,方可开挖下层土方,严禁提前开挖和超挖;

②基坑开挖应按设计和施工方案的要求,分层、分段、均衡开挖;

③基坑开挖应采取措施防止碰撞支护结构、工程桩或扰动基底原状土土层;

④当采用机械在软土场地作业时,应采取铺设渣土或砂石等硬化措施。

5)坑边荷载:

①基坑边堆置土、料具等荷载应在基坑支护设计允许范围内;

②施工机械与基坑边沿的安全距离应符合设计要求。

6)安全防护:

①开挖深度超过 2m 及以上的基坑周边必须安装防护栏杆,防护栏杆的安装应符合规范要求;

②基坑内应设置供施工人员上下的专用梯道。梯道应设置扶手栏杆,梯道的宽度不应小于 1m,梯道搭设应符合规范要求;

③降水井口应设置防护盖板或围栏，并应设置明显的警示标志。

(4)基坑工程一般项目的检查评定应符合下列规定。

1)基坑监测：

①基坑开挖前应编制监测方案，并应明确监测项目、监测报警值、监测方法和监测点的布置、监测周期等内容；

②监测的时间间隔应根据施工进度确定。当监测结果变化速率较大时，应加密观测次数；

③基坑开挖监测工程中，应根据设计要求提交阶段性监测报告。

2)支撑拆除：

①基坑支撑结构的拆除方式、拆除顺序应符合专项施工方案的要求；

②当采用机械拆除时，施工荷载应小于支撑结构承载能力；

③人工拆除时，应按规定设置防护设施；

④当采用爆破拆除、静力破碎等拆除方式时，必须符合国家现行相关规范的要求。

3)作业环境：

①基坑内土方机械、施工人员的安全距离应符合规范要求；

②上下垂直作业应按规定采取有效的防护措施；

③在电力、通信、燃气、上下水等管线 2m 范围内挖土时，应采取安全保护措施，并应设专人监护；

④施工作业区域应采光良好，当光线较弱时应设置有足够照度的光源。

4)应急预案：

①基坑工程应按规范要求结合工程施工过程中可能出现的支护变形、漏水等影响基坑工程安全的不利因素制订应急预案；

②应急组织机构应健全，应急的物资、材料、工具、机具等品种、规格、数量应满足应急的需要，并应符合应急预案的要求。

14.14 模板支架检查评分表

14.14.1 表格填写范例

表 B.12 模板支架检查评分表

序号	检查项目		扣分标准	应得分数	扣减分数	实得分数
1	保护项目	施工方案	未按编制专项施工方案或结构设计未经计算,扣 10 分 专项施工方案未经审核、审批,扣 10 分 超规模模板支架专项施工方案未按规定组织专家论证,扣 10 分	10	0	10
2		支架基础	基础不坚实平整,承载力不符合专项施工方案要求,扣 5～10 分 支架底部未设置垫板或垫板的规格不符合规范要求,扣 5～10 分 支架底部未按规范要求设置底座,每处扣 2 分 未按规范要求设置扫地杆,扣 5 分 未设置排水设施,扣 5 分 支架设在楼面结构上时,未对楼面结构的承载力进行验算或楼面下方未采取加固措施,扣 10 分	10	7	3
3		支架构造	立杆纵、横间距大于设计和规范要求,每处扣 2 分 水平杆步距大于设计和规范要求,每处扣 2 分 水平杆未连续设置,扣 5 分 未按规范要求设置竖向剪刀撑或专用斜杆,扣 10 分 未按规范要求设置水平剪刀撑或专用水平斜杆,扣 10 分 剪刀撑或水平斜杆设置不符合规范要求,扣 5 分	10	0	10
4		支架稳定	支架高宽比超过规范要求未采取与建筑结构刚性联结或增加架体宽度等措施,扣 10 分 立杆伸出顶层水平杆的长度超过规范要求,每处扣 2 分 浇筑混凝土未对支架的基础沉降、架体变形采取监测措施,扣 8 分	10	0	10
5		施工荷载	荷载堆放不均匀,每处扣 5 分 施工荷载超过设计规定,扣 10 分 浇筑混凝土未对混凝土堆积高度进行控制,扣 8 分	10	0	10
6		交底与验收	支架搭设、拆除前未进行交底或无文字记录,扣 5～10 分 架体搭设完毕未办理验收手续,扣 10 分 验收内容未进行量化,或未经责任人签字确认,扣 5 分	10	0	10
		小计		60	7	53

续表

序号	检查项目		扣分标准	应得分数	扣减分数	实得分数
7	一般项目	杆件连接	立杆连接不符合规范要求,扣 3 分 水平杆连接不符合规范要求,扣 3 分 剪刀撑斜杆接长不符合规范要求,每处扣 3 分 杆件各连接点的紧固不符合规范要求,每处扣 2 分	10	5	5
8		底座与托撑	螺杆直径与立杆内径不匹配,每处扣 3 分 螺杆旋入螺母内的长度或外伸长度不符合规范要求,每处扣 3 分	10	3	7
9		构配件材质	钢管、构配件的规格、型号、材质不符合规范要求,扣 5～10 分 杆件弯曲、变形、锈蚀严重,扣 10 分	10	0	10
10		支架拆除	支架拆除前未确认混凝土强度达到设计要求,扣 10 分 未按规定设置警戒区或未设置专人监护,扣 5～10 分	10	6	4
		小计		40	14	26
检查项目合计				100	21	79

14.14.2 表格填写依据

《建筑施工安全检查标准》(JGJ 59—2011)。

14.14.3 表格解析指南

(1)模板支架安全检查评定应符合现行行业标准《建筑施工模板安全技术规范》(JGJ 162)、《建筑施工扣件式钢管脚手架安全技术规范》(JGJ 130)、《建筑施工门式钢管脚手架安全技术规范》(JGJ 128)、《建筑施工碗扣式钢管脚手架安全技术规范》(JGJ 166)和《建筑施工承插型盘扣式钢管支架安全技术规范》(JGJ 231)的规定。

(2)模板支架检查评定保证项目应包括:施工方案、支架基础、支架构造、支架稳定、施工荷载、交底与验收。一般项目应包括:杆件连接、底座与托撑、构配件材质、支架拆除。

(3)模板支架保证项目的检查评定应符合下列规定。

1)施工方案:

①模板支架搭设应编制专项施工方案,结构设计应进行计算,并应按规定进行审核、审批;

②模板支架搭设高度8m及以上;跨度18m及以上,施工总荷载15kN/㎡及以上;集中线荷载20kN/m及以上的专项施工方案应按规定组织专家论证。

2)支架基础:

①基础应坚实、平整,承载力应符合设计要求,并应能承受支架上部全部荷载;

②底部应按规范要求设置底座、垫板,垫板规格应符合规范要求;

③支架底部纵、横向扫地杆的设置应符合规范要求;

④基础应设排水设施,并应排水畅通;

⑤当支架设在楼面结构上时,应对楼面结构强度进行验算,必要时应对楼面结构采取加固措施。

3)支架构造:

①立杆间距应符合设计和规范要求;

②水平杆步距应符合设计和规范要求,水平杆应按规范要求连续设置;

③竖向、水平剪刀撑或专用斜杆、水平斜杆的设置应符合规范要求。

4)支架稳定:

①当支架高宽比大于规定值时,应按规定设置连墙杆或采用增加架体宽度的加强措施;

②立杆伸出顶层水平杆中心线至支撑点的长度应符合规范要求;

③浇筑混凝土时应对架体基础沉降、架体变形进行监控,基础沉降、架体变形应在规定允许范围内。

5)施工荷载:

①施工均布荷载、集中荷载应在设计允许范围内;

②当浇筑混凝土时,应对混凝土堆积高度进行控制。

6)交底与验收:

①支架搭设、拆除前应进行交底,并应有交底记录;

②支架搭设完毕,应按规定组织验收,验收应有量化内容并经责任人签字确认。

(4)模板支架一般项目的检查评定应符合下列规定。

1)杆件连接:

①立杆应采用对接、套接或承插式连接方式，并应符合规范要求；
②水平杆的连接应符合规范要求；
③当剪刀撑斜杆采用搭接时，搭接长度不应小于 1m；
④杆件各连接点的紧固应符合规范要求。
2）底座与托撑：
①可调底座、托撑螺杆直径应与立杆内径匹配，配合间隙应符合规范要求；
②螺杆旋入螺母内长度不应少于 5 倍的螺距。
3）构配件材质：
①钢管壁厚应符合规范要求；
②构配件规格、型号、材质应符合规范要求；
③杆件弯曲、变形、锈蚀量应在规范允许范围内。
4）支架拆除：
①支架拆除前结构的混凝土强度应达到设计要求；
②支架拆除前应设置警戒区，并应设专人监护。

14.15 高处作业检查评分表

14.15.1 表格填写范例

表 B.13 高处作业检查评分表

序号	检查项目	扣分标准	应得分数	扣减分数	实得分数
1	安全帽	施工现场人员未戴安全帽，每人扣 5 分 未按标准佩戴安全帽，每人扣 2 分 安全帽质量不符合现行国家相关标准的要求，扣 5 分	10	4	6
2	安全网	在建工程外脚手架架体外侧未采用密目式安全网封闭或网间连接不严，扣 2～10 分 安全网质量不符合现行国家相关标准的要求，扣 10 分	10	0	10
3	安全带	高处作业人员未按规定系挂安全带，每人扣 5 分 安全带系挂不符合要求，每人扣 5 分 安全带质量不符合现行国家相关标准的要求，扣 10 分	10	0	10
4	临边防护	工作面边沿无临边防护，扣 10 分 临边防护设施的构造、强度不符合规范要求，扣 5 分 防护设施未形成定型化、工具式，扣 3 分	10	0	10
5	洞口防护	在建工程的孔、洞未采取防护措施，每处扣 5 分 防护措施、设施不符合要求或不严密，每处扣 3 分 防护设施未形成用定型化、工具式，扣 3 分 电梯井内未按每隔两层且不大于 10m 设置安全平网，扣 5 分	10	0	10
6	通道口防护	未搭设防护棚或防护不严、不牢固，扣 5～10 分 防护棚两侧未进行封闭，扣 4 分 防护棚宽度小于通道口宽度，扣 4 分 防护棚长度不符合要求，扣 4 分 建筑物高度超过 24m，防护棚顶未采用双层防护，扣 4 分 防护棚的材质不符合规范要求，扣 5 分	10	0	10
7	攀登作业	移动式梯子的梯脚底部垫高使用，扣 3 分 折梯未使用可靠拉撑装置，扣 5 分 梯子的材质或制作质量不符合规范要求，扣 10 分	10	0	10

续表

序号	检查项目	扣分标准	应得分数	扣减分数	实得分数
8	悬空作业	悬空作业处未设置防护栏杆或其他可靠的安全设施，扣5～10分 悬空作业所用的索具、吊具等未经验收，扣5分 悬空作业人员未系挂安全带或佩带工具袋，扣2～10分	10	3	7
9	移动式操作平台	操作平台未按规定进行设计计算，扣8分 移动式操作平台，轮子与平台的连接不牢固可靠或立柱底端距离地面超过80mm，扣5分 操作平台的组装不符合设计和规范要求，扣10分 平台台面铺板不严，扣5分 操作平台四周未按规定设置防护栏杆或未设置登高扶梯，扣10分 操作平台的材质不符合规范要求，扣10分	10	0	10
10	悬挑式物料钢平台	未编制专项施工方案或未经设计计算，扣10分 悬挑式钢平台的下部支撑系统或上部拉结点，未设置在建筑结构上，扣10分 斜拉杆或钢丝绳未按要求在平台两侧各设置两道，扣10分 钢平台未按要求设置固定的防护栏杆或挡脚板，扣3～10分 钢平台台面铺板不严或钢平台与建筑结构之间铺板不严，扣5分 未在平台明显处设置荷载限定标牌，扣5分	10	3	7
检查项目合计			100	10	90

14.15.2 表格填写依据

《建筑施工安全检查标准》(JGJ 59—2011)。

14.15.3 表格解析指南

(1)高处作业检查评定应符合现行国家标准《安全网》(GB 5725)、《安全帽》(GB 2811)、《安全带》(GB 6095)和现行行业标准《建筑施工高处作业安全技术规范》(JGJ 80)的规定。

(2)高处作业检查评定项目应包括:安全帽、安全网、安全带、临边防护、洞口防护、通道口防护、攀登作业、悬空作业、移动式操作平台、悬挑式物料钢平台。

(3)高处作业的检查评定应符合下列规定。

1)安全帽:

①进入施工现场的人员必须正确佩戴安全帽;

②安全帽的质量应符合规范要求。

2)安全网:

①在建工程外脚手架的外侧应采用密目式安全网进行封闭;

②安全网的质量应符合规范要求。

3)安全带:

①高处作业人员应按规定系挂安全带;

②安全带的系挂应符合规范要求;

③安全带的质量应符合规范要求。

4)临边防护:

①作业面边沿应设置连续的临边防护设施;

②临边防护设施的构造、强度应符合规范要求;

③临边防护设施宜定型化、工具式,杆件的规格及连接固定方式应符合规范要求。

5)洞口防护:

①在建工程的预留洞口、楼梯口、电梯井口等孔洞应采取防护措施;

②防护措施、设施应符合规范要求;

③防护设施宜定型化、工具式;

④电梯井内每隔二层且不大于10m应设置安全平网防护。

6)通道口防护:

①通道口防护应严密、牢固;

②防护棚两侧应采取封闭措施;

③防护棚宽度应大于通道口宽度,长度应符合规范要求;

④当建筑物高度超过24m时,通道口防护顶棚应采用双层防护;

⑤防护棚的材质应符合规范要求。

7)攀登作业:

①梯脚底部应坚实,不得垫高使用;

②折梯使用时上部夹角宜为35°~45°,并应设有可靠的拉撑装置;

③梯子的材质和制作质量应符合规范要求。

8)悬空作业:

①悬空作业处应设置防护栏杆或采取其他可靠的安全措施；
②悬空作业所使用的索具、吊具等应经验收，合格后方可使用；
③悬空作业人员应系挂安全带、佩戴工具袋。
9)移动式操作平台：
①操作平台应按规定进行设计计算；
②移动式操作平台轮子与平台连接应牢固、可靠，立柱底端距地面高度不得大于 80mm；
③操作平台应按设计和规范要求进行组装，铺板应严密；
④操作平台四周应按规范要求设置防护栏杆，并应设置登高扶梯；
⑤操作平台的材质应符合规范要求。
10)悬挑式物料钢平台：
①悬挑式物料钢平台的制作、安装应编制专项施工方案，并应进行设计计算；
②悬挑式物料钢平台的下部支撑系统或上部拉结点，应设置在建筑结构上；
③斜拉杆或钢丝绳应按规范要求在平台两侧各设置前后两道；
④钢平台两侧必须安装固定的防护栏杆，并应在平台明显处设置荷载限定标牌；
⑤钢平台台面、钢平台与建筑结构间铺板应严密、牢固。

14.16 施工用电检查评分表

14.16.1 表格填写范例

表 B.14 施工用电检查评分表

序号	检查项目		扣分标准	应得分数	扣减分数	实得分数
1	保证项目	外电防护	外电线路与在建工程及脚手架、起重机械、场内机动车道之间的安全距离不符合规范要求且未采取防护措施，扣10分 防护设施未设置明显的警示标志，扣5分 防护设施与外电线路的安全距离及搭设方式不符合规范要求，扣5～10分 在外电架空线路正下方施工、建造临时设施或堆放材料物品，扣10分	10	0	10
2		接地与接零保护系统	施工现场专用的电源中性点直接接地的低压配电系统未采用TN-S接零保护系统，扣20分 配电系统未采用同一保护系统，扣20分 保护零线引出位置不符合规范要求，扣5～10分 电气设备未接保护零线，每处扣2分 保护零线装设开关、熔断器或通过工作电流，扣20分 保护零线材质、规格及颜色标记不符合规范要求，每处扣2分 工作接地与重复接地的设置、安装及接地装置的材料不符合规范要求，扣10～20分 工作接地电阻大于4Ω，重复接地电阻大于10Ω，扣20分 施工现场起重机、物料提升机、施工升降机、脚手架防雷措施不符合规范要求，扣5～10分 做防雷接地机械上的电气设备，保护零线未做重复接地，扣10分	20	4	16
3		配电线路	线路及接头不能保证机械强度和绝缘强度，扣5～10分 线路未设短路、过载保护，扣5～10分 线路截面不能满足负荷电流，每处扣2分 线路的设施、材料及相序排列、挡距与邻近线路或固定物的距离不符合规范要求，扣5～10分； 电缆沿地面明设或沿脚手架、树木等敷设或敷设不符合规范要求，扣5～10分 线路敷设的电缆不符合规范要求，扣5～10分 室内明敷主干线距地面高度小于2.5m，每处扣2分	10	0	10

续表

序号	检查项目		扣分标准	应得分数	扣减分数	实得分数
4	保护项目	配电箱与开关箱	配电系统未采用三级配电、二级漏电保护系统，扣 10～20 分 用电设备未有各自专用的开关箱，每处扣 2 分 箱体结构、箱内电器设置不符合规范要求，扣 10～20 分 配电箱零线端子板的设置、连接不符合规范要求，扣 5～10 分 漏电保护器参数不匹配或仪表检测不灵敏，每处扣 2 分 配电箱与开关箱电器损坏或进出线混乱，每处扣 2 分 箱体未设置系统接线图和分路标记，每处扣 2 分 箱体未设门、锁，未采取防雨措施，每处扣 2 分 箱体安装位置、高度及周边通道不符合规范要求，每处扣 2 分 分配电箱与开关箱、开关箱与用电设备的距离不符合规范要求，每处扣 2 分	20	2	18
		小计		60	6	54
5	一般项目	配电室与配电装置	配电室建筑耐火等级未达到三级，扣 15 分 未配置适用于电气火灾的灭火器材，扣 3 分 配电室、配电装置布设不符合规范要求，扣 5～10 分 配电装置中的仪表、电气元件设置不符合规范要求或仪表、电气元件损坏，扣 5～10 分 备用发电机组未与外电线路进行联锁，扣 15 分 配电室未采取防雨雪和小动物侵入的措施，扣 10 分 配电室未设警示标志、工地供电平面图和系统图，扣 3～5 分	15	3	12
6		现场照明	照明用电与动力用电混用，每处扣 2 分 特殊场所未使用 36V 及以下安全电压，扣 15 分 手持照明灯未使用 36V 以下电源供电，扣 10 分 照明变压器未使用双绕组安全隔离变压器，扣 15 分 灯具金属外壳未接保护零线，每处扣 2 分 灯具与地面、易燃物之间小于安全距离，每处扣 2 分 照明线路和安全电压线路的架设不符合规范要求，扣 10 分 施工现场未按规范要求配备应急照明，每处扣 2 分	15	4	11
7		用用档案	总包单位与分包单位未订立临时用电管理协议，扣 10 分 未制定专项用电施工组织设计、外电防护专项方案或设计、方案缺乏针对性，扣 5～10 分 专项用电施工组织设计、外电防护专项方案未履行审批程序，实施后相关部门未组织验收，扣 5～10 分 接地电阻、绝缘电阻和漏电保护器检测记录未填写或填写不真实，扣 3 分 安全技术交底、设备设施验收记录未填写或填写不真实，扣 3 分 定期巡视检查、隐患整改记录未填写或填写不真实，扣 3 分 档案资料不齐全、未设专人管理，扣 3 分	10	3	7
		小计		40	10	30
检查项目合计				100	16	84

14.16.2 表格填写依据

《建筑施工安全检查标准》(JGJ 59—2011)。

14.16.3 表格解析指南

(1)施工用电检查评定应符合现行国家标准《建设工程施工现场供用电安全规范》(GB 50194)和现行行业标准《施工现场临时用电安全技术规范》(JGJ 46)的规定。

(2)施工用电检查评定的保证项目应包括:外电防护、接地与接零保护系统、配电线路、配电箱与开关箱。一般项目应包括:配电室与配电装置、现场照明、用电档案。

(3)施工用电保证项目的检查评定应符合下列规定。

1)外电防护:

①外电线路与在建工程及脚手架、起重机械、场内机动车道的安全距离应符合规范要求;

②当安全距离不符合规范要求时,必须采取绝缘隔离防护措施,并应悬挂明显的警示标志;

③防护设施与外电线路的安全距离应符合规范要求,并应坚固、稳定;

④外电架空线路正下方不得进行施工、建造临时设施或堆放材料物品。

2)接地与接零保护系统:

①施工现场专用的电源中性点直接接地的低压配电系统应采用 TN-S 接零保护系统;

②施工现场配电系统不得同时采用两种保护系统;

③保护零线应由工作接地线、总配电箱电源侧零线或总漏电保护器电源零线处引出,电气设备的金属外壳必须与保护零线连接;

④保护零线应单独敷设,线路上严禁装设开关或熔断器,严禁通过工作电流;

⑤保护零线应采用绝缘导线,规格和颜色标记应符合规范要求;

⑥TN 系统的保护零线应在总配电箱处、配电系统的中间处和末端处做重复接地;

⑦接地装置的接地线应采用 2 根及以上导体,在不同点与接地体做电气连接。接地体应采用角钢、钢管或光面圆钢;

⑧工作接地电阻不得大于 4Ω,重复接地电阻不得大于 10Ω;

⑨施工现场起重机、物料提升机、施工升降机、脚手架应按规范要求采取防雷措施,防雷装置的冲击接地电阻值不得大于 30Ω;

⑩做防雷接地机械上的电气设备,保护零线必须同时做重复接地。

3)配电线路:

①线路及接头应保证机械强度和绝缘强度;

②线路应设短路、过载保护,导线截面应满足线路负荷电流;

③线路的设施、材料及相序排列、挡距、与邻近线路或固定物的距离应符合规范要求;

④电缆应采用架空或埋地敷设并应符合规范要求,严禁沿地面明设或沿脚手架、树木等敷设;

⑤电缆中必须包含全部工作芯线和用作保护零线的芯线,并应按规定接用;

⑥室内非埋地明敷主干线距地面高度不得小于 2.5m。

4)配电箱与开关箱:

①施工现场配电系统应采用三级配电、二级漏电保护系统,用电设备必须有各自专用的开关箱;

②箱体结构、箱内电器设置及使用应符合规范要求；

③配电箱必须分设工作零线端子板和保护零线端子板，保护零线、工作零线必须通过各自的端子板连接；

④总配电箱与开关箱应安装漏电保护器，漏电保护器参数应匹配并灵敏可靠；

⑤箱体应设置系统接线图和分路标记，并应有门、锁及防雨措施；

⑥箱体安装位置、高度及周边通道应符合规范要求；

⑦分配箱与开关箱间的距离不应超过30m，开关箱与用电设备间的距离不应超过3m。

(4)施工用电一般项目的检查评定应符合下列规定。

1)配电室与配电装置：

①配电室的建筑耐火等级不应低于三级，配电室应配置适用于电气火灾的灭火器材；

②配电室、配电装置的布设应符合规范要求；

③配电装置中的仪表、电气元件设置应符合规范要求；

④备用发电机组应与外电线路进行联锁；

⑤配电室应采取防止风雨和小动物侵入的措施；

⑥配电室应设置警示标志、工地供电平面图和系统图。

2)现场照明：

①照明用电应与动力用电分设；

②特殊场所和手持照明灯应采用安全电压供电；

③照明变压器应采用双绕组安全隔离变压器；

④灯具金属外壳应接保护零线；

⑤灯具与地面、易燃物间的距离应符合规范要求；

⑥照明线路和安全电压线路的架设应符合规范要求；

⑦施工现场应按规范要求配备应急照明。

3)用电档案：

①总包单位与分包单位应签订临时用电管理协议，明确各方相关责任；

②施工现场应制定专项用电施工组织设计、外电防护专项方案；

③专项用电施工组织设计、外电防护专项方案应履行审批程序，实施后应由相关部门组织验收；

④用电各项记录应按规定填写，记录应真实有效；

⑤用电档案资料应齐全，并应设专人管理。

14.17 物料提升机检查评分表

14.17.1 表格填写范例

表 B.15 物料提升机检查评分表

序号	检查项目		扣分标准	应得分数	扣减分数	实得分数
1	保证项目	安装装置	未安装起重量限制器、防坠安全器，扣 15 分 起重量限制器、防坠安全器不灵敏，扣 15 分 安全停层装置不符合规范要求或未达到定型化，扣 5～10 分 未安装上行程限位，扣 15 分 上行程限位不灵敏、安全越程不符合规范要求，扣 10 分 物料提升机安装高度超过 30m，未安装渐进式防坠安全器、自动停层、语音及影像信号监控装置，每项扣 5 分	15	0	15
2		防护设施	未设置防护围栏或设置不符合规范要求，扣 5～15 分 未设置进料口防护棚或设置不符合规范要求，扣 5～15 分 停层平台两侧未设置防护栏杆、挡脚板，每处扣 5 分 停层平台脚手板铺设不严、不牢，每处扣 2 分 未安装平台门或平台门不起作用，扣 5～15 分 平台门未达到定型化，每处扣 2 分 吊笼门不符合规范要求，扣 10 分	15	5	10
3		附墙架与缆风绳	附墙架结构、材质、间距不符合产品说明书要求，扣 10 分 附墙架未与建筑结构可靠连接，扣 10 分 缆风绳设置数量、位置不符合规范要求，扣 5 分 缆风绳未使用钢丝绳或未与地锚连接，扣 10 分 钢丝绳直径小于 8mm 或角度不符合 45°～60°要求，扣 5～10 分 安装高度超过 30m 的物料提升机使用缆风绳，扣 10 分 地锚设置不符合规范要求，每处扣 5 分	10	0	10
4		钢丝绳	钢丝绳磨损、变形、锈蚀达到报废标准，扣 10 分 钢丝绳绳夹设置不符合规范要求，每处扣 2 分 吊笼处于最低位置，卷筒上钢丝绳少于 3 圈，扣 10 分 未设置钢丝绳过路保护措施或钢丝绳拖地，扣 5 分	10	0	10
5		安拆、验收与使用	安装、拆卸单位未取得专业承包资质和安全生产许可证，扣 10 分 未制定专项施工方案或未经审核、审批，扣 10 分 未履行验收程序或验收表未经责任人签字，扣 5～10 分 安装、拆除人员及司机未持证上岗，扣 10 分 物料提升机作业前未按规定进行例行检查或未填写检查记录，扣 4 分 实行多班作业未按规定填写交接班记录，扣 3 分	10	0	10
		小计		60	5	55

续表

序号	检查项目		扣分标准	应得分数	扣减分数	实得分数
6	一般项目	基础与导轨架	基础的承载力、平整度不符合规范要求,扣 5～10 分 基础周边未设排水设施,扣 5 分 导轨架垂直度偏差大于导轨架高度 0.15%,扣 5 分 井架停层平台通道处的结构未采取加强措施,扣 8 分	10	5	5
7		动力与传动	卷扬机、曳引机安装不牢固,扣 10 分 卷筒与导轨架底部导向轮的距离小于 20 倍卷筒宽度未设置排绳器,扣 5 分 钢丝绳在卷筒上排列不整齐,扣 5 分 滑轮与导轨架、吊笼未采用刚性连接,扣 10 分 滑轮与钢丝绳不匹配,扣 10 分 卷筒、滑轮未设置防止钢丝绳脱出装置,扣 5 分 曳引钢丝绳为 2 根及以上时,未设置曳引力平衡装置,扣 5 分	10	0	10
8		通信装置	未按规范要求设置通信装置,扣 5 分 通信装置信号显示不清晰,扣 3 分	5	3	2
9		卷扬机操作棚	未设置卷扬机操作棚,扣 10 分 操作棚搭设不符合规范要求,扣 5～10 分	10	5	5
10		避雷装置	物料提升机在其他防雷保护范围以外未设置避雷装置,扣 5 分 避雷装置不符合规范要求,扣 3 分	5	3	2
		小计		40	16	24
检查项目合计				100	21	79

14.17.2 表格填写依据

《建筑施工安全检查标准》(JGJ 59－2011)。

14.17.3 表格解析指南

(1)物料提升机检查评定应符合现行行业标准《龙门架及井架物料提升机安全技术规范》(JGJ 88)的规定。

(2)物料提升机检查评定保证项目应包括:安全装置、防护设施、附墙架与缆风绳、钢丝绳、安拆、验收与使用。一般项目应包括:基础与导轨架、动力与传动、通信装置、卷扬机操作棚、避雷装置。

(3)物料提升机保证项目的检查评定应符合下列规定。

1)安全装置:

①应安装起重量限制器、防坠安全器,并应灵敏可靠;

②安全停层装置应符合规范要求,并应定型化;

③应安装上行程限位并灵敏可靠,安全越程不应小于3m;

④安装高度超过30m的物料提升机应安装渐进式防坠安全器及自动停层、语音影像信号监控装置。

2)防护设施:

①应在地面进料口安装防护围栏和防护棚,防护围栏、防护棚的安装高度和强度应符合规范要求;

②停层平台两侧应设置防护栏杆、挡脚板,平台脚手板应铺满、铺平;

③平台门、吊笼门安装高度、强度应符合规范要求,并应定型化。

3)附墙架与缆风绳:

①附墙架结构、材质、间距应符合产品说明书要求;

②附墙架应与建筑结构可靠连接;

③缆风绳设置的数量、位置、角度应符合规范要求,并应与地锚可靠连接;

④安装高度超过30m的物料提升机必须使用附墙架;

⑤地锚设置应符合规范要求。

4)钢丝绳:

①钢丝绳磨损、断丝、变形、锈蚀量应在规范允许范围内;

②钢丝绳夹设置应符合规范要求;

③当吊笼处于最低位置时,卷筒上钢丝绳严禁少于3圈;

④钢丝绳应设置过路保护措施。

5)安拆、验收与使用:

①安装、拆卸单位应具有起重设备安装工程专业承包资质和安全生产许可证;

②安装、拆卸作业应制定专项施工方案,并应按规定进行审核、审批;

③安装完毕应履行验收程序,验收表格应由责任人签字确认;

④安装、拆卸作业人员及司机应持证上岗;

⑤物料提升机作业前应按规定进行例行检查,并应填写检查记录;

⑥实行多班作业、应按规定填写交接班记录。

(4)物料提升机一般项目的检查评定应符合下列规定。

1)基础与导轨架:

①基础的承载力和平整度应符合规范要求;

②基础周边应设置排水设施;

③导轨架垂直度偏差不应大于导轨架高度 0.15%;

④井架停层平台通道处的结构应采取加强措施。

2)动力与传动:

①卷扬机曳引机应安装牢固,当卷扬机卷筒与导轨底部导向轮的距离小于 20 倍卷筒宽度时,应设置排绳器;

②钢丝绳应在卷筒上排列整齐;

③滑轮与导轨架、吊笼应采用刚性连接,并应与钢丝绳相匹配;

④卷筒、滑轮应设置防止钢丝绳脱出装置;

⑤当曳引钢丝绳为 2 根及以上时,应设置曳引力平衡装置。

3)通信装置:

①应按规范要求设置通信装置;

②通信装置应具有语音和影像显示功能。

4)卷扬机操作棚:

①应按规范要求设置卷扬机操作棚;

②卷扬机操作棚强度、操作空间应符合规范要求。

5)避雷装置:

①当物料提升机未在其他防雷保护范围内时,应设置避雷装置;

②避雷装置设置应符合现行行业标准《施工现场临时用电安全技术规范》JGJ46 的规定。

14.18 施工升降机检查评分表

14.18.1 表格填写范例

表 B.16 施工升降机检查评分表

<table>
<tr><th>序号</th><th colspan="2">检查项目</th><th>扣分标准</th><th>应得分数</th><th>扣减分数</th><th>实得分数</th></tr>
<tr><td>1</td><td rowspan="5">保证项目</td><td>安全装置</td><td>未安装起重量限制器或起重量限制器不灵敏,扣 10 分
未安装渐进式防坠安全器或防坠安全器不灵敏,扣 10 分
防坠安全器超过有效标定期限,扣 10 分
对重钢丝绳未安装防松绳装置或防松绳装置不灵敏,扣 5 分
未安装急停开关或急停开关不符合规范要求,扣 5 分
未安装吊笼和对重缓冲器或缓冲器不符合规范要求,扣 5 分
SC 型施工升降机未安装安全钩,扣 10 分</td><td>10</td><td>0</td><td>10</td></tr>
<tr><td>2</td><td>限位装置</td><td>未安装极限开关或极限开关不灵敏,扣 10 分
未安装上限位开关或上限位开关不灵敏,扣 10 分
未安装下限位开关或下限位开关不灵敏,扣 5 分
极限开关与上限位开关安全越程不符合规范要求,扣 5 分
极限开关与上、下限位开关共用一个触发元件,扣 5 分
未安装吊笼门机电连锁装置或不灵敏,扣 10 分
未安装吊笼顶窗电气安全开关或不灵敏,扣 5 分</td><td>10</td><td>0</td><td>10</td></tr>
<tr><td>3</td><td>防护设施</td><td>未设置地面防护围栏或设置不符合规范要求,扣 5～10 分
未安装地面防护围栏门联锁保护装置或联锁保护装置不灵敏,扣 5～8 分
未设置出入口防护棚或设置不符合规范要求,扣 5～10 分
停层平台搭设不符合规范要求,扣 5～8 分
未安装层门或层门不起作用,扣 5～10 分
层门不符合规范要求、未达到定型化,每处扣 2 分</td><td>10</td><td>5</td><td>5</td></tr>
<tr><td>4</td><td>附墙架</td><td>附墙架采用非配套标准产品未进行设计计算,扣 10 分
附墙架与建筑结构连接方式、角度不符合产品说明书要求,扣 5～10 分
附墙架间距、最高附着点以上导轨架的自由高度超过产品说明书要求,扣 10 分</td><td>10</td><td>0</td><td>10</td></tr>
<tr><td>5</td><td>钢丝绳、滑轮与对重</td><td>对重钢丝绳绳数少于 2 根或未相对独立,扣 5 分
钢丝绳磨损、变形、锈蚀达到报废标准,扣 10 分
钢丝绳的规格、固定不符合产品说明书及规范要求,扣 10 分
滑轮未安装钢丝绳防脱装置或不符合规范要求,扣 4 分
对重重量、固定不符合产品说明书及规范要求,扣 10 分
对重未安装防脱轨保护装置,扣 5 分</td><td>10</td><td>0</td><td>10</td></tr>
</table>

续表

序号	检查项目		扣分标准	应得分数	扣减分数	实得分数
6	保证项目	安拆、验收与使用	安装、拆卸单位未取得专业承包资质和安全生产许可证，扣 10 分 未编制安装、拆卸专项方案或专项方案未经审核、审批，扣 10 分 未履行验收程序或验收表未经责任人签字，扣 5～10 分 安装、拆除人员及司机未持证上岗，扣 10 分 施工升降机作业前未按规定进行例行检查，未填写检查记录，扣 4 分 实行多班作业未按规定填写交接班记录，扣 3 分	10	0	10
		小计		60	5	55
7	一般项目	导轨架	导轨架垂直度不符合规范要求，扣 10 分 标准节质量不符合产品说明书及规范要求，扣 10 分 对重导轨不符合规范要求，扣 5 分 标准节连接螺栓使用不符合产品说明书及规范要求，扣 5～8 分	10	5	5
8		基础	基础制作、验收不符合产品说明书及规范要求，扣 5～10 分 基础设置在地下室顶板或楼面结构上，未对其支承结构进行承载力验算，扣 10 分 基础未设置排水设施，扣 4 分	10	4	6
9		电气安全	施工升降机与架空线路小于安全距离未采取防护措施，扣 10 分 防护措施不符合规范要求，扣 5 分 未设置电缆导向架或设置不符合规范要求，扣 5 分 施工升降机在防雷保护范围以外未设置避雷装置，扣 10 分 避雷装置不符合规范要求，扣 5 分	10	0	10
10		通信装置	未安装楼层信号联络装置，扣 10 分 楼层联络信号不清晰，扣 5 分	10	5	5
		小计		40	14	26
检查项目合计				100	19	81

14.18.2 表格填写依据

《建筑施工安全检查标准》(JGJ 59－2011)。

14.18.3 表格解析指南

(1)施工升降机检查评定应符合现行国家标准《吊笼有垂直导向的货用施工升降机》(GB 26557－2011)和现行行业标准《建筑施工升降机安装、使用、拆卸安全技术规程》(JGJ 215)的规定。

(2)施工升降机检查评定保证项目应包括:安全装置,限位装置,防护设施,附墙架,钢丝绳,滑轮与对重,安拆、验收与使用。一般项目应包括:导轨架、基础、电气安全、通信装置。

(3)施工升降机保证项目的检查评定应符合下列规定。

1)安全装置:

①应安装起重量限制器,并应灵敏可靠;

②应安装渐进式防坠安全器并应灵敏可靠,应在有效的标定期内使用;

③对重钢丝绳应安装防松绳装置,并应灵敏可靠;

④吊笼的控制装置应安装非自动复位型的急停开关,任何时候均可切断控制电路停止吊笼运行;

⑤底架应安装吊笼和对重缓冲器,缓冲器应符合规范要求;

⑥SC 型施工升降机应安装一对以上安全钩。

2)限位装置:

①应安装非自动复位型极限开关并应灵敏可靠;

②应安装自动复位型上、下限位开关并应灵敏可靠,上、下限位开关安装位置应符合规范要求;

③上极限开关与上限位开关之间的安全越程不应小于 0.15m;

④极限开关、限位开关应设置独立的触发元件;

⑤吊笼门应安装机电联锁装置并应灵敏可靠;

⑥吊笼顶窗应安装电气安全开关并应灵敏可靠。

3)防护设施:

①吊笼和对重升降通道周围应安装地面防护围栏,防护围栏的安装高度、强度应符合规范要求,围栏门应安装机电联锁装置并应灵敏可靠;

②地面出入通道防护棚的搭设应符合规范要求;

③停层平台两侧应设置防护栏杆、挡脚板,平台脚手板应铺满、铺平;

④层门安装高度、强度应符合规范要求,并应定型化。

4)附墙架:

①附墙架应采用配套标准产品,当附墙架不能满足施工现场要求时,应对附墙架另行设计,附墙架的设计应满足构件刚度、强度、稳定性等要求,制作应满足设计要求;

②附墙架与建筑结构连接方式、角度应符合产品说明书要求;

③附墙架间距、最高附着点以上导轨架的自由高度应符合产品说明书要求。

5)钢丝绳、滑轮与对重:

①对重钢丝绳绳数不得少于 2 根且应相互独立;

②钢丝绳磨损、变形、锈蚀应在规范允许范围内；

③钢丝绳的规格、固定应符合产品说明书及规范要求；

④滑轮应安装钢丝绳防脱装置并应符合规范要求；

⑤对重重量、固定应符合产品说明书要求；

⑥对重除导向轮、滑轮外应设有防脱轨保护装置。

6)安拆、验收与使用：

①安装、拆卸单位应具有起重设备安装工程专业承包资质和安全生产许可证；

②安装、拆卸应制定专项施工方案，并经过审核、审批；

③安装完毕应履行验收程序，验收表格应由责任人签字确认；

④安装、拆卸作业人员及司机应持证上岗；

⑤施工升降机作业前应按规定进行例行检查，并应填写检查记录；

⑥实行多班作业，应按规定填写交接班记录。

(4)施工升降机一般项目的检查评定应符合下列规定。

1)导轨架：

①导轨架垂直度应符合规范要求；

②标准节的质量应符合产品说明书及规范要求；

③对重导轨应符合规范要求；

④标准节连接螺栓使用应符合产品说明书及规范要求。

2)基础：

①基础制作、验收应符合说明书及规范要求；

②基础设置在地下室顶板或楼面结构上，应对其支承结构进行承载力验算；

③基础应设有排水设施。

3)电气安全：

①施工升降机与架空线路的安全距离和防护措施应符合规范要求；

②电缆导向架设置应符合说明书及规范要求；

③施工升降机在其他避雷装置保护范围外应设置避雷装置，并应符合规范要求。

4)通信装置：

通信装置应安装楼层信号联络装置，并应清晰有效。

14.19 塔式起重机检查评分表

14.19.1 表格填写范例

表 B.17 塔式起重机检查评分表

<table>
<tr><th>序号</th><th colspan="2">检查项目</th><th>扣分标准</th><th>应得分数</th><th>扣减分数</th><th>实得分数</th></tr>
<tr><td>1</td><td rowspan="7">保证项目</td><td>载荷限制装置</td><td>未安装起重量限制器或不灵敏,扣 10 分
未安装力矩限制器或不灵敏,扣 10 分</td><td>10</td><td>0</td><td>10</td></tr>
<tr><td>2</td><td>行程限位装置</td><td>未安装起升高度限位器或不灵敏,扣 10 分
起升高度限位器的安全越程不符合规范要求,扣 6 分
未安装幅度限位器或不灵敏,扣 10 分
回转不设集电器的塔式起重机未安装回转限位器或不灵敏,扣 6 分
行走式塔式起重机未安装行走限位器或不灵敏,扣 10 分</td><td>10</td><td>0</td><td>10</td></tr>
<tr><td>3</td><td>保护装置</td><td>小车变幅的塔式起重机未安装断绳保护及断轴保护装置,扣 8 分
行走及小车变幅的轨道行程末端未安装缓冲器及止挡装置或不符合规范要求,扣 4～8 分
起重臂根部绞点高度大于 50m 的塔式起重机未安装风速仪或不灵敏,扣 4 分
塔式起重机顶部高度大于 30m 且高于周围建筑物未安装障碍指示灯,扣 4 分</td><td>10</td><td>4</td><td>6</td></tr>
<tr><td>4</td><td>吊钩、滑轮、卷筒与钢丝绳</td><td>吊钩未安装钢丝绳防脱钩装置或不符合规范要求,扣 10 分
吊钩磨损、变形达到报废标准,扣 10 分
滑轮、卷筒未安装钢丝绳防脱装置或不符合规范要求,扣 4 分
滑轮及卷筒磨损达到报废标准,扣 10 分
钢丝绳磨损、变形、锈蚀达到报废标准,扣 10 分
钢丝绳的规格、固定、缠绕不符合产品说明书及规范要求,扣 5～10 分</td><td>10</td><td>0</td><td>10</td></tr>
<tr><td>5</td><td>多塔作业</td><td>多塔作业未制定专项施工方案或施工方案未经审批,扣 10 分
任意两台塔式起重机之间的最小架设距离不符合规范要求,扣 10 分</td><td>10</td><td>0</td><td>10</td></tr>
<tr><td>6</td><td>安拆、验收与使用</td><td>安装、拆卸单位未取得专业承包资质和安全生产许可证,扣 10 分
未制定安装、拆卸专项方案,扣 10 分
方案未经审核、审批,扣 10 分
未履行验收程序或验收表未经责任人签字,扣 5～10 分
安装、拆除人员及司机、指挥未持证上岗,扣 10 分
塔式起重机作业前未按规定进行例行检查,未填写检查记录,扣 4 分
实行多班作业未按规定填写交接班记录,扣 3 分</td><td>10</td><td>0</td><td>10</td></tr>
<tr><td></td><td>小计</td><td></td><td>60</td><td>4</td><td>56</td></tr>
</table>

续表

序号	检查项目		扣分标准	应得分数	扣减分数	实得分数
7	一般项目	附着	塔式起重机高度超过规定未安装附着装置,扣 10 分 附着装置水平距离不满足产品说明书要求未进行设计计算和审批,扣 8 分 安装内爬式塔式起重机的建筑承载结构未进行承载力验算,扣 8 分 附着装置安装不符合产品说明书及规范要求,扣 5～10 分 附着前和附着后塔身垂直度不符合规范要求,扣 10 分	10	0	10
8		基础与轨道	塔式起重机基础未按产品说明书及有关规定设计、检测、验收,扣 5～10 分 基础未设置排水措施,扣 4 分 路基箱或枕木铺设不符合产品说明书及规范要求,扣 6 分 轨道铺设不符合产品说明书及规范要求,扣 6 分	10	4	6
9		结构设施	主要结构件的变形、锈蚀不符合规范要求,扣 10 分 平台、走道、梯子、护栏的设置不符合规范要求,扣 4～8 分 高强螺栓、销轴、紧固件的紧固、连接不符合规范要求,扣 5～10 分	10	4	6
10		电气安全	未采用 TN-S 接零保护系统供电,扣 10 分 塔式起重机与架空线路安全距离不符合规范要求,未采取防护措施,扣 10 分 防护措施不符合规范要求,扣 5 分 未安装避雷接地装置,扣 10 分 避雷接地装置不符合规范要求,扣 5 分 电缆使用及固定不符合规范要求,扣 5 分	10	5	5
		小计		40	13	27
检查项目合计				100	17	83

14.19.2 表格填写依据

《建筑施工安全检查标准》(JGJ 59－2011)。

14.19.3 表格解析指南

(1)塔式起重机检查评定应符合现行国家标准《塔式起重机安全规程》(GB 5144)和现行行业标准《建筑施工塔式起重机安装、使用、拆卸安全技术规程》(JGJ 196)的规定。

(2)塔式起重机检查评定保证项目应包括:载荷限制装置、行程限位装置、保护装置、吊钩、滑轮、卷筒与钢丝绳、多塔作业、安拆、验收与使用。一般项目应包括:附着、基础与轨道、结构设施、电气安全。

(3)塔式起重机保证项目的检查评定应符合下列规定。

1)载荷限制装置:

①应安装起重量限制器并应灵敏可靠。当起重量大于相应挡位的额定值并小于该额定值的110%时,应切断上升方向上的电源,但机构可作下降方向的运动;

②应安装起重力矩限制器并应灵敏可靠。当起重力矩大于相应工况下的额定值并小于该额定值的110%应切断上升和幅度增大方向的电源,但机构可作下降和减小幅度方向的运动。

2)行程限位装置:

①应安装起升高度限位器,起升高度限位器的安全越程应符合规范要求,并应灵敏可靠;

②小车变幅的塔式起重机应安装小车行程开关,动臂变幅的塔式起重机应安装臂架幅度限制开关,并应灵敏可靠;

③回转部分不设集电器的塔式起重机应安装回转限位器,并应灵敏可靠;

④行走式塔式起重机应安装行走限位器,并应灵敏可靠。

3)保护装置:

①小车变幅的塔式起重机应安装断绳保护及断轴保护装置,并应符合规范要求;

②行走及小车变幅的轨道行程末端应安装缓冲器及止挡装置,并应符合规范要求;

③起重臂根部绞点高度大于50m的塔式起重机应安装风速仪,并应灵敏可靠;

④当塔式起重机顶部高度大于30m且高于周围建筑物时,应安装障碍指示灯。

4)吊钩、滑轮、卷筒与钢丝绳:

①吊钩应安装钢丝绳防脱钩装置并应完整可靠,吊钩的磨损、变形应在规定允许范围内;

②滑轮、卷筒应安装钢丝绳防脱装置并应完整可靠,滑轮、卷筒的磨损应在规定允许范围内;

③钢丝绳的磨损、变形、锈蚀应在规定允许范围内,钢丝绳的规格、固定、缠绕应符合说明书及规范要求。

5)多塔作业:

①多塔作业应制定专项施工方案并经过审批;

②任意两台塔式起重机之间的最小架设距离应符合规范要求。

6)安拆、验收与使用:

①安装、拆卸单位应具有起重设备安装工程专业承包资质和安全生产许可证;

②安装、拆卸应制定专项施工方案,并经过审核、审批;

③安装完毕应履行验收程序,验收表格应由责任人签字确认;

④安装、拆卸作业人员及司机、指挥应持证上岗;

⑤塔式起重机作业前应按规定进行例行检查，并应填写检查记录；

⑥实行多班作业、应按规定填写交接班记录。

(4)塔式起重机一般项目的检查评定应符合下列规定。

1)附着：

①当塔式起重机高度超过产品说明书规定时，应安装附着装置，附着装置安装应符合产品说明书及规范要求；

②当附着装置的水平距离不能满足产品说明书要求时，应进行设计计算和审批；

③安装内爬式塔式起重机的建筑承载结构应进行受力计算；

④附着前和附着后塔身垂直度应符合规范要求。

2)基础与轨道：

①塔式起重机基础应按产品说明书及有关规定进行设计、检测和验收；

②基础应设置排水措施；

③路基箱或枕木铺设应符合产品说明书及规范要求；

④轨道铺设应符合产品说明书及规范要求。

3)结构设施：

①主要结构件的变形、锈蚀应在规范允许范围内；

②平台、走道、梯子、护栏的设置应符合规范要求；

③高强螺栓、销轴、紧固件的紧固、连接应符合规范要求，高强螺栓应使用力矩扳手或专用工具紧固。

4)电气安全：

①塔式起重机应采用 TN-S 接零保护系统供电；

②塔式起重机与架空线路的安全距离和防护措施应符合规范要求；

③塔式起重机应安装避雷接地装置，并应符合规范要求；

④电缆的使用及固定应符合规范要求。

14.20 起重吊装检查评分表

14.20.1 表格填写范例

表 B.18 起重吊装检查评分表

序号	检查项目		扣分标准	应得分数	扣减分数	实得分数
1	保证项目	施工方案	未编制专项施工方案或专项施工方案未经审核、审批，扣10分 超规模的起重吊装专项施工方案未按规定组织专家论证，扣10分	10	0	10
2		起重机械	未安装荷载限制装置或不灵敏，扣10分 未安装行程限位装置或不灵敏，扣10分 起重拔杆组装不符合设计要求，扣10分 起重拔杆组装后未履行验收程序或验收表无责任人签字，扣5～10分	10	0	10
3		钢丝绳与地锚	钢丝绳磨损、断丝、变形、锈蚀达到报废标准，扣10分 钢丝绳规格不符合起重机产品说明书要求，扣10分 吊钩、卷筒、滑轮磨损达到报废标准，扣10分 吊钩、卷筒、滑轮未安装钢丝绳防脱装置，扣5～10分 起重拔杆的缆风绳、地锚设置不符合设计要求，扣8分	10	0	10
4		索具	索具采用编结连接时，编结部分的长度不符合规范要求，扣10分 索具采用绳夹连接时，绳夹的规格、数量及绳夹间距不符合规范要求，扣5～10分 索具安全系数不符合规范要求，扣10分 吊索规格不匹配或机械性能不符合设计要求，扣5～10分	10	0	10
5		作业环境	起重机行走作业处地面承载能力不符合产品说明书要求或未采用有效加固措施，扣10分 起重机与架空线路安全距离不符合规范要求，扣10分	10	0	10
6		作业人员	起重机司机无证操作或操作证与操作机型不符，扣5～10分 未设置专职信号指挥和司索人员，扣10分 作业前未按规定进行安全技术交底或交底未形成文字记录，扣5～10分	10	5	5
		小计		60	5	55

续表

序号	检查项目		扣分标准	应得分数	扣减分数	实得分数
7	一般项目	起重吊装	多台起重机同时起吊一个构件时,单台起重机所承受的荷载不符合专项施工方案要求,扣10分 吊索系挂点不符合专项施工方案要求,扣5分 起重机作业时起重臂下有人停留或吊运重物从人的正上方通过,扣10分 起重机吊具载运人员,扣10分 吊运易散落物件不使用吊笼,扣6分	10	6	4
8		高处作业	未按规定设置高处作业平台,扣10分 高处作业平台设置不符合规范要求,扣5～10分 未按规定设置爬梯或爬梯的强度、构造不符合规范要求,扣5～8分 未按规定设置安全带悬挂点,扣8分	10	5	5
9		构件码放	构件码放荷载超过作业面承载能力,扣10分 构件码放高度超过规定要求,扣4分 大型构件码放无稳定措施,扣8分	10	4	6
10		警戒监护	未按规定设置作业警戒区,扣10分 警戒区未设专人监护,扣5分	10	0	10
		小计		40	15	25
检查项目合计				100	20	80

14.20.2 表格填写依据

《建筑施工安全检查标准》(JGJ 59—2011)。

14.20.3 表格解析指南

(1)起重吊装检查评定应符合现行国家标准《起重机械安全规程 第1部分:总则》(GB 6067.1—2010)的规定。

(2)起重吊装检查评定保证项目应包括:施工方案、起重机械、钢丝绳与地锚、索具、作业环境、作业人员。一般项目应包括:起重吊装、高处作业、构件码放、警戒监护。

(3)起重吊装保证项目的检查评定应符合下列规定。

1)施工方案:

①起重吊装作业应编制专项施工方案,并按规定进行审核、审批;

②超规模的起重吊装作业,应组织专家对专项施工方案进行论证。

2)起重机械:

①起重机械应按规定安装荷载限制器及行程限位装置;

②荷载限制器、行程限位装置应灵敏可靠;

③起重拔杆组装应符合设计要求;

④起重拔杆组装后应进行验收,并应由责任人签字确认。

3)钢丝绳与地锚:

①钢丝绳磨损、断丝、变形、锈蚀应在规范允许范围内;

②钢丝绳规格应符合起重机产品说明书要求;

③吊钩、卷筒、滑轮磨损应在规范允许范围内;

④吊钩、卷筒、滑轮应安装钢丝绳防脱装置;

⑤起重拔杆的缆风绳、地锚设置应符合设计要求。

4)索具:

①当采用编结连接时,编结长度不应小于15倍的绳径,且不应小于300mm;

②当采用绳夹连接时,绳夹规格应与钢丝绳相匹配,绳夹数量、间距应符合规范要求;

③索具安全系数应符合规范要求;

④吊索规格应互相匹配,机械性能应符合设计要求。

5)作业环境:

①起重机行走、作业处地面承载能力应符合产品说明书要求;

②起重机与架空线路安全距离应符合规范要求。

6)作业人员:

①起重机司机应持证上岗,操作证应与操作机型相符;

②起重机作业应设专职信号指挥和司索人员,一人不得同时兼顾信号指挥和司索作业;

③作业前应按规定进行技术交底,并应有交底记录。

(4)起重吊装一般项目的检查评定应符合下列规定。

1)起重吊装:

①当多台起重机同时起吊一个构件时,单台起重机所承受的荷载应符合专项施工方案要求;

②吊索系挂点应符合专项施工方案要求;

③起重机作业时，任何人不应停留在起重臂下方，被吊物不应从人的正上方通过；

④起重机不应采用吊具载运人员；

⑤当吊运易散落物件时，应使用专用吊笼。

2)高处作业：

①应按规定设置高处作业平台；

②平台强度、护栏高度应符合规范要求；

③爬梯的强度、构造应符合规范要求；

④应设置可靠的安全带悬挂点，并应高挂低用。

3)构件码放：

①构件码放荷载应在作业面承载能力允许范围内；

②构件码放高度应在规定允许范围内；

③大型构件码放应有保证稳定的措施。

4)警戒监护：

①应按规定设置作业警戒区；

②警戒区应设专人监护。

14.21 施工机具检查评分表

14.21.1 表格填写范例

表 B.19 施工机具检查评分表

序号	检查项目	扣分标准	应得分数	扣减分数	实得分数
1	平刨	平刨安装后未履行验收程序,扣 5 分 未设置护手安全装置,扣 5 分 传动部位未设置防护罩,扣 5 分 未做保护接零或未设置漏电保护器,扣 10 分 未设置安全作业棚,扣 6 分 使用多功能木工机具,扣 10 分	10	5	5
2	圆盘锯	圆盘锯安装后未履行验收程序,扣 5 分 未设置锯盘护罩、分料器、防护挡板安全装置和传动部位未设置防护罩,每处扣 3 分 未做保护接零或未设置漏电保护器,扣 10 分 未设置安全作业棚,扣 6 分 使用多功能木工机具,扣 10 分	10	0	10
3	手持电动工具	Ⅰ类手持电动工具未采取保护接零或未设置漏电保护器,扣 8 分 使用Ⅰ类手持电动工具不按规定穿戴绝缘用品,扣 6 分 手持电动工具随意接长电源线,扣 4 分	8	4	4
4	钢筋机械	机械安装后未履行验收程序,扣 5 分 未做保护接零或未设置漏电保护器,扣 10 分 钢筋加工区未设置作业棚、钢筋对焊作业区未采取防止火花飞溅措施或冷拉作业区未设置防护栏板,每处扣 5 分 传动部位未设置防护罩,扣 5 分	10	5	5
5	电焊机	电焊机安装后未履行验收程序,扣 5 分 未做保护接零或未设置漏电保护器,扣 10 分 未设置二次空载降压保护器,扣 10 分 一次线长度超过规定或未进行穿管保护,扣 3 分 二次线未采用防水橡皮护套铜芯软电缆,扣 10 分 二次线长度超过规定或绝缘层老化,扣 3 分 电焊机未设置防雨罩或接线柱未设置防护罩,扣 5 分	10	3	7

续表

序号	检查项目	扣分标准	应得分数	扣减分数	实得分数
6	搅拌机	搅拌机安装后未履行验收程序,扣 5 分 未做保护接零或未设置漏电保护器,扣 10 分 离合器、制动器、钢丝绳达不到规定要求,每项扣 5 分 上料斗未设置安全挂钩或止挡装置,扣 5 分 传动部位未设置防护罩,扣 4 分 未设置安全作业棚,扣 6 分	10	0	10
7	气瓶	气瓶未安装减压器,扣 8 分 乙炔瓶未安装回火防止器,扣 8 分 气瓶间距小于 5 米或与明火距离小于 10 米未采取隔离措施,扣 8 分 气瓶未设置防震圈和防护帽,扣 2 分 气瓶存放不符合要求,扣 4 分	8	2	6
8	翻斗车	翻斗车制动、转向装置不灵敏,扣 5 分 驾驶员无证操作,扣 8 分 行车载人或违章行车,扣 8 分	8	0	8
9	潜水泵	未做保护接零或未设置漏电保护器,扣 6 分 负荷线未使用专用防水橡皮电缆,扣 6 分 负荷线有接头,扣 3 分	6	0	6
10	振捣器	未做保护接零或未设置漏电保护器,扣 8 分 未使用移动式配电箱,扣 4 分 电缆线长度超过 30 米,扣 4 分 操作人员未穿戴绝缘防护用品,扣 8 分	8	4	4
11	桩工机械	机械安装后未履行验收程序,扣 10 分 作业前未编制专项施工方案或未按规定进行安全技术交底,扣 10 分 安全装置不齐全或不灵敏,扣 10 分 机械作业区域地面承载力不符合规定要求或未采取有效硬化措施,扣 12 分 机械与输电线路安全距离不符合规范要求,扣 12 分	12	0	12
检查项目合计			100	23	77

14.21.2 表格填写依据

《建筑施工安全检查标准》(JGJ 59－2011)。

14.21.3 表格解析指南

(1)施工机具检查评定应符合现行行业标准《建筑机械使用安全技术规程》(JGJ 33)和《施工现场机械设备检查技术规程》(JGJ 160)的规定。

(2)施工机具检查评定项目应包括:平刨、圆盘锯、手持电动工具、钢筋机械、电焊机、搅拌机、气瓶、翻斗车、潜水泵、振捣器、桩工机械。

(3)施工机具的检查评定应符合下列规定。

1)平刨:

①平刨安装完毕应按规定履行验收程序,并应经责任人签字确认;

②平刨应设置护手及防护罩等安全装置;

③保护零线应单独设置,并应安装漏电保护装置;

④平刨应按规定设置作业棚,并应具有防雨、防晒等功能;

⑤不得使用同台电机驱动多种刃具、钻具的多功能木工机具。

2)圆盘锯:

①圆盘锯安装完毕应按规定履行验收程序,并应经责任人签字确认;

②圆盘锯应设置防护罩、分料器、防护挡板等安全装置;

③保护零线应单独设置,并应安装漏电保护装置;

④圆盘锯应按规定设置作业棚,并应具有防雨、防晒等功能;

⑤不得使用同台电机驱动多种刃具、钻具的多功能木工机具。

3)手持电动工具:

①Ⅰ类手持电动工具应单独设置保护零线,并应安装漏电保护装置;

②使用Ⅰ类手持电动工具应按规定穿戴绝缘手套、绝缘鞋;

③手持电动工具的电源线应保持出厂状态,不得接长使用。

4)钢筋机械:

①钢筋机械安装完毕应按规定履行验收程序,并应经责任人签字确认;

②保护零线应单独设置,并应安装漏电保护装置;

③钢筋加工区应搭设作业棚,并应具有防雨、防晒等功能;

④对焊机作业应设置防火花飞溅的隔热设施;

⑤钢筋冷拉作业应按规定设置防护栏;

⑥机械传动部位应设置防护罩。

5)电焊机:

①电焊机安装完毕应按规定履行验收程序,并应经责任人签字确认;

②保护零线应单独设置,并应安装漏电保护装置;

③电焊机应设置二次空载降压保护装置;

④电焊机一次线长度不得超过5m,并应穿管保护;

⑤二次线应采用防水橡皮护套铜芯软电缆;

⑥电焊机应设置防雨罩,接线柱应设置防护罩。

6)搅拌机：

①搅拌机安装完毕应按规定履行验收程序，并应经责任人签字确认；

②保护零线应单独设置，并应安装漏电保护装置；

③离合器、制动器应灵敏有效，料斗钢丝绳的磨损、锈蚀、变形量应在规定允许范围内；

④料斗应设置安全挂钩或止挡装置，传动部位应设置防护罩；

⑤搅拌机应按规定设置作业棚，并应具有防雨、防晒等功能。

7)气瓶：

①气瓶使用时必须安装减压器，乙炔瓶应安装回火防止器，并应灵敏可靠；

②气瓶间安全距离不应小于 5m，与明火安全全距离不应小于 10m；

③气瓶应设置防震圈、防护帽，并应按规定存放。

8)翻斗车：

①翻斗车制动、转向装置应灵敏可靠；

②司机应经专门培训，持证上岗，行车时车斗内不得载人。

9)潜水泵：

①保护零线应单独设置，并应安装漏电保护装置；

②负荷线应采用专用防水橡皮电缆，不得有接头。

10)振捣器：

①振捣器作业时应使用移动配电箱、电缆线长度不应超过 30m；

②保护零线应单独设置，并应安装漏电保护装置；

③操作人员应按规定穿戴绝缘手套、绝缘鞋。

11)桩工机械：

①桩工机械安装完毕应按规定履行验收程序，并应经责任人签字确认；

②作业前应编制专项方案，并应对作业人员进行安全技术交底；

③桩工机械应按规定安装安全装置，并应灵敏可靠；

④机械作业区域地面承载力应符合机械说明书要求；

⑤机械与输电线路安全距离应符合现行行业标准《施工现场临时用电安全技术规范》JGJ46 的规定。

附　录

附录 A　安全法律法规目录

(1)《建设部关于转发＜浅论城市建设施工安全重大危险源辨识与防治＞和＜参与对中央管理的建筑施工企业安全生产许可证审查工作的感想＞的函》(建质安函[2005]9 号)。

(2)《安全生产许可证条例》(国务院令第 397 号)。

(3)《建设部关于修改＜建筑工程施工许可管理办法＞的决定》(中华人民共和国建设部令第 91 号)。

(4)《建筑工程施工许可管理办法》(建设部令第 71 号)。

(5)《国家安全生产应急救援指挥中心关于＜报送重大危险源监督管理工作情况＞的通知》(应指协调[2010]25 号)。

(6)《国家安全生产监督管理总局关于＜认真做好重大危险源监督管理工作＞的通知》(安监总协调字[2005]62 号)。

(7)《关于开展重大危险源监督管理工作的指导意见》(安监管协调字[2004]56 号)。

(8)《建设工程安全生产管理条例》(中华人民共和国国务院令第 393 号)。

(9)《建设企事业单位关键岗位持证上岗管理规定》(建教〔1991〕522 号)。

(10)《建筑业企业职工安全培训教育暂行规定》(建教〔1997〕83 号)。

(11)《特种作业人员安全技术培训考核管理规定》(安全监管总局令第 30 号)。

(12)《关于进一步开展建筑安全生产隐患排查治理工作的实施意见》(建质[2008]47 号)。

(13)《生产安全事故报告和调查处理条例》(国务院令第 493 号)。

(14)《房屋建筑和市政基础设施工程施工分包管理办法》(中华人民共和国建设部令第 124 号)。

(15)《国家安全监管总局关于调整生产安全事故调度统计报告的通知》(安监总调度〔2007〕120 号)。

(16)《关于进一步规范房屋建筑和市政工程生产安全事故报告和调查处理工作的若干意见》(建质[2007]257 号)。

(17)《关于印发＜企业安全生产费用提取和使用管理办法＞的通知》(财企[2012]16 号)。

(18)《建筑施工特种作业人员管理规定》(建设部建质[2008]75 号)。

附录 B　安全规范目录

(1)《建筑施工安全检查标准》JGJ 59－2011

(2)《建筑施工土石方工程安全技术规范》JGJ 180－2009

(3)《建筑基坑支护技术规程》JGJ 120－2012

(4)《湿陷性黄土地区建筑基坑工程安全技术规程》JGJ 167－2009

(5)《建筑施工扣件式钢管脚手架安全技术规范》JGJ 130－2011

(6)《建筑施工门式钢管脚手架安全技术规范》JGJ 128—2010
(7)《建筑施工工具式脚手架安全技术规范》JGJ 202—2010
(8)《建筑施工碗扣式钢管脚手架安全技术规范》JGJ 166—2008
(9)《建筑施工承插型盘扣式钢管支架安全技术规程》JGJ 231—2010
(10)《建筑施工木脚手架安全技术规范》JGJ 164—2008
(11)《建筑施工竹脚手架安全技术规范》JGJ 254—2011
(12)《液压升降整体脚手架安全技术规程》JGJ 183—2009
(13)《建筑施工模板安全技术规范》JGJ 162—2008
(14)《建筑机械使用安全技术规程》JGJ 33—2012
(15)《建筑施工塔式起重机安装、使用、拆卸安全技术规程》JGJ 196—2010
(16)《龙门架及井架物料提升机安全技术规范》JGJ 88—2010
(17)《建筑施工升降机安装、使用、拆卸安全技术规程》JGJ 215—2010
(18)《塔式起重机混凝土基础工程技术规程》JGJ/T 187—2009
(19)《建筑起重机械安全评估技术规程》JGJ/T 189—2009
(20)《施工现场临时用电安全技术规范》JGJ 46—2005
(21)《建筑施工高处作业安全技术规范》JGJ80—91
(22)《建筑拆除工程安全技术规范》JGJ 147—2004
(23)《建筑施工起重吊装工程安全技术规范》JGJ 276—2012
(24)《建设工程施工现场消防安全技术规范》GB 50720—2011
(25)《建设工程施工现场环境与卫生标准》JGJ 146—2013
(26)《焊接与切割安全》GB 9448—1999
(27)《建筑施工作业劳动防护用品配备及使用标准》JGJ 184—2009
(28)《施工现场临时建筑物技术规范》JGJ/T188—2009
(29)《建筑垃圾处理技术规范》CJJ 134—2009
(30)《企业安全生产标准化基本规范》AQ/T9006—2010
(31)《施工企业安全生产管理规范》GB 50656—2011
(32)《施工企业安全生产评价标准》JGJ/T77—2010
(33)《建筑施工场界环境噪声排放标准》GB12523—2011
(34)《生产经营单位安全生产事故应急预案编制导则》AQ/T 9002—2006

参考文献

[1] 中国工程建设协会标准.建设工程施工现场安全资料管理规程(CECS266:2009)[S],北京,中国计划出版社,2009.

[2] 北京市建设委员会,北京市质量技术监督局.建设工程施工现场安全资料管理规程(DB11/383－2006)[S],北京,2006.

[3] 北京土木建筑学会.天津市建筑工程安全表格填写范例与指南,北京,清华同方光盘电子出版社,2012.

[4] 北京土木建筑学会.北京市建筑工程安全表格填写范例与指南,北京,清华同方光盘电子出版社,2012.

[5] 北京土木建筑学会.河北省建筑工程安全表格填写范例与指南,北京,清华同方光盘电子出版社,2012.

[6] 北京土木建筑学会.广东省建筑工程安全表格填写范例与指南,北京,清华同方光盘电子出版社,2012.

[7] 北京土木建筑学会.吉林省建筑工程安全表格填写范例与指南,北京,清华同方光盘电子出版社,2012.